汽车构造三维图解系列

汽车构造与原理
三维图解
彩色版
★★★★

高清大图　　三维动画

主　编　赫扎特　胡顺堂　姜绍忠

副主编　刘宏威　李晓峰　吕冬慧　李欢

参　编　姜大海　温立志　张双喜

机械工业出版社
CHINA MACHINE PRESS

《汽车构造与原理三维图解（彩色版）》采用、三维虚拟技术，运用剖切、分解和透视等表现方式，直观清晰地展示了汽车发动机、底盘、车身与电器的结构及工作原理，并精练阐述了各总成部件的结构关系和使用特点等。本书涵盖现代汽车绝大部分结构总成以及先进技术，如新能源技术、自动变速器技术和现代车身结构等。对于重要总成及零部件，配有全交互的三维仿真演示，读者可利用手机扫描二维码观看。

本书是汽车相关从业人员及汽车爱好者入门、提高读本，也可用作本科及高职高专汽车技术服务与营销、汽车保险等专业教材，以及汽车使用、管理、维修、保障人员的培训教材。

图书在版编目（CIP）数据

汽车构造与原理三维图解：彩色版／赫扎特，胡顺堂，姜绍忠主编. —北京：机械工业出版社，2020.5（2025.7重印）
（汽车构造三维图解系列）
ISBN 978−7−111−64985−4

Ⅰ.①汽…　Ⅱ.①赫…②胡…③姜…　Ⅲ.①汽车-构造-图解　Ⅳ.①U463-64

中国版本图书馆 CIP 数据核字（2020）第 039429 号

机械工业出版社（北京市百万庄大街22号　邮政编码100037）
策划编辑：齐福江　　　　　责任编辑：齐福江
责任校对：潘　蕊　张　征　责任印制：张　博
北京建宏印刷有限公司印刷

2025 年 7 月第 1 版第 2 次印刷
260mm×184mm·13.5 印张·329 千字
标准书号：ISBN 978−7−111−64985−4
定价：88.00 元

电话服务　　　　　　　　　网络服务
客服电话：010−88361066　机 工 官 网：www.cmpbook.com
　　　　　010−88379833　机 工 官 博：weibo.com/cmp1952
　　　　　010−68326294　金 书 网：www.golden-book.com
封底无防伪标均为盗版　机工教育服务网：www.cmpedu.com

前言 *Preface*

在科技进步日新月异的今天，汽车已经成为人们生活中的重要组成部分。对汽车的构造原理、使用、保养和修理的认知不仅是汽车从业人员必备的素质，也是普通车主和汽车爱好者应当略知一二的基础知识。通过学习本书既可以满足汽车从业者的专业需求，又能让非专业读者直观生动地了解汽车的构造、原理以及工作过程。本书既可作为科普读物使用又能作为汽车相关专业教材或辅助教材使用。

本书重点介绍了汽车发动机、底盘、车身及电器的结构特点和工作原理，涵盖了乘用车、商用车等现代汽车绝大部分结构总成和先进技术，包括新能源汽车技术。

本书采用了三维虚拟技术，运用剖切、分解和透视等表现方式，直观清晰地展现了汽车结构与工作原理；对于重要总成及零部件，还可以通过扫描二维码的方式观看三维仿真演示。三维交互演示既有结构分解剖视，又有机构动画，还配有旁白解说，并可触摸缩放、翻转。

本书由赫扎特联合天津中德应用技术大学汽车与轨道交通学院教学团队完成编写，赫扎特、胡顺堂、姜绍忠任主编，刘宏威、李晓锋、吕冬慧、李欢任副主编，参加编写的还有姜大海、温立志、张双喜，冯王芹主审。

由于编写经验不足，难免出现差错与不妥之处，敬请广大读者提出宝贵的建议与意见。

编 者

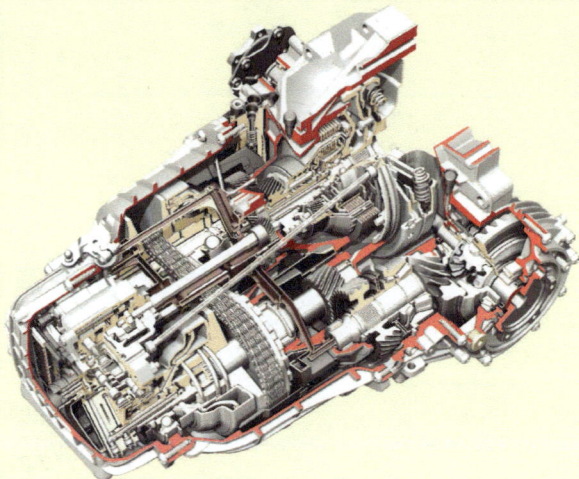

◇ 三维素材使用说明 ◇

本书通过扫描二维码实现汽车各大总成或零部件三维结构与原理展示。不同的三维素材具有以下功能：旋转、缩放、拖拽、总成讲解、部件名称、看板说明等。部分三维素材具有内部结构虚拟展示、分解组装三维演示过程、机构工作原理三维动态展示等。

在Windows操作系统下推荐使用Firefox浏览器播放，可采用鼠标左键旋转、右键拖拽、滚轮缩放操作。

在手机或平板电脑等移动终端下，推荐使用QQ浏览器，通过单指旋转、双指缩放的方式控制演示素材。

通过单击零部件以及交互触发区可以实现各类交互功能。

触发交互区可能是：物体、文字、部件、看板。

由于三维素材涉及零部件数目较多，需要解析、读取等多个步骤，并受移动终端设备性能及网速影响，加载显示时间有可能稍长（1分钟以上），请耐心等待。

Contents ▶▶

目
录

Contents

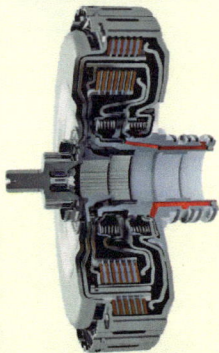

Contents

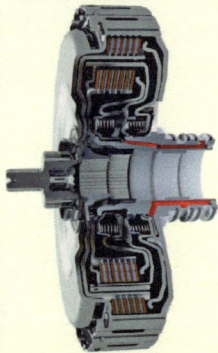

Contents

第二十三章
23

新能源汽车技术 / 200

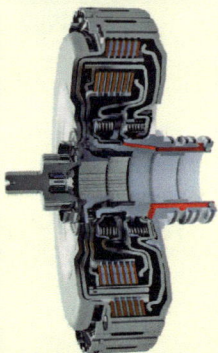

汽车的主要外观参数

现代汽车采用统一的车身规格标注，如有特殊要求应加以注明（如车身宽度是否含后视镜，车身高度是否含行李架等）。

车长：汽车长度方向两个极端点间的距离。

车宽：车身左、右最凸出位置之间的距离，但不包含后视镜。

车高：从地面算起到汽车最高点的距离，但不包括车顶天线的高度。

轴距：同侧相邻前后两个车轮中心点间的距离。

轮距：左、右车轮中心间的距离。

接近角：汽车静态满载时，其前端凸出点向前轮所引切线与地面的夹角。

离去角：汽车静态满载时，其车身后端凸出点向后车轮引切线与路面之间的夹角。

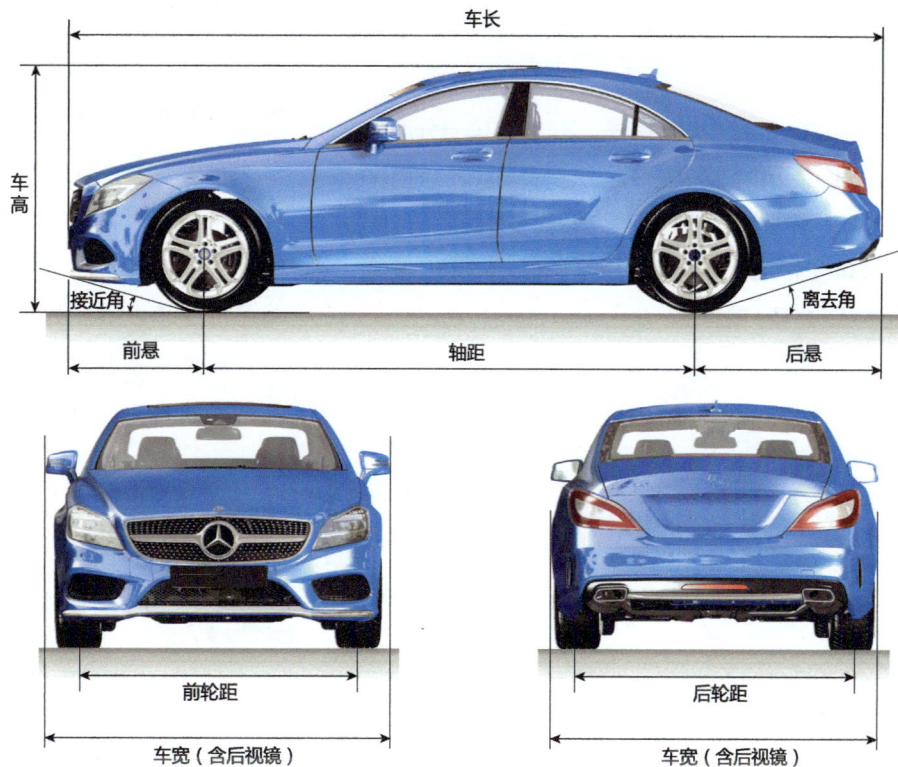

车长　车高　接近角　离去角　前悬　轴距　后悬

前轮距　车宽（含后视镜）

后轮距　车宽（含后视镜）

▶ 知识链接

汽车的外观参数就像描述一个人的外貌一样。这些貌似枯燥的参数中包含着很多含义，比如轴距意味着汽车的级别，车高体现它的用途，车宽体现它的内部横向空间，接近角与离去角体现它的通过性能等。

理论上有些参数越大越好，有些参数越小越好。但是，厂家设计汽车时必须综合考虑。

第一章　汽车概述

01

汽车的主要性能参数

汽车的高通过性除了与其采用的四轮驱动有关，还和它的车身外形尺寸等有直接关系，如离地间隙、接近角和离去角等。

汽车的通过性通常由多种性能参数表现，如能够以足够高的平均车速通过各种坏路、无路地带（如松软地面、坎坷不平地段）和各种障碍（陡坡、侧坡、壕沟、台阶、灌木丛、水障）的能力。

一般轿车性能的衡量标准是加速、极速等跟速度有关的参数，而衡量越野车性能则更多是看它的通过性如何。

车身的长度与轴距的长度越接近，这辆车的接近角和离去角也就越大，但是牺牲了驾乘的舒适性、后排的储物空间和车辆的抗倾覆能力。轴距与轮距越接近，也就是从四个车轮的着地点看越趋近于正方形，且正方形的面积越小，车辆的越野性能也就越好，但是车子要么太宽，要么太短。因此，没有完美的汽车，突出了某些性能，势必会牺牲其他的一些性能。

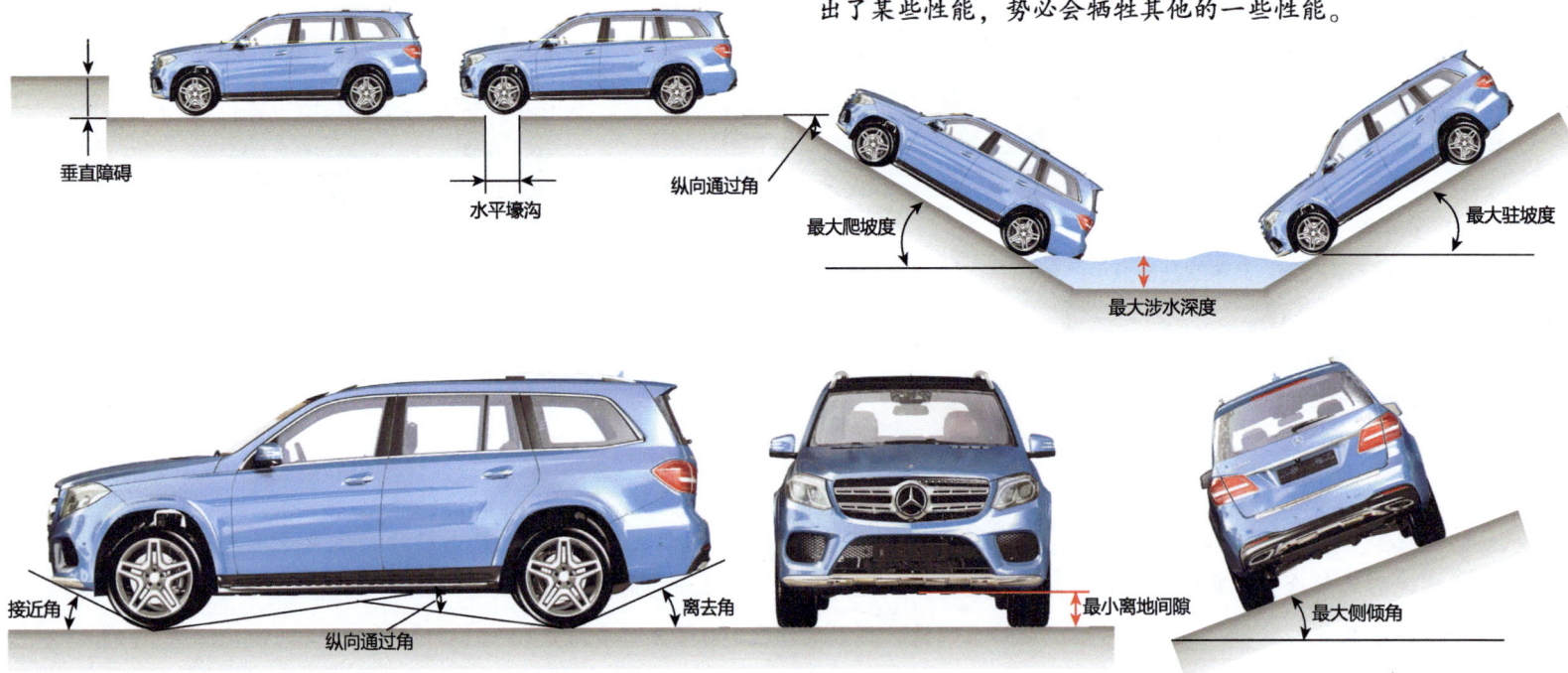

垂直障碍

水平壕沟

纵向通过角

最大爬坡度

最大涉水深度

最大驻坡度

接近角

纵向通过角

离去角

最小离地间隙

最大侧倾角

汽车构造与原理三维图解（彩色版）

汽车的基本组成（1）

汽车一般由发动机、底盘、车身和电器系统四个基本部分组成。

发动机是汽车的动力装置，通过底盘的传动系统驱动汽车行驶。底盘用来支承车身，接受发动机产生的动力，并保证汽车能够正常行驶。底盘包括传动系统、行驶系统、转向系统和制动系统。

汽车诞生时就已经有这四部分的雏形了，经过100多年的不断发展与改进，汽车的基本结构已经定型。如今，不管是燃油汽车、混合动力电动汽车、纯电动汽车，也不管是小型乘用车、大型货车，或是民用汽车、军用汽车，都保持着这四部分基本结构。汽车之间的区别在于这四部分的具体组成和详细结构上的差异。

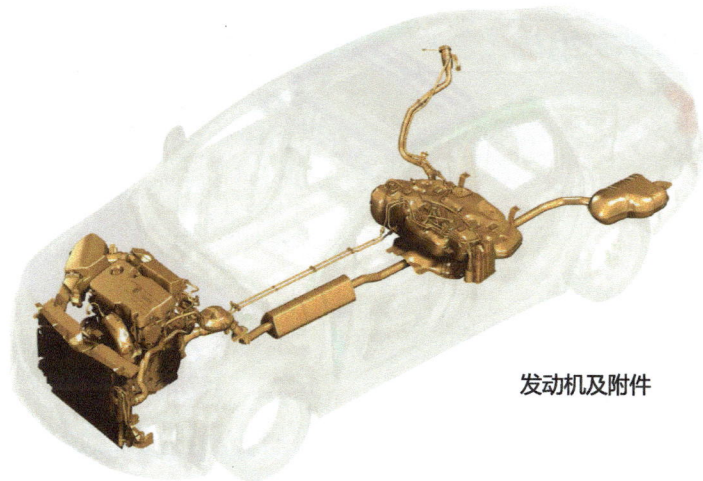

发动机及附件

传动系统

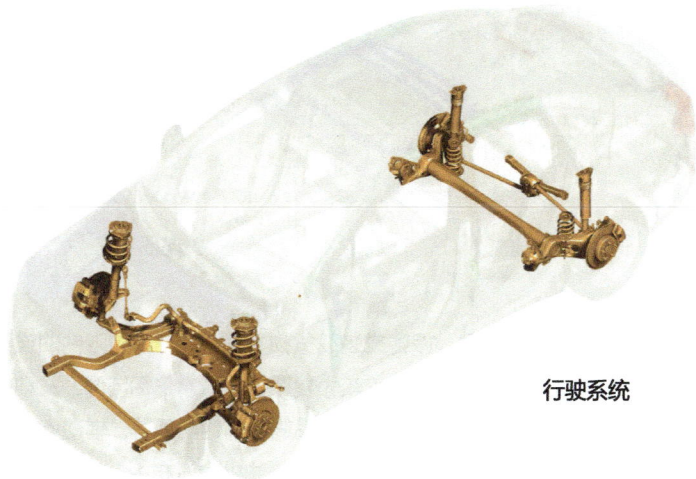

行驶系统

汽车的基本组成（2）

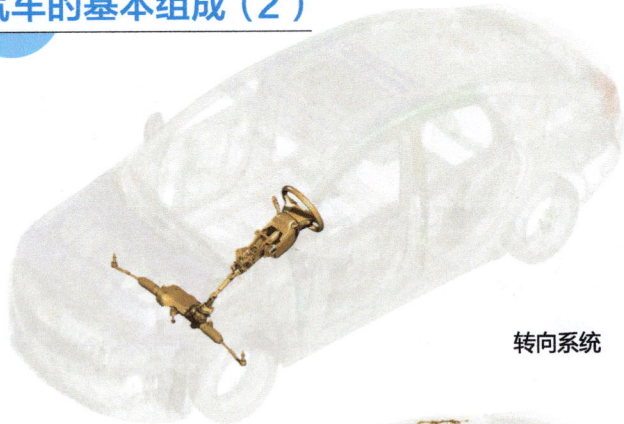

转向系统

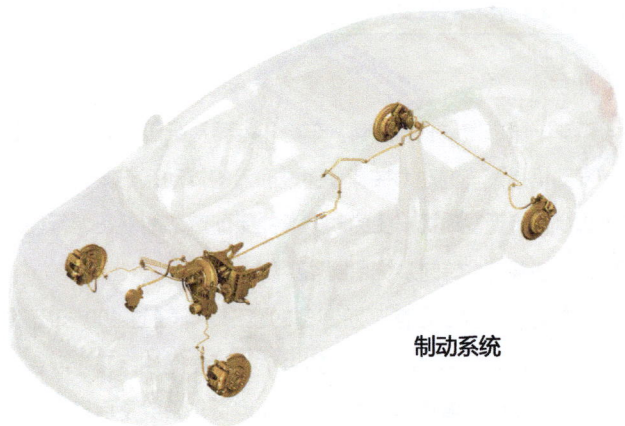

制动系统

电器系统

车身

车身用来乘坐驾驶人员、旅客或装载货物，其内、外饰和附件的设计对汽车也极为重要。现代汽车电器系统较为复杂，它通常包括电源、发动机起动系统、汽车照明与信号系统、电子控制系统和辅助电器等。辅助电器主要向舒适、娱乐、安全防护方面发展。在采用汽油机的汽车中，其电器设备还包括发动机点火系统。

现代汽车遵从人们对舒适性、易用性、娱乐性的需求，越来越多的相关系统或装置在汽车上的应用让汽车的电器系统愈加复杂，控制也愈加精密。

多年来汽车的用途一直未有大的变化，或许有一天汽车飞上了天空，或是进入了海洋，它的整体组成就不再是这四大部分了。

往复活塞式发动机常用术语

上止点（TDC）：活塞顶部离曲轴中心最远处，在直列式发动机中即活塞最高位置。

下止点（BDC）：活塞顶部离曲轴中心最近处，在直列式发动机中即活塞最低位置。

活塞行程 S：上、下止点之间的距离。

曲柄半径 R：曲轴与连杆下端的连接中心至曲轴中心的距离。活塞每完成一个行程对应曲轴转角180°。活塞行程 S 等于曲柄半径 R 的2倍，即 $S=2R$。

气缸工作容积 V_h：活塞从上止点运行到下止点所扫过的容积。

发动机排量 V_{st}：多缸发动机各气缸工作容积的总和，单位为升（L）。

燃烧室容积 V_c：当活塞在上止点时，活塞顶上方的密闭空间叫燃烧室，它的容积称为燃烧室容积。

气缸总容积 V_a：当活塞处在下止点时，活塞顶上方的容积，称为气缸总容积，它等于气缸工作容积与燃烧室容积之和，即 $V_a = V_h + V_c$。

压缩比 ε：气缸总容积与燃烧室容积的比值，它表示气缸内的气体被压缩的程度，即 $\varepsilon = V_a / V_c = 1 + V_h / V_c$。

现代汽油机压缩比通常为9~11。柴油机采用压燃，它的压缩比较大，可达到16~22。

▶ 知识链接

1. 发动机排量和压缩比是汽车最重要的两个专业术语。

2. 通常发动机排量的大小是评价一辆汽车动力大小的主要因素，就像肺活量大的人运动能力更强一样，大排量的发动机是保障汽车动力性的重要条件。

3. 在合适的范围内提升压缩比，会提高发动机的输出功率，但是其运动部件自身消耗的能量也会随之增加。此外，高压缩比让汽油车不得不使用标号更高的汽油。

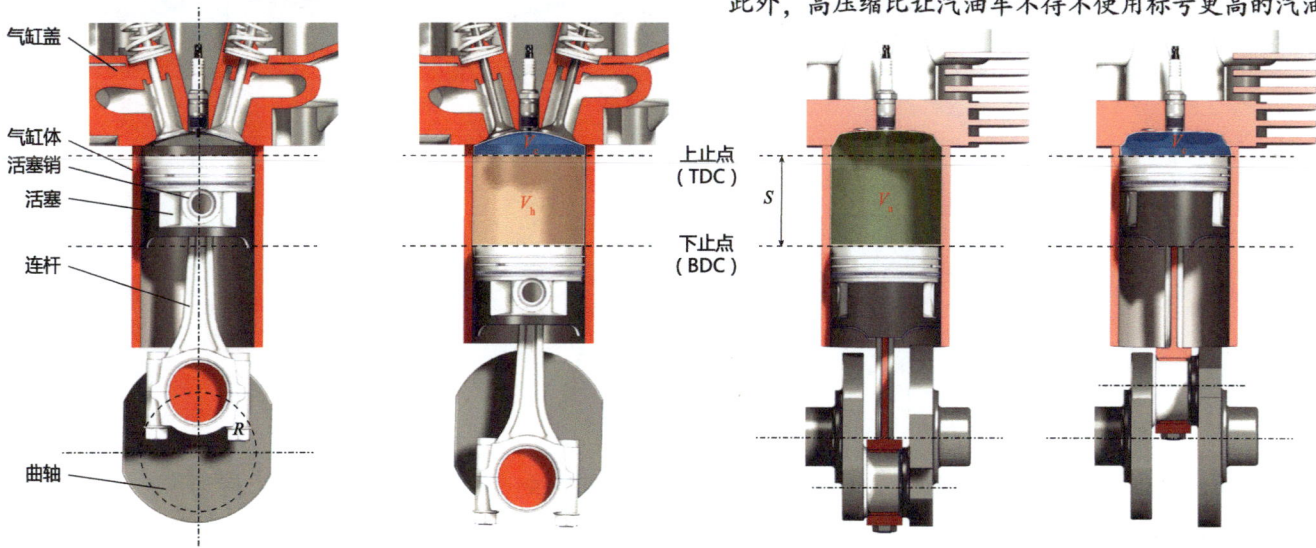

气缸盖
气缸体
活塞销
活塞
连杆
曲轴
R
V_h
上止点（TDC）
下止点（BDC）
S
V_a

02

四冲程汽油机工作原理

汽油机工作原理

进气行程：活塞从上止点向下止点运动，进气门打开，排气门关闭。活塞下移，气缸容积增大，缸内压力逐渐减小，当气缸压力降低到大气压以下时，在气缸外部形成的可燃混合气（缸内直喷除外）便经进气道和进气门被吸入气缸。

压缩行程：在曲轴、连杆的带动下，活塞由下止点向上止点移动，进、排气门全部关闭，将可燃混合气压缩，使其体积缩小、密度加大、温度升高。

做功行程：当活塞压缩接近上止点时，装在气缸盖上的火花塞发出电火花，点燃被压缩的可燃混合气，高温、高压燃气推动活塞从上止点向下止点运动，通过连杆使曲轴旋转并输出机械能。此机械能除了用于维持发动机本身继续运转以外，其余用于对外做功。

排气行程：活塞从下止点向上止点移动，排气门开启，进气门关闭，气缸内的废气靠自身压力和活塞上行的推力排到大气中。

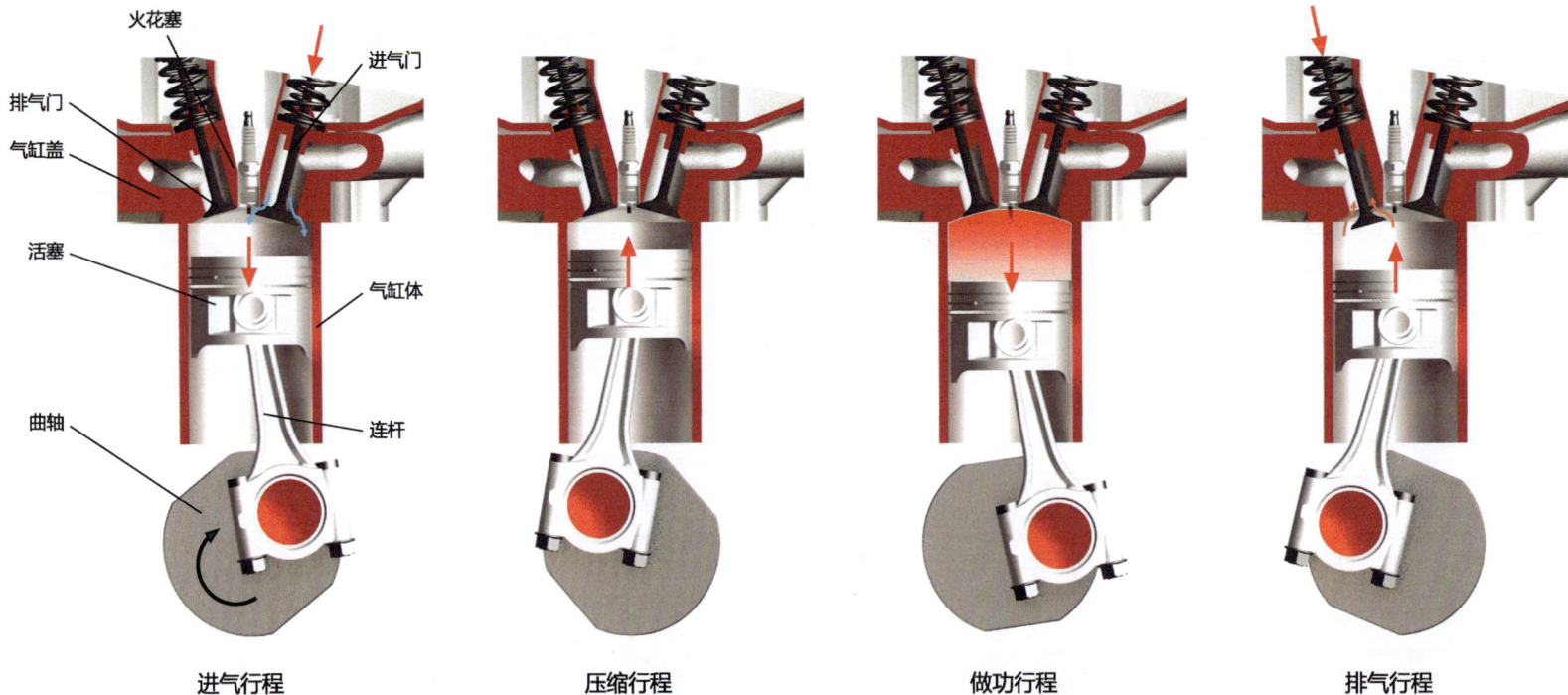

汽车构造与原理三维图解（彩色版）

| 进气行程 | 压缩行程 | 做功行程 | 排气行程 |

火花塞　进气门　排气门　气缸盖　活塞　气缸体　连杆　曲轴

四冲程柴油机工作原理

柴油机工作原理

进气行程：曲轴带动活塞下行，吸入空气。

压缩行程：曲轴带动活塞上行，压缩空气，因为柴油机压缩比较大，所以压缩行程终了时气体压力与温度均高于汽油机。在压缩行程接近终了时，柴油机通过喷油器将压力极高的柴油喷入气缸，柴油在很短时间内与压缩后的高温空气混合，形成可燃混合气。因此，四冲程柴油机的可燃混合气是在气缸内部形成的。

做功行程：由于压缩行程结束时，气缸内的气体温度大大超过柴油的自燃温度，柴油喷入气缸后，在很短时间内与空气混合便立即自燃，气缸内气压急剧上升。在高温、高压气体推动下，活塞向下运动，并带动曲轴旋转而做功。

排气行程：废气在自身压力及活塞的作用下，经排气管排入大气中。

因为柴油机是自燃，不会像汽油机那样产生爆燃，所以它的气缸直径可以做得比较大，这样在同等缸数的情况下，就可以大幅度增加发动机排量，从而提高功率。柴油机的高压缩比让它有很强的做功能力，但机身比较"笨重"，而且噪声也比较大。与汽油机相比，柴油机可省油20%~30%。

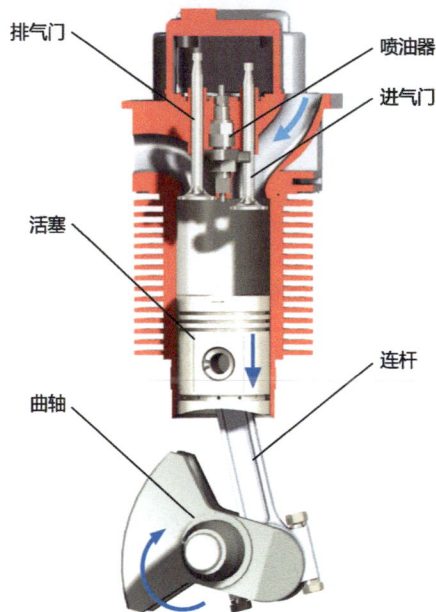

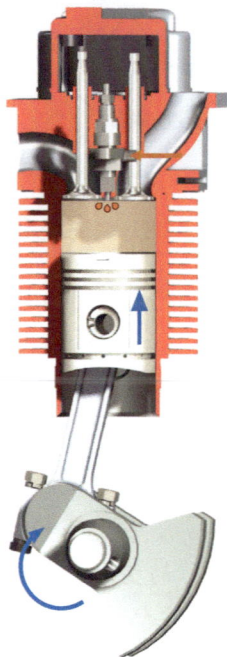

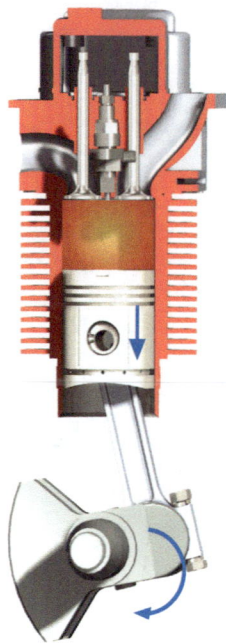

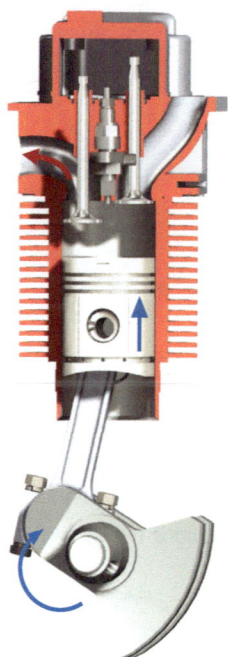

| 进气行程 | 压缩行程 | 做功行程 | 排气行程 |

典型汽油机外部构造

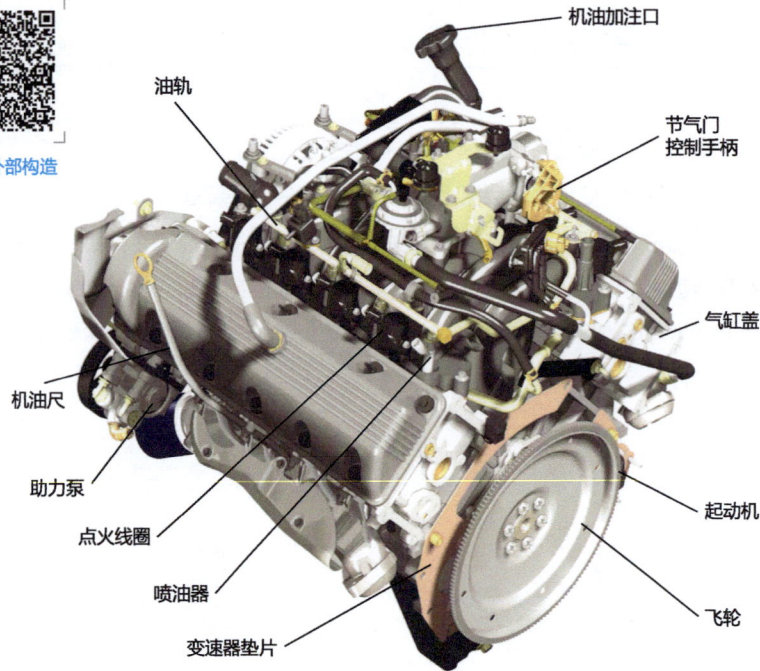

汽油机是以汽油为燃料，将燃料的化学能转化为机械能的发动机。由于汽油黏度低，蒸发快，可以用汽油喷射系统将汽油喷入气缸，经过压缩达到一定的温度和压力后，用火花塞点燃，利用气体膨胀做功。汽油机的特点是转速高、结构简单、质量轻、造价低廉、运转平稳、使用和维修方便。其在小型汽车上大量使用。

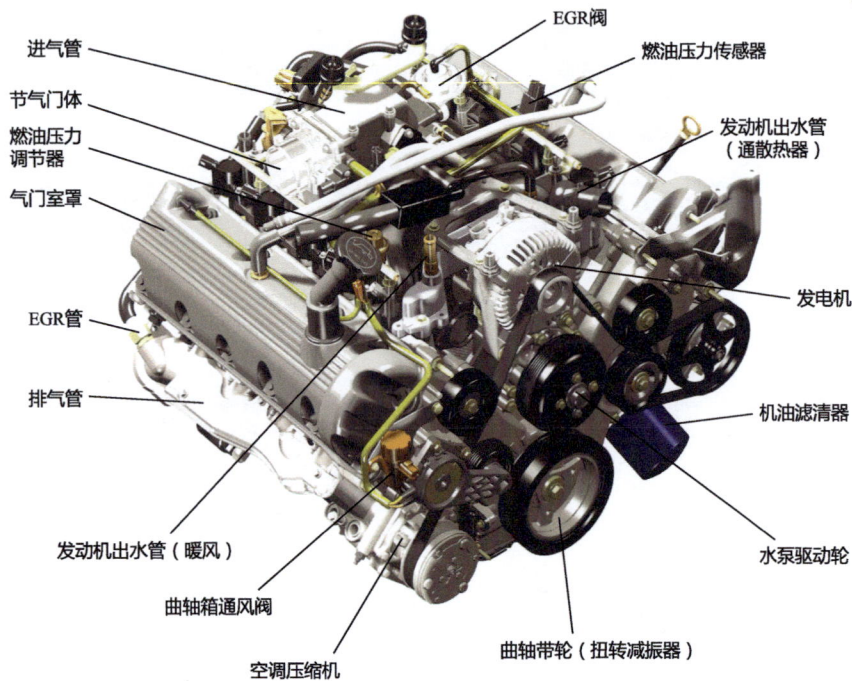

汽油机外部构造

汽油机外部构造示意图一

进气管
节气门体
燃油压力调节器
气门室罩
EGR管
排气管
发动机出水管（暖风）
曲轴箱通风阀
空调压缩机
EGR阀
燃油压力传感器
发动机出水管（通散热器）
发电机
机油滤清器
水泵驱动轮
曲轴带轮（扭转减振器）

汽油机外部构造示意图二

机油加注口
节气门控制手柄
气缸盖
起动机
飞轮
油轨
机油尺
助力泵
点火线圈
喷油器
变速器垫片

汽油机通常由机体组、曲柄连杆机构、配气机构、供给系统、润滑系统、冷却系统、点火系统和起动系统组成。

▶ **知识链接**

1. 发动机是机、电、气、油、液的复杂集合体，它的整体设计优劣决定了其工作能力及可靠性。

2. 发动机各总成部件结构设计及安装布置的合理性，在汽车使用、维修保养过程中起着至关重要的作用。

汽油机内部构造

汽油机的明显标志是安装在进气管或缸盖上的油轨、缸盖上的点火线圈以及安装在进气管前的节气门体。

▶ **知识链接**

1. 电子节气门、可变进气管、可变配气相位、电控风扇、分缸独立点火等已经不再是中高档汽车发动机才有的技术。增压以及汽油直喷技术在普通乘用车上也已大量应用。

2. 现代汽油机升功率已经很高了，在热效率以及做功能力大幅度提高的同时，对于润滑系统、冷却系统的设计要求也更高了。

3. 很多汽油机采用铝制缸体、缸盖、活塞连杆组（甚至是全铝发动机）以满足轻量化需求，并提高散热性能。

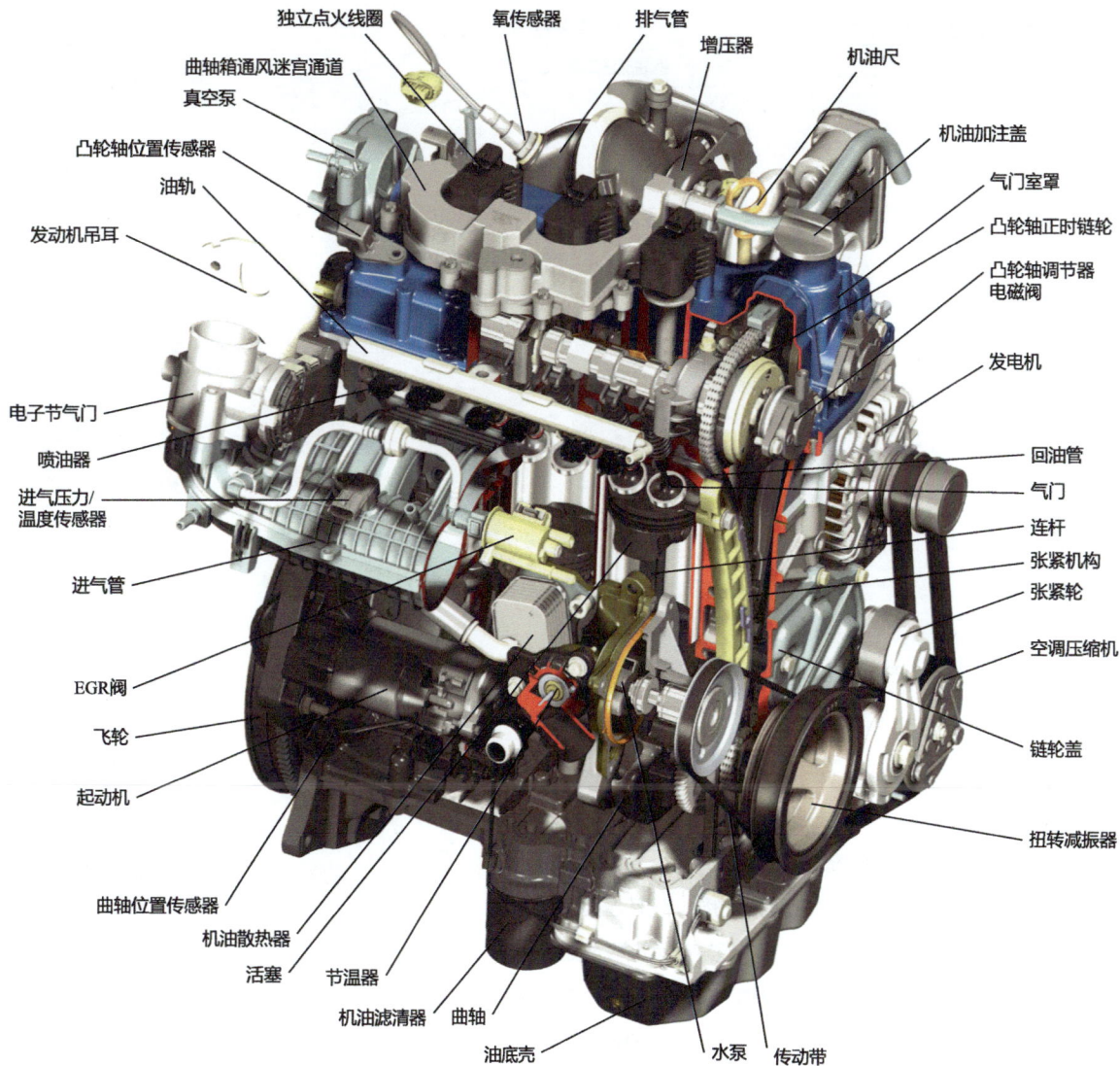

独立点火线圈
氧传感器
排气管
增压器
机油尺
曲轴箱通风迷宫通道
真空泵
凸轮轴位置传感器
油轨
发动机吊耳
机油加注盖
气门室罩
凸轮轴正时链轮
凸轮轴调节器电磁阀
发电机
电子节气门
喷油器
进气压力/温度传感器
进气管
回油管
气门
连杆
张紧机构
张紧轮
空调压缩机
EGR阀
飞轮
起动机
链轮盖
扭转减振器
曲轴位置传感器
机油散热器
活塞
节温器
机油滤清器
曲轴
油底壳
水泵
传动带

柴油机内部构造

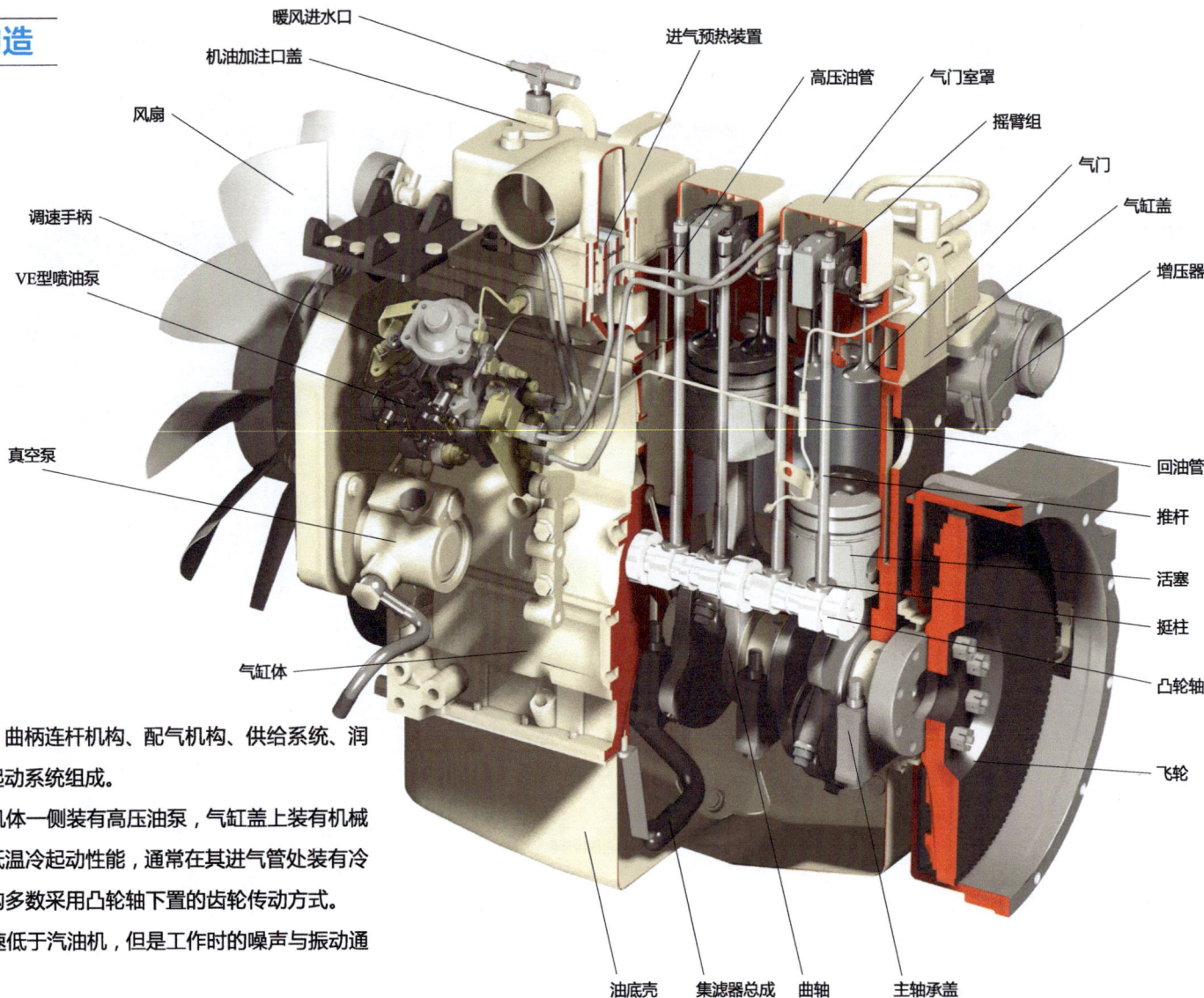

暖风进水口
机油加注口盖
进气预热装置
高压油管
气门室罩
摇臂组
气门
气缸盖
增压器
风扇
调速手柄
VE型喷油泵
真空泵
回油管
推杆
活塞
挺柱
凸轮轴
气缸体
飞轮
油底壳
集滤器总成
曲轴
主轴承盖

柴油机由机体组、曲柄连杆机构、配气机构、供给系统、润滑系统、冷却系统和起动系统组成。

传统柴油机在其机体一侧装有高压油泵，气缸盖上装有机械式喷油器。为保证其低温冷起动性能，通常在其进气管处装有冷起动预热器。配气机构多数采用凸轮轴下置的齿轮传动方式。

尽管柴油机的转速低于汽油机，但是工作时的噪声与振动通常要比汽油机大。

机体组

机体组

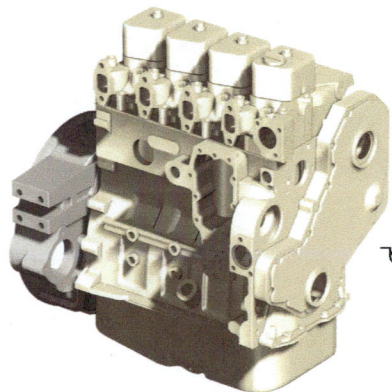

机体组总成

机体组是发动机的主体骨架,是曲柄连杆机构、配气机构和发动机各系统主要零部件的装配基体。气缸盖用来封闭气缸顶部,并与活塞顶和气缸壁一起形成燃烧室。另外,气缸盖和机体内的水套、油道以及油底壳又分别是冷却系统和润滑系统的组成部分。

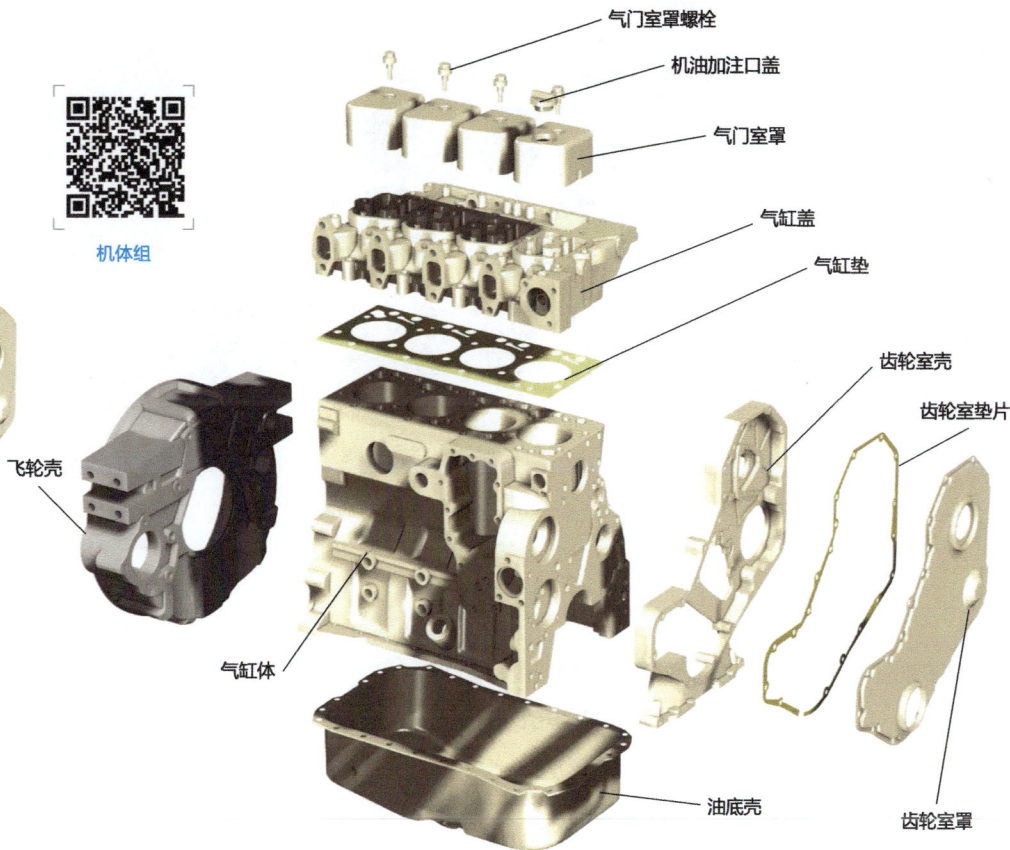

气门室罩螺栓
机油加注口盖
气门室罩
气缸盖
气缸垫
齿轮室壳
齿轮室垫片
飞轮壳
气缸体
齿轮室罩
油底壳

机体组分解图

▶ **知识链接**

1. 不同的发动机机体组的组成都大同小异,更多的差异体现在材料、工艺、细微结构上。

2. 看到机体组,一个发动机的外部轮廓就已经很清楚了,机体组是否坚固耐用对于发动机来讲非常重要。

气缸体的结构形式

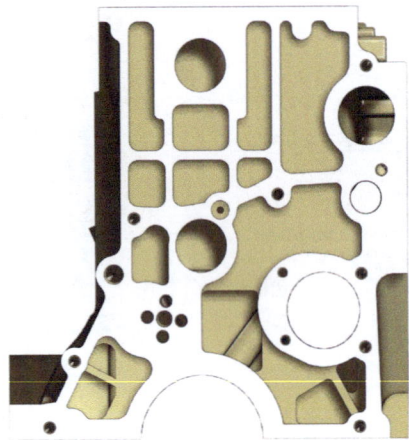

一般式

龙门式

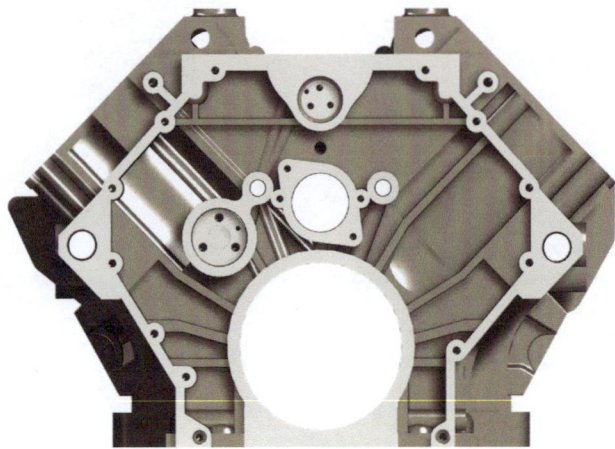

隧道式

一般式气缸体：是指其下表面与发动机的曲轴轴线在同一平面上的气缸体。这种机体高度小、质量轻、加工方便，但与另外两种机体相比刚度较差。

龙门式气缸体：是指下表面下沉到曲轴轴线以下的气缸体，其下表面到曲轴轴线的距离称作龙门高度。这种气缸体刚度和强度较好，与油底壳之间的密封比较简单，但工艺性较差。

隧道式气缸体：是指主轴承孔不剖分的气缸体。它一般配有窄型滚动轴承，可以缩短气缸体长度，但必须采用滚动主轴承支承的组合式曲轴。隧道式气缸体的结构刚度更高，主轴承孔的同轴度好，但是由于大直径滚动轴承的圆周速度不能很大，而且滚动轴承价格较贵，因此限制了隧道式气缸体在高速发动机上的应用。

V形气缸体

▶ 知识链接

1. 虽然一般式缸体相对小巧紧凑，但是在做功能力强的发动机上，还需要在其下方安装一个"下缸体"，以保证它下方的座孔能承受更大的力。

2. 隧道式气缸体非常少见，只有少数重型车辆使用的发动机及一些船用发动机会使用它。这种发动机的额定转速可能只有几百转/分，甚至更低。

汽车构造与原理三维图解（彩色版）

汽油机气缸盖基本构造

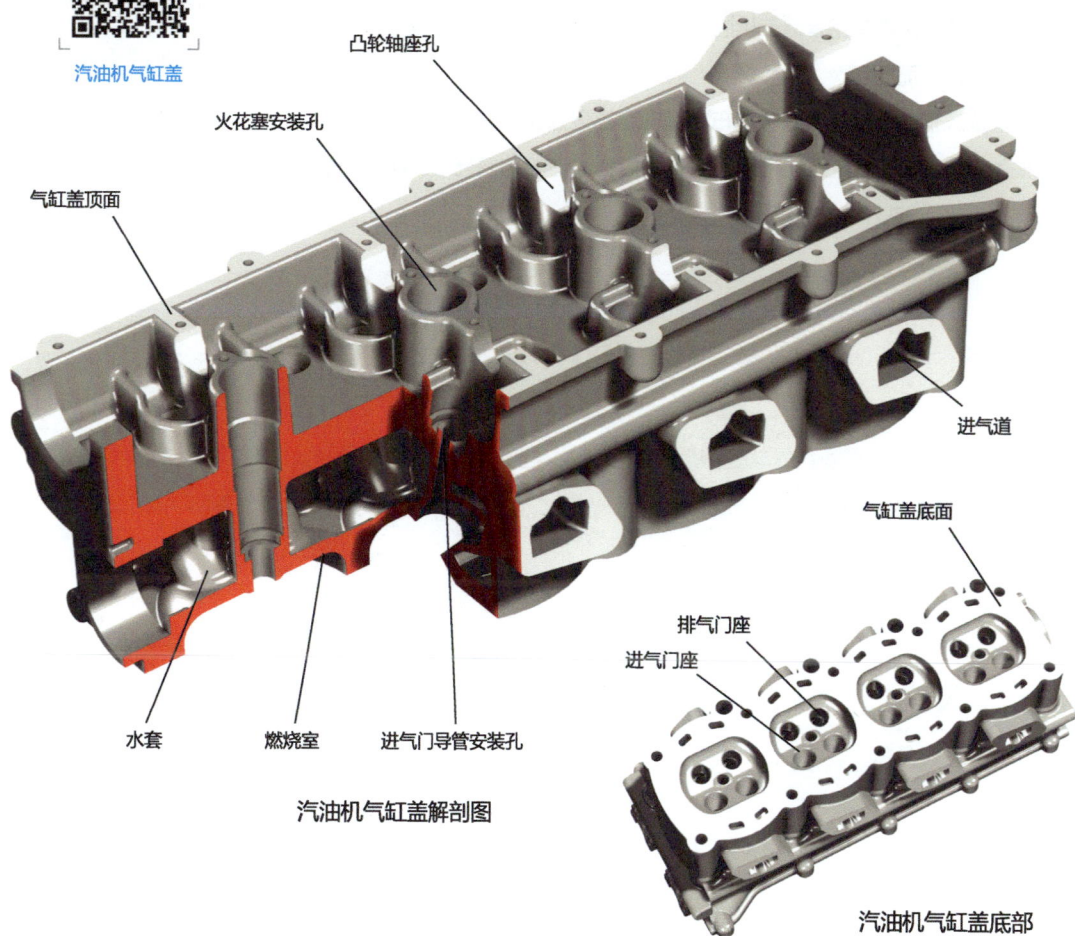

气缸盖的主要功用是密封气缸上部，与活塞顶部和气缸壁一起形成燃烧室，并承受气缸内的气体压力。

气缸盖是发动机中最复杂的单体零件之一。气缸盖上有进、排气门座及气门导管孔和进、排气通道等。汽油机的气缸盖还设有火花塞座孔，柴油机则设有安装喷油器的座孔。

▶ 知识链接

1. 气缸盖是发动机的重要部件，它的完好性关系到发动机寿命。

2. 更换气门油封等工作时拆下来的是气缸盖上方的气门室罩，对发动机工作没有影响。

3. 如果发动机内部积炭严重或出现进水等大事故，就要打开气缸盖进行维修，就像给病人做手术一样，能否恢复原有功能与发动机维修工的水平有很大关系。

4. 不得已打开气缸盖维修发动机时也无须过度担心，只要工序合理、维护得当，也没有太大的影响。

汽油机气缸盖

凸轮轴座孔

火花塞安装孔

气缸盖顶面

进气道

水套　燃烧室　进气门导管安装孔

汽油机气缸盖解剖图

气缸盖底面

排气门座

进气门座

汽油机气缸盖底部

油底壳

油底壳的主要功用是储存机油并封闭曲轴箱。油底壳受力很小，一般采用薄钢板冲压而成。

油底壳形状由发动机的总体布置和机油的容量决定。为了增强油底壳内机油的散热效果，有些发动机还采用了铝合金铸造的油底壳，在油底壳的底部还铸有相应的散热肋片和稳油挡板。

▶ 知识链接

1. 油底壳一般为冲压薄板材，以前为防止托底，很多汽车在油底壳下方装有下护板。但随着发动机碰撞下沉技术的应用，越来越多的乘用车不再安装下护板。

2. 有些汽车的油底壳还装有机油温度及油位传感器。

3. 为了实现增压器在发动机停机后还能继续润滑，很多发动机在油底壳中的机油泵具有电动延时供油功能。

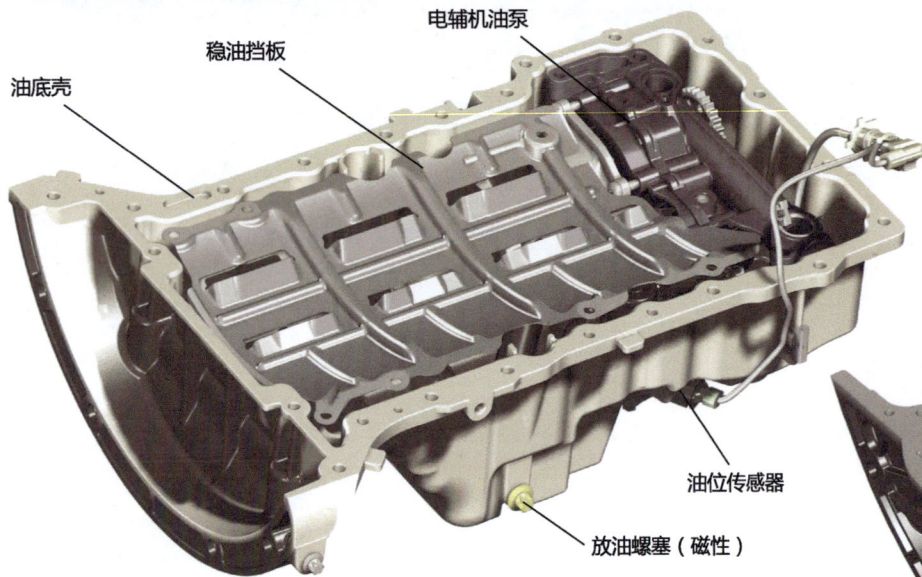

油底壳

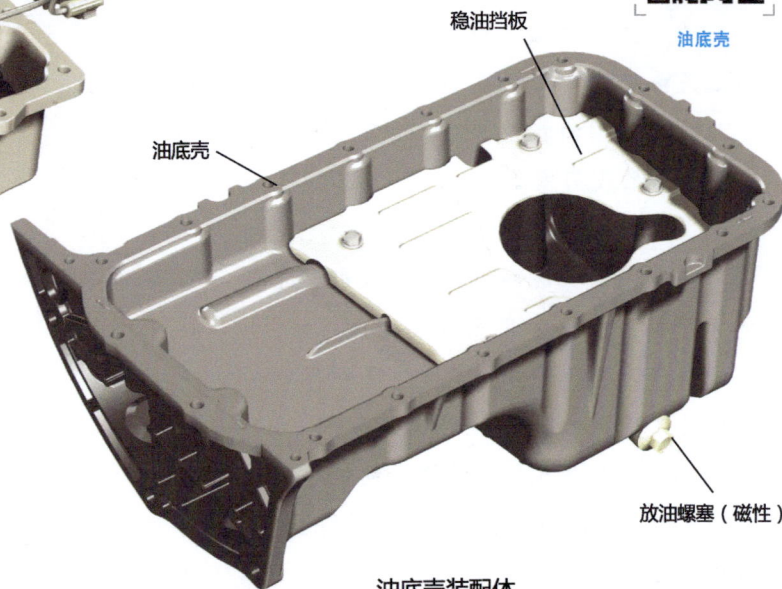

采用电辅机油泵的油底壳装配体

油底壳装配体

汽车构造与原理三维图解（彩色版）

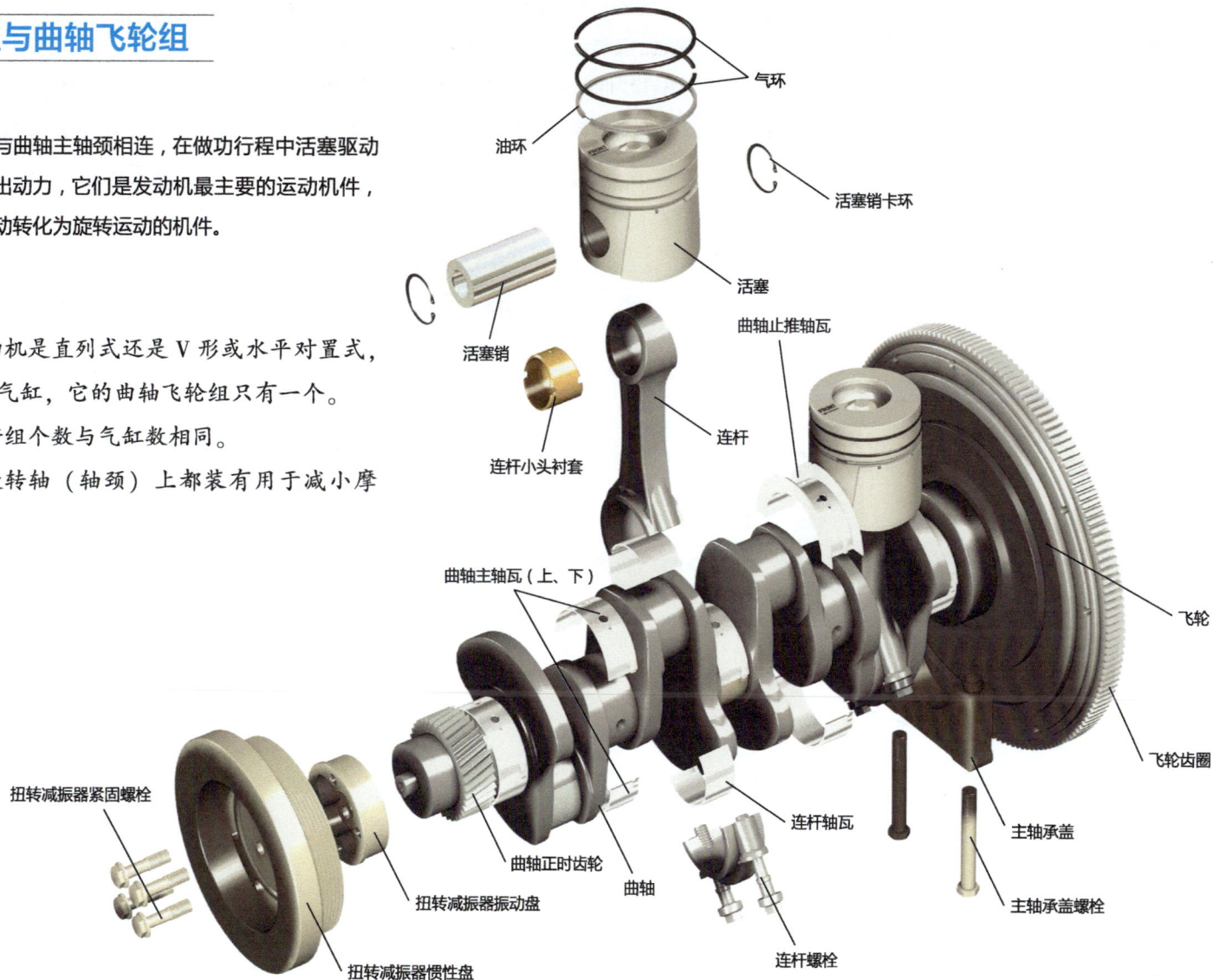

活塞连杆组与曲轴飞轮组

　　活塞通过连杆与曲轴主轴颈相连，在做功行程中活塞驱动曲轴旋转并对外输出动力，它们是发动机最主要的运动机件，也是将直线往复运动转化为旋转运动的机件。

▶知识链接

　　1. 不论发动机是直列式还是 V 形或水平对置式，也不论有多少个气缸，它的曲轴飞轮组只有一个。

　　2. 活塞连杆组个数与气缸数相同。

　　3. 它们的旋转轴（轴颈）上都装有用于减小摩擦的轴瓦。

气环

油环

活塞销卡环

活塞

活塞销

曲轴止推轴瓦

连杆

连杆小头衬套

曲轴主轴瓦（上、下）

飞轮

飞轮齿圈

扭转减振器紧固螺栓

连杆轴瓦

主轴承盖

曲轴正时齿轮

曲轴

主轴承盖螺栓

扭转减振器振动盘

连杆螺栓

扭转减振器惯性盘

活塞连杆组

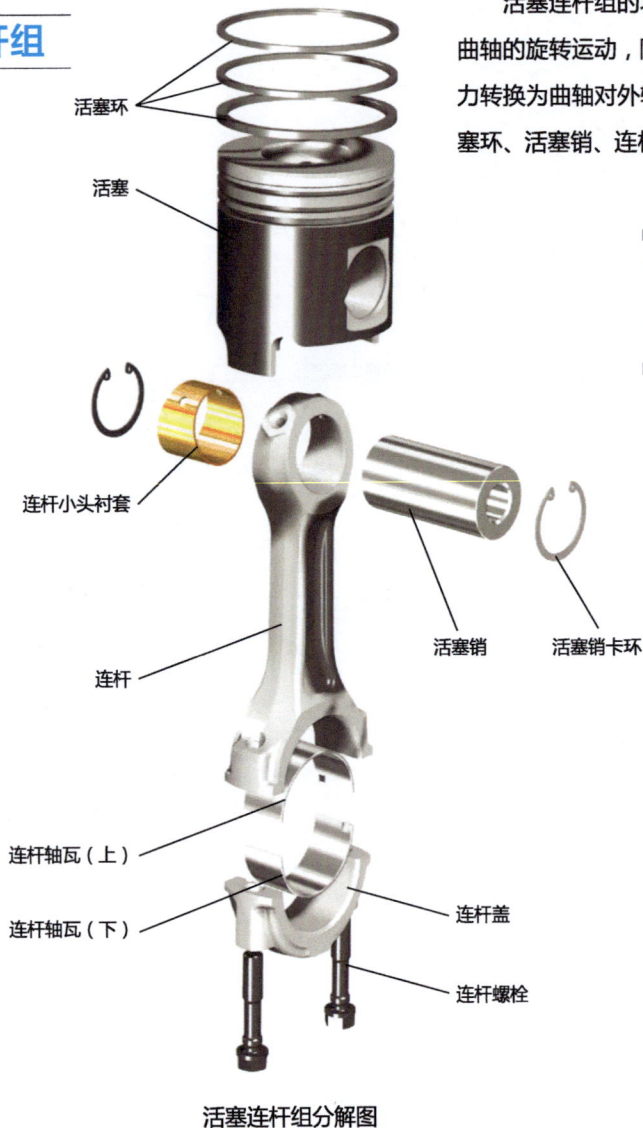

活塞连杆组的功用是将活塞的往复运动转换为曲轴的旋转运动，同时将作用在活塞顶部的燃烧压力转换为曲轴对外输出的转矩。它一般由活塞、活塞环、活塞销、连杆和轴瓦等机件组成。

活塞连杆组

▶ 知识链接

通常来讲，柴油机活塞从侧面看为立着的长方形，汽油机活塞则为横着的长方形，这是因为汽油机行程短、往复速度快，对活塞的导向作用要求低，对轻量化要求高，而柴油机反之。

活塞环

活塞

连杆小头衬套

活塞销

活塞销卡环

连杆

连杆轴瓦（上）

连杆轴瓦（下）

连杆盖

连杆螺栓

活塞连杆组分解图

柴油机活塞连杆组

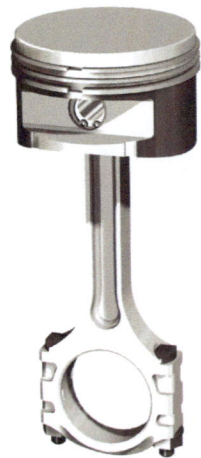

汽油机活塞连杆组

活 塞

活塞的主要作用是承受气缸中气体作用力，并将此力通过活塞销传给连杆，以推动曲轴旋转。

它的结构分为顶部、头部和裙部。活塞顶部与气缸盖、气缸壁共同组成燃烧室，头部用来安装活塞环，裙部主要用作运动导向。

▶ **知识链接**

1. 通常平顶活塞适合四冲程汽油机，凹顶活塞适合四冲程柴油机，凸顶活塞多用于二冲程发动机。

2. 大部分发动机活塞由铝合金制成，因此发动机如果过热，会导致活塞变形，甚至烧毁。

3. 铝合金活塞裙部黑色的涂层是石墨，目的是让活塞在工作时的磨合性更好。

直喷汽油机活塞

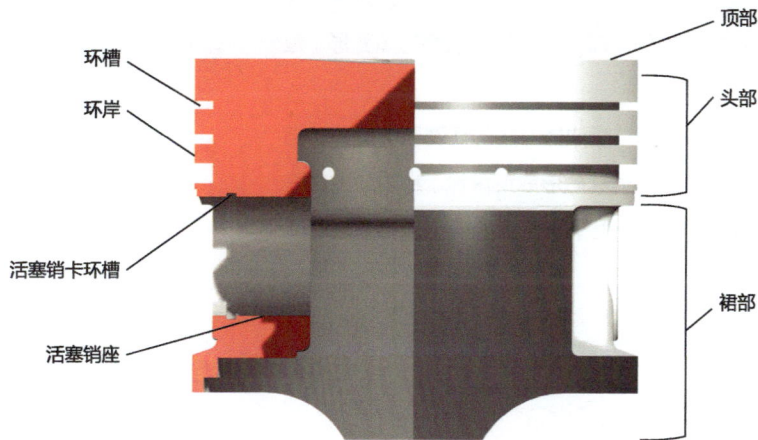

环槽
环岸
活塞销卡环槽
活塞销座
顶部
头部
裙部

活塞剖视图一

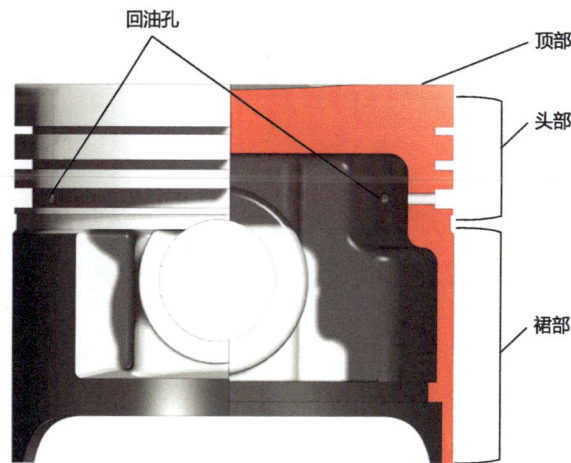

回油孔
顶部
头部
裙部

活塞剖视图二

平顶活塞

凹顶活塞

凸顶活塞

为了解决高转速发动机上活塞的机械负荷与热负荷大幅增加的问题，防止活塞头部温度过高，避免第一道环槽快速磨损，很多铝合金活塞在第一道环槽处镶有奥氏体铸铁耐热护圈。很多发动机还在其活塞头部设计有特定形状的机油振荡冷却通道，以实现机油内部冷却，从而降低活塞的热变形，延长活塞使用寿命。

直喷汽油机活塞顶部为弧状的曲线形，喷油器对应的活塞凹坑的开口指向进气侧，火花塞布置在中间，空气进入气缸后形成逆滚流，将喷射的燃油和蒸发的燃油送到火花塞附近。在压缩行程中，逆滚流得到加强，以利于燃烧。

▶ 知识链接

1. 直喷发动机由于有稀燃和均质燃烧两种模式，因此其活塞顶部设计要满足这两种燃烧模式需求。

2. 油冷活塞现在几乎已经成为高性能发动机的标配，但是大多数机油喷嘴只将机油喷射至活塞销处，而非活塞内部。

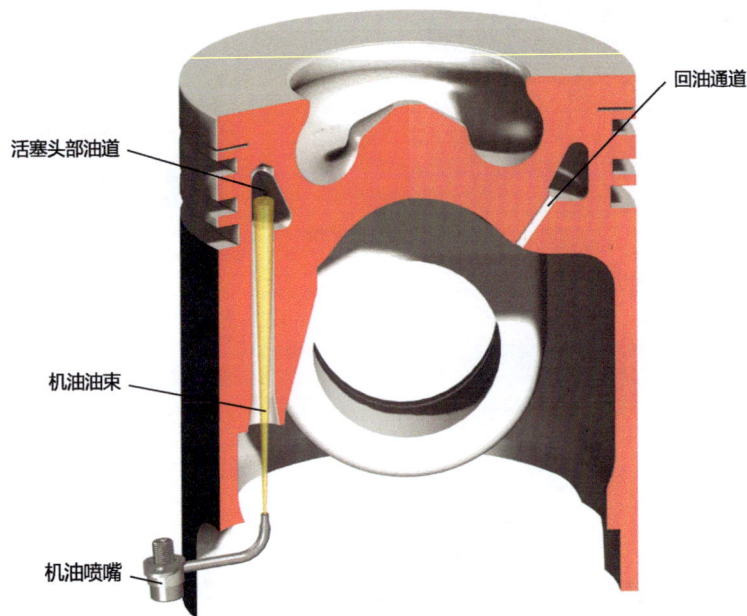

机油振荡冷却活塞

活塞环槽护圈

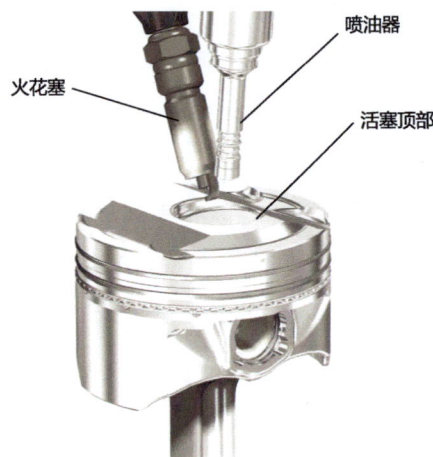

直喷汽油机活塞

活塞环（气环）

活塞环是嵌入活塞沟槽内部的金属环，分为气环和油环。

气环可用来密封燃烧室内的可燃混合气，油环则用来刮除气缸上多余的机油。

活塞环是一种具有较大向外扩张变形能力的金属弹性环，装配在环形槽内。做往复运动和旋转运动的活塞环依靠其张力及背压，在环外圆面和气缸以及环和环槽的一个侧面之间形成密封。

▶ 知识链接

1. 气环有很多种类，每个活塞上的多道气环并不能单独使用某一种，往往都是两种以上搭配使用。

2. 单独用矩形环易泵油。为保证密封，刮油效果好的扭曲环不能单独使用，并且扭曲环的安装还有方向要求。梯形环自洁作用好，桶面环磨合性好。

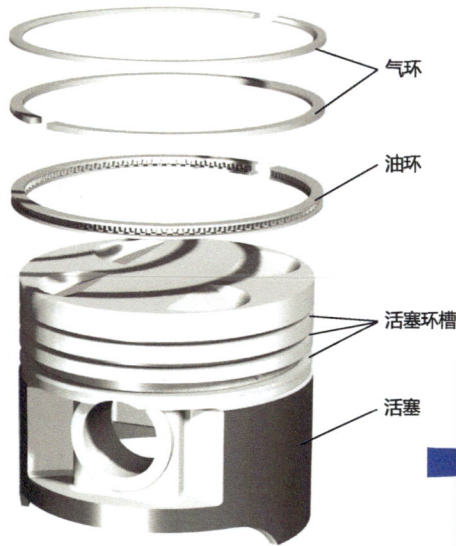
气环
油环
活塞环槽
活塞

活塞环与活塞

矩形环及其泵油作用

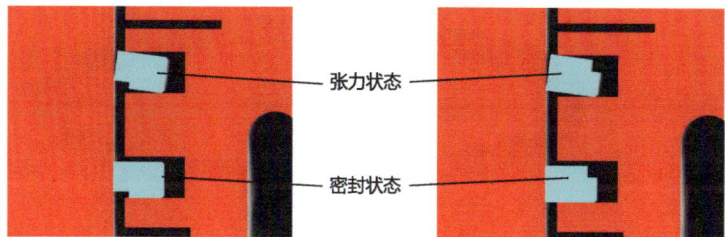

张力状态
密封状态

外切环槽扭曲环　　　　　内切环槽扭曲环

梯形环

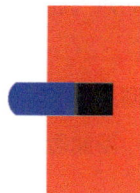
桶面环

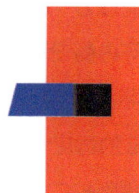
锥面环

鼻形环

活塞环（油环）

组合式油环

弹簧胀圈式油环

为了获得更大的径向压力，提高刮油能力和对气缸失圆的适应性，有些发动机在普通槽孔式油环内侧安装有弹簧胀圈。

组合式油环的钢片环很薄，刮油作用好。刮油片各自独立（环口要错开一定的角度），故对气缸的适应性好，质量小，回油通路大，因此，组合式油环在高转速发动机上得到较广泛的应用。

▶ 知识链接

活塞环工作时，既要保证能把部分机油带到摩擦表面中，又要保证活塞下行时把多余机油刮下来。活塞环是发动机中磨损最严重的部件之一，也是主要易损件，应尽可能地按时间或里程保养发动机，让易损件在发动机全寿命期内工作。

曲轴飞轮组

曲轴飞轮组主要由曲轴、飞轮以及装在曲轴上的扭转减振器、带轮、正时齿轮（或链轮）、止推垫片等附件组成，其零件和附件的种类和数量取决于发动机的结构和性能要求。

▶ 知识链接

1. 带轮（扭转减振器）安装在发动机前方，飞轮则安装在发动机后方。

2. 作为发动机中质量最大的运动组件，它的完好性对发动机正常工作极为重要。如果曲轴飞轮组损坏，对于发动机来讲是严重问题。

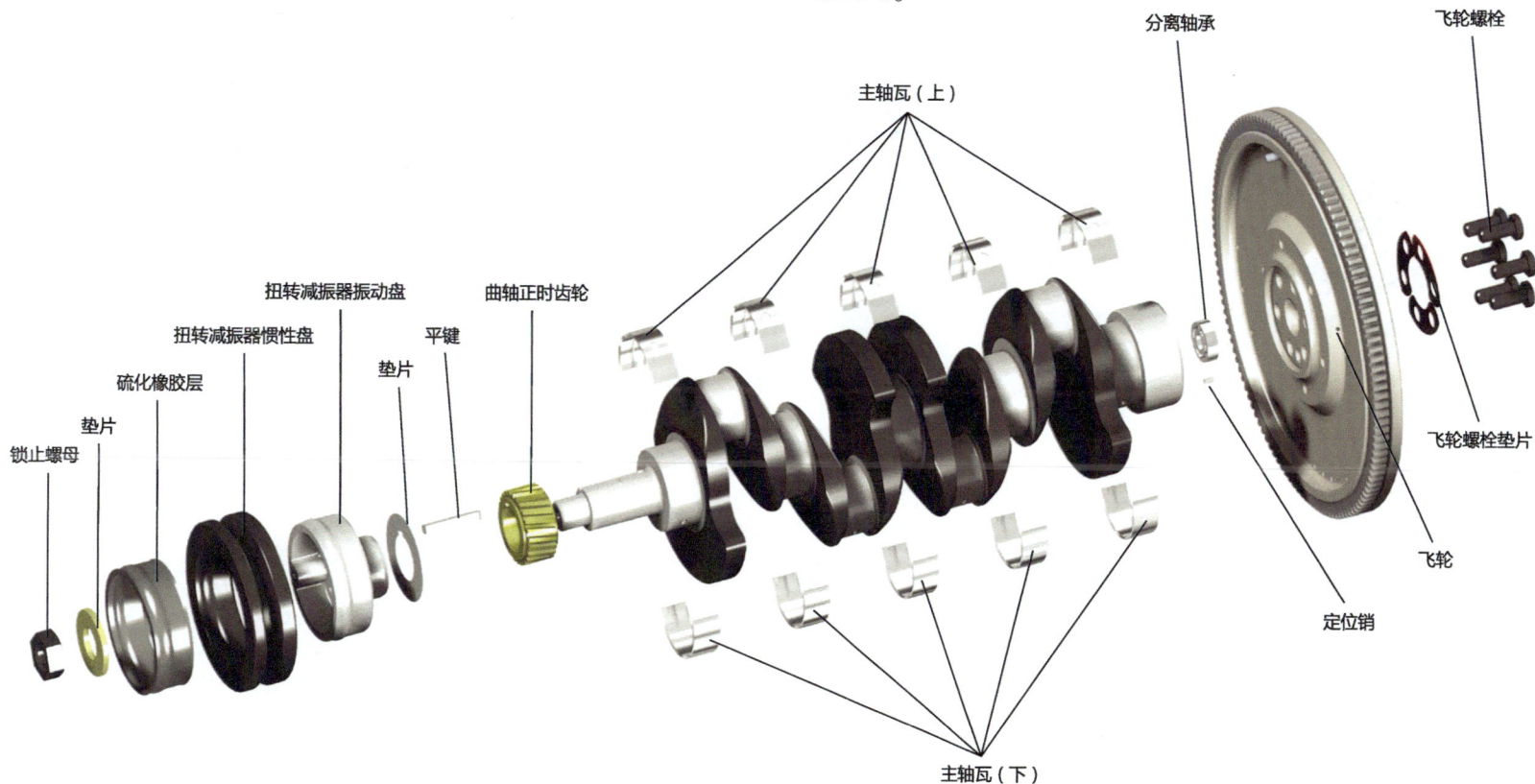

分离轴承

飞轮螺栓

主轴瓦（上）

扭转减振器振动盘

曲轴正时齿轮

扭转减振器惯性盘

平键

垫片

硫化橡胶层

垫片

锁止螺母

飞轮螺栓垫片

飞轮

定位销

主轴瓦（下）

曲柄连杆机构

第三章

曲　轴

曲轴的功用是承受连杆传来的力，并将其转变为转矩对外输出。另外，曲轴还用来驱动发动机的配气机构及其他各种辅助装置，如发电机、风扇、水泵、机油泵等。

根据连杆轴颈与主轴颈个数关系，曲轴分为全支承与非全支承曲轴。一些对发动机长度有限制的发动机会采用非全支承曲轴。

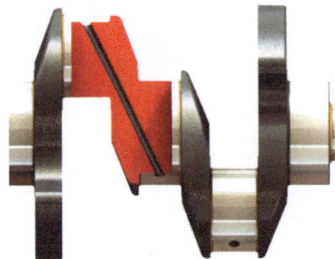

汽车构造与原理三维图解（彩色版）

曲轴

▶知识链接

1. 曲轴是发动机靠机械传动附件的动力源。

2. 曲轴常见损伤形式是轴颈磨损、划伤、擦伤、腐蚀、裂纹、弯曲、扭曲、折断及组合式曲轴套合处的滑移等。

主轴颈　　后端凸缘　　前端轴　　曲柄　　平衡重　　连杆轴颈

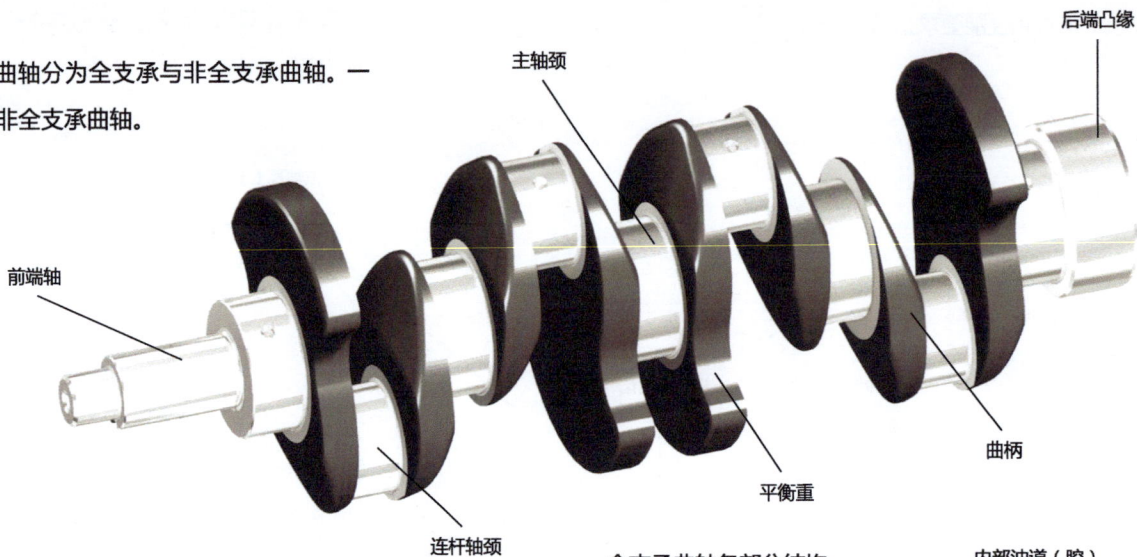

全支承曲轴各部分结构

非全支承曲轴

内部油道（腔）

曲轴内部油道示意图

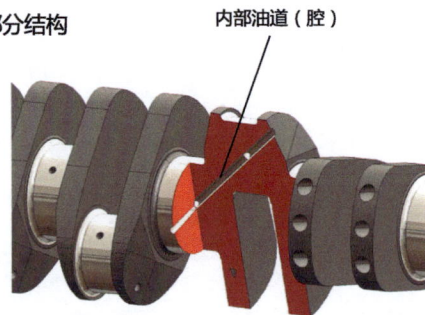

扭转减振器及飞轮

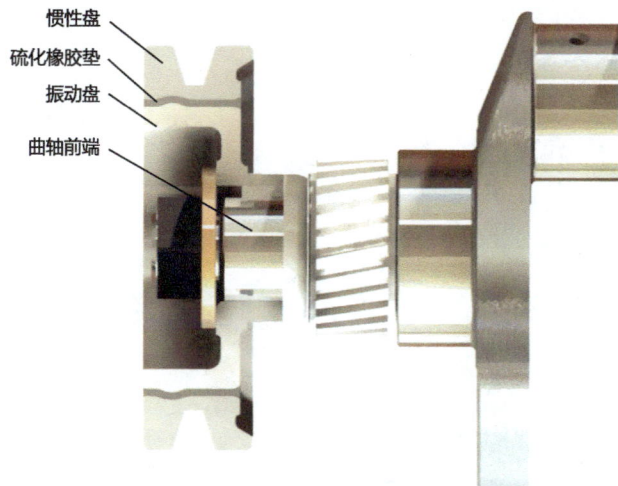

惯性盘
硫化橡胶垫
振动盘
曲轴前端

橡胶摩擦式扭转减振器

飞轮是一个转动惯量很大的圆盘，其主要功用是将在做功行程中曲轴做功时的一部分动能储存起来，用以在其他行程中克服阻力，带动曲柄连杆机构越过上、下止点，保证曲轴的旋转角速度和输出转矩尽可能均匀，并使发动机有可能克服短时间的超负荷。此外，飞轮往往用作汽车传动系统中摩擦离合器的驱动件。

汽车发动机常用的曲轴扭转减振器是摩擦式减振器，其工作原理是使曲轴扭转振动能量逐渐消耗于减振器内的摩擦，从而使振幅逐渐减小。

橡胶摩擦式扭转减振器利用橡胶垫变形而产生的橡胶内部的分子摩擦，消耗扭转振动能量，使整个曲轴的扭转振幅减小，把曲轴共振转速移向更高的转速区域内，从而避免在常用的转速内出现共振。

1. 摩擦式扭转减振器和曲轴前的带轮装配为一体。

2. 有些大型柴油机采用硅油式扭转减振器，从外观上看就是一个小飞轮，它的工作原理和摩擦式扭转减振器相近，只是吸收能量的介质为黏度较大的硅油。

3. 一般来说，手动档车辆的飞轮是要和离合器摩擦传递动力的，因此飞轮的体积和质量都偏大，而采用液力变矩器的自动变速器则不需要这么大的飞轮。此外，很多跑车的高性能发动机飞轮甚至是镂空的，这是为了减小运动部件质量进而让发动机转速更高一些。

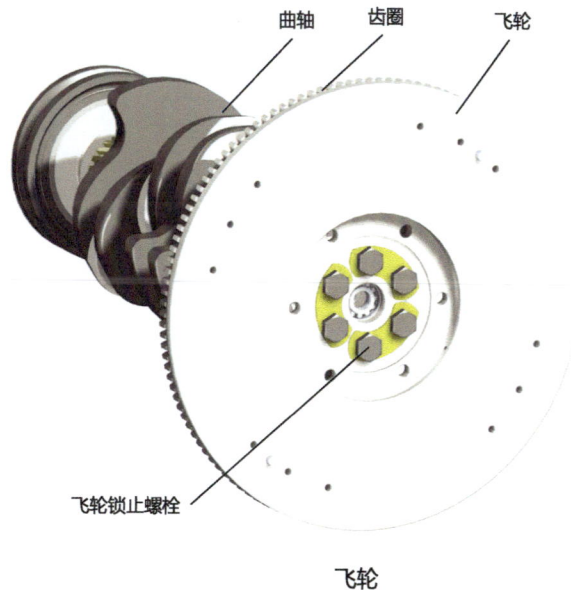

曲轴   齿圈   飞轮

飞轮锁止螺栓

飞轮

第三章
曲柄连杆机构

发动机传动带及驱动

发动机的主要附件都是由曲轴通过传动带来驱动的，由张紧轮保证传动带的正常驱动。一般汽车行驶 8~10 万 km 就需要更换传动带。

▶ **知识链接**

1. 很多人会将发动机传动带与配气机构的正时齿形带混淆。正时齿形带有传动齿以保证正确的传动比，传动带则不需要。

2. 发动机传动带理论上即使快断了等一等再更换也来得及（不推荐），但是正时齿形带则不然，行驶里程或时间到了必须更换。

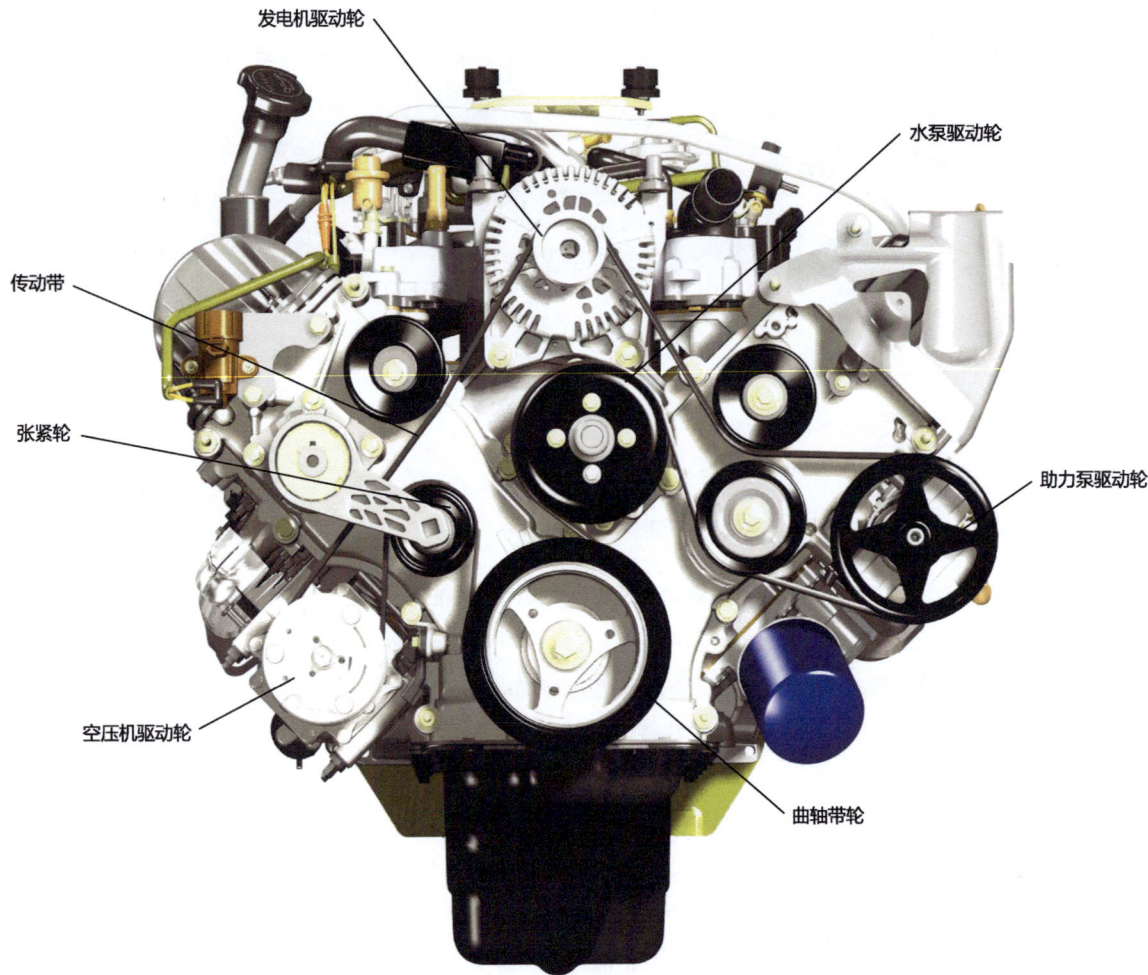

发电机驱动轮

水泵驱动轮

传动带

张紧轮

助力泵驱动轮

空压机驱动轮

曲轴带轮

平衡轴

平衡轴用来平衡和减少发动机的振动，以降低发动机的噪声，延长发动机使用寿命，提升乘车的舒适性。双平衡轴和单平衡轴在车用发动机上都有应用，其工作原理相同。

双平衡轴采用链传动方式带动两根平衡轴转动，其中一根平衡轴与发动机的转速相同，可以消除发动机的一阶振动；另一根平衡轴的转速是发动机转速的2倍，可以消除发动机的二阶振动，以达到理想的减振效果。双平衡轴方式较为复杂，成本高，会占用发动机的一部分空间。

▶ 知识链接

1. 平衡轴不是万能的，一些三缸发动机即使安装了平衡轴，其抖动仍然比四缸以上发动机大，尤其是在车辆起步时。

2. 平衡轴的设计匹配比较复杂，这会增加发动机的制造成本，通常只有中高档乘用车才会采用这种技术。

平衡轴   曲轴

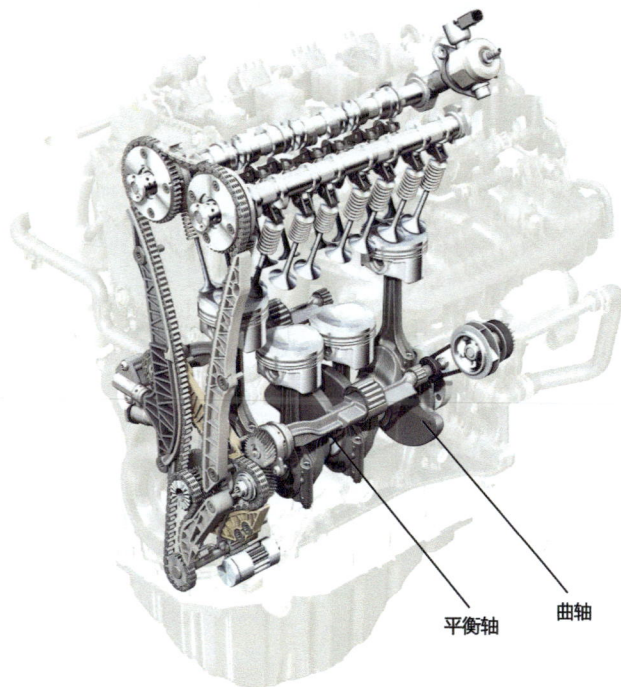

平衡轴在发动机中的布置

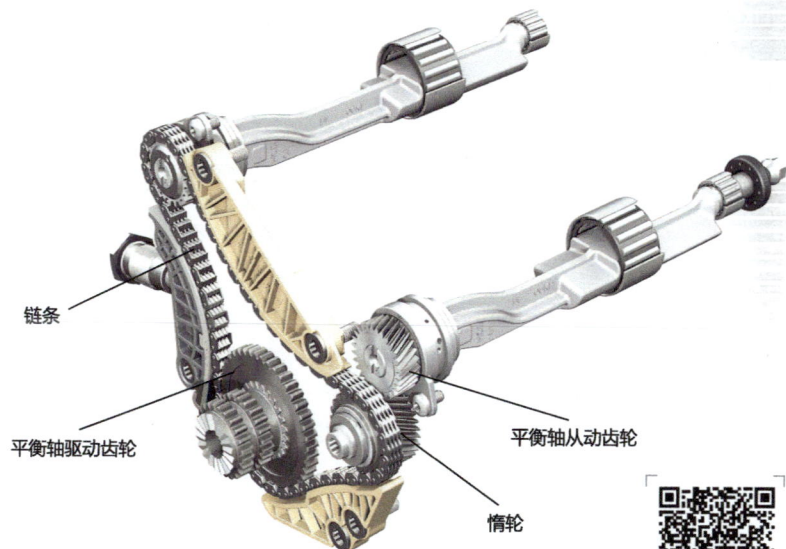

链条

平衡轴驱动齿轮

平衡轴从动齿轮

惰轮

平衡轴的工作原理

单平衡轴

齿轮传动配气机构

发动机配气机构的功用是根据每一气缸内进行的工作循环顺序，定时地开启和关闭各气缸的进、排气门，以保证新鲜可燃混合气（汽油机，直喷型除外）或空气（柴油机）得以及时进入气缸并把燃烧后生成的废气及时排出气缸。

凸轮轴下置齿轮
传动配气机构

▶ 知识链接

　　1. 配气机构功用可以总结为保证"进气充足、排气彻底"。

　　2. 配气机构类似于人类的呼吸系统，保证发动机在不同转速、负荷下对进排气量的控制。

　　3. 凸轮轴下置齿轮传动配气机构一般用于转速不高的老式汽油机或柴油机中。

　　4. 齿轮传动与链条或齿形带传动相比，传动精度更高，耐用性更好，也不需要复杂的张紧机构。

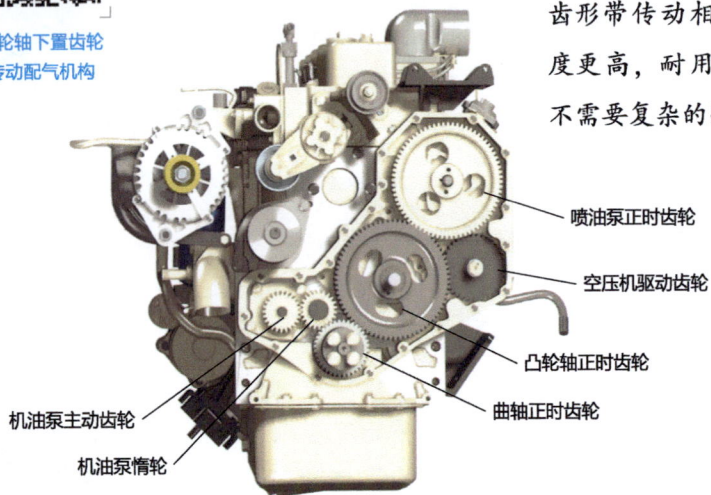

摇臂轴座
摇臂轴
气门间隙调整螺钉
摇臂
气门弹簧座
进气门
气门弹簧
排气门
推杆
挺柱

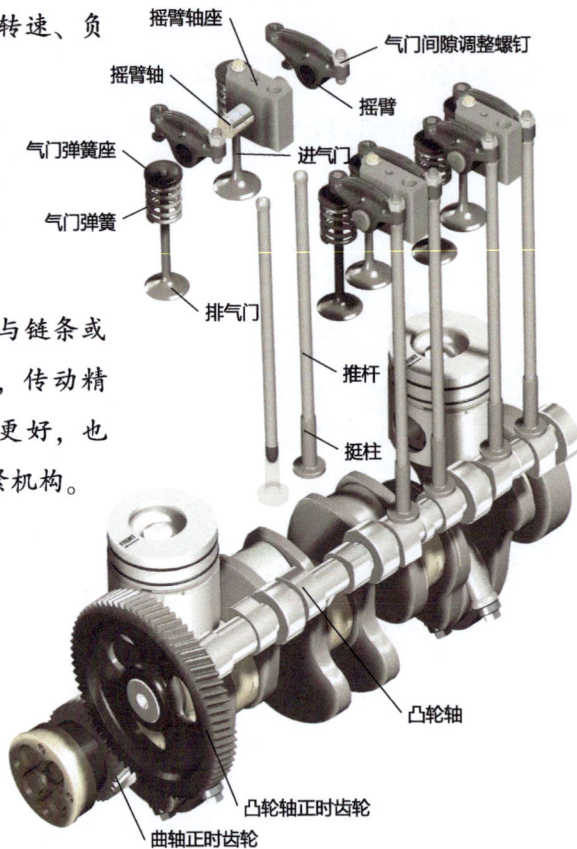

喷油泵正时齿轮
空压机驱动齿轮
凸轮轴正时齿轮
曲轴正时齿轮
机油泵主动齿轮
机油泵惰轮

凸轮轴
凸轮轴正时齿轮
曲轴正时齿轮

发动机齿轮传动系统

凸轮轴下置齿轮传动配气机构

配气机构

第四章

04

气门的开闭过程

现代发动机进气门和排气门都装在气缸盖上,凸轮轴装在上曲轴箱内。发动机工作时,曲轴通过正时齿轮驱动凸轮轴旋转,当凸轮轴转到凸轮的凸起部分顶起挺柱时,通过推杆使摇臂绕摇臂轴摆动,压缩气门弹簧,使气门离座,即气门开启。当凸轮凸起部分离开挺柱后,气门便在气门弹簧力作用下回位而落座,气门关闭。

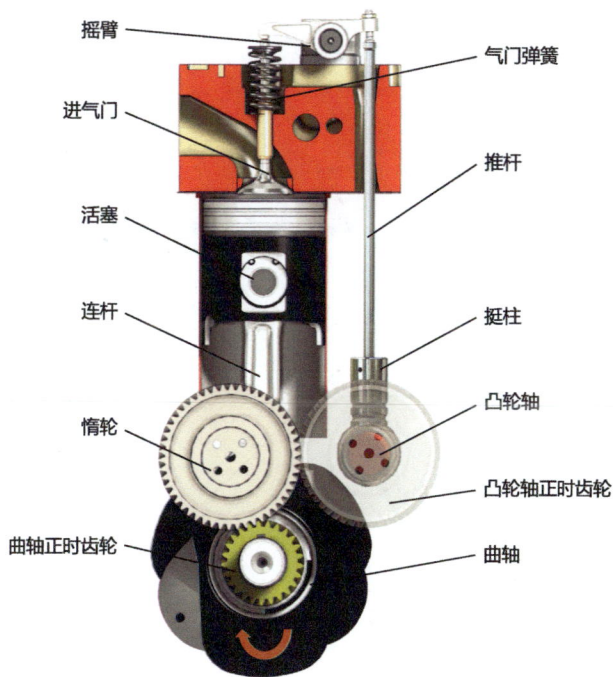

▶知识链接

1. 曲轴每转2周,进、排气门各开启1次,也就意味着凸轮轴只转1周。因此,配气机构凸轮轴的转速为发动机转速的一半,它的正时齿轮齿数是曲轴正时齿轮齿数的2倍。

2. 不同气缸的同名凸轮的夹角是工作间隔角的一半,而同一气缸的进气门凸轮与排气门凸轮的夹角是90°加气门重叠角的一半。

气门关闭(进气开始)　　　气门完全打开　　　气门关闭(进气结束)

第四章
配气机构

齿形带传动配气机构

在高速发动机上还广泛采用齿形带传动。这种传动对于减小噪声、减小结构质量与降低成本都有很大好处。齿形带由氯丁橡胶制成，中间夹有玻璃纤维以增加强度。

▶ 知识链接

V形发动机左右两侧配气机构是镜像布置关系，正时齿形带由于自身材质的原因，工作可靠性不如正时链条或齿轮，汽车行驶达到一定里程或时间必须更换。由于传动精度差及力矩方面的原因，现在发动机少有使用。

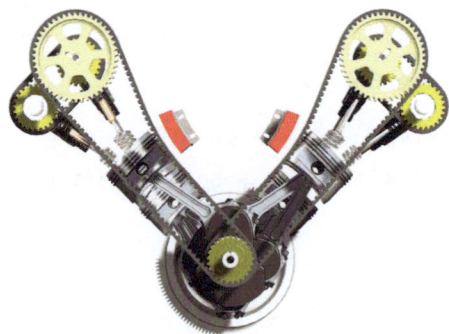

正视图

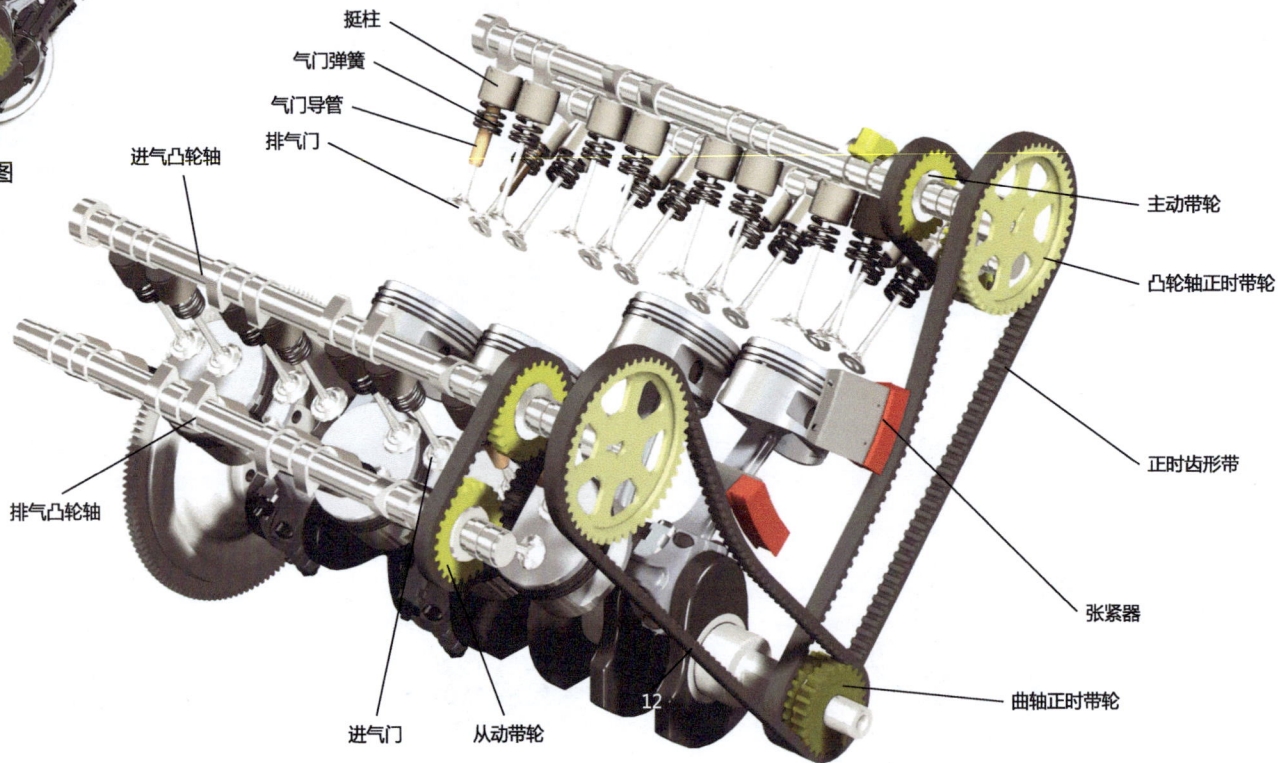

V形发动机
齿形带配气结构

采用齿形带传动的V形发动机配气机构

挺柱
气门弹簧
气门导管
排气门
进气凸轮轴
排气凸轮轴
主动带轮
凸轮轴正时带轮
正时齿形带
张紧器
曲轴正时带轮
进气门
从动带轮

链条传动配气机构

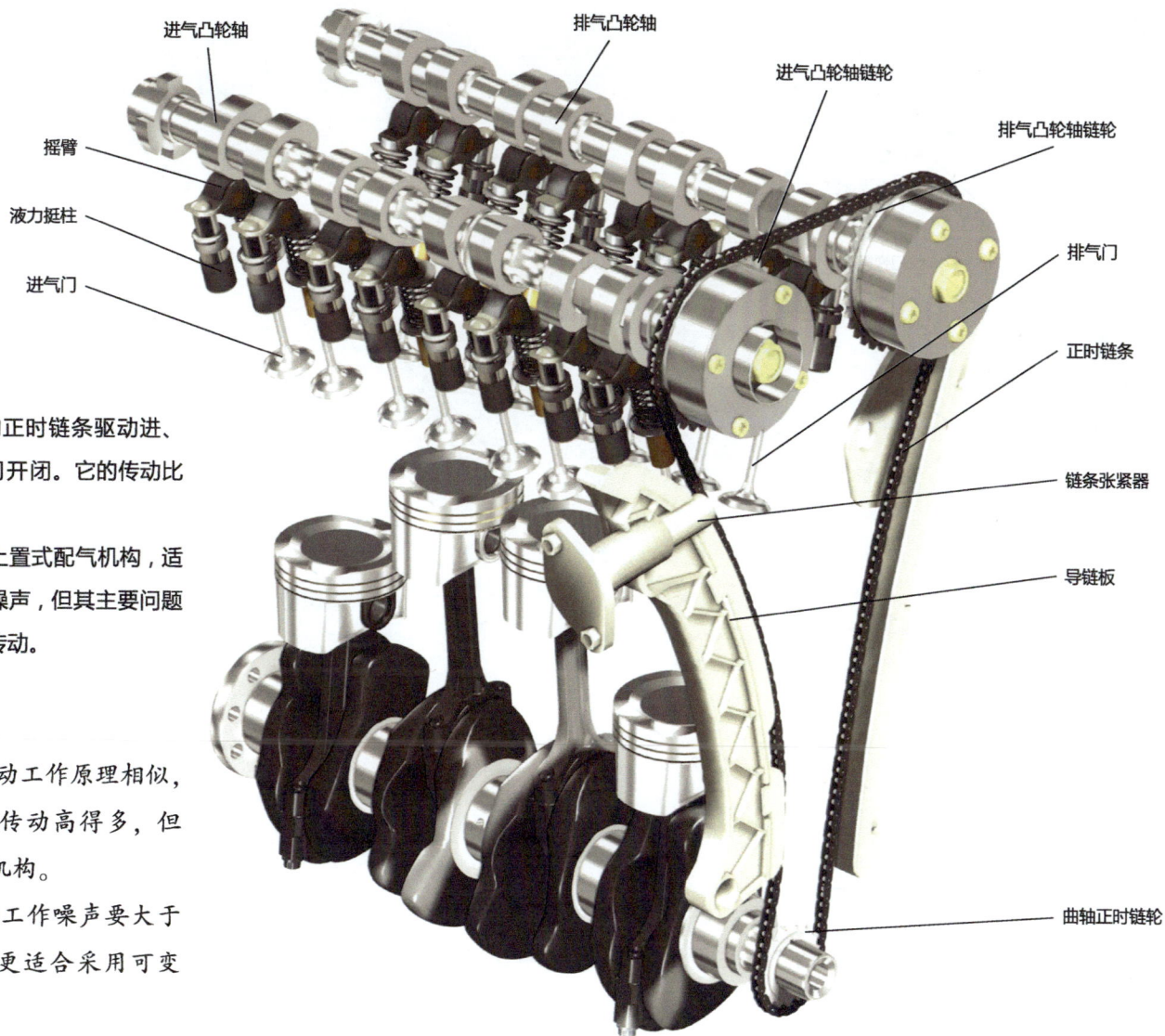

进气凸轮轴

排气凸轮轴

进气凸轮轴链轮

摇臂

液力挺柱

进气门

排气凸轮轴链轮

排气门

正时链条

链条张紧器

导链板

曲轴正时链轮

曲轴通过正时链轮和特制的正时链条驱动进、排气凸轮轴链轮，进而实现气门开闭。它的传动比仍然是2：1。

链条传动特别适合于凸轮轴上置式配气机构，适用于高速发动机，并降低了传动噪声，但其主要问题是工作可靠性和耐久性不如齿轮传动。

▶ 知识链接

1. 链条传动与齿形带传动工作原理相似，只是链条传动精度比齿形带传动高得多，但两者必须都要有可靠的张紧机构。

2. 链条传动的配气机构工作噪声要大于齿形带传动，而且链条传动更适合采用可变配气技术的发动机。

气门组

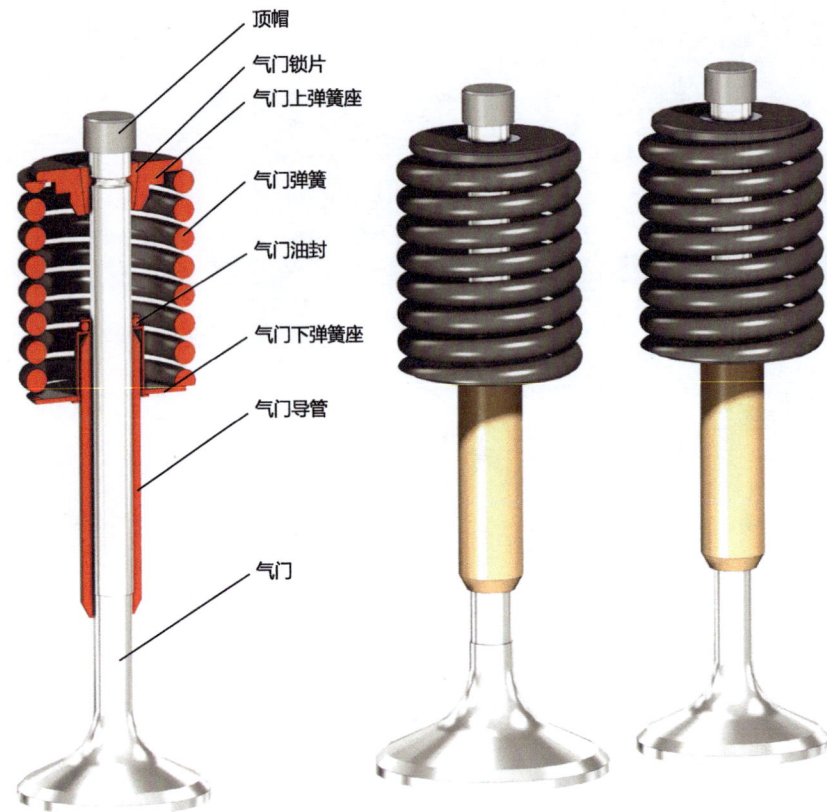

顶帽
气门锁片
气门上弹簧座

气门弹簧

气门油封

气门下弹簧座

气门导管

气门

气门组

气门组应保证气门能够实现气缸的密封，主要包括气门、气门导管、气门座圈和气门弹簧等零件。

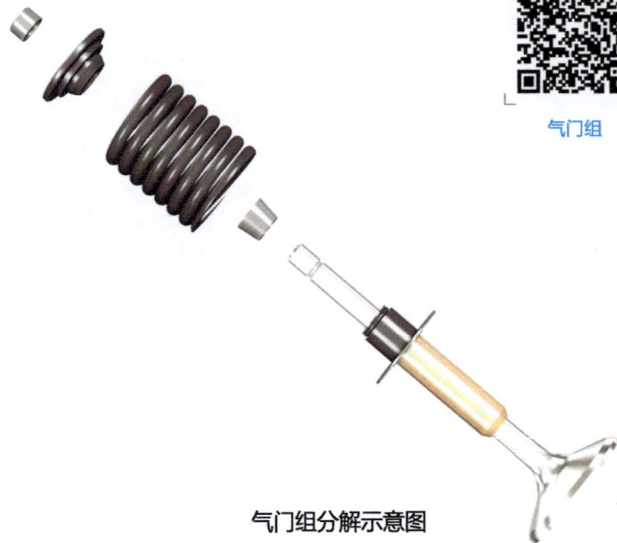

气门组分解示意图

汽车构造与原理三维图解（彩色版）

▶ 知识链接

1. 气门的锁止原理非常巧妙，这种锁片结构既方便安装，又能保证气门弹簧与气门不会从弹簧座中脱离。

2. 气门弹簧可以通过双弹簧、不等螺距等设计防止其在工作时产生共振。一旦气门弹簧损坏，气门直接掉入燃烧室，这可能会导致缸体、缸盖和活塞损坏。

3. 气门油封非常重要，一旦它失效，润滑油通过导管与气门杆缝隙流入燃烧室，会导致发动机积炭严重，积炭不均甚至会导致气门弯曲。

液力挺柱的结构

热膨胀造成的气门关闭不严问题可用预留气门间隙的方法来解决。但由于气门间隙的存在，发动机工作时，配气机构将会产生冲击，进而发出响声。为了解决这一矛盾，高转速发动机上采用了液力挺柱，在工作时通过液压方式消除气门间隙。

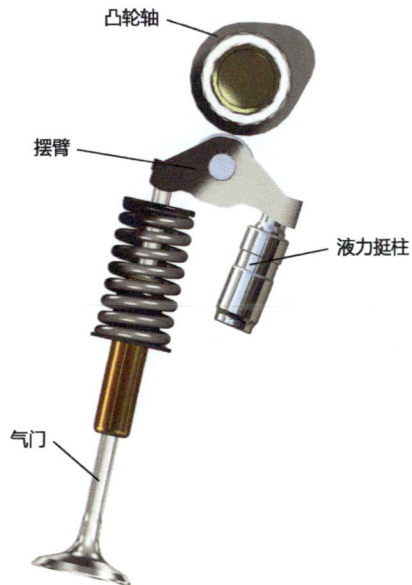

▶ 知识链接

1. 液力挺柱的工作用油来自于发动机润滑油，挺柱体的油孔对准气缸盖上的横向油道。

2. 液力挺柱消除了气门间隙带来的拍击声，因此已经成为对于舒适性和降噪要求较高的乘用车发动机的标配。

3. 液力挺柱的结构多种多样，现今大部分发动机都已使用左图所示的摆臂驱动液力挺柱。

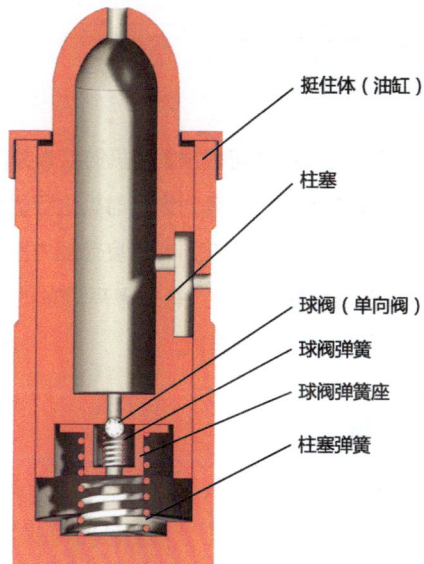

挺住体（油缸）

柱塞

球阀（单向阀）
球阀弹簧
球阀弹簧座
柱塞弹簧

液力挺柱内部构造

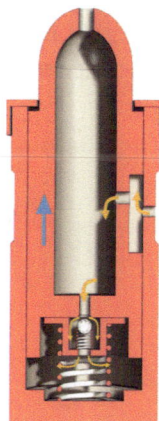

凸轮轴

摆臂

液力挺柱

气门

液力挺柱安装位置

自由阶段（球阀开）

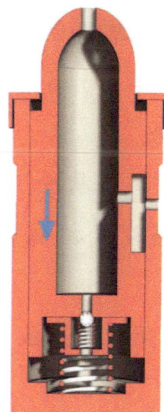

刚性阶段（球阀关）

液力挺柱

智能可变正时机构组成

　　智能可变正时机构可根据发动机的状态控制进气凸轮轴，通过调整凸轮轴转角对配气时机进行优化，以获得最佳的配气正时，从而在所有速度范围内提高转矩，并能大大改善燃油经济性，有效提高汽车的功率与性能，降低油耗和减少废气排放。

▶ 知识链接

　　1. 无论是VVT-i、i-VTEC，还是CVVT、DVVT、CVT（发动机上），控制机构基本组成与工作原理其实都差不多，只不过是不同厂商为规避专利权而叫的不同名称。

　　2. 采用智能可变正时机构后，汽油机的经济性和动力性会得到一定改善，这种技术在各种汽油机中应用已非常普遍。

　　3. 有的气门可变控制机构除了控制正时，还能控制气门打开的高度或控制气门打开的个数。

　　4. 无凸轮轴气门开闭技术是各大厂商追求的终极配气技术。

链条传动叶片式
可变配气机构

控制腔室　锁紧螺母　密封条　正时调节阀

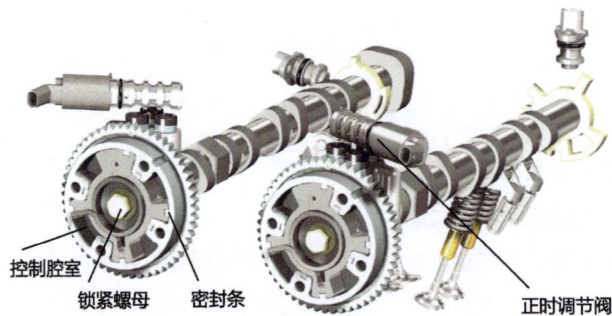

智能可变正时机构总成

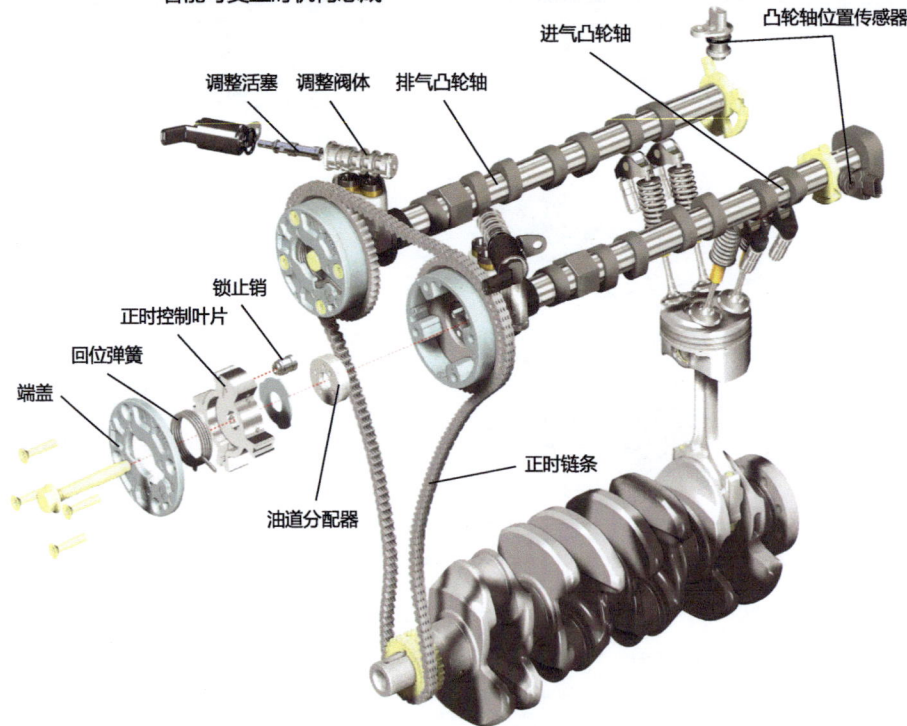

调整活塞　调整阀体　排气凸轮轴　进气凸轮轴　凸轮轴位置传感器
锁止销
正时控制叶片
回位弹簧
端盖
油道分配器
正时链条

智能可变正时机构分解示意图

汽车构造与原理三维图解（彩色版）

智能可变正时机构工作原理

发动机控制单元（ECU）根据转速、负荷等信号变化，通过控制正时控制电磁阀切换正时提前的机油通道。处于压力状态下的机油流经控制外壳流入凸轮轴的环形通道中，进而流入叶片调节器的提前储油腔中，调整叶片带动凸轮轴，并使得进气门较早打开。反之，调整叶片带动凸轮轴向相反方向旋转，使得气门较晚打开。

ECU 检测进气凸轮轴的瞬时位置，就能够根据存储在其内的 MAP 图（发动机在各种工况下所需的点火控制曲线图）来对凸轮轴进行调节。

这种可变正时机构是机电液一体化在发动机上应用的典范，也有一些汽油机采用电磁控制方式实现凸轮轴相位改变。

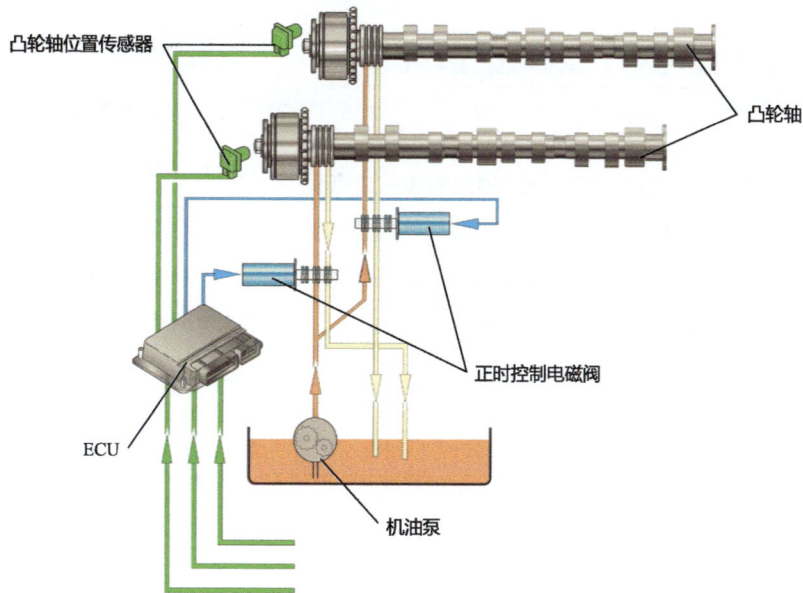

凸轮轴位置传感器

凸轮轴

正时控制电磁阀

ECU

机油泵

可变气门正时机构油路控制

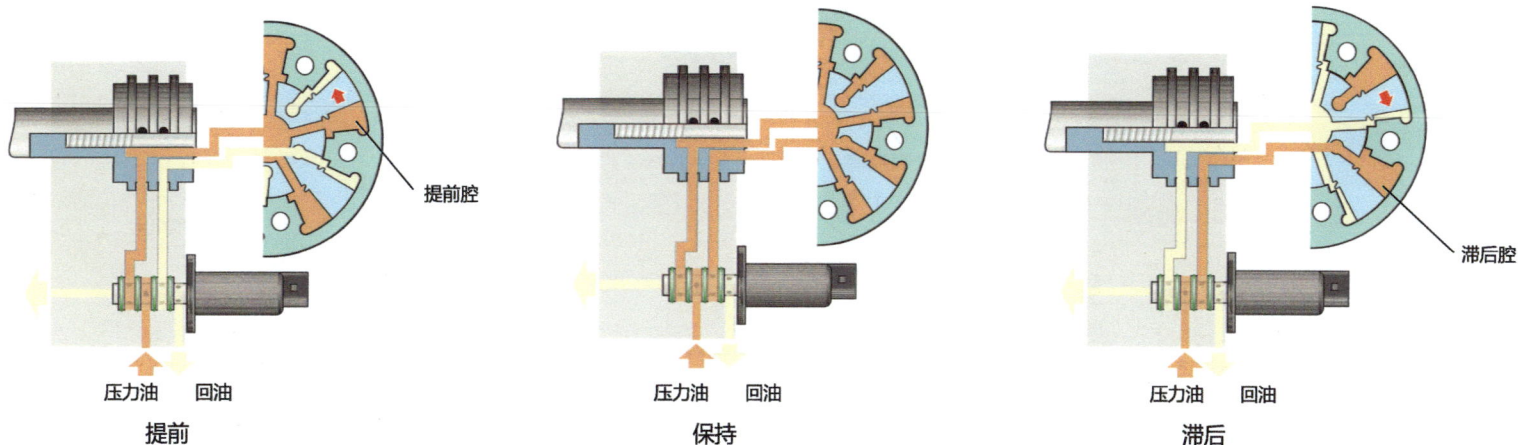

提前腔

压力油　回油

提前

压力油　回油

保持

滞后腔

压力油　回油

滞后

LH 型电控汽油喷射系统

▶ 知识链接

LH 型电控汽油喷射系统通过热线式或热膜式空气流量计直接测量瞬态进气量，并根据空燃比（由发动机工况和各传感器参数决定）换算每个循环喷油量，从而精确控制喷油量。

1. LH 型电控汽油喷射系统是由德国博世（Bosch）公司命名的，目前很多汽油机采用这种电控汽油喷射系统。

2. 现今电控汽油喷射系统已经与点火系统整合在一起，这种系统称为 ME 型电控汽油喷射系统。

汽油机供给系统

第五章

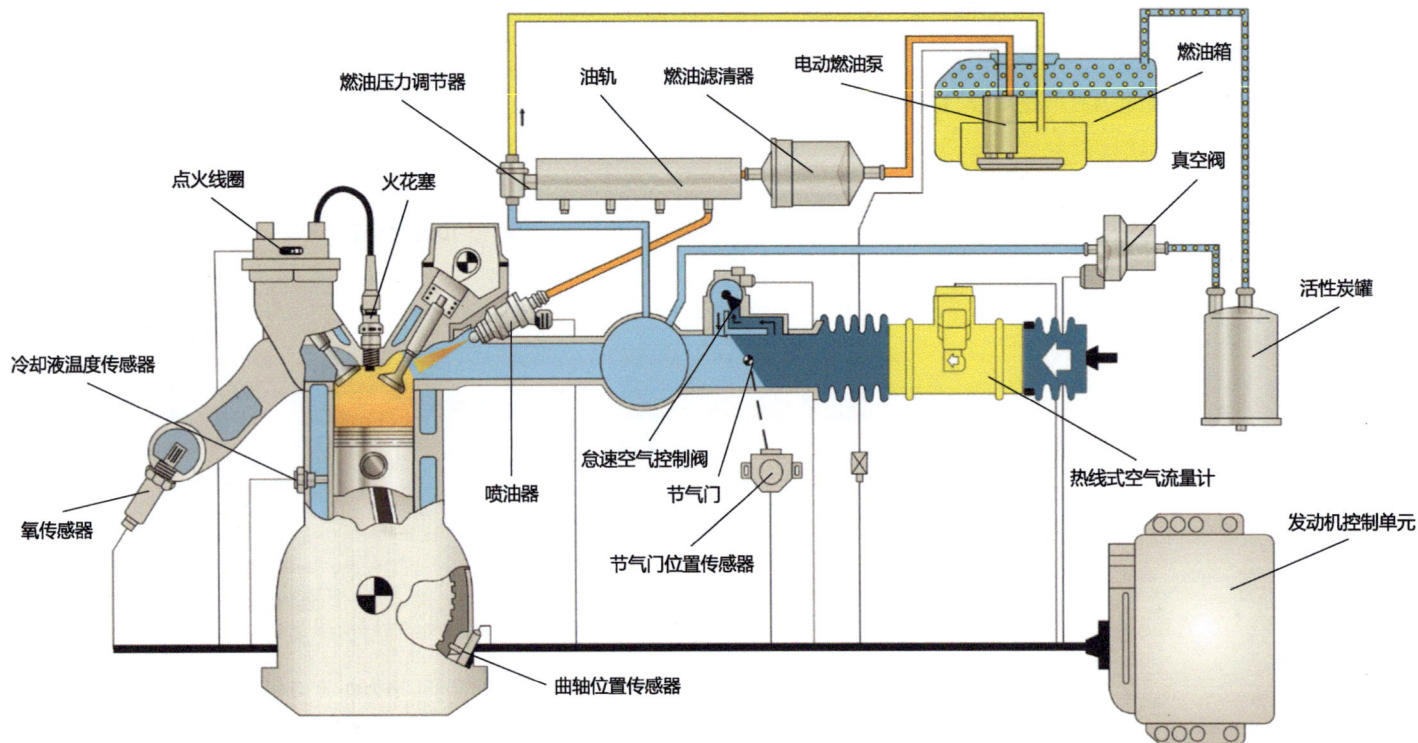

燃油压力调节器
油轨
燃油滤清器
电动燃油泵
燃油箱
真空阀
点火线圈
火花塞
活性炭罐
冷却液温度传感器
氧传感器
喷油器
怠速空气控制阀
节气门
节气门位置传感器
热线式空气流量计
发动机控制单元
曲轴位置传感器

05

电控汽油喷射系统布置

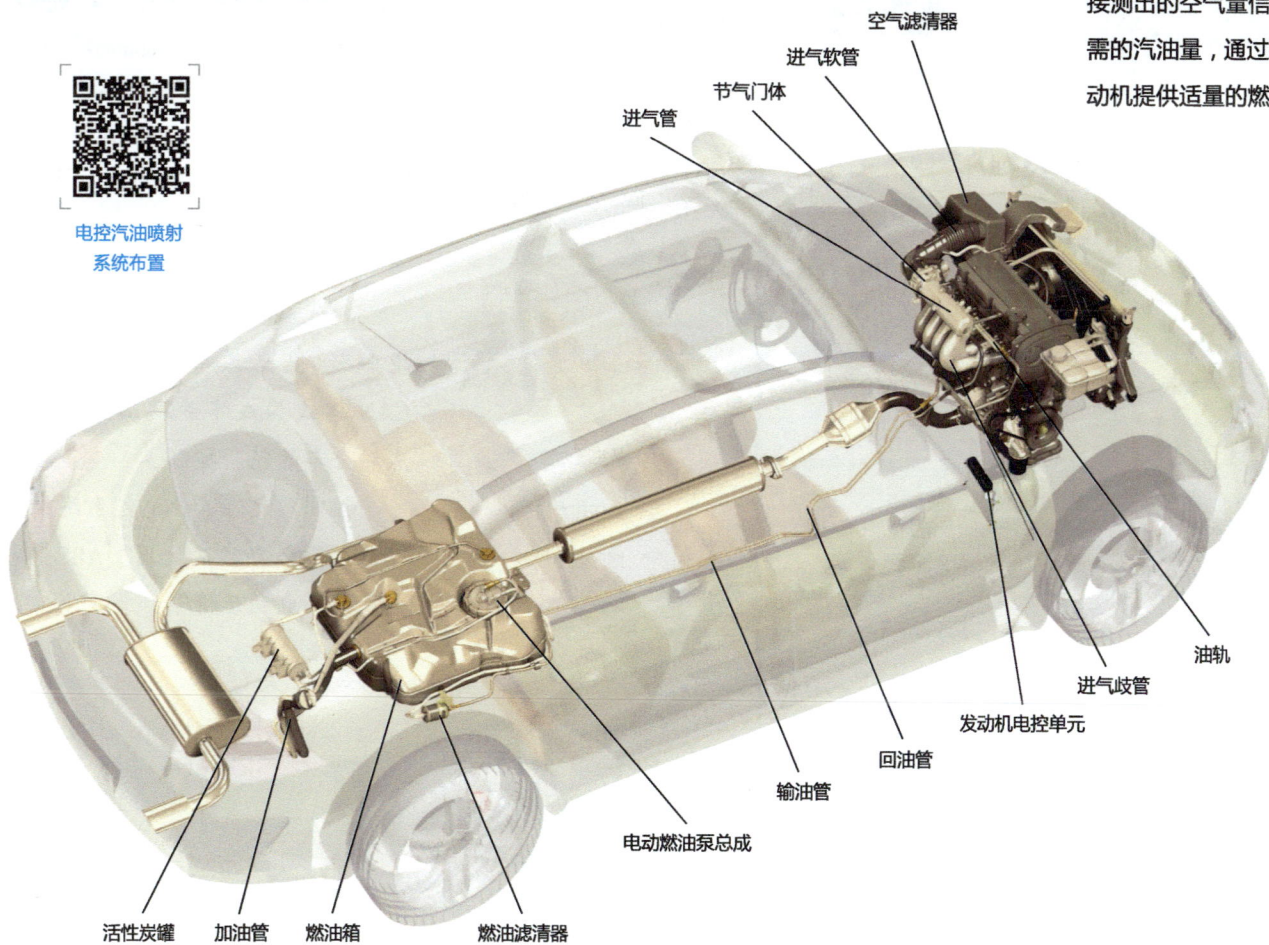

电控汽油喷射系统布置

电控汽油喷射系统主要由空气供给系统、燃油供给系统以及发动机管理系统组成。它以直接或间接测出的空气量信号为基础，计算出发动机燃烧所需的汽油量，通过控制喷油器的开启与关闭，给发动机提供适量的燃油，从而精确控制空燃比。

▶ 知识链接

这些部件有的安装在汽油机上，有的在发动机舱内与汽油机连接，还有的会安装在其他部位。

燃油箱一般安装在远离发动机的位置，乘用车安装在后排人员座椅或行李舱下，商用车一般安装在车架两侧。燃油滤清器通常不会安装在发动机附近，一般安装在车身下方或燃油箱处。发动机电控单元往往安装在驾驶室内。

空气滤清器
进气软管
节气门体
进气管
油轨
进气歧管
发动机电控单元
回油管
输油管
电动燃油泵总成
活性炭罐
加油管
燃油箱
燃油滤清器

控制单元（ECU）控制原理

发动机电控单元

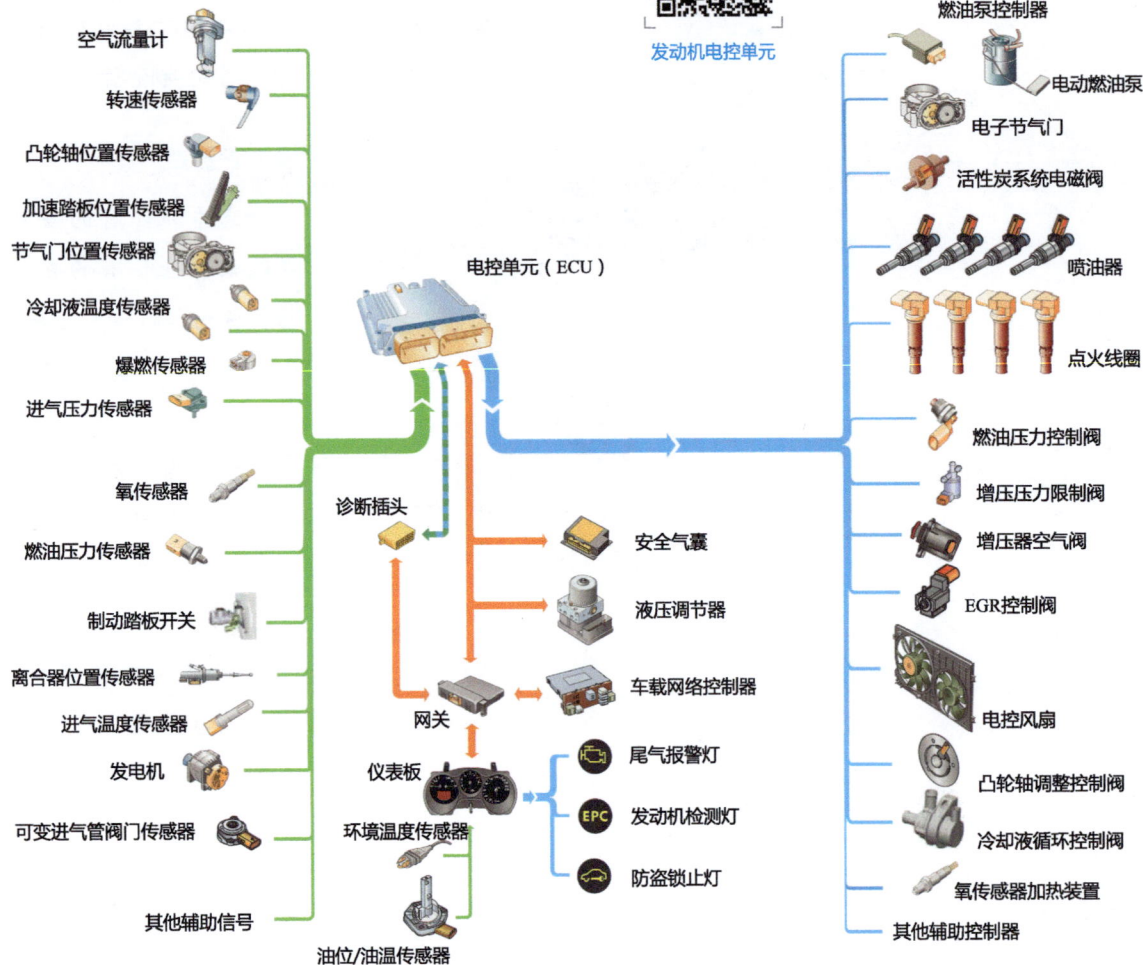

空气流量计
转速传感器
凸轮轴位置传感器
加速踏板位置传感器
节气门位置传感器
冷却液温度传感器
爆燃传感器
进气压力传感器
氧传感器
燃油压力传感器
制动踏板开关
离合器位置传感器
进气温度传感器
发电机
可变进气管阀门传感器
其他辅助信号

电控单元（ECU）

诊断插头

网关

仪表板
环境温度传感器

油位/油温传感器

安全气囊
液压调节器
车载网络控制器
尾气报警灯
发动机检测灯 EPC
防盗锁止灯

燃油泵控制器
电动燃油泵
电子节气门
活性炭系统电磁阀
喷油器
点火线圈
燃油压力控制阀
增压压力限制阀
增压器空气阀
EGR控制阀
电控风扇
凸轮轴调整控制阀
冷却液循环控制阀
氧传感器加热装置
其他辅助控制器

发动机电控单元的控制原理

发动机控制单元（ECU）的功用是根据其内存中的程序和数据对空气流量计及各种传感器输入的信息进行运算、处理和判断，然后输出指令，向喷油器提供一定宽度的电脉冲信号以控制喷油量。控制单元由微型计算机、输入、输出及控制电路等组成，它还带有自诊断及自适应功能。

▶ 知识链接

现代车用 ECU 已成为"行车电脑"，全车各系统的 ECU 通过 CAN 总线构成车载网络系统，完成对全车的精密控制。

控制单元在其他电控系统中也有应用，如自动变速器、ABS、安全气囊、电动座椅等。

发动机电控单元

电动燃油泵

汽油发动机燃烧需要的燃油是由装在汽油箱中的电动燃油泵供给的,并保证燃油系统供油量足够且有一定的压力。

电动燃油泵由泵体、永磁电动机和外壳组成。永磁电动机通电即带动泵体旋转,将燃油从进油口吸入,流经电动燃油泵内部,再从出口压出,供至燃油系统。燃油流经电动燃油泵内部,可对永磁电动机的电枢起到冷却作用。

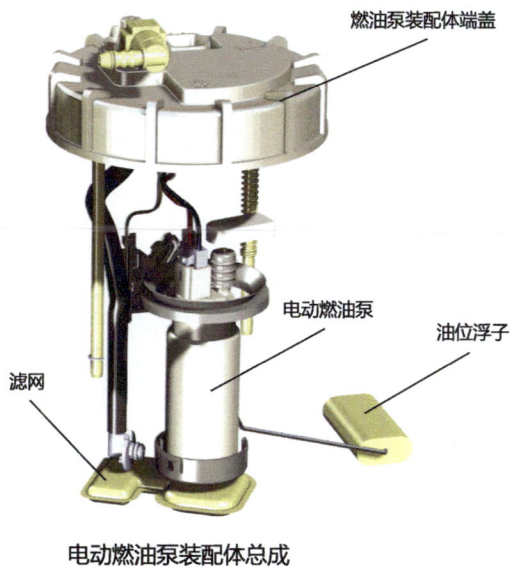

▶ **知识链接**

1. 现今汽油车中,叶轮式电动燃油泵泵油效率高、噪声小,使用最广泛。

2. 燃油泵电枢通过油箱内的燃油散热,当环境温度过高、油箱内燃油过少时,将会导致电枢散热不好而损坏。

3. 电动燃油泵内部部件损坏后不能单独更换,只能更换燃油泵装配体总成。

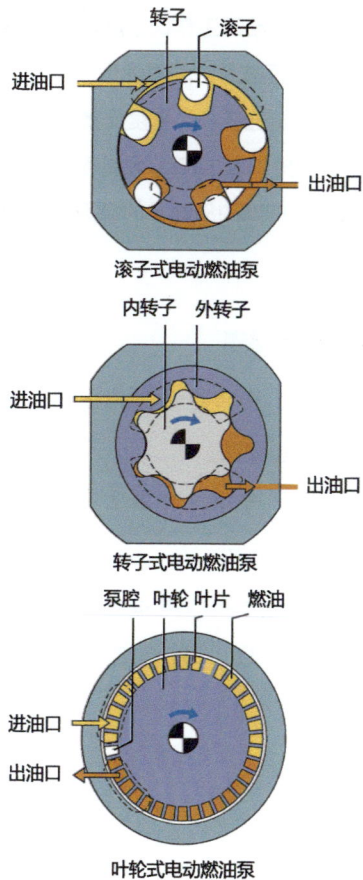

电动燃油泵配体

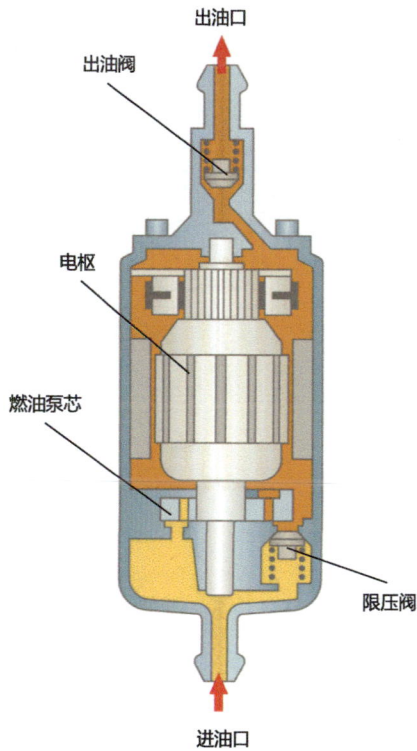

电动燃油泵装配体总成

燃油泵装配体端盖
电动燃油泵
油位浮子
滤网

电动燃油泵内部结构

出油口
出油阀
电枢
燃油泵芯
限压阀
进油口

电动燃油泵主要类型

转子
滚子
进油口
出油口
滚子式电动燃油泵

内转子 外转子
进油口
出油口
转子式电动燃油泵

泵腔 叶轮 叶片 燃油
进油口
出油口
叶轮式电动燃油泵

汽油滤清器

汽油滤清器的作用是将汽油中的水分和杂质滤除。发动机工作时，燃油在燃油泵的作用下经过进油管进入滤清器的沉淀杯中，由于此时容积变大，流速变小，密度比燃油大的水及杂质颗粒便沉淀于杯的底部，轻的杂质随燃油流向滤芯，而清洁的燃油从滤芯的微孔渗入滤芯的内部经油管流出。

▶ **知识链接**

1. 汽油滤清器的更换里程或时间长于机油滤清器。

2. 汽油滤清器上有安装方向标记，注意不要装反。

3. 有的汽油滤清器和电动燃油泵总成是一体的，这种滤清器更换起来比较繁琐。

汽油滤清器安装位置

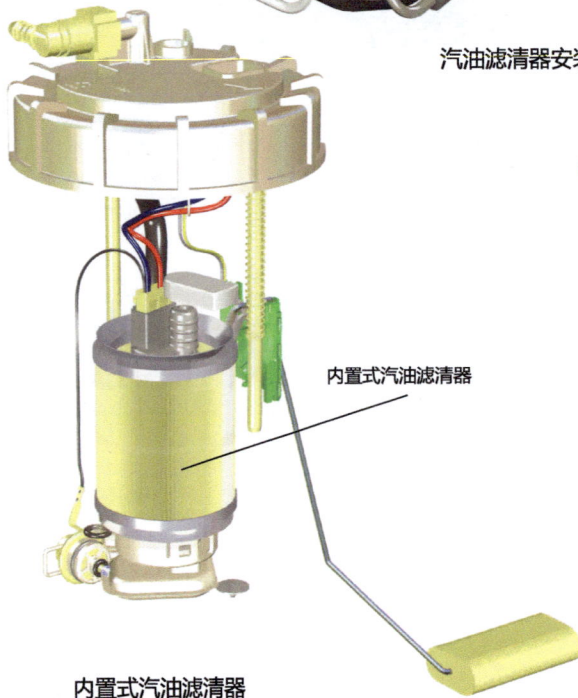

内置式汽油滤清器

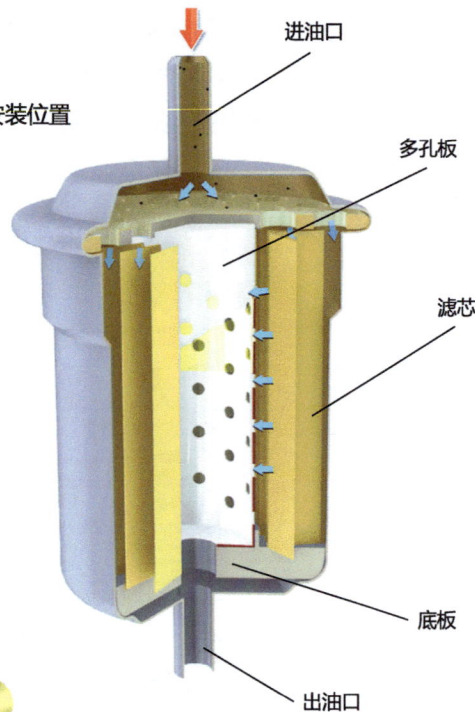

内置式汽油滤清器

进油口

多孔板

滤芯

底板

出油口

汽油滤清器内部构造

汽车构造与原理三维图解（彩色版）

外置式燃油压力调节器

燃油压力调节器受系统油压与进气歧管压力（负压）的控制。它的作用是要自动保持整个油压系统的燃油压力为一定值，使供油总管内油压与进气歧管压力之差为一定恒值（一般为250～290kPa），这样就可以通过ECU给喷油器通电时间的长短来控制燃油喷射量。

外置式燃油压力调节器膜片下方与油轨相连

燃油压力调节器总成

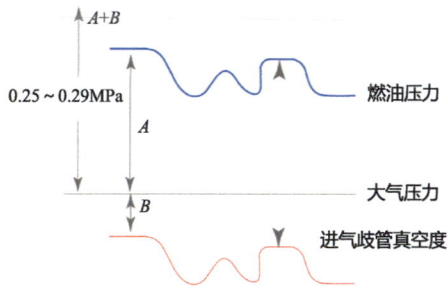

燃油压力调节器调节特性曲线

接，膜片上方与进气歧管相通，回油管与油箱连接。当燃油压力与进气管压力之差超过限定值，调压阀下方的燃油就推动膜片向上压缩弹簧，超压的燃油流回燃油箱。

▶ 知识链接

1. 如果冷车起动容易，但热车起动困难，说明有燃油通过裂缝及进气管接头进入发动机进气管，就可以考虑燃油压力调节器的膜片老化了。

2. 现在很多发动机在油轨上看不到压力调节器，可能是压力调节器装在电动油泵总成里了，或者是通过传感器等方法来保持喷油压力差恒定。

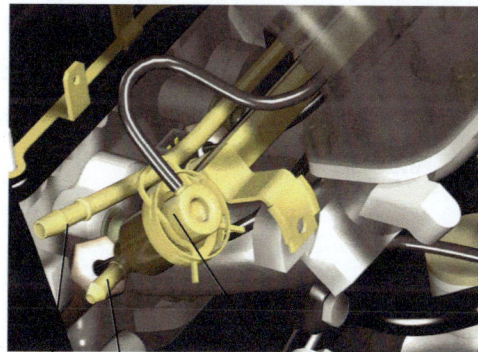

燃油压力调节器安装位置

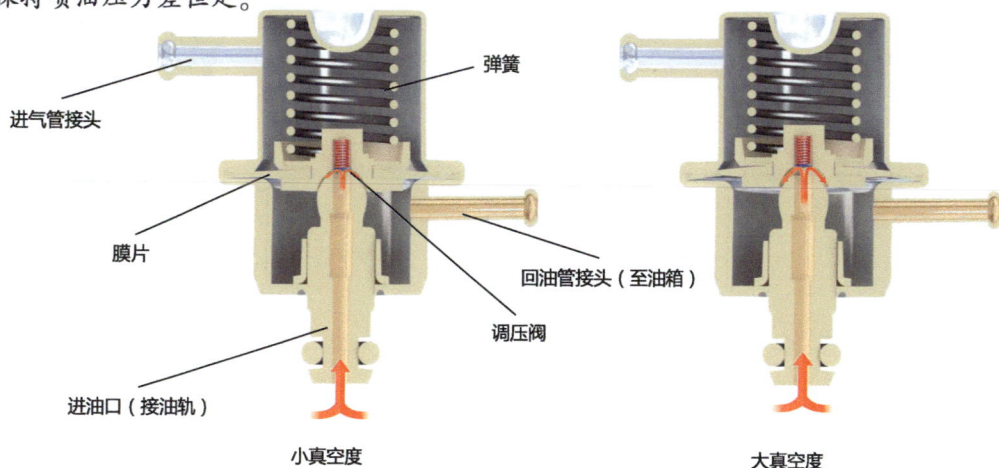

燃油压力调节器工作原理

片阀式电磁喷油器

有些汽油机采用片阀式电磁喷油器，质量很轻的阀片、孔式阀座与磁性优化的喷油器总成结合起来，使喷油器不仅具有较大的动态流量范围，而且抗堵塞能力较强。

片阀式喷油器

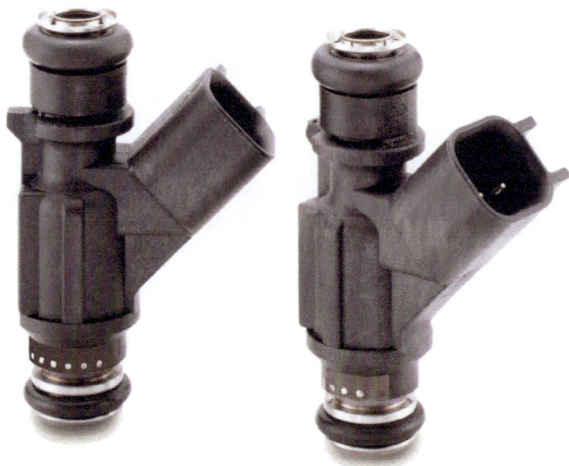

片阀式电磁喷油器

▶ 知识链接

1. 为了提高燃油雾化效果，现在的汽油机往往采用多孔式电磁喷油器，片阀式喷油器应用也较多。

2. 由于燃油品质不同、发动机非正常燃烧等原因，汽车行驶一定里程后，喷油器可能会因为积炭而造成泄漏或喷射不良，这时候就要清洗喷油器了。

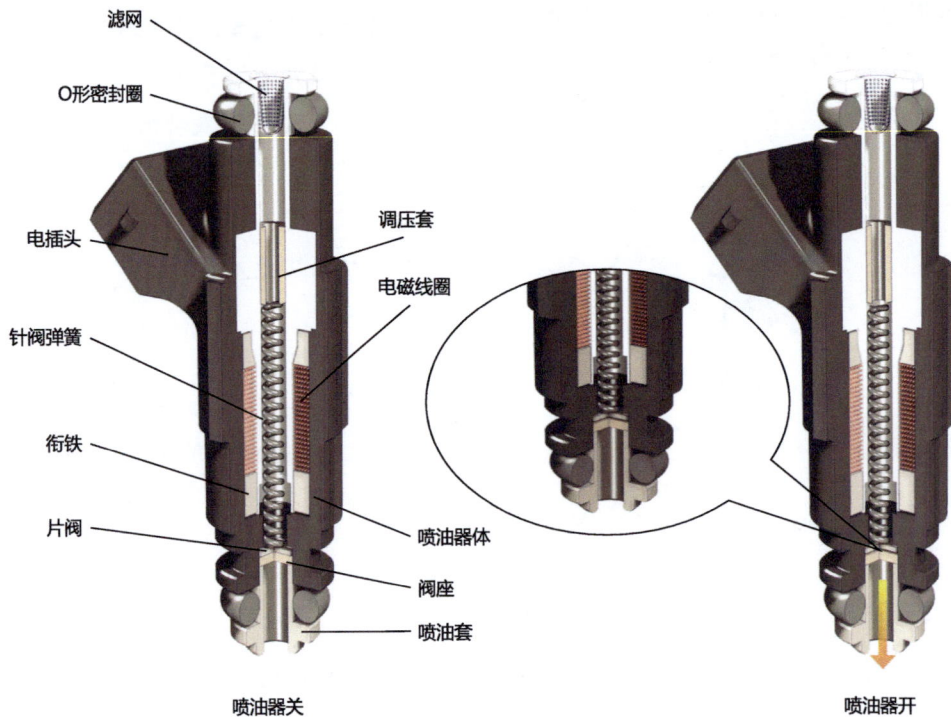

滤网
O形密封圈
电插头
调压套
电磁线圈
针阀弹簧
衔铁
喷油器体
片阀
阀座
喷油套

喷油器关　　　　　喷油器开

片阀式喷油器结构与工作原理

汽车构造与原理三维图解（彩色版）

040

汽油箱

汽油箱用以储存汽油。汽油箱的数目和容量随车型而定，普通汽车只有一个汽油箱，越野车及长途运输汽车则常有两个汽油箱，分为主、副汽油箱，由切换阀控制，以适应使用要求。

▶ 知识链接

1. 由于车身结构越来越复杂，现今的油箱普遍采用非金属材质，既可以形成复杂的形状，提高空间利用率，又可以防静电，有抑爆作用。

2. 油箱内的稳油挡板将加油区、吸油区和回油区隔开，以降低油液循环速度，有利于燃油散热、气泡析出和杂质沉淀。

3. 加油口下方实际有三个管道，最粗的是加注管，与炭罐相连的是净化管，与通气阀相连的是通气管。

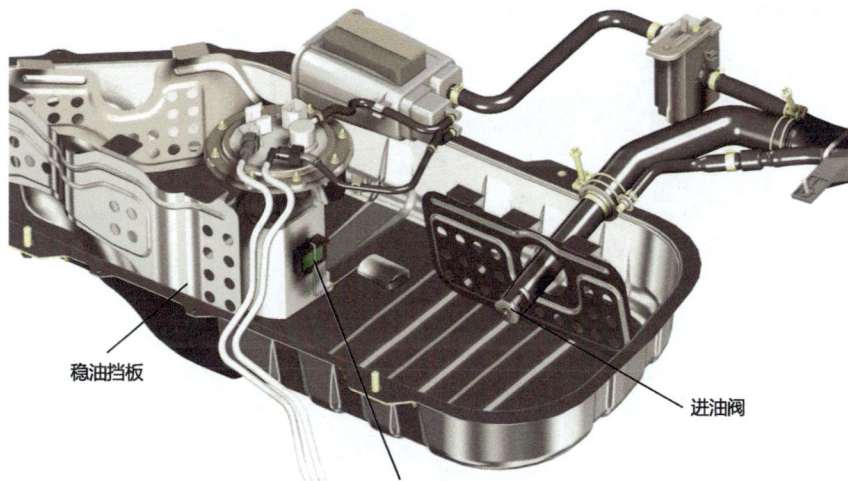

稳油挡板　进油阀　油位传感器

乘用车燃油箱内部构造

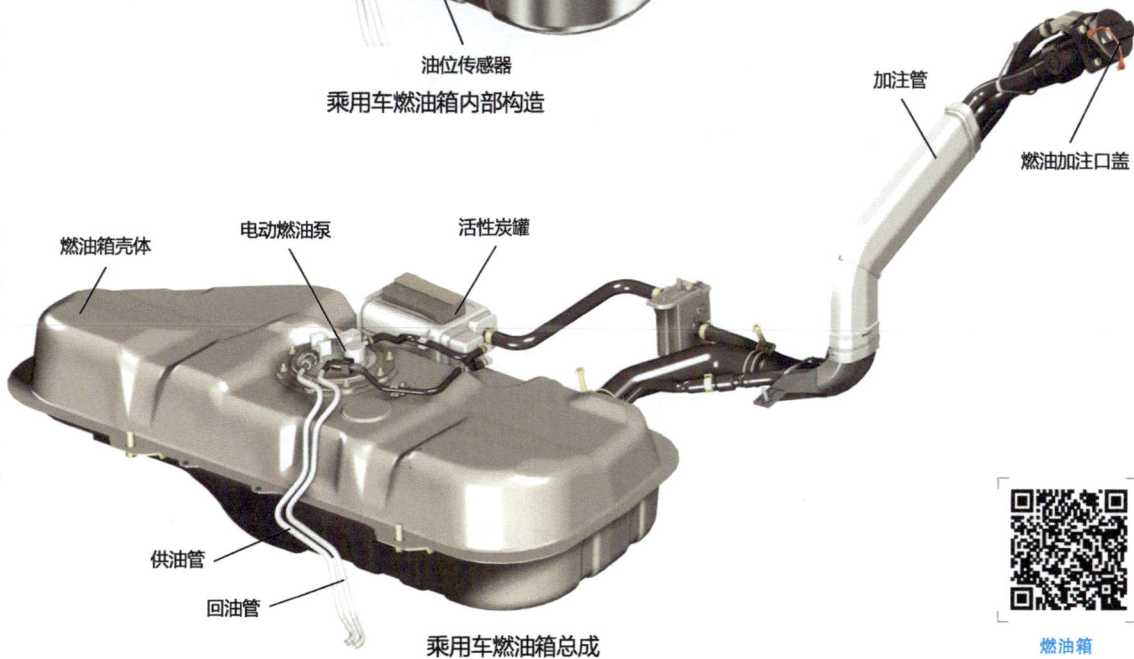

燃油箱壳体　电动燃油泵　活性炭罐　加注管　燃油加注口盖

供油管　回油管

乘用车燃油箱总成

燃油箱

空气供给系统

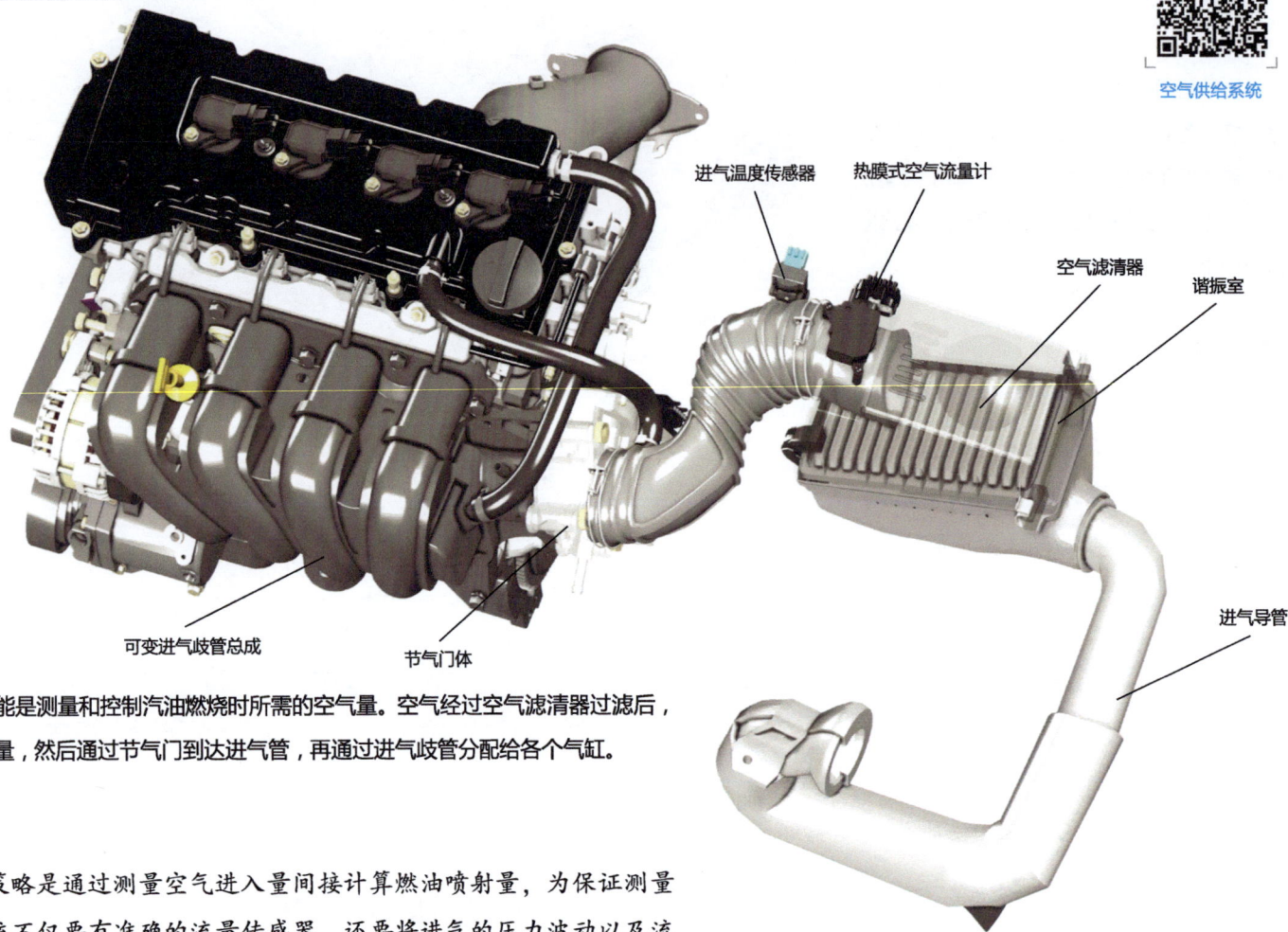

进气温度传感器　　热膜式空气流量计

空气滤清器　　谐振室

可变进气歧管总成　　　　节气门体

进气导管

汽车构造与原理三维图解（彩色版）

空气供给系统的功能是测量和控制汽油燃烧时所需的空气量。空气经过空气滤清器过滤后，先经空气流量计进行测量，然后通过节气门到达进气管，再通过进气歧管分配给各个气缸。

▶ 知识链接

汽油机的控制策略是通过测量空气进入量间接计算燃油喷射量，为保证测量精确，空气供给系统不仅要有准确的流量传感器，还要将进气的压力波动以及流体影响降至最低。因此，其进气系统的管路和各部件需要经过匹配设计。

进气管装配体

进气管必须保证足够的流通面积，避免转弯和截面突变，保证管道表面的光洁等，以减小阻力。为此，高性能的汽油机采用了直线型进气系统，在直线化的同时，还应合理设计气道节流和进气管长度，布置适当的稳压腔容积等，以期达到高转矩、高功率的目的。

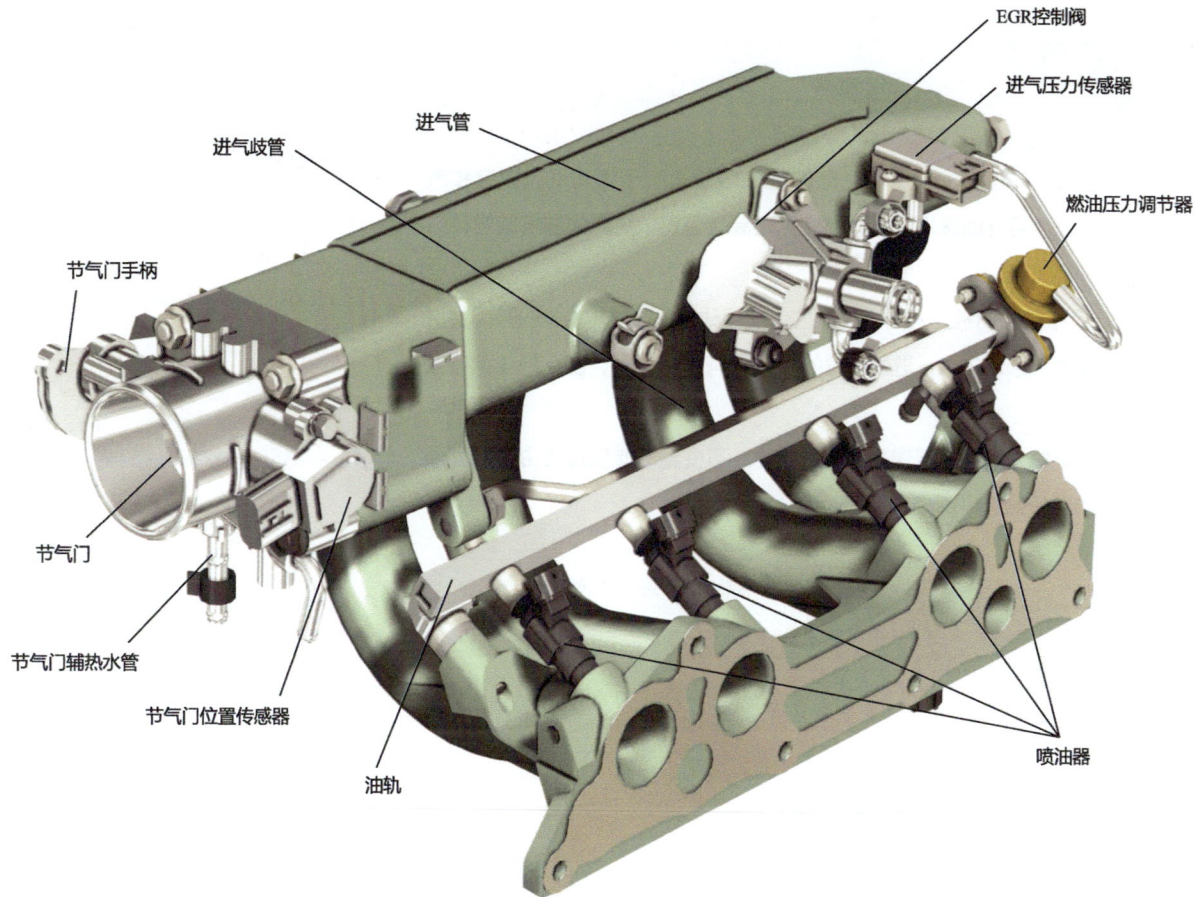

EGR控制阀

进气压力传感器

燃油压力调节器

进气管

进气歧管

节气门手柄

节气门

节气门辅热水管

节气门位置传感器

油轨

喷油器

▶ 知识链接

1. 没有采用可变进气歧管的发动机进气歧管设计得又弯又长，以保证汽油机的低速转矩。

2. 现今的汽油发动机基本上都采用塑料进气管，这种进气管重量轻，成本低，易成型，内壁光滑，可以提高汽油机的经济性。

3. 进气管上通常还安装节气门体、进气温度/压力传感器、油轨喷油器等。

可变进气管

发动机在低转速时，使用长且细的进气歧管有利于增大气流速度和气压，从而使汽油更好地雾化以促进燃烧。在高转速时，更粗的进气歧管可以使进气量提高。

ECU 会根据发动机工况的不同操控转换阀动作，通过转换阀的开闭使进气气流从需要的通道进入。进气歧管的变化还有可变截面、甚至是连续可变的进气歧管。

现代自然吸气汽油机普遍采用这种技术，可变进气歧管通常由内部光滑且进气阻力更低的塑料制成。

汽车构造与原理三维图解（彩色版）

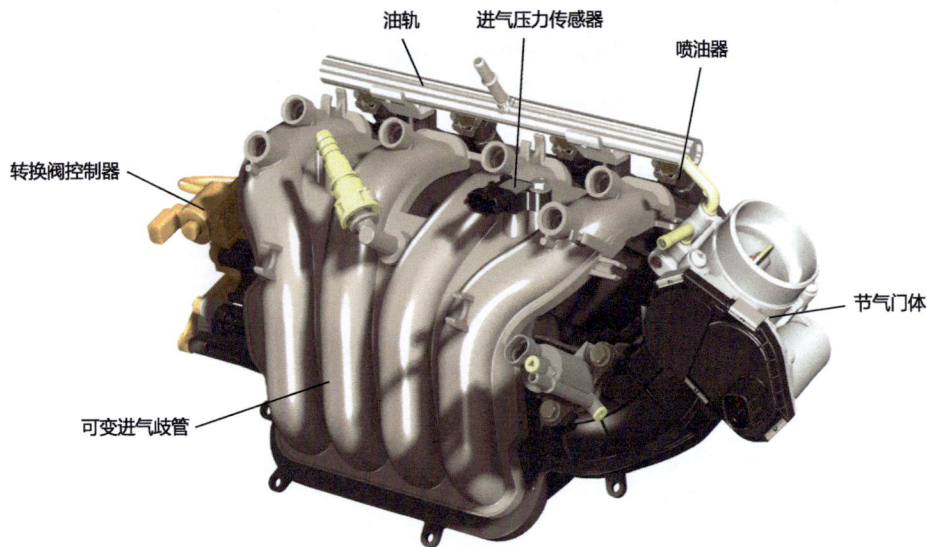

可变进气管总成

▶ 知识链接

1. 可变进气歧管和塑料进气管可是珠联璧合的技术，采用塑料成型技术既降低了进气管的重量及价格，也让可变进气歧管更易成型，内部更光滑。

2. 在非增压汽油机中，可变进气歧管已经和可变配气技术一样成为必备的省油法宝。

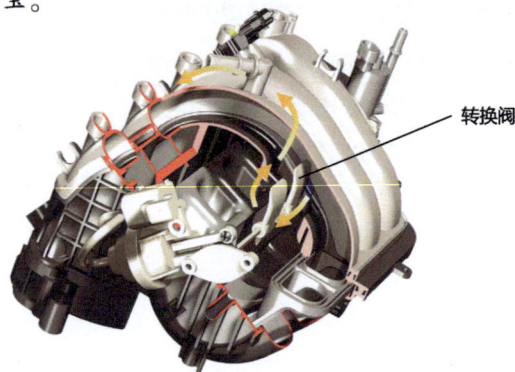

高中速（短粗通道）

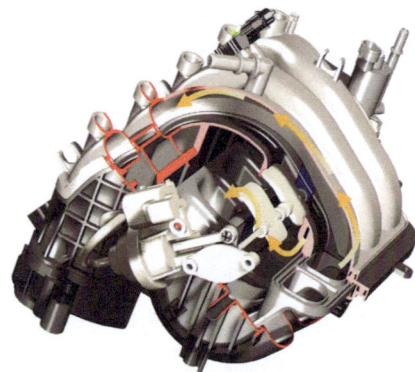

低中速（细长通道）

热膜式空气流量计

热膜式空气流量计的工作原理与热线式空气流量计类似，都是用惠斯通电桥工作的，不同的是：热膜式不使用铂丝作为热线，而是将热线电阻、补偿电阻及桥路电阻用厚膜工艺制作在同一陶瓷基片上。

旁通通道热膜式空气流量计总成

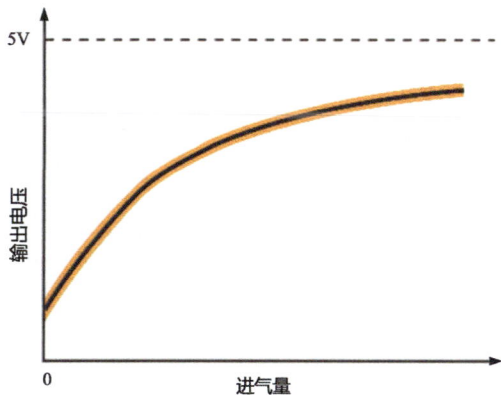

热膜式空气流量计输出特性曲线

知识链接

1. 虽然热膜比热线结实可靠、易维修，每次停机时，ECU会自动给热膜高温（700~1000℃）加热以烧掉热膜上的污物和尘土。但杂质过多和积炭胶结，单靠加热也难以去除，因此，在特殊情况下只能拆下空气流量计清理。

2. 为了减小热膜式空气流量计对进气的节流作用，有些汽油机在进气管中开通一个较小直径的旁通分支，仅将小巧的热膜式空气流量计部分安装在分支中，根据流量截面积比例来计算进气量。

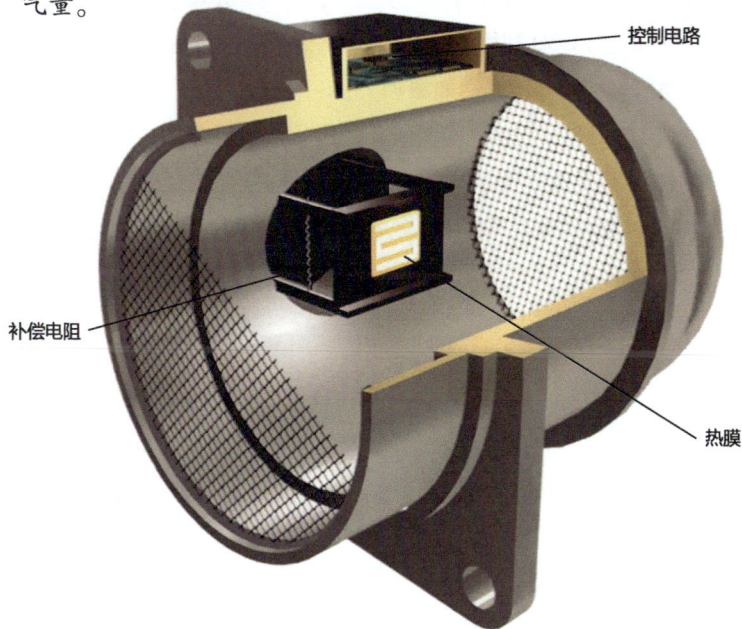

控制电路

补偿电阻

热膜

热膜式空气流量计总成

电子节气门

电子节气门分为电液式、线性电磁式、步进电动机式和直流伺服电动机式，不过电液式和步进电动机式由于控制精度不高，线性电磁式由于所需电功耗较大，都很少在汽车上应用，直流伺服电动机式则很好地克服了以上两种情况，从而在汽车上应用较为广泛。

其工作原理是：ECU利用加速踏板位置传感器信号，并根据其他如急加速、空调、自动变速器起步的转矩信号，计算出实际需要的节气门开度，再通过驱动电动机精确控制其开度。

电子节气门

▶ 知识链接

1. 通常电动机式电子节气门采用齿轮传动，因此它在加速时会有一定的迟滞感。

2. 由于电子节气门控制精准，会优化汽油机的经济性与动力性，现在的汽油机基本上都会采用电子节气门。

3. 在清洗电子节气门后应该做匹配，以防止怠速转速不稳定。

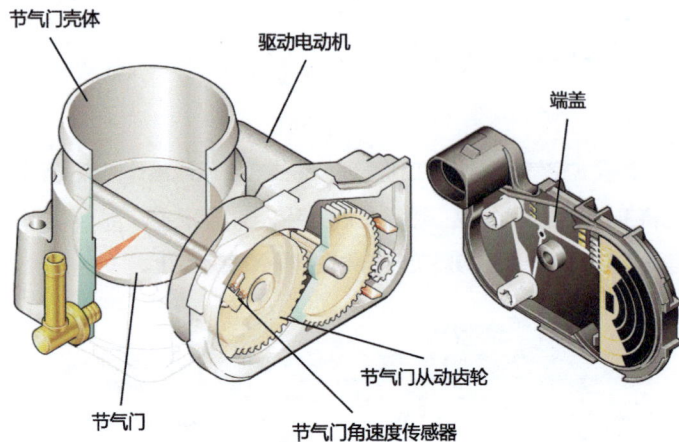

电子节气门构造

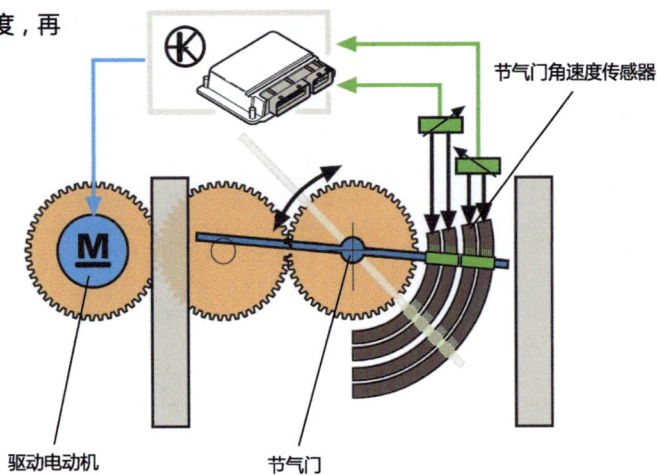

电子节气门工作原理

电子节气门总成

节气门位置传感器

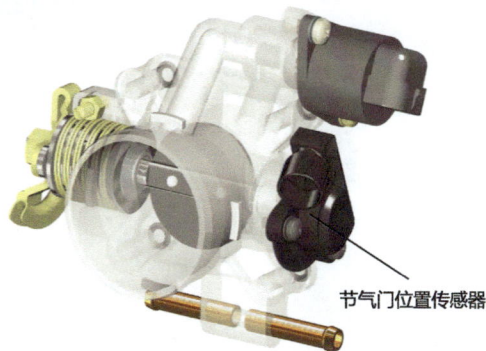

节气门位置传感器安装位置

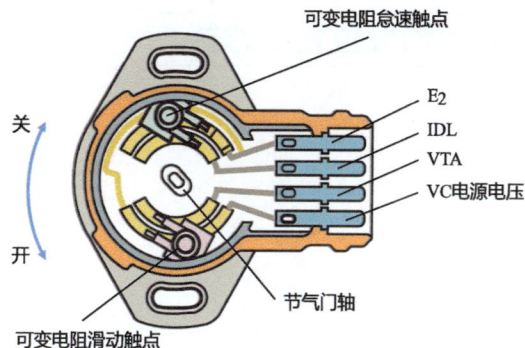

开关型节气门位置传感器

触点标注:怠速触点、高速触点、控制滑槽(节气门同轴)、节气门轴、接地

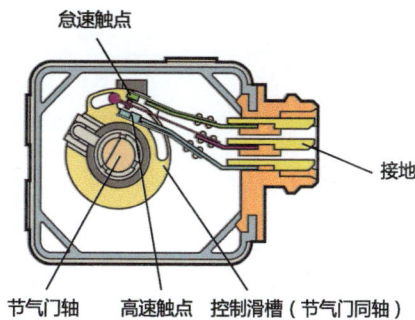

线性输出型节气门位置传感器

触点标注:可变电阻怠速触点、E2、IDL、VTA、VC电源电压、节气门轴、可变电阻滑动触点、关、开

现代汽油机常采用线性输出型节气门位置传感器。它的两个触点(或称触头)与节气门轴联动,一个触点可在电阻上滑动,利用电阻的变化将节气门位置信号转换成电压值 VTA。这个电压呈线性变化,根据这个线性电压值,ECU 可感知节气门的开度,使 ECU 进行喷油量修正;而另一个触点在节气门全关闭时与怠速触点(IDL)接触,IDL 信号用来断油和控制点火提前角。线性输出型节气门位置传感器又叫可变电阻式或滑动电阻式传感器。

有些汽油机采用开关型节气门位置传感器,通过怠速触点和全负荷触点的通断,给 ECU 提供怠速及节气门全开信号。

▶ 知识链接

1. 机械式节气门采用开关型节气门位置传感器为主,而电子节气门则采用线性输出型节气门位置传感器,这个传感器安装在电子加速踏板上。

2. 节气门位置传感器损坏会导致发动机抖动和怠速不稳。

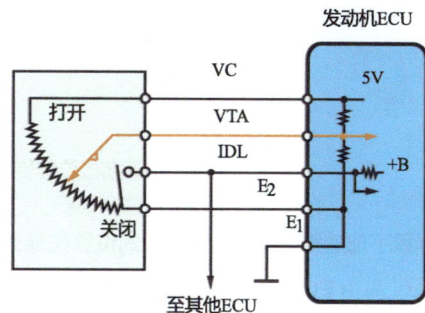

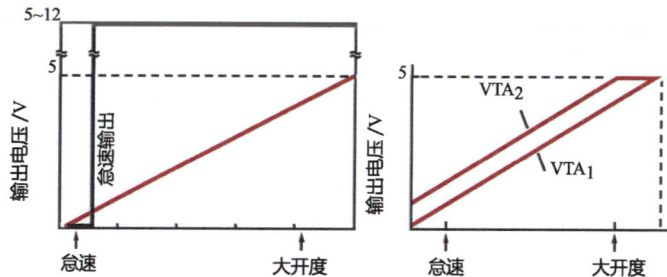

线性型节气门位置传感器输出特性曲线

加速踏板位置传感器

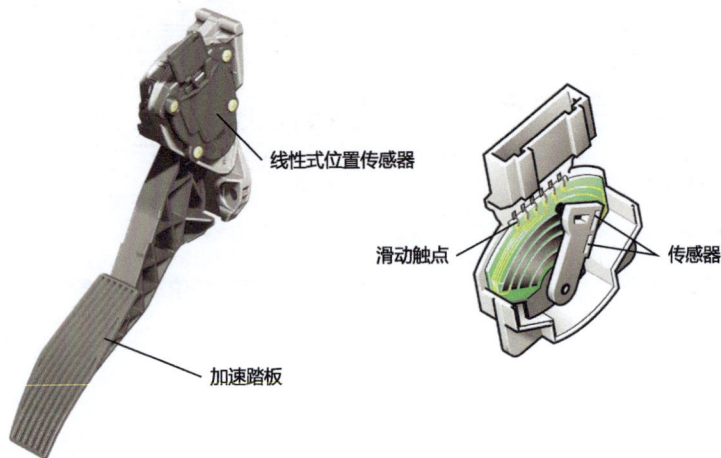

线性式位置传感器

滑动触点

传感器

加速踏板

线性式加速踏板位置传感器

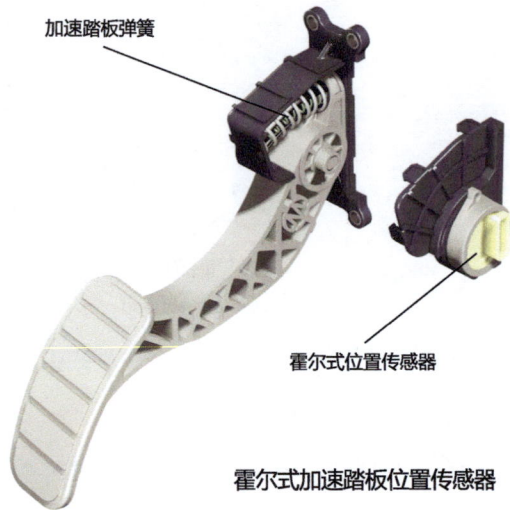

加速踏板弹簧

霍尔式位置传感器

加速踏板位置
传感器

霍尔式加速踏板位置传感器

当踏下加速踏板时，加速踏板的位置信息通过该传感器提供给发动机ECU，再由ECU提供控制信号给节气门。节气门的控制电动机带动节气门转过相应角度，同时节气门实际转过的角度再由节气门位置传感器反馈给ECU。

加速踏板位置传感器分为接触式线性传感器与非接触霍尔式传感器两种。

电子节气门系统可以设置各种功能来改善驾驶时的安全性和舒适性，如牵引力控制系统和定速巡航控制等。

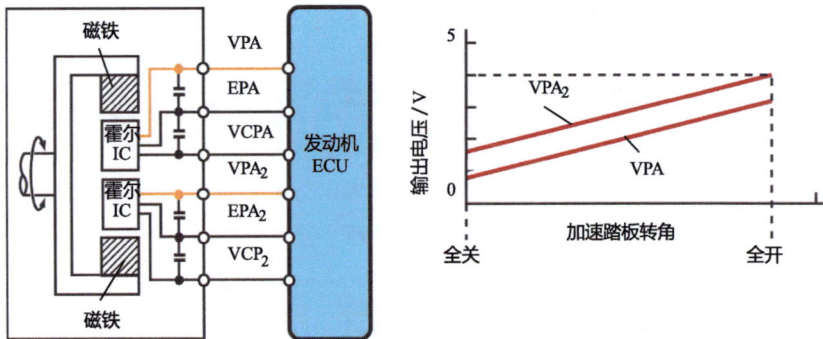

霍尔式加速踏板位置传感器电路及输出特性曲线

霍尔位置传感器

为了提高测量精度，现代发动机常用带有双霍尔探头的差动式霍尔位置传感器替代传统霍尔位置传感器。差动式霍尔位置传感器允许有较大的空气间隙范围和良好的温度补偿性，其输出电压由两个霍尔信号电压叠加而成。因为输出信号为叠加信号，所以转子凸齿与信号发生器之间的气隙可以增大到0.5~1.5mm（普通霍尔传感器仅为0.2~0.4mm）。

霍尔位置传感器要由触发叶轮、霍尔集成电路、导磁钢片和永久磁铁等组成。触发叶轮安装在转子轴上，叶轮上制有叶片。当触发叶轮随转子轴一起转动时，叶片便在霍尔集成电路和永久磁铁之间转动。

触发叶轮的叶片从霍尔集成电路与永久磁铁之间的气隙中转过时，产生霍尔电压，输出位置信号。

霍尔位置传感器没有触点，这使它体积小、无磨损，输出波形更稳定。它可将信号转子制成像磁感应式传感器转子一样的齿盘式结构，既便于安装，又延长使用寿命与可靠性。

传统分电器型霍尔凸轮轴位置传感器

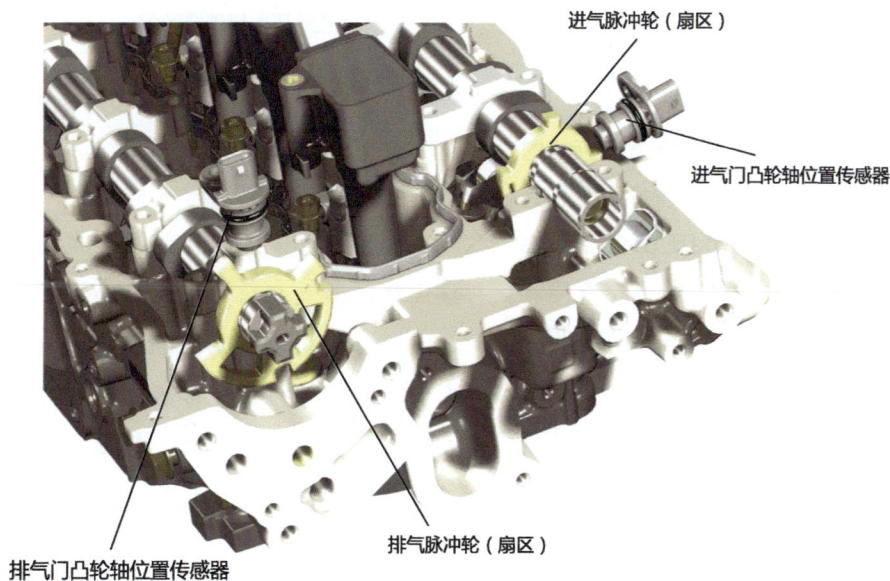

差动式霍尔凸轮轴位置传感器

进气脉冲轮（扇区）

进气门凸轮轴位置传感器

排气门凸轮轴位置传感器

排气脉冲轮（扇区）

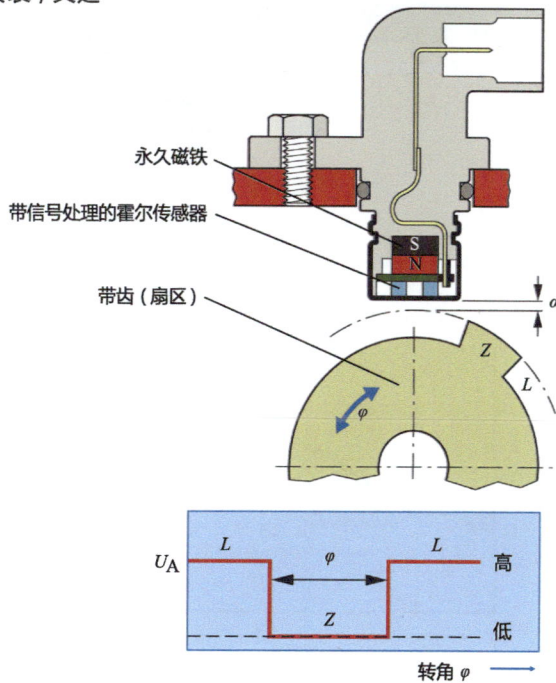

永久磁铁

带信号处理的霍尔传感器

带齿（扇区）

差动式霍尔凸轮轴位置传感器工作原理

进气压力传感器

进气压力传感器

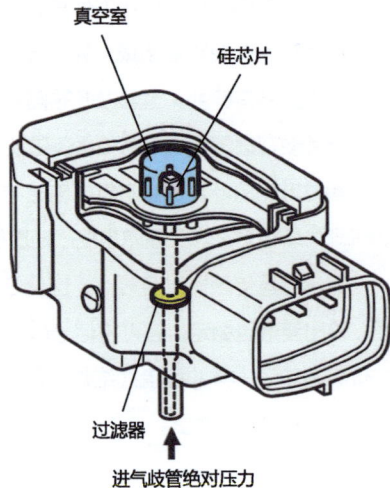

真空室
硅芯片
过滤器
进气歧管绝对压力

进气压力传感器内部构造

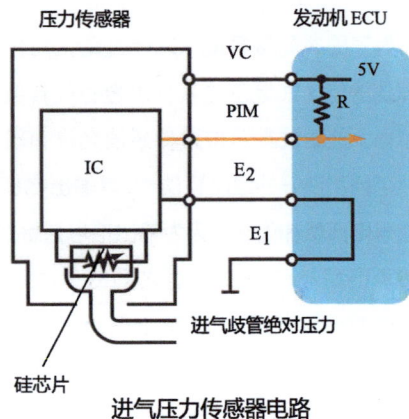

压力传感器
发动机 ECU
VC
5V
PIM
R
IC
E_2
E_1
进气歧管绝对压力
硅芯片

进气压力传感器电路

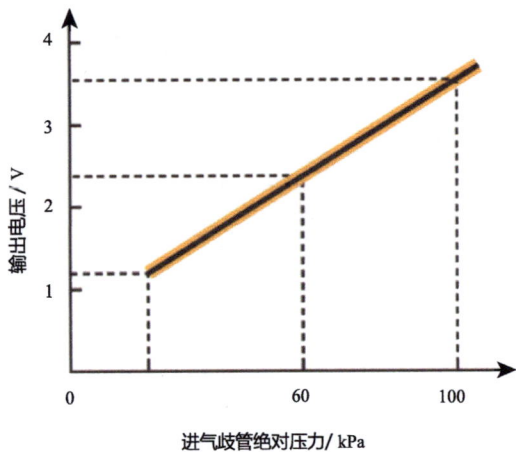

进气压力传感器输出特性曲线

进气压力传感器检测的是节气门后方的进气歧管绝对压力，它根据发动机转速和负荷的大小检测出歧管内绝对压力的变化，然后转换成信号电压送至发动机电控单元（ECU），ECU 依据此信号电压的大小控制基本喷油量。

ECU 输出 5V 电压给进气压力传感器，再由信号端检测电压值。当发动机怠速时，其电压为 1~1.5V；当节气门全开时，电压约为 4.5V。

▶ 知识链接

进气压力传感器和电控单元的连接线路断路或短路、传感器和进气管之间的真空软管堵塞或漏气、进气管真空孔堵塞等，会使传感器的输出信号不正常，会使发动机无法起动、发动机加速不畅、发动机怠速不稳、发动机间歇性熄火。

磁感应曲轴位置传感器

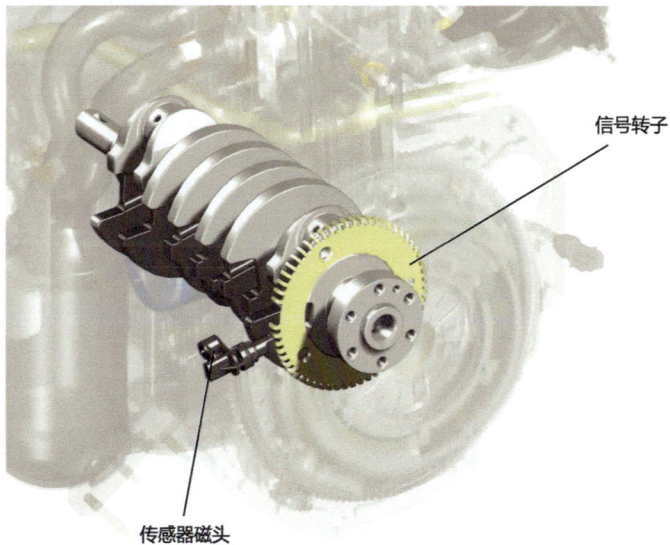

曲轴位置传感器是电喷发动机特别是集中控制系统中最重要的传感器，也是点火系统和燃油喷射系统共用的传感器。其功能是检测发动机曲轴转角和活塞上止点，并将检测信号及时送至发动机电脑，用以控制点火时刻（点火提前角）和喷油正时。同时，曲轴位置传感器也是测量发动机转速的信号源，因此，曲轴位置传感器又称发动机转速与曲轴位置传感器，或称曲轴位置／判缸／转速传感器。

当信号转子凸齿靠近磁极时，磁通量变大，转子凸齿远离磁极时磁通量减小。变化的磁场在该传感器中产生交变信号，经放大后输入至 ECU。

▶ **知识链接**

1. 曲轴位置传感器有磁感应式、霍尔式和光电式。光电式由于可靠性差，现在已经很少使用。

2. 曲轴位置传感器是发动机中最重要的传感器，一旦失效，发动机电控单元出于安全保护目的，会让发动机不点火、不喷油。

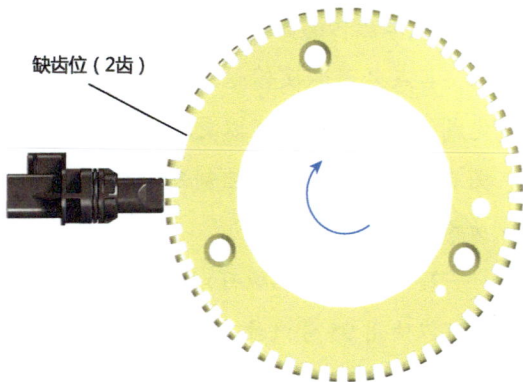

磁感应曲轴位置传感器安装位置

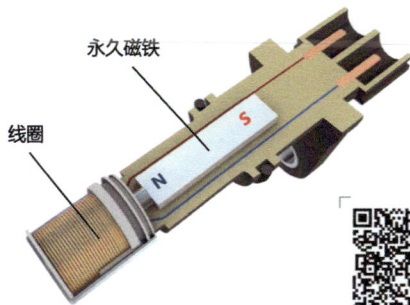

信号转子

传感器磁头

曲轴位置传感器

永久磁铁

线圈

磁感应曲轴位置传感器工作原理

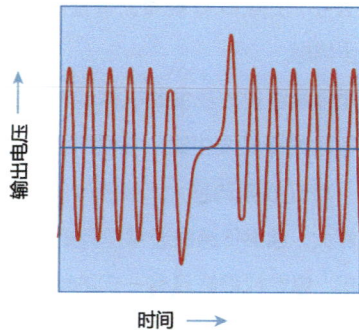

缺齿位（2齿）

磁感应曲轴位置传感器输出特性曲线

输出电压

时间

爆燃传感器

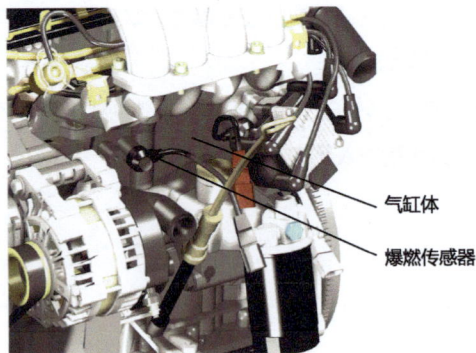

气缸体
爆燃传感器

爆燃传感器安装位置

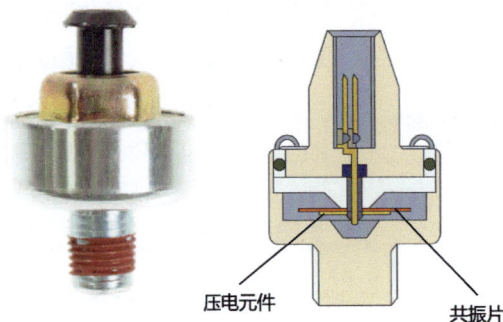

压电元件　　　共振片

磁伸缩式爆燃传感器

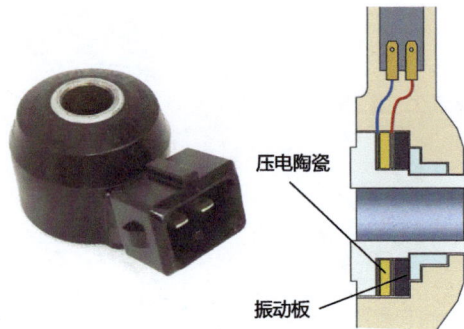

压电陶瓷

振动板

非共振式爆燃传感器

点火过早、排气再循环不良和使用低标号燃油等原因引起的发动机爆燃（俗称爆震）会损坏发动机。爆燃传感器向 ECU（有的通过 PCM）提供爆燃信号，使得 ECU 能重新调整点火正时以阻止进一步爆燃。

爆燃传感器安放在发动机体或气缸的不同位置。当振动或敲缸发生时，它便产生一个小的电压峰值，敲缸或振动越大，爆燃传感器产的电压峰值就越大。爆燃传感器通常是测量 5~15kHz 范围的频率。爆燃或敲缸具有一定的频率，当 ECU 接收到这些频率时，ECU 重新修正点火正时，以阻止继续爆燃。

▶ 知识链接

1. 爆燃传感器实际上就是点火闭环控制，其点火闭环反馈信号由爆燃传感器来完成，这样发动机可以更精确地控制点火提前角，以便更好地控制发动机输出最大功率同时节省燃油。

2. 有的汽油机既可以使用 92 号汽油，也可以使用 95 号汽油，这就是爆燃传感器起到的作用。

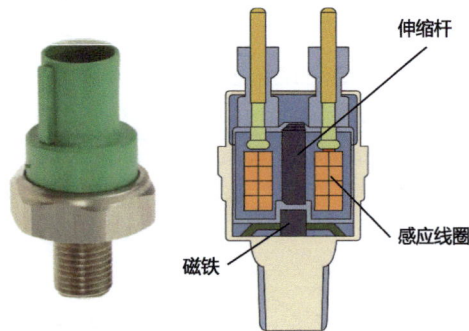

伸缩杆

感应线圈

磁铁

共振式爆燃传感器

汽车构造与原理三维图解（彩色版）

二氧化钛式氧传感器

二氧化钛式氧传感器和氧化锆式氧传感器的工作原理有很大的不同，它是利用多孔状导体 TiO_2 的导电性随排气中含氧量的变化而变化的特性制成的，故又称电阻性氧传感器。这种传感器结构简单，体积小，成本低，但是在 300~900℃ 工作时，电阻值随温度变化较大，所以必须用温度补偿的方法来提高精度，通常用另一个实心 TiO_2 导体作为温度补偿。

▶ 知识链接

1. 这两种氧传感器的最大区别就是氧化锆式氧传感器将氧分子含量的变化转换成电压的变化，二氧化钛式氧传感器是将氧分子含量的变化转换成电阻的变化。

2. 不论是哪种氧传感器，它们是否处于闭环控制与排气温度和混合气浓度有关。

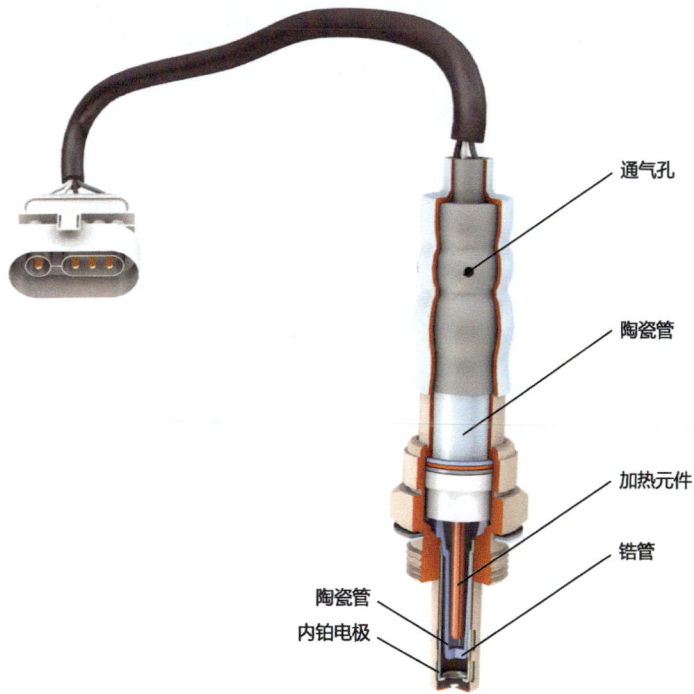

氧化锆式氧传感器

通气孔
陶瓷管
加热元件
锆管
陶瓷管
内铂电极

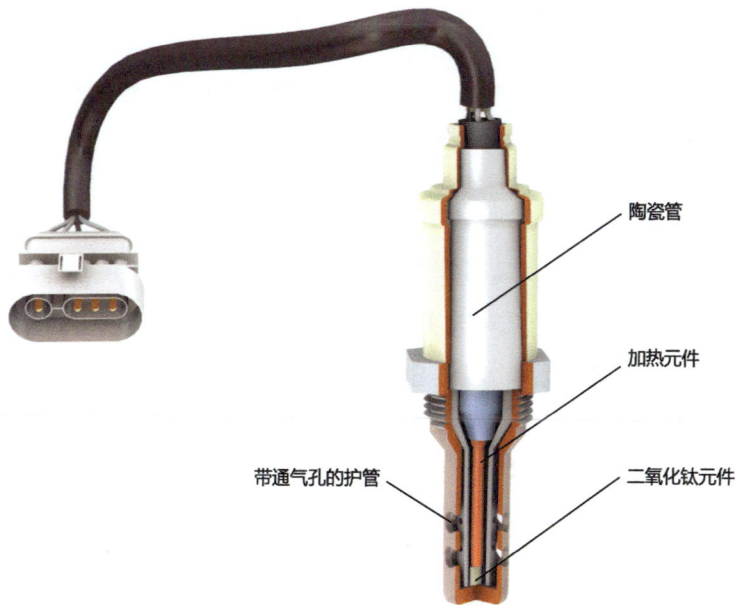

二氧化钛式氧传感器

陶瓷管
加热元件
二氧化钛元件
带通气孔的护管

点火线圈

点火线圈的作用是将电源系统提供的低电压转换为用于火花塞点火的高电压。

在直接点火系统中，已不再使用常规型分电器，取而代之的是对每个气缸提供一个整体式带点火器的点火线圈，这样能降低高电压区的能耗并提高耐用性。同时，因为在高电压区内不再使用触点，将使电磁干涉降到最低。

ECU 根据发动机的转速和负荷（单位转速的进气量或基本喷油量）确定基本点火提前角，并根据实际传感器测得的信号对点火提前角进行修正，驱动点火器控制点火线圈工作。

▶ 知识链接

1. 现在较为低端的车型是两个气缸合用一个点火线圈，这样一个气缸是有效点火，另一个气缸是白白浪费能量。

2. 分缸独立点火线圈取消了高压线，适合任何缸数的发动机，安全性、可靠性大为提高。

3. 如果点火线圈损坏，最明显的现象是加速无力并伴随抖动。

4. 点火线圈损坏还会进一步损坏机脚垫、三元催化转化器等。

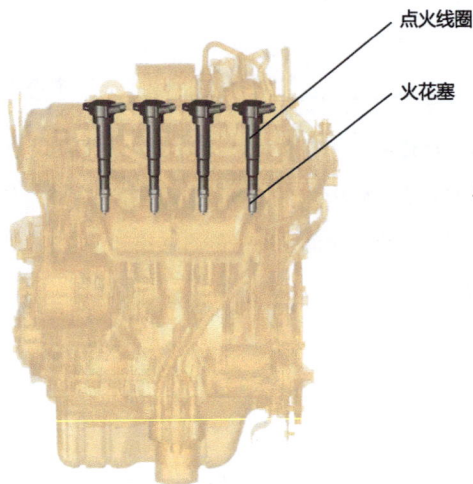

点火线圈安装位置

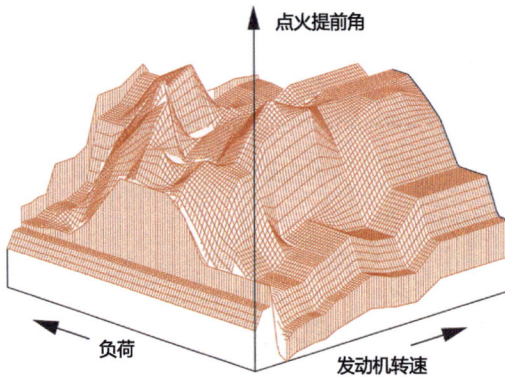

点火提前角MAP图

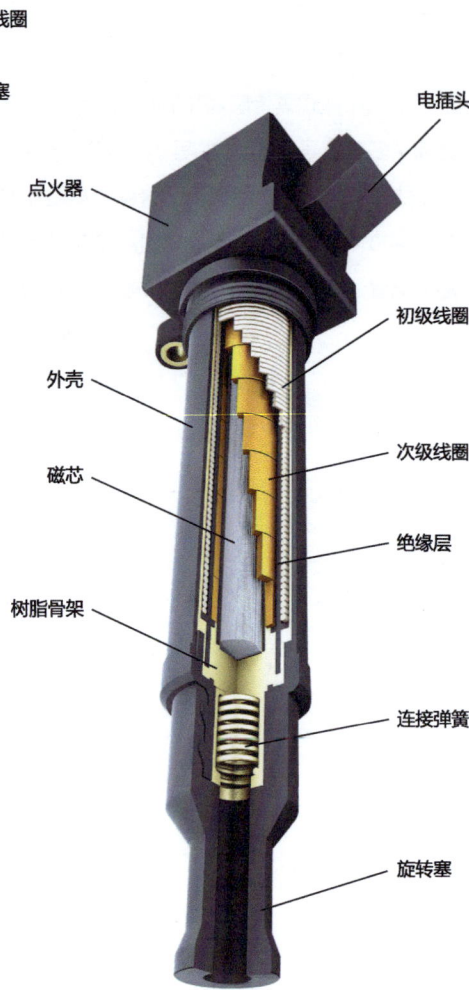

点火线圈总成

点火线圈
火花塞
电插头
点火器
初级线圈
外壳
次级线圈
磁芯
绝缘层
树脂骨架
连接弹簧
旋转塞

点火提前角
负荷
发动机转速

汽车构造与原理三维图解（彩色版）

火花塞

火花塞的功用是将点火线圈或磁电机产生的脉冲高压电引入燃烧室，并在其电极之间产生电火花，以点燃可燃混合气。

发动机工作时，火花塞绝缘体裙部的温度保持在500～600℃。如果温度过低，陶瓷绝缘体容易积炭，可能引起漏电而产生缺火现象；如果温度过高，易引起早燃和爆燃。

不同材质的火花塞更换里程也不同。

接线柱

陶瓷绝缘体

金属杆

外壳

玻璃导体

陶瓷电阻

垫圈

中心电极

侧电极

火花塞内部构造

标准型　　突出型　　细电极型　　多极型　　沿面跳火型

火花塞电极形状

热型火花塞

冷型火花塞

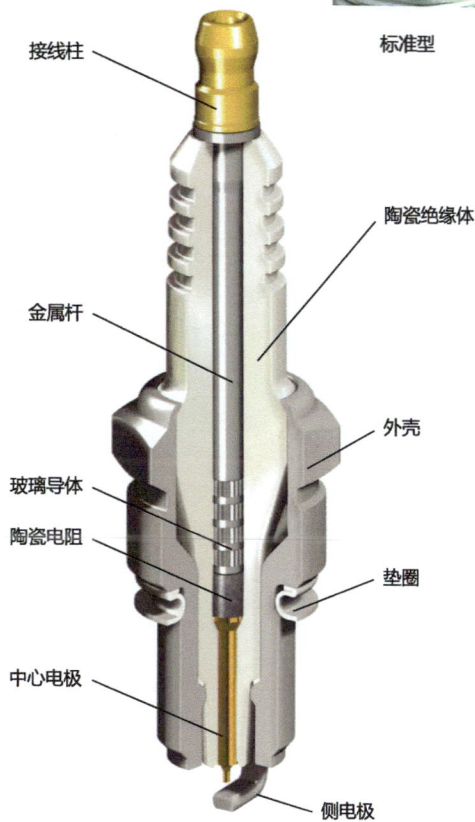

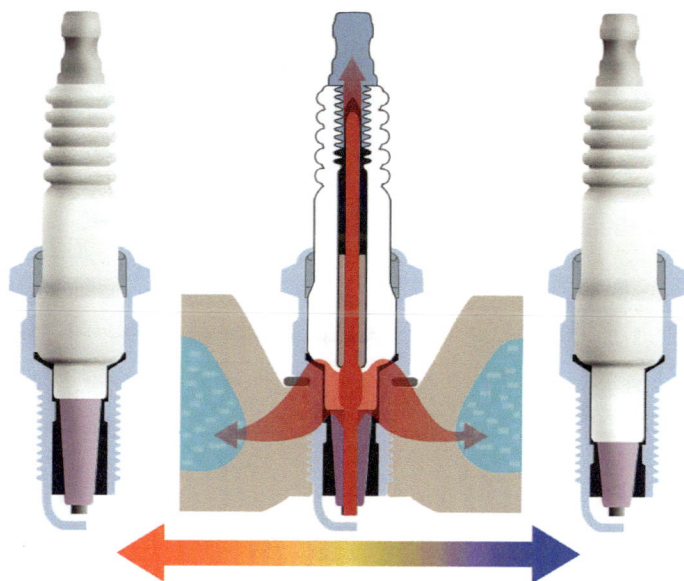

缸内直喷电控汽油喷射系统

缸内直喷是直接将汽油喷射在缸内，在气缸内直接与空气混合。ECU 可以根据吸入的空气量精确地控制燃油的喷射量和喷射时间，以实现分层或均质燃烧，进而使发动机获得更大的功率及更好的燃油经济性。

缸内直喷的最大优势是在中低负荷实现分层稀薄燃烧，并且高转速瞬时响应更好。

缸内直喷可以提高汽油机压缩比。另外，直喷发动机与增压器更容易匹配。

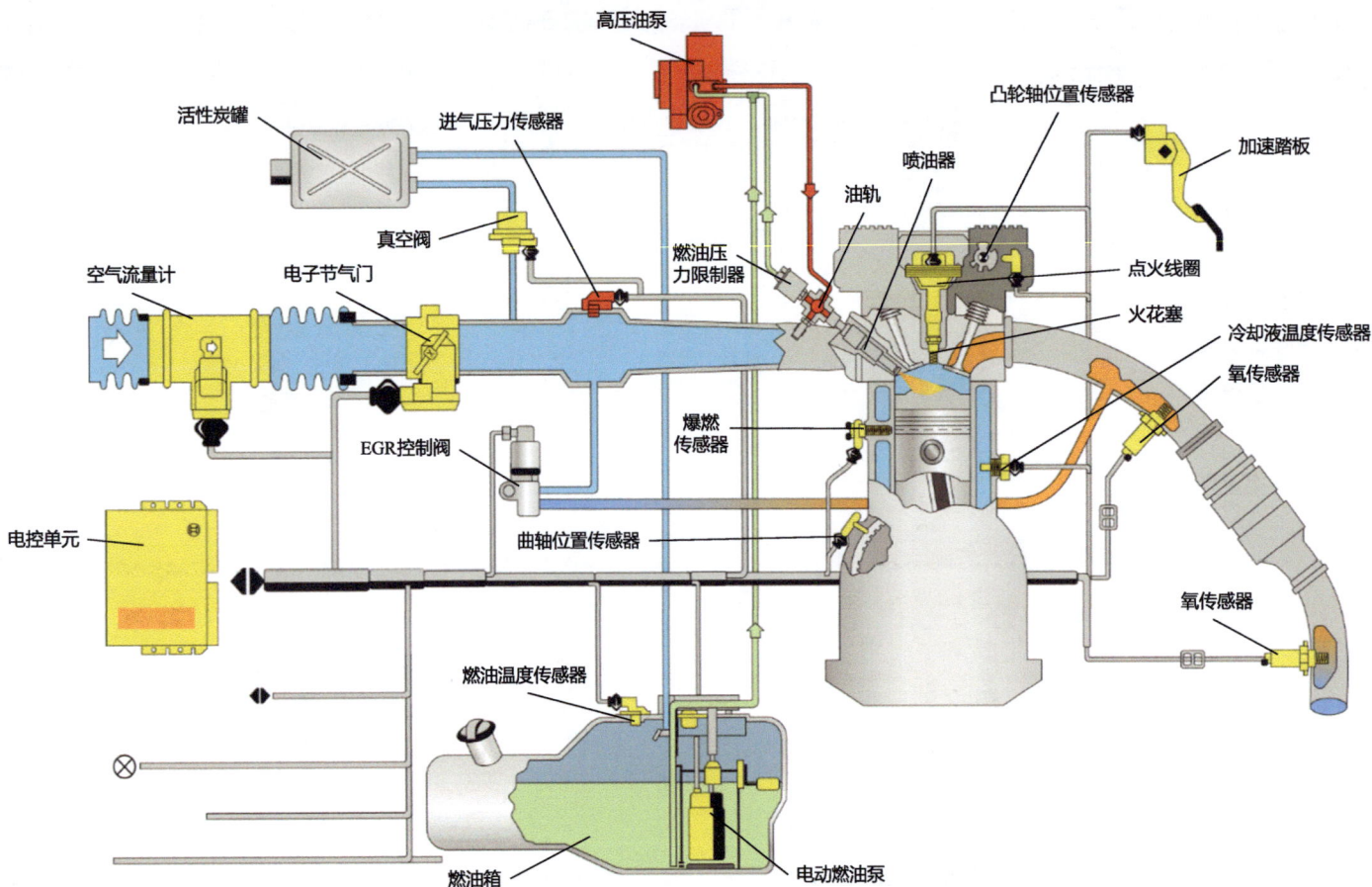

高压油泵

活性炭罐

进气压力传感器

凸轮轴位置传感器

加速踏板

喷油器

油轨

点火线圈

真空阀

空气流量计

电子节气门

燃油压力限制器

火花塞

冷却液温度传感器

氧传感器

爆燃传感器

EGR控制阀

电控单元

曲轴位置传感器

氧传感器

燃油温度传感器

燃油箱

电动燃油泵

直喷汽油机燃油系统主要部件

在直喷汽油机燃油系统中，单活塞高压泵将高压燃油按照一定压力（4~10MPa，取决于发动机负荷与转速）输送至油轨，再由油轨分配给与各缸高压喷油器。

这种与电控共轨柴油机类似的蓄压式燃油喷射系统可以更自主地控制喷油时刻与喷射压力，进而实现分层燃烧和均质燃烧等稀薄燃烧方式。

▶ 知识链接

直喷汽油机
燃油供给系统

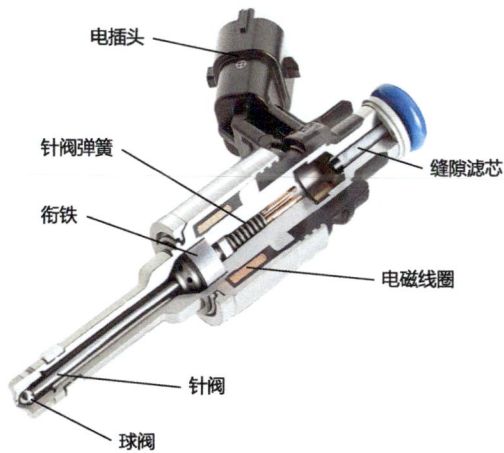

1. 尽管高压喷射系统使汽油机直喷技术比传统多点喷射汽油机有很多优势，但是对油品适应能力差，汽油中的硫形成的硫化物会腐蚀高压系统。

2. 由于直喷汽油机缺少燃油喷射对气门的清洁作用，将导致气门附近积炭严重。

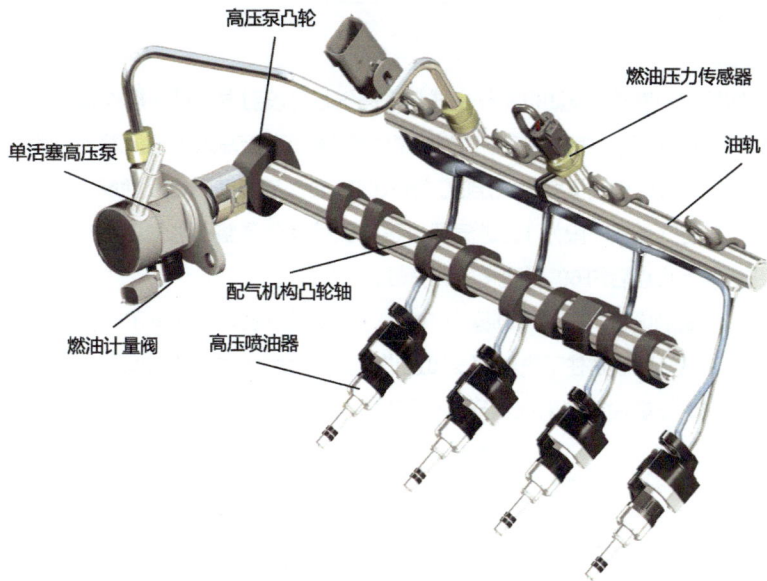

直喷汽油机供给系统

直喷汽油机喷油器

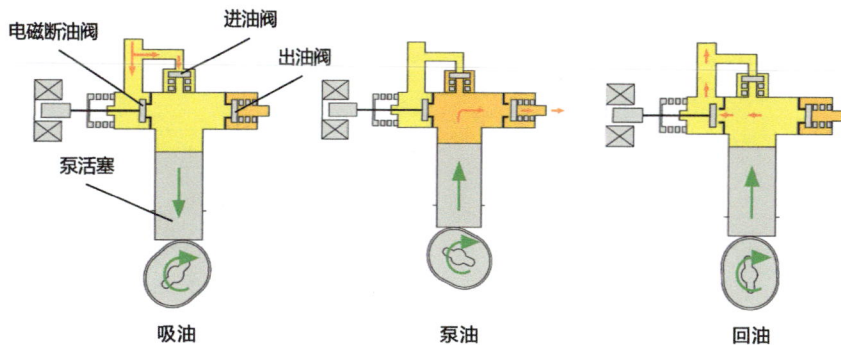

吸油　　　　泵油　　　　回油

直喷汽油机高压泵工作原理

直喷汽油机混合气形成方式

均质燃烧模式：发动机操作模式与带进气歧管喷射发动机的操作模式基本相同，主要差别是汽油直接喷射发动机中的燃油直接喷入气缸。发动机的转矩是由点火时刻和进气量决定的。喷入的燃油量与空气质量相匹配，从而使得过量空气系数一般为1。进气翻板根据负荷变化调整下进气道状态，燃油在进气上止点后约60°时直接喷入气缸。

分层燃烧模式：在进气过程中，节气门开度相对较大，减少了一部分节流损失，进气翻板封住下进气道，加速进气。分层燃烧时喷油时间在上止点前45°~60°，燃油被喷射在活塞顶的凹坑内，喷出的燃油与涡旋进气结合形成浓度分层混合气，并在火花塞附近实现相对较浓混合气。分层燃烧的过量空气系数一般在1.6~3之间。

鉴于目前的油品质量，绝大多数直喷汽油机屏蔽了分层稀薄燃烧模式。尽管如此，直喷汽油机的动力性和燃油经济性相较于多点电喷发动机还是有所提高。

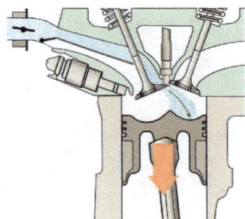

1. 进气

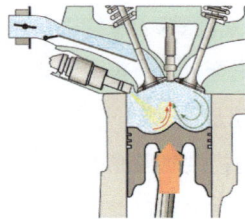

3. 喷油

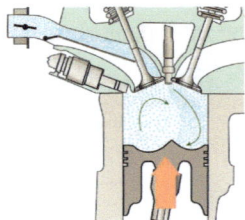

2. 压缩

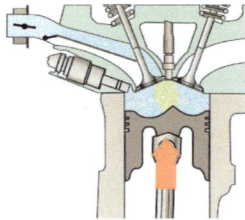

4. 分层

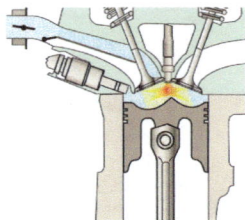

5. 燃烧

分层燃烧模式

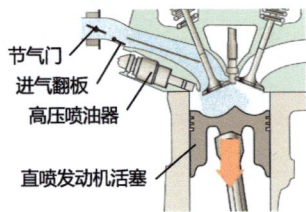

节气门
进气翻板
高压喷油器
直喷发动机活塞

1. 进气

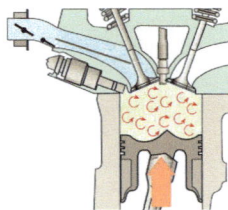

3. 均质压缩

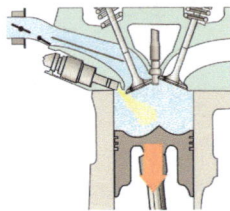

2. 早喷

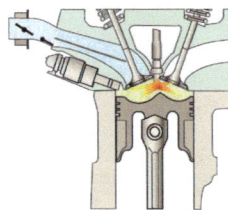

4. 燃烧

均质燃烧模式

直列泵柴油机供给系统

直列泵供给系统

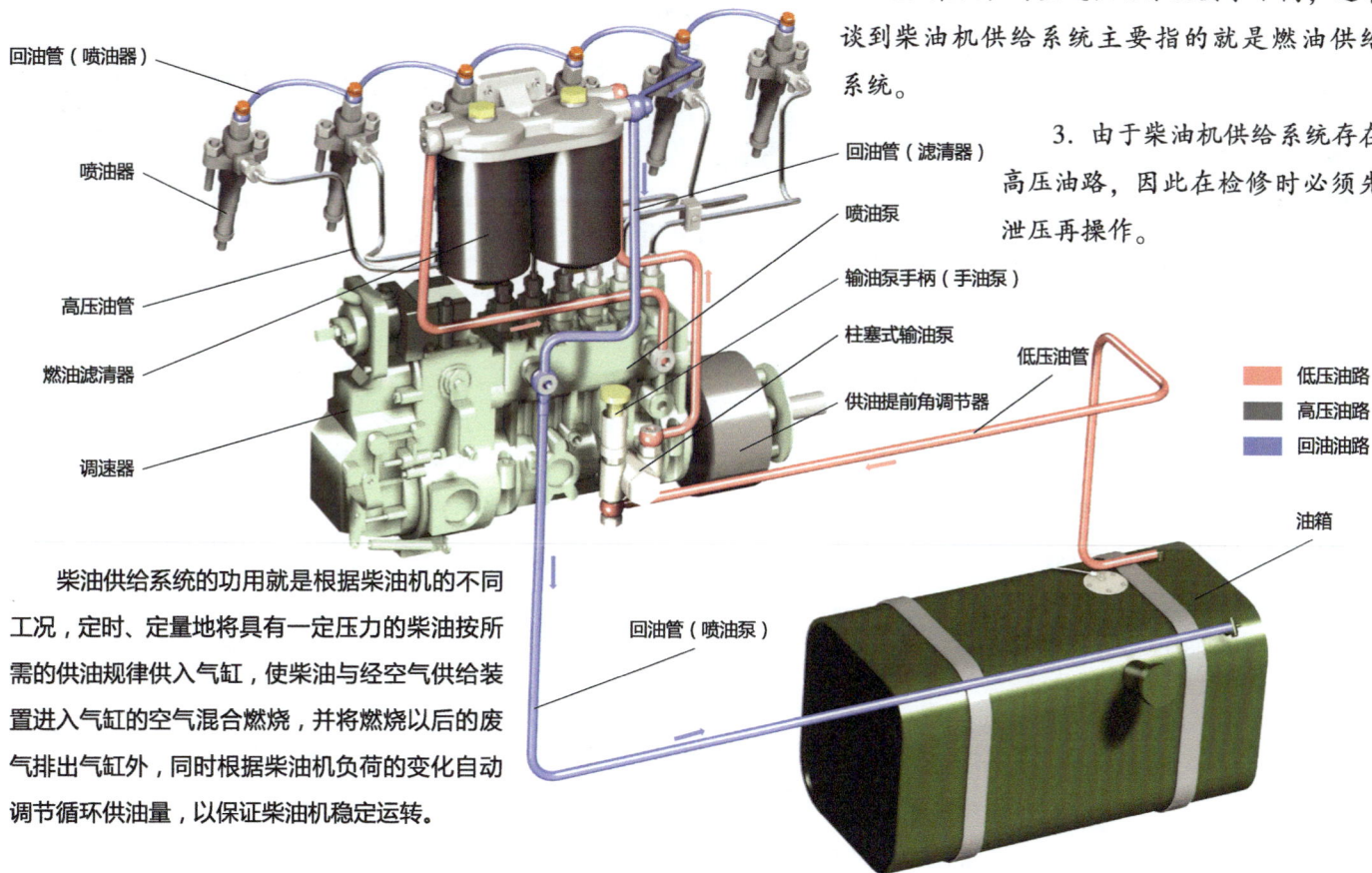

▶ **知识链接**

1. 柴油机供给系统由低压、高压、回油三条油路构成，其故障、维修、保养也都是和这三条油路有关。

2. 柴油机对空气供给系统要求不高，通常谈到柴油机供给系统主要指的就是燃油供给系统。

3. 由于柴油机供给系统存在高压油路，因此在检修时必须先泄压再操作。

回油管（喷油器）

喷油器

高压油管

燃油滤清器

调速器

回油管（滤清器）

喷油泵

输油泵手柄（手油泵）

柱塞式输油泵

供油提前角调节器

低压油管

油箱

回油管（喷油泵）

低压油路
高压油路
回油油路

柴油供给系统的功用就是根据柴油机的不同工况，定时、定量地将具有一定压力的柴油按所需的供油规律供入气缸，使柴油与经空气供给装置进入气缸的空气混合燃烧，并将燃烧以后的废气排出气缸外，同时根据柴油机负荷的变化自动调节循环供油量，以保证柴油机稳定运转。

第六章

柴油机供给系统

06

分配泵柴油机供给系统油路

喷油器
回油管三通
主副油箱转换阀
主油箱预滤器

分配泵供给系统

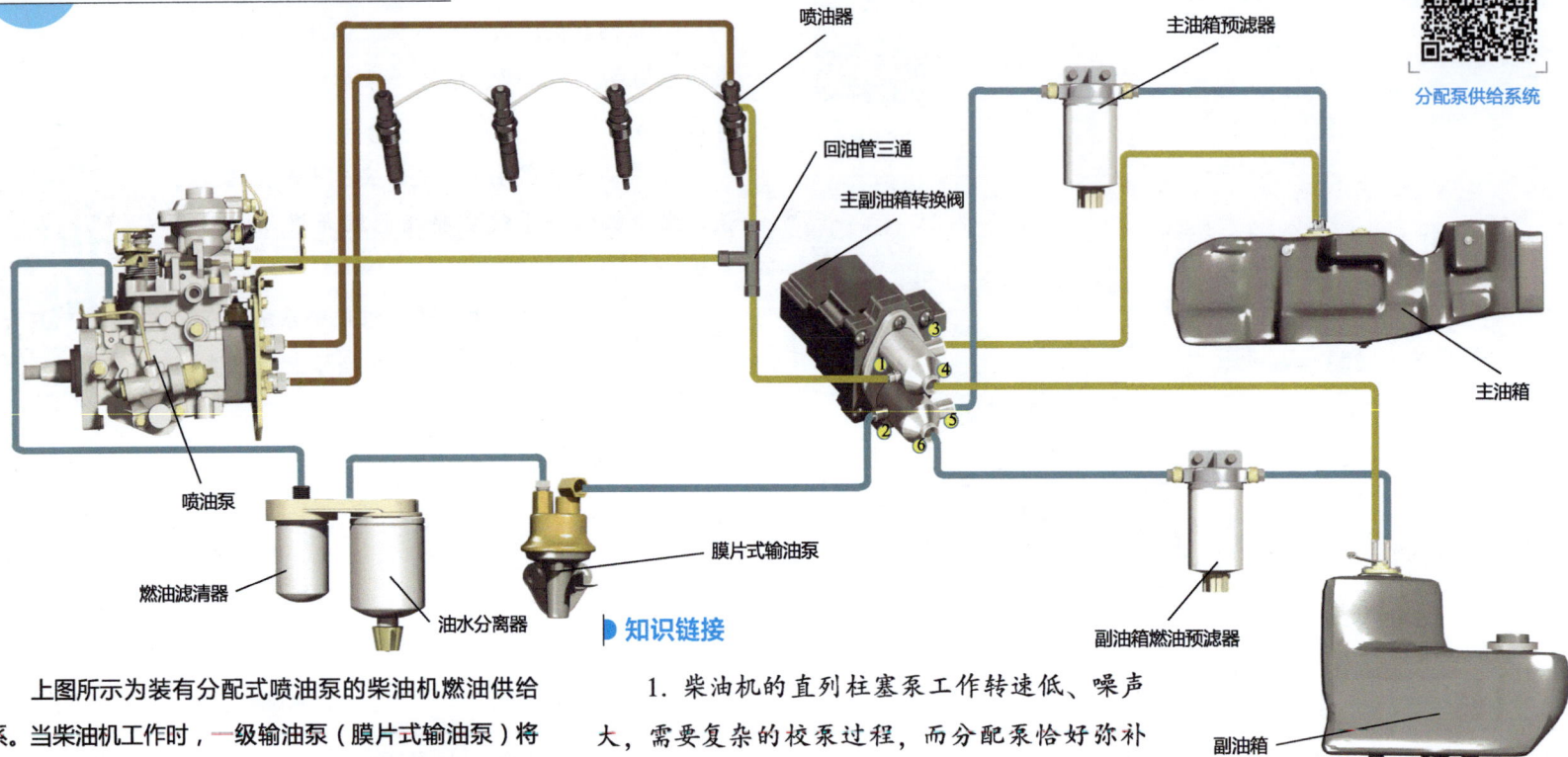

主油箱

喷油泵
燃油滤清器
油水分离器
膜片式输油泵
副油箱燃油预滤器
副油箱

① 接发动机回油管
② 接发动机输油泵
③ 接主油箱回油管
④ 接副油箱回油管
⑤ 接主油箱进油管
⑥ 接副油箱进油管

低压油路
高压油路
回油油路

上图所示为装有分配式喷油泵的柴油机燃油供给系。当柴油机工作时，一级输油泵（膜片式输油泵）将柴油从燃油箱中吸出，经油水分离器和燃油滤清器，将其送入二级输油泵（在喷油泵内），柴油在二级输油泵中加压后充入分配式喷油泵内，再经转子分配式喷油泵增压计量后送入喷油器。

▶ 知识链接

1. 柴油机的直列柱塞泵工作转速低、噪声大，需要复杂的校泵过程，而分配泵恰好弥补了这些缺点，所以在六缸以下对柴油机转速或紧凑性要求高的柴油机上应用广泛。

2. 有些采用分配泵供给系统的越野车柴油机供给系统设有两个油箱，即可增大行驶里程，又能保证行驶安全性，两个油箱间设有切换阀，操作按键即可完成。

柴油机单体泵

集成式单体泵

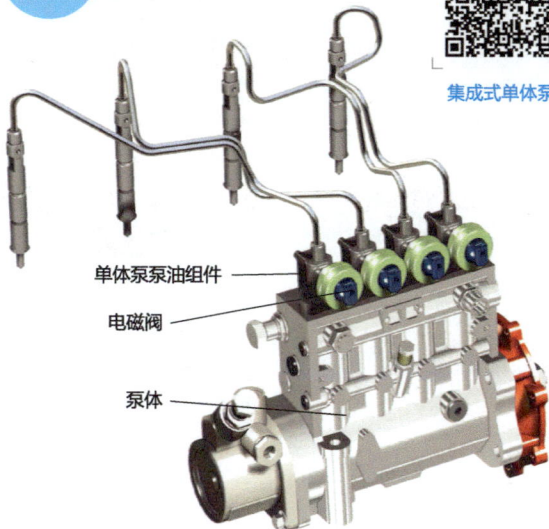

单体泵泵油组件

电磁阀

泵体

集成式电控单体泵装配体

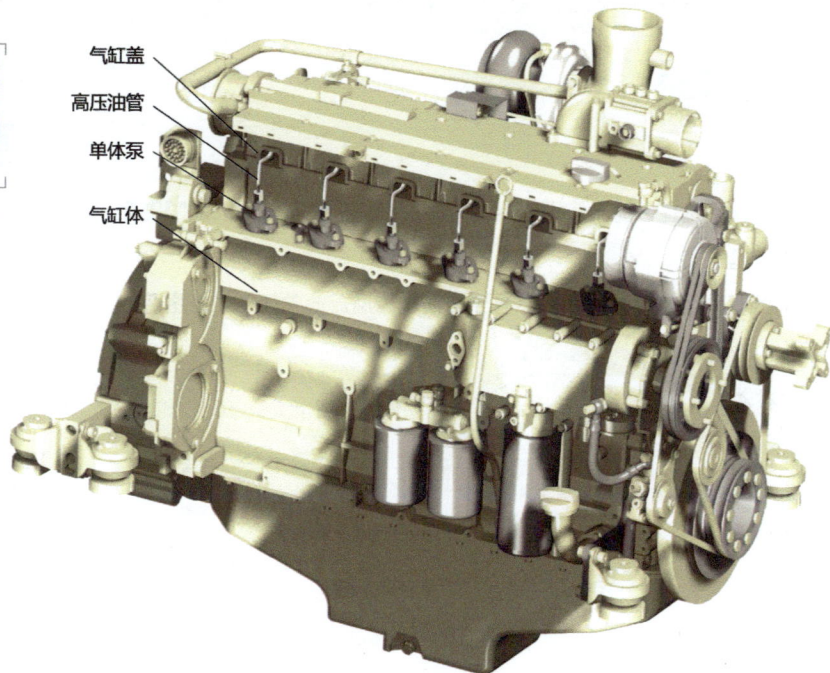

气缸盖
高压油管
单体泵
气缸体

采用机械式单体泵的柴油机

通常单体泵内的柱塞仍由凸轮轴驱动，但其凸轮轴不像直列泵那样装在泵体内，而是装在柴油机气缸体中，这种布置称作外源驱动泵。这样不仅驱动系统刚性好，高压油管外形规则，长度较短，而且喷油泵和凸轮轴在布置上灵活度也较大。

现在很多电控柴油机采用集成式单体泵系统，将多个单体泵泵油组件集成在一体，并由单独的凸轮轴驱动，更便于柴油机的系列化设计。

▶ 知识链接

1. 从基本结构与总体组成来讲，单体泵本来就是泵油部分安装在缸体里，并由配气机构凸轮轴驱动。但是这种安装布置不利于单体泵的检修，也增加了配气机构凸轮轴的设计安装难度。

2. 单体泵与泵喷嘴的工作原理相似，主要区别在于一个在喷嘴与泵油组件之间有高压油管，另一个没有高压油管。

07

柴油机电控泵喷嘴系统

电控泵喷嘴与电控单体泵系统是目前已使用的两种时间控制式柱塞泵脉冲燃油喷射系统。它们均为时间－压力计量方式。

柱塞在凸轮轴和摇臂的驱动下给燃油加压，旁通油路在电磁溢流阀关闭时，柱塞腔内压力升高。压力升高到一定值时，喷油嘴打开，燃油喷入；旁通油路在电磁溢流阀打开时，柱塞腔泄压，喷油嘴处于关闭状态，因此电磁溢流阀打开的时刻决定喷油提前角，打开的时间决定喷油量，同时可以得到所需的喷油率。

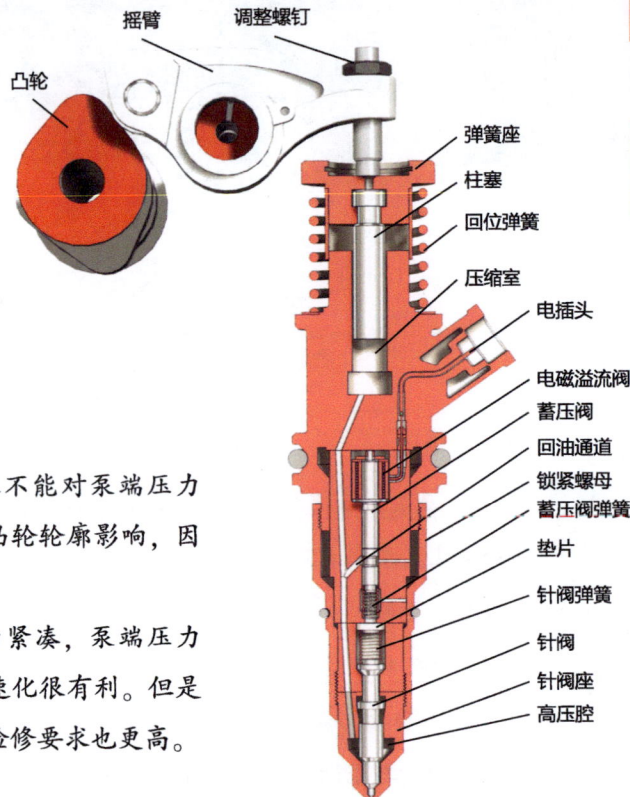

▶ 知识链接

1. 这种电控柴油机技术不能对泵端压力进行控制，喷油规律仍然受凸轮轮廓影响，因此喷油精度和自由度仍有限。

2. 泵喷嘴系统结构极为紧凑，泵端压力很高，对柴油机小型化、高速化很有利。但是这种系统缸盖布置复杂，对检修要求也更高。

摇臂　　　调整螺钉
凸轮

弹簧座
柱塞
回位弹簧
压缩室
电插头
电磁溢流阀
蓄压阀
回油通道
锁紧螺母
蓄压阀弹簧
垫片
针阀弹簧
针阀
针阀座
高压腔

泵喷嘴系统构造

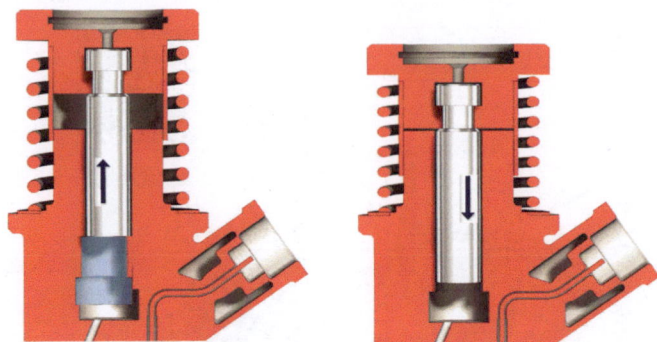

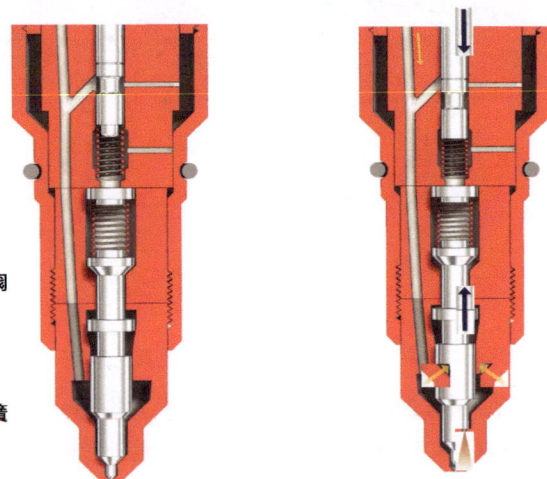

停油状态

喷油状态

采用电控共轨系统的柴油机

共轨柴油机

传统柴油喷射系统喷油压力的产生与凸轮、柱塞有关，喷油压力随着发动机转速与喷油量的增加而增加。

电控共轨系统将燃油在高压下贮存在蓄压器（高压油轨）中，从本质上克服了传统柴油机喷射系统的缺陷，其喷油压力的产生不依赖于发动机转速与系统喷油量，可根据发动机不同的工况灵活控制喷射压力和喷油量，从而实现低转速高喷射压力，达到低转速高转矩，低排放及提高燃油经济性的目的。

电控共轨系统的最高工作压力是传统机械式喷油泵系统的 2 倍以上，而且它的响应速度更高，对喷油规律的控制更精准。

电控共轨柴油机的三大核心部件是高压泵、共轨和电磁喷油器。

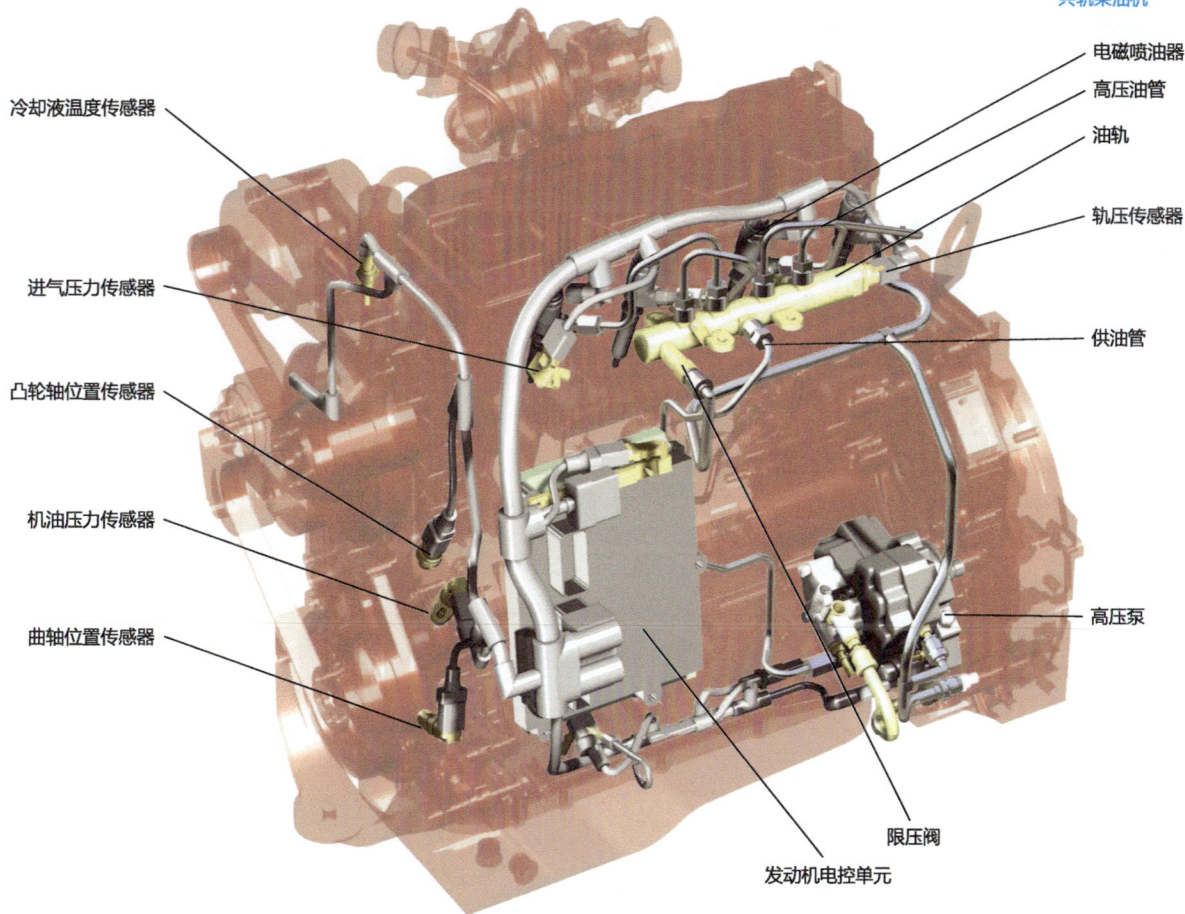

冷却液温度传感器
进气压力传感器
凸轮轴位置传感器
机油压力传感器
曲轴位置传感器

电磁喷油器
高压油管
油轨
轨压传感器
供油管
高压泵
限压阀
发动机电控单元

电控柴油机技术

第七章

柴油机电控共轨系统油路

柴油机电控共轨系统由油箱中的电动燃油泵将燃油加压泵出，或经高压泵前端的输油泵将燃油输送至高压泵中，再由高压泵将高压燃油泵入油轨中，并经高压电磁喷油器喷入柴油机燃烧室中。

现在柴油车上应用的新一代共轨系统往往利用燃油计量单元和在油轨上的燃油压力调节阀，由 ECU 根据轨压传感器等信号保证喷射压力和油量以满足发动机不同工况需求。

为满足系统的冷起动性能，在低压油路中往往还装有燃油预热装置。

▶ 知识链接

1. 在第一代高压共轨系统中，共轨压力的调节由高压泵上的压力调节阀实现。

2. 第二代共轨系统是通过高压泵上的燃油计量单元和共轨上的压力调节阀双重调节的。

3. 第三代共轨系统的标志是在第二代共轨系统的基础上采用压电式喷油器。

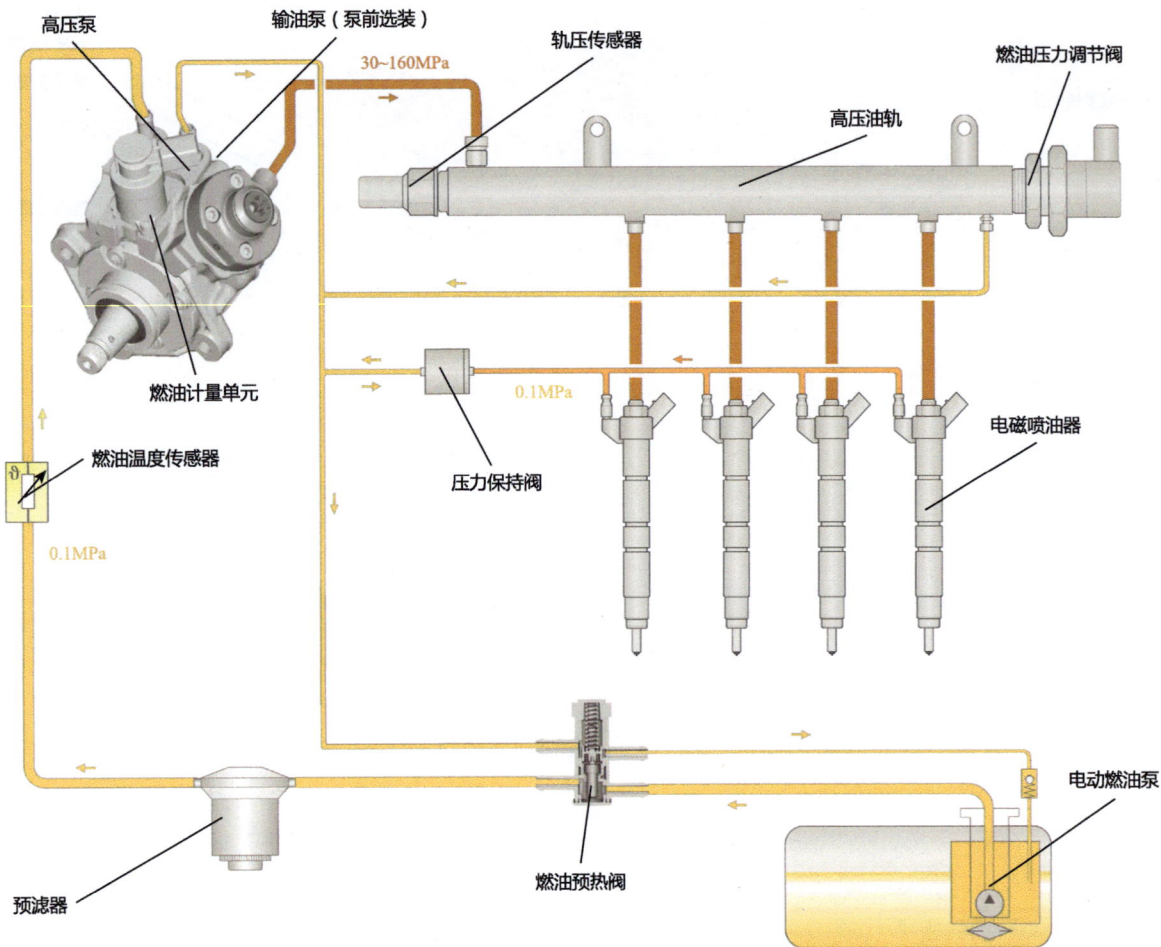

高压泵　输油泵（泵前选装）　轨压传感器　燃油压力调节阀　高压油轨　30~160MPa　燃油计量单元　燃油温度传感器　压力保持阀　0.1MPa　电磁喷油器　0.1MPa　预滤器　燃油预热阀　电动燃油泵

采用不同高压泵的共轨系统

现代柴油机共轨系统常采用直列高压泵与三柱塞径向高压泵。直列式高压泵可更方便地由传统机械系统升级，采用机油润滑，燃油适用范围更广泛，集成齿轮式或滑片式输油泵。三缸径向柱塞高压泵每循环可产生三次泵油过程，只产生低峰值转矩驱动力，受力更为均匀。

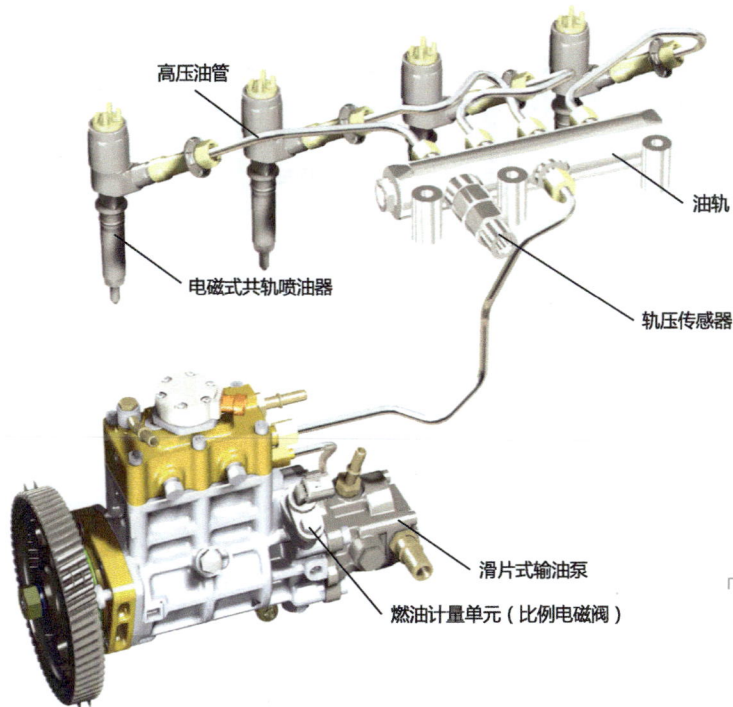

通常采用双柱塞直列高压泵的共轨系统多用于载货汽车，重型运输车还可以采用四柱塞泵，而采用三柱塞转子式高压泵多用于乘用车。尽管两种泵从内部构造到工作原理有较大差别，但是燃油压力控制原理类似。

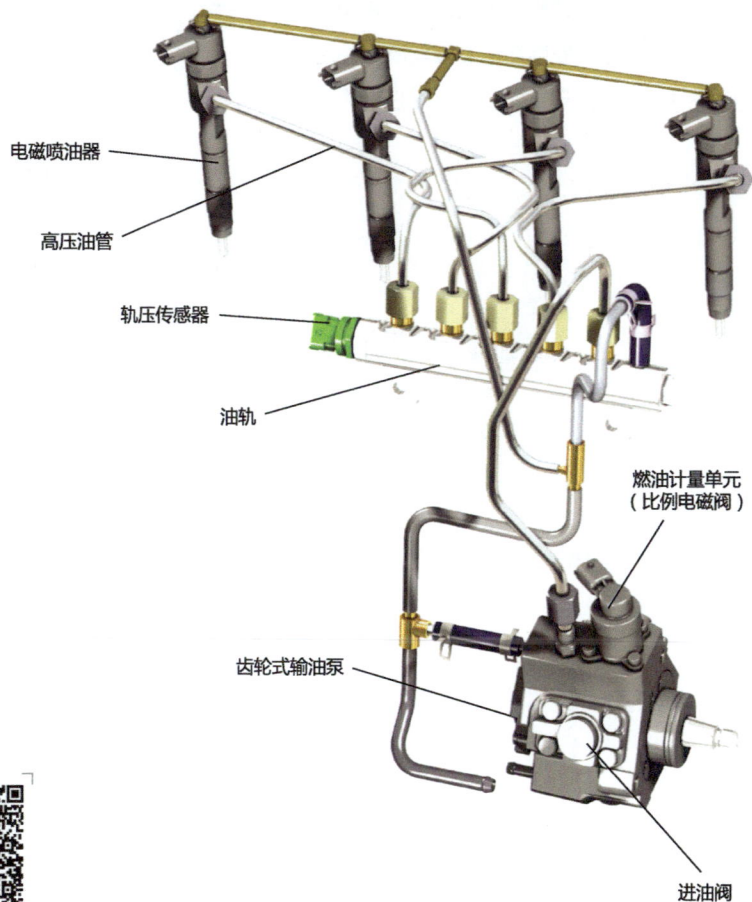

高压油管

电磁式共轨喷油器

油轨

轨压传感器

滑片式输油泵

燃油计量单元（比例电磁阀）

采用直列高压泵的共轨系统

采用直列泵的
共轨系统

电磁喷油器

高压油管

轨压传感器

油轨

燃油计量单元
（比例电磁阀）

齿轮式输油泵

进油阀

采用转子式高压泵的共轨系统

电控柴油机技术

第七章

65

共轨系统高压泵油路控制

第二代以后的共轨系统高压泵不再集成压力调节阀，而采用了安装在输油泵与高压柱塞泵之间的燃油计量单元用来调整进入高压泵内的燃油量。通过与计量单元并联的阶跃回油阀可以保持计量单元入口处的燃油压力恒定，并增加进入高压泵运动部件位置的润滑和冷却液量。这样高压泵的泵油量为共轨管中所必需的油量，进而控制油轨中的燃油压力，既提高了泵油效率，降低了油泵的功率消耗，也减少了对燃油的加热量。

第二代以后的共轨系统中，柴油不仅用来供给喷油器形成高压雾化的喷油油束，而且还用来润滑与冷却高压油泵。 高压油泵的进油压力与用来润滑的柴油压力通过系统协调，既可以使入口燃油压力保持恒定，又能维持润滑冷却所需的柴油流量和压力。

A 来自燃油滤清器
B 内部压力0.45~0.6MPa
C 润滑用燃油
D 内部燃油回油
E 高压燃油
F 燃油回油

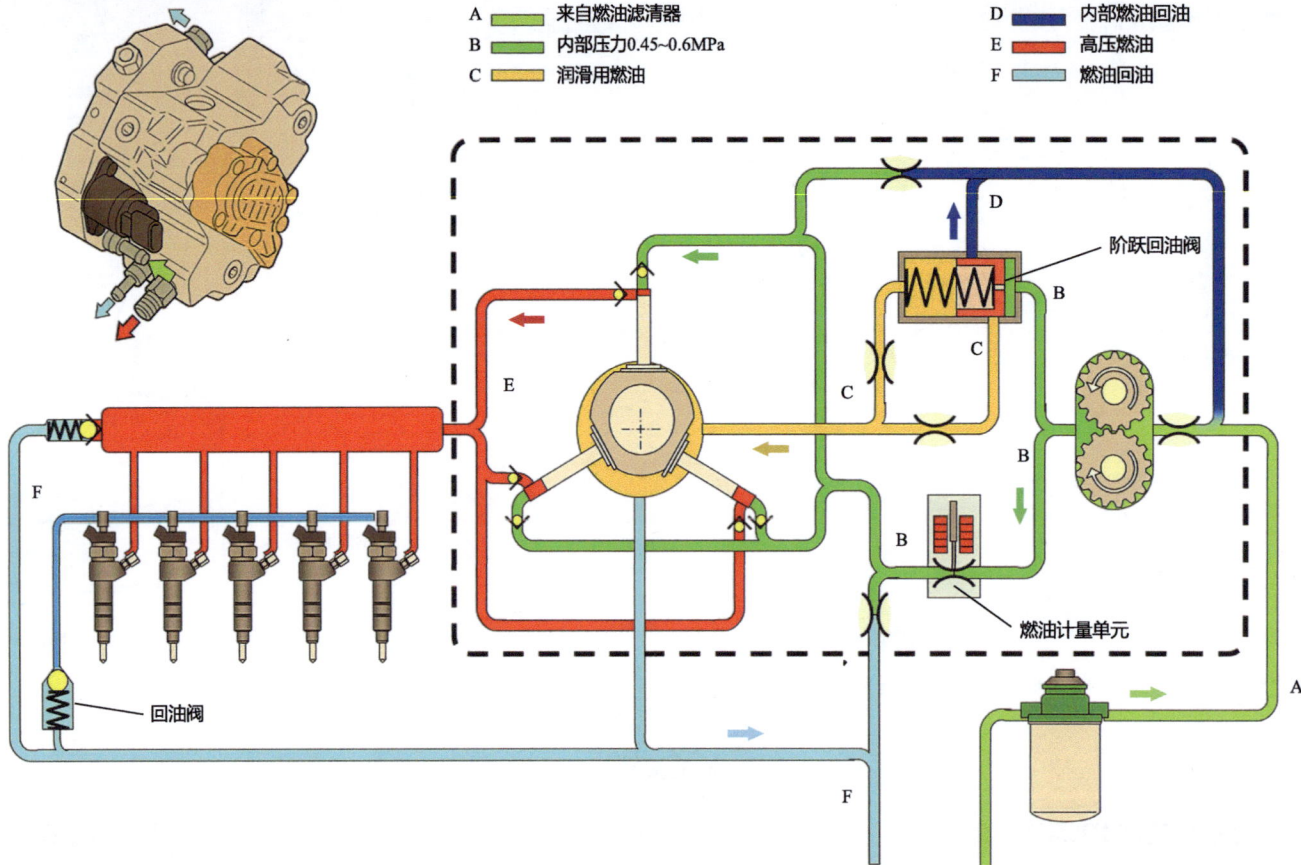

阶跃回油阀

燃油计量单元

回油阀

转子式高压泵

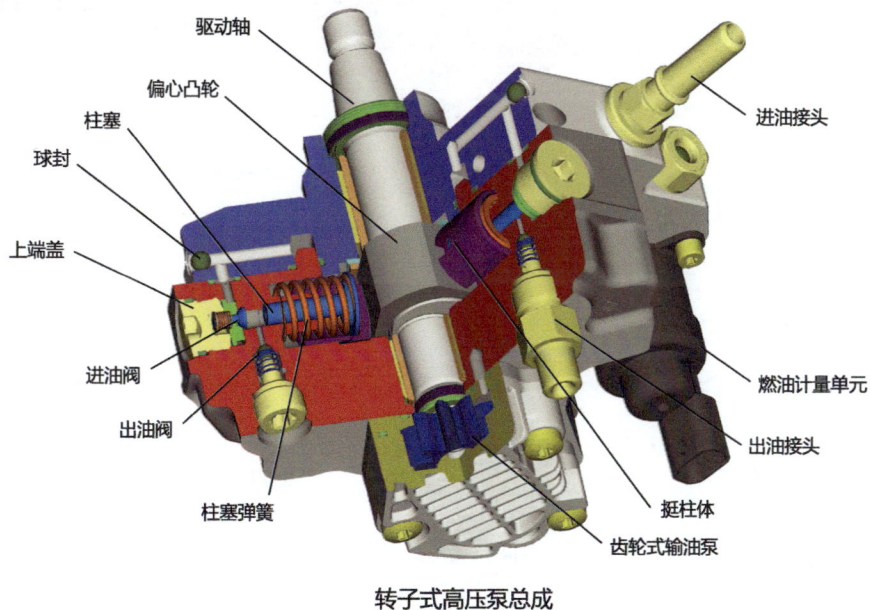

驱动轴
偏心凸轮
柱塞
球封
上端盖
进油阀
出油阀
柱塞弹簧
进油接头
燃油计量单元
出油接头
挺柱体
齿轮式输油泵

转子式高压泵总成

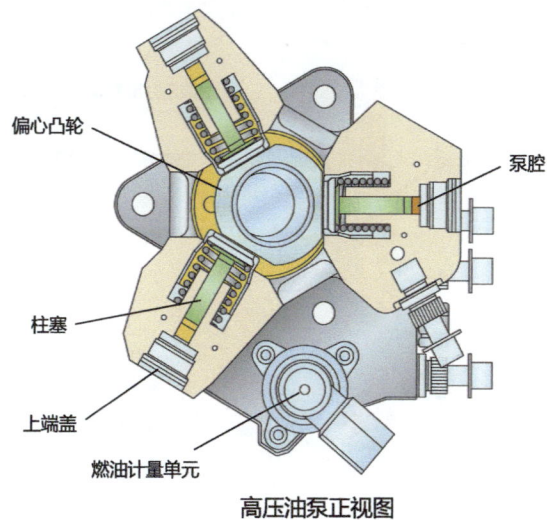

偏心凸轮
泵腔
柱塞
上端盖
燃油计量单元

高压油泵正视图

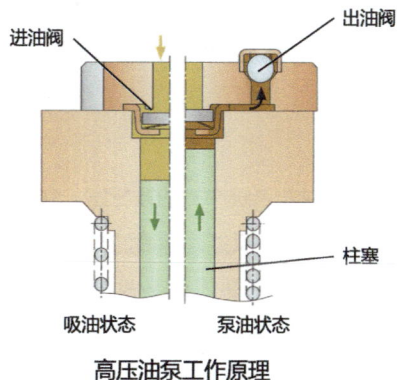

进油阀
出油阀
柱塞
吸油状态   泵油状态

高压油泵工作原理

油量可调的高压泵为转子式径向三柱塞泵，其工作转速可达 4000r/min，每循环可产生三次泵油过程。工作时，驱动轴带动偏心凸轮旋转，推动 3 个径向排列呈 120°均布的柱塞依次往复运动，与柱塞回位弹簧共同实现吸油与压油动作。吸油时，低压燃油从进油口经安全阀和低压油道经进油阀流入柱塞顶部的泵腔，柱塞到达下止点后上行，进油阀被关闭，泵腔燃油被密封。当泵腔油压在柱塞压缩下达到油轨压力时，出油阀开启，燃油经出口进入油轨，实现供油。

第二代以后的共轨系统高压泵采用控制进油的方式满足油轨压力调节的需求，减少被压缩至高压的燃油量，降低油泵的功率消耗。这种高压泵通过不同级别的壳体尺寸、柱塞直径和行程以适应不同排量柴油机的需求。

转子式高压油泵不仅用于小型乘用车，也能用于轻型载货汽车，可以根据供油能力需求逐级递增结构尺寸。

高压油轨

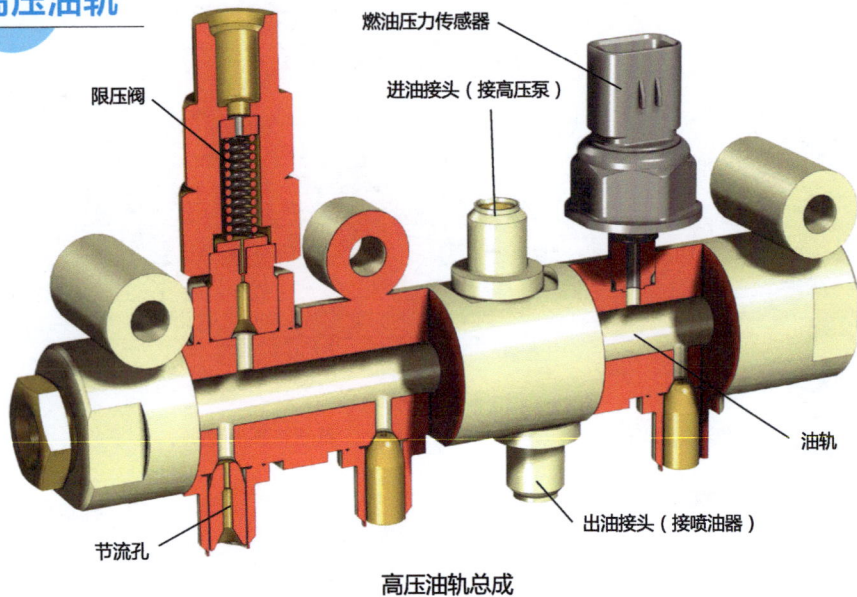

限压阀
燃油压力传感器
进油接头（接高压泵）
油轨
节流孔
出油接头（接喷油器）

高压油轨总成

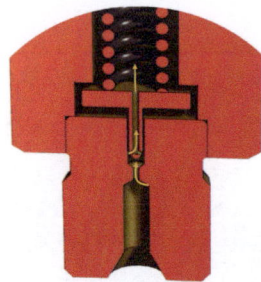

限压阀工作过程

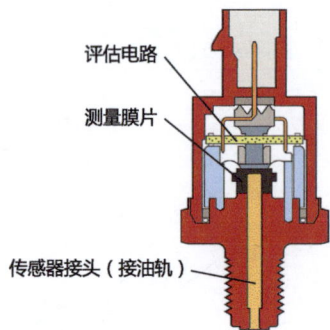

评估电路
测量膜片
传感器接头（接油轨）

燃油压力传感器

共轨管

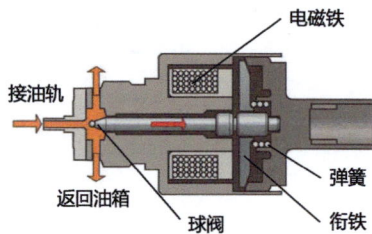

接油轨
返回油箱
球阀
电磁铁
弹簧
衔铁

开启状态

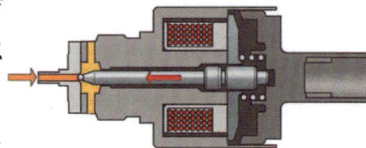

关闭状态

燃油压力调节阀

高压油轨是共轨系统中的的蓄压室，合适的容积可以补偿系统的压力波动，又能确保喷油器喷油时的快速响应需求。在油轨一端装有轨压传感器，通过该传感器信号ECU 可以控制在高压泵上或在油轨另一端安装的电磁式压力调节阀的占空比，从而迅速、精确地调节油轨压力，保证柴油机各种工况下共轨系统的压力稳定。

此外，为保证共轨系统工作安全性，油轨上还装有限压阀，以便在轨压超过限定值时泄压。

▶ 知识链接

1. 作为蓄压式共轨系统的油轨，它通过相对较大的内部管道容积将高压管路中的压力波动降至最低程度，另一方面这个容积又要足够小，以保证柴油机起动时共轨系统压力能迅速建立。

2. 不同的发动机因装配关系不同，共轨管装配体的附件安装位置与结构关系也会不同。此外，少数发动机还采用盘式共轨。

电磁式共轨喷油器

电磁式共轨喷油器由孔式喷油嘴、液压伺服机构和电磁阀等部分组成。

来自油轨的高压燃油经通道进入喷油嘴压力室中，同时经节流孔流入控制腔，控制腔回油孔道由电磁阀控制开闭。

当电磁阀触发后，泄油孔打开，控制腔回油，针阀在其压力室油压作用下打开。反之，喷油器针阀关闭。

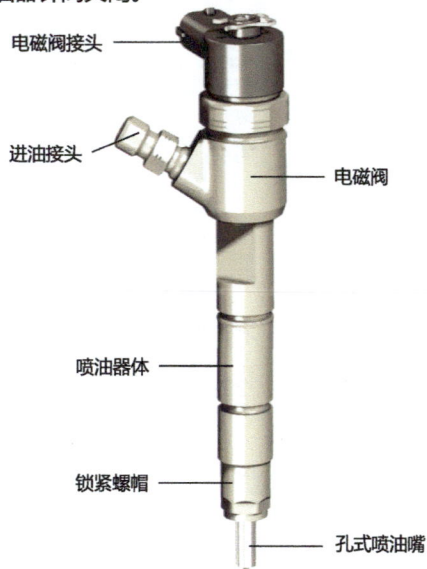

电磁喷油器装配体

电磁阀接头
进油接头
电磁阀
喷油器体
锁紧螺帽
孔式喷油嘴

▶ 知识链接

只有第一代、第二代共轨系统采用这种电磁喷油器。它在工作时需要具有一定的喷射压力、喷射行程和合适的喷油锥角，喷油器在需要停止喷油时应能迅速切断燃油供给，不发生滴油现象。此外，现在更多的喷油器采用油嘴处无有害容积结构，这要求喷油器要有更高的制造工艺。

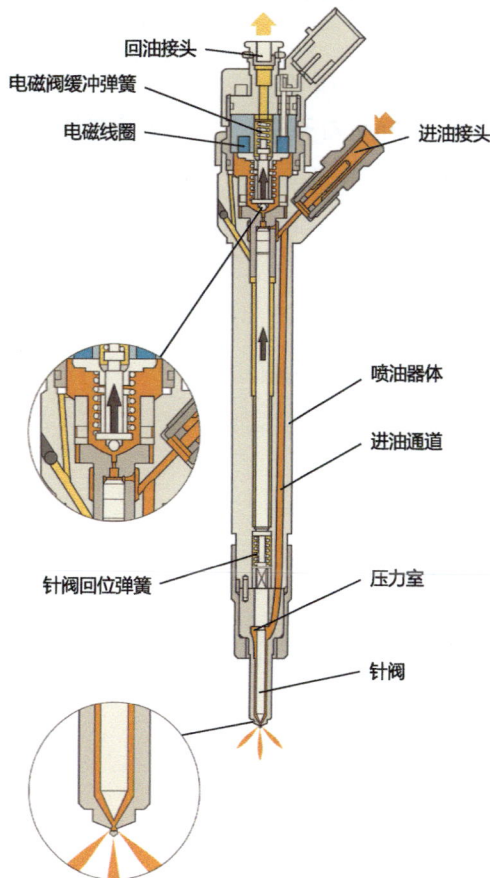

喷油状态

回油接头
电磁阀缓冲弹簧
电磁线圈
进油接头
喷油器体
进油通道
针阀回位弹簧
压力室
针阀

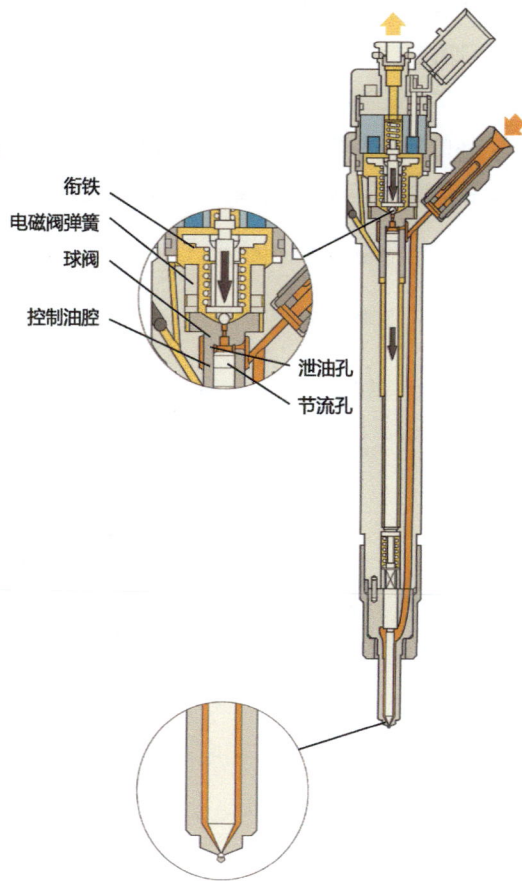

停油状态

衔铁
电磁阀弹簧
球阀
控制油腔
泄油孔
节流孔

第七章 电控柴油机技术

柴油滤清器

柴油的清洁度对喷油泵、喷油器精密偶件的可靠性及寿命有重大影响。柴油中所含的机械杂质主要是灰尘粒子、金属表面的锈蚀产物、贴在零件表面上杂质等。

为了保证燃料供给系统可靠地工作，必须采用能滤去机械杂质99%~99.5%的高效滤清器，其滤网应能满足滤去直径0.002~0.003mm粒子的要求。目前常用的单级滤清器或双级滤清器大多采用纸质滤芯。

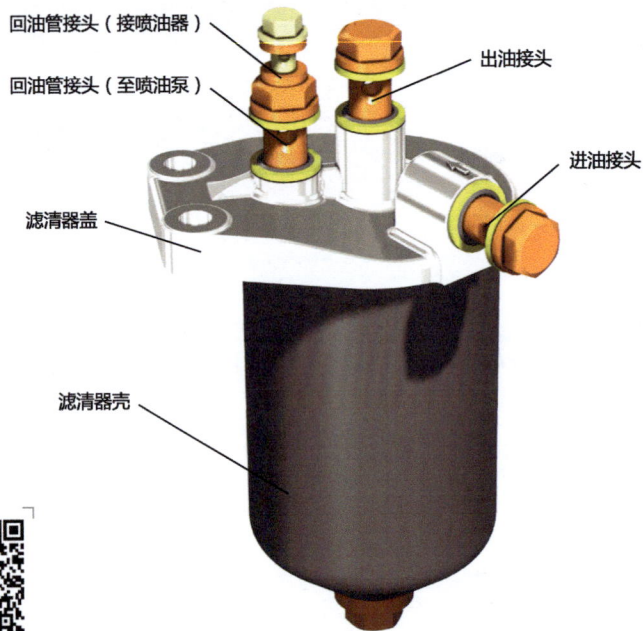

汽车构造与原理三维图解（彩色版）

柴油滤清器

柴油滤清器总成

回油管接头（接喷油器）
回油管接头（至喷油泵）
出油接头
进油接头
滤清器盖
滤清器壳

1. 柴油滤清器和机油滤清器一样都有整体可更换式和更换滤芯式（右图所示）两种。

2. 由于柴油机的喷油压力远高于汽油机，油束雾化颗粒也远小于汽油机，柴油机供给系统中有很多精密部件。因此，柴油机供给系统的滤清器要求有较高的洁净能力。

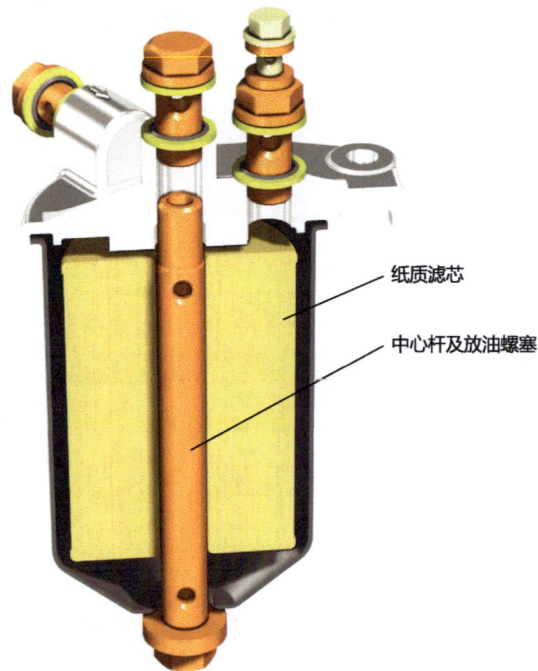

纸质滤芯
中心杆及放油螺塞

柴油滤清器剖视图

油水分离器

当柴油机工作时，柴油首先经油水分离器粗滤除掉水分和部分杂质，然后再流经燃油滤清器进行细滤，以保证柴油的洁净度。

柴油经进油接头进入，并经出油接头流出。柴油中的水分在分离器内从柴油中分离出来并沉积在壳体底部。当浮子上浮达到规定的放水水位时，液面传感器将电路接通，仪表板上的警示灯发出放水信号，这时驾驶人应及时旋松放水塞放水。

▶ 知识链接

1. 如果柴油中的水分不能很好地分离出去，柴油机在工作时会出现冒白烟现象，造成发动机动力下降甚至停机故障。

2. 我国柴油含硫量比较高，燃油中的水与硫化物结合生成的酸会腐蚀高压系统的各个部件。

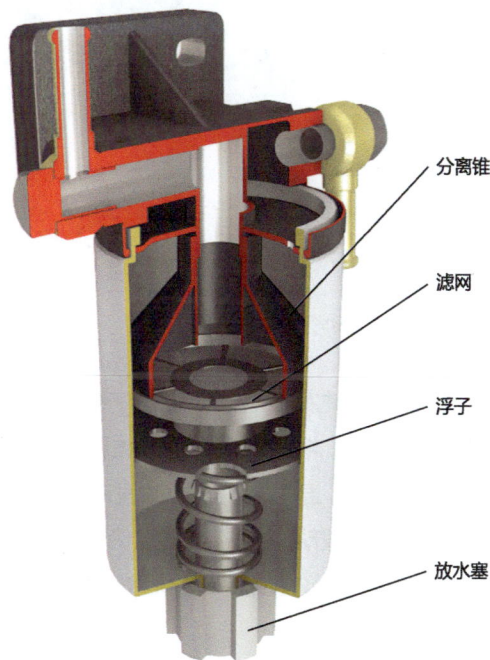

油水分离器

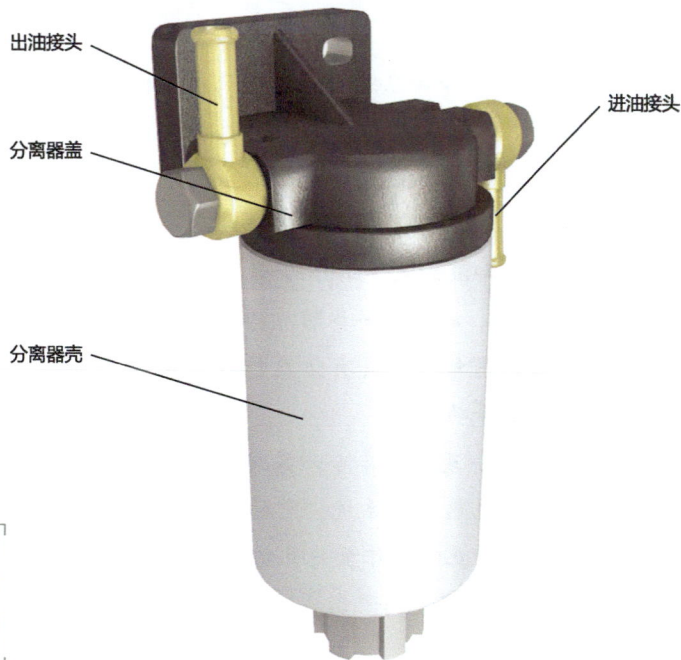

油水分离器总成

油水分离器剖视图

出油接头　进油接头　分离器盖　分离器壳　分离锥　滤网　浮子　放水塞

冷却系统组成

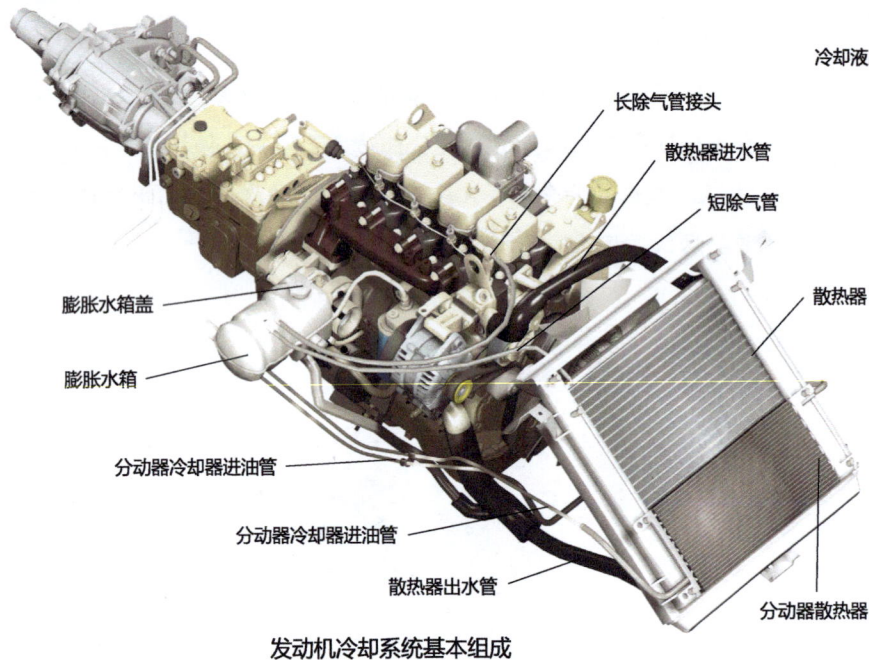

发动机冷却系统基本组成

- 长除气管接头
- 散热器进水管
- 短除气管
- 散热器
- 膨胀水箱盖
- 膨胀水箱
- 分动器冷却器进油管
- 分动器冷却器进油管
- 散热器出水管
- 分动器散热器

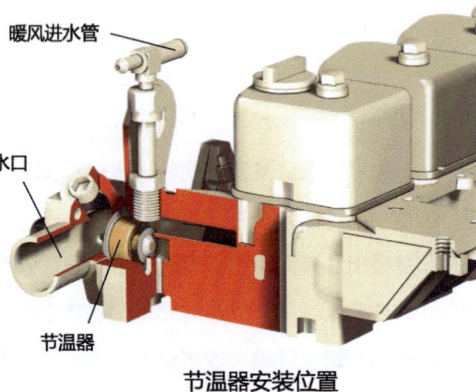

节温器安装位置

- 暖风进水管
- 冷却液出水口
- 节温器

发动机冷却系统的功用是使发动机在所有工况下都保持在适当的温度范围内，一方面对发动机进行强制冷却，将各受热零件的温度控制在允许范围内，另一方面又要保持适当的冷却介质温度，温度过低或过高对发动机的工作都不利。

以冷却液为冷却介质冷却发动机的高温零件，然后再将热量传给空气的冷却系统称为水冷系统。以空气为冷却介质的冷却系统称风冷系统。汽车发动机，尤其是乘用车发动机大多采用水冷系统。

▶ 知识链接

1. 冷却系统的实质是让发动机维持正常工作温度的系统。它既要防止发动机过热，还要防止发动机过冷。

2. 汽车的暖风系统是利用冷却系统中冷却液的热量工作的。

3. 冷却液全称防冻冷却液，它除防冻作用外，还具有防腐蚀、防开锅、防水垢等功能。

4. 现代汽车冷却系统是一套综合的发动机热管理系统，它的工作性能对发动机的正常工作至关重要。

5. 有些高配车型的发动机还配有主动散热系统。

节温器结构与工作原理

蜡式节温器阀门的开闭完全由石蜡的体积变化来控制，其作用力大，且不受冷却系统内压力变化影响，因此温度控制精度较高而被广泛采用。

当冷却液温度低于 76℃时，石蜡呈固态，节温器关闭冷却液流向散热器的通道，冷却液经旁通孔、水泵返回发动机，进行小循环。

当冷却液温度升至 89℃以上时，石蜡完全变成液体，这时冷却液全部经节温器阀进入散热器，并由散热器经水泵流回发动机，进行大循环。

当冷却液温度在 76~88℃范围内时，上阀门与侧阀门处于与温度相适应的中间位置，此时冷却液同时进行大、小循环。

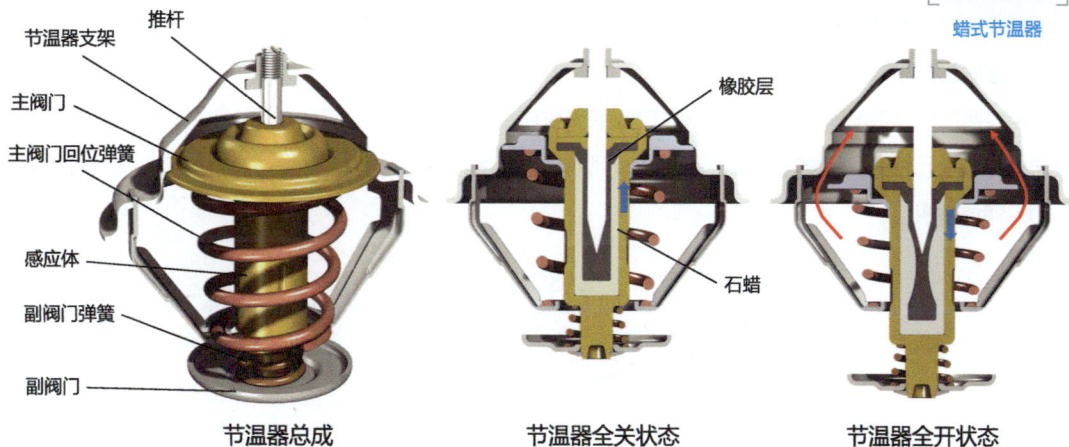

▶ 知识链接

1. 节温器失效时，如果节温器处于开启状态，会使发动机升温缓慢；如果节温器处于关闭状态，会使发动机过热。

2. 电子节温器是在传统蜡式节温器基础上，增加了带加热电阻的温度调节单元。这种节温器由发动机电控单元控制其工作，它可以根据发动机工况来控制冷却系统的工作温度。

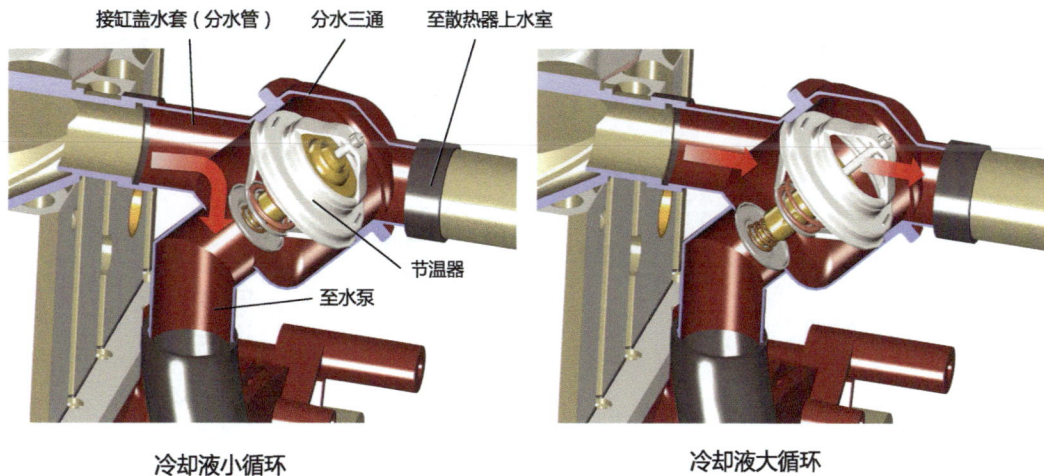

蜡式节温器

推杆
节温器支架
主阀门
主阀门回位弹簧
感应体
副阀门弹簧
副阀门

节温器总成

橡胶层
石蜡

节温器全关状态

节温器全开状态

接缸盖水套（分水管）
分水三通
至散热器上水室
节温器
至水泵

冷却液小循环

冷却液大循环

采用电控风扇的散热器

很多乘用车发动机的水冷系统采用电控风扇，尤其是发动机横置前轮驱动的汽车。

电控风扇由风扇电动机驱动并由汽车电源系统供电，电动机由发动机电控单元控制，可根据冷却液温度调节风扇转速，使其不受发动机转速影响。

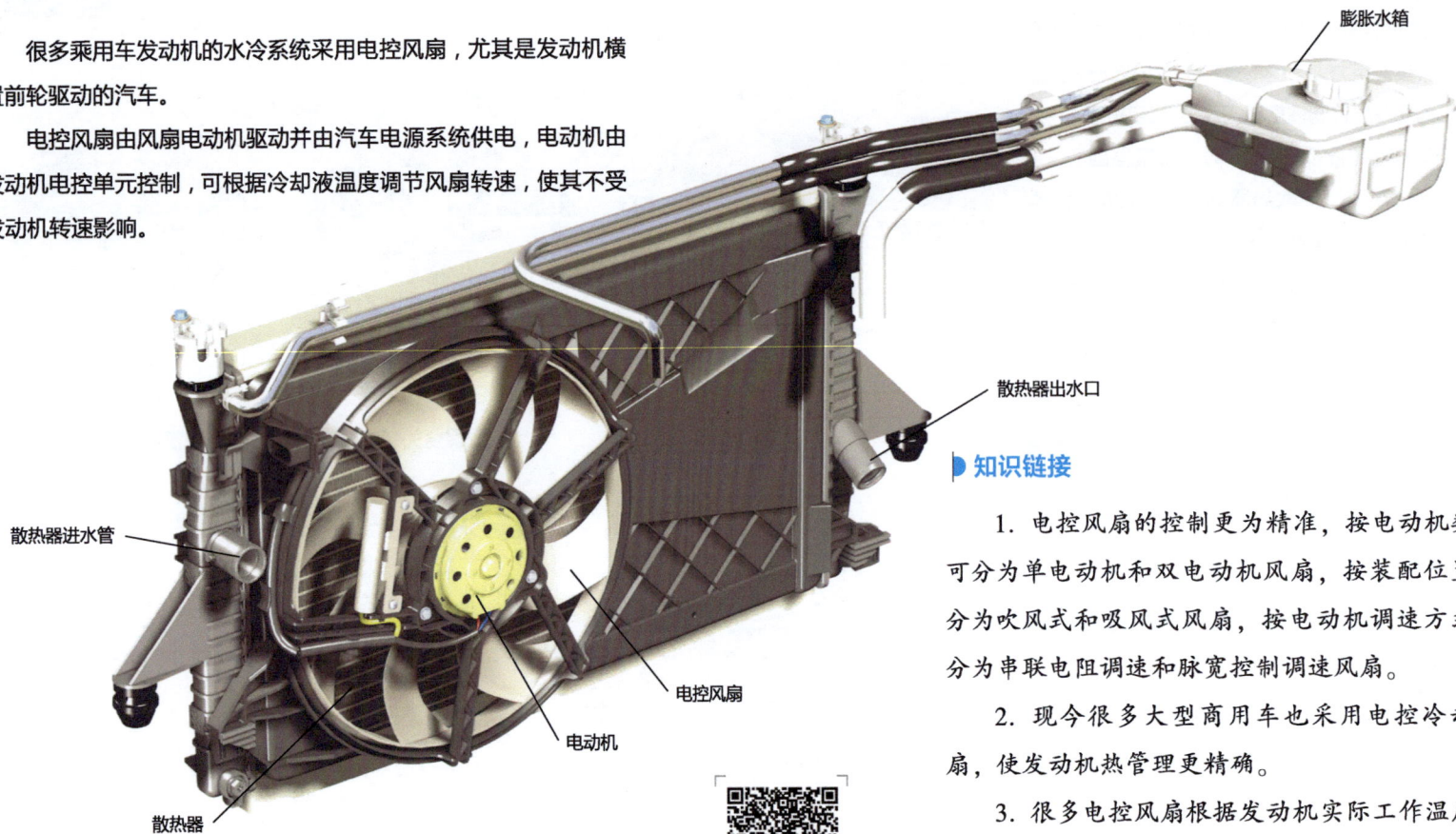

汽车构造与原理三维图解（彩色版）

膨胀水箱

散热器出水口

散热器进水管

电控风扇

电动机

散热器

电控风扇
及散热器

▶知识链接

1. 电控风扇的控制更为精准，按电动机数量可分为单电动机和双电动机风扇，按装配位置可分为吹风式和吸风式风扇，按电动机调速方式可分为串联电阻调速和脉宽控制调速风扇。

2. 现今很多大型商用车也采用电控冷却风扇，使发动机热管理更精确。

3. 很多电控风扇根据发动机实际工作温度与环境温度可以延时关闭，当车辆熄火后，发动机仍能继续冷却一段时间。

硅油离合式风扇及冷却水泵

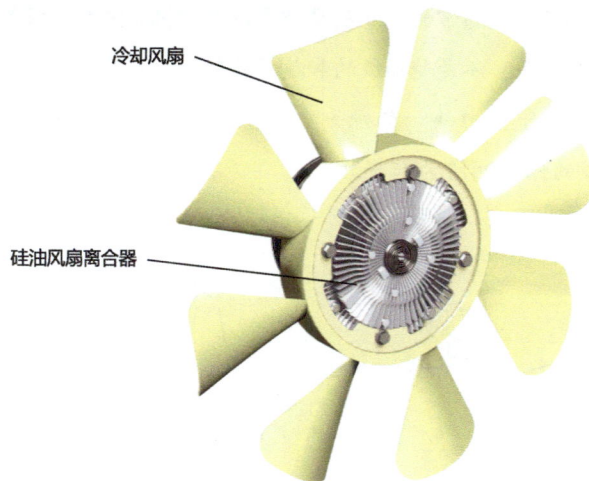

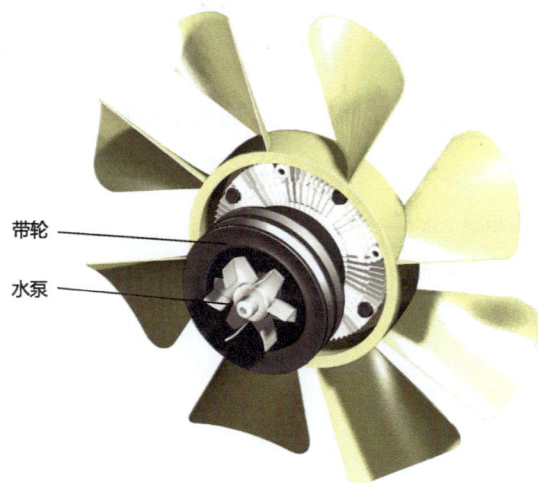

冷却风扇

硅油风扇离合器

带轮

水泵

硅油式风扇离合器与水泵总成

硅油离合器内部封有黏性流体（硅油），靠其剪切黏力传递转矩。在风扇前面装有双金属片，用其感应通过散热器的空气温度，由此控制风扇工作腔内的硅油量，只有在必要时，才能传递转矩使风扇旋转。

▶ 知识链接

1. 对于一些大功率发动机来讲，冷却风扇所需要的功率占发动机功率的 3%~5%。若硅油离合器失效而锁死风扇会让发动机的油耗大幅度增加，也会导致冷却系统工作不正常。

2. 现在越来越多的冷却风扇采用柔性材质、不等间距扇叶等技术来降低风扇的功耗和噪声。

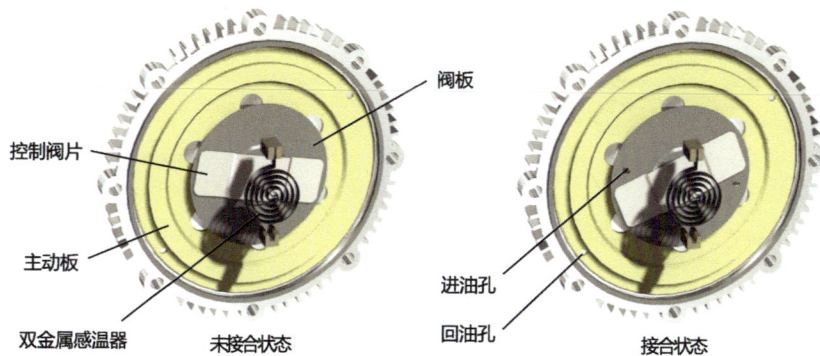

控制阀片

阀板

主动板

进油孔

回油孔

双金属感温器

未接合状态

接合状态

硅油式风扇离合器工作原理

润滑系统的基本组成

润滑系统的功用就是在发动机工作时,连续不断地将数量足够而温度适当的洁净润滑油输送到运动零件的摩擦表面,并在摩擦表面之间形成油膜,形成液体摩擦,使摩擦阻力减小、功率消耗降低、机件磨损减轻,以提高发动机工作的可靠性和耐久性。

汽车构造与原理三维图解（彩色版）

知识链接

1. 润滑系统是发动机最重要的辅助系统,通常的保养项目都是以发动机润滑系统保养为优先的。

2. 润滑油的品质和类型要因发动机而异,不是越高级的和越贵的越好,而是适合的为最好。

3. 润滑系统的设计实际上是秉着"宁差勿缺"的原则。比如活塞的飞溅润滑、滤清器旁通阀通过非过滤机油等,都是以最底线的保障润滑为前提。

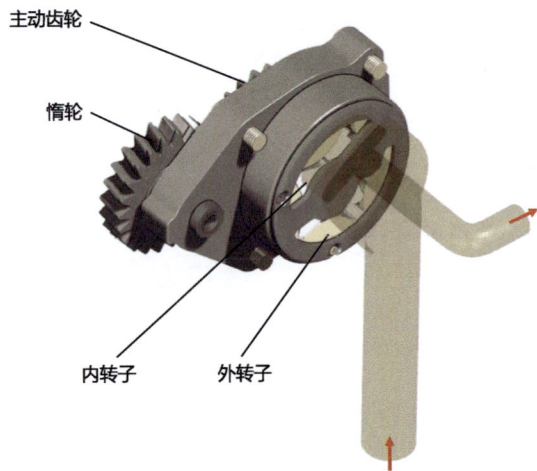

机油泵安装位置

- 主动齿轮
- 惰轮
- 内转子
- 外转子

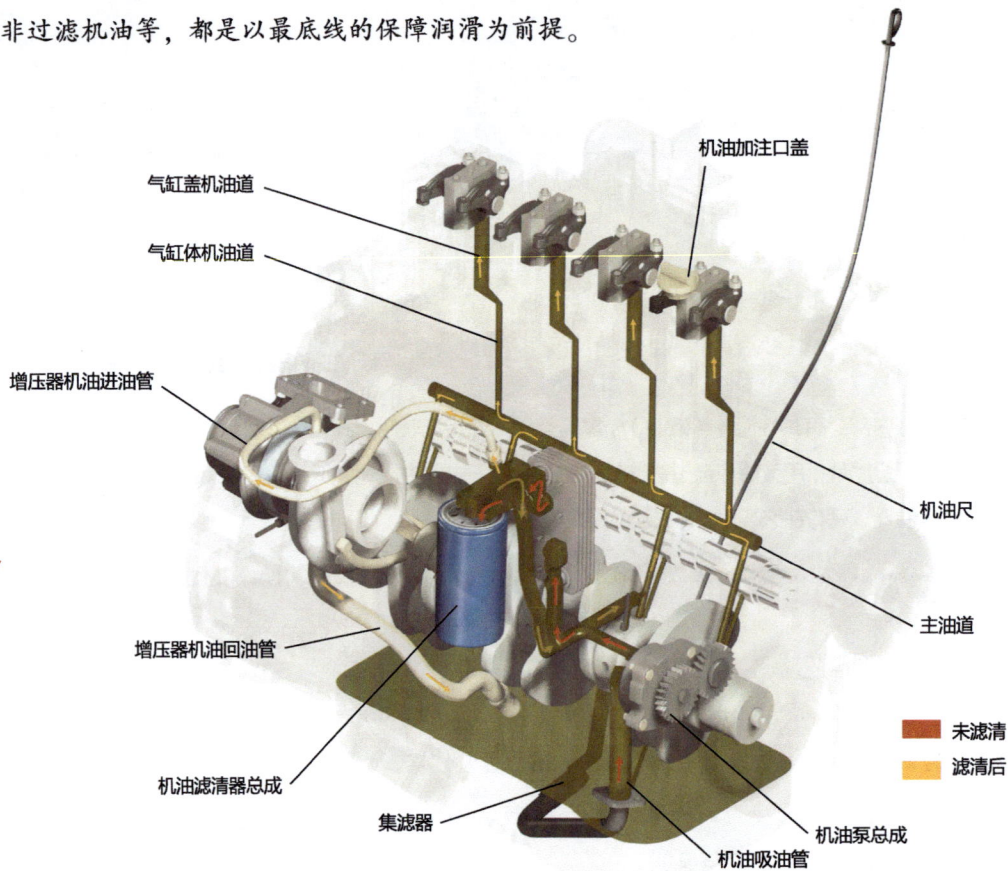

润滑系统组成示意图

- 气缸盖机油道
- 气缸体机油道
- 增压器机油进油管
- 增压器机油回油管
- 机油滤清器总成
- 集滤器
- 机油吸油管
- 机油泵总成
- 主油道
- 机油尺
- 机油加注口盖

未滤清
滤清后

可更换滤芯式机油滤清器

机油由上盖中的进油孔流入，通过滤芯滤清后经上盖中的出油孔流入主油道。当滤芯被杂质堵塞后，当其内外压差达到 0.15~0.17MPa 时，旁通阀被顶开，大部分机油不经过滤芯滤清直接进入主油道，以保证润滑系统得到正常润滑。

▶ 知识链接

1. 车用机油滤清器通常分为整体可更换式与可更换滤芯式两种，前者材料成本高，后者更换流程略繁。

2. 机油滤清器中最重要的就是滤芯与旁通阀。正品滤清器对滤芯的通过性和使用寿命都有严格的要求。此外，如果所购机油滤清器中没有旁通阀，或旁通阀打开时机不匹配，会给发动机带来严重后果。

3. 通常机油滤清器只是粗滤器，它与主油道串联。有些柴油机机油滤清器中会有两个滤芯，一个负责主过滤，另一个负责过滤油泥。

机油滤清器外部构造

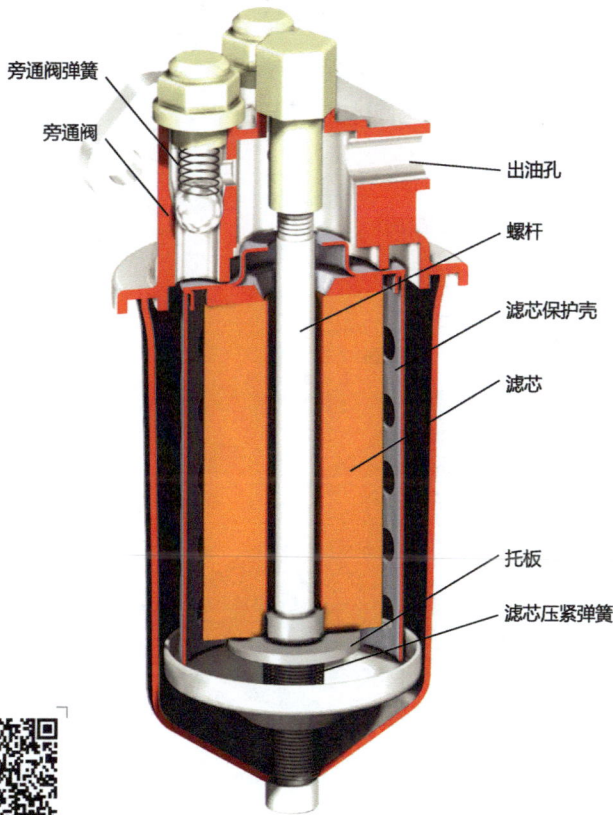

上盖
进油接头
外壳

机油滤清器

机油滤清器内部构造

旁通阀弹簧
旁通阀
出油孔
螺杆
滤芯保护壳
滤芯
托板
滤芯压紧弹簧

转子式机油泵

当机油泵工作时，曲轴带动内转子旋转，内转子带动外转子向同一方向转动。

进油道一侧的工作腔由于转子脱开啮合，其容积逐渐增大，产生真空度，机油被吸入空腔内。转子继续旋转，机油被带到出油腔一侧，这时转子进入啮合状态，油腔容积逐渐减小，机油压力逐渐升高并从齿间挤出，增压后的机油从出油口送出。

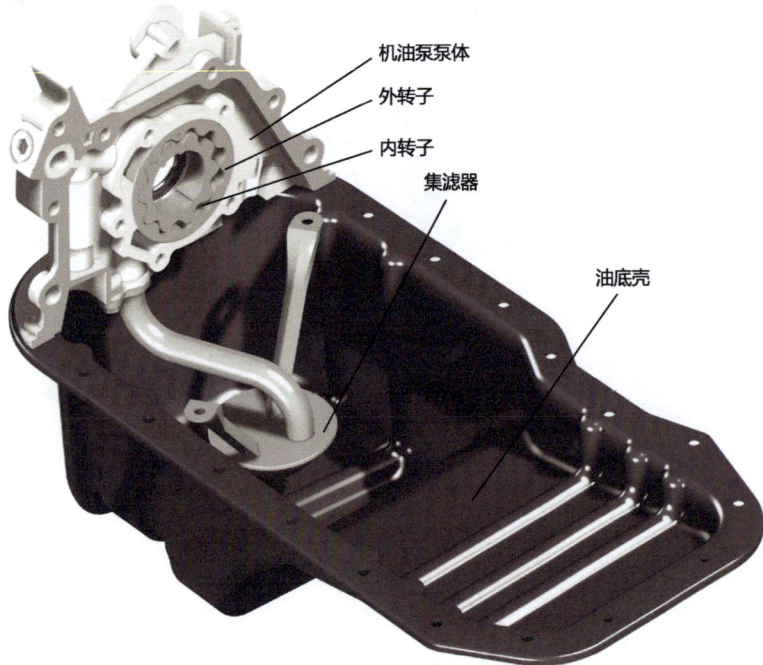

机油泵泵体
外转子
内转子
集滤器
油底壳

由曲轴驱动的转子式机油泵布置

▶ 知识链接

1. 转子式机油泵结构紧凑，外形尺寸小，重量轻，吸油真空度较大，泵油量大，供油均匀性好，但消耗功率相对大。

2. 转子式机油泵通常安装在中小功率发动机上。左图所示的机油泵因发动机排量小直接由曲轴驱动，大部分发动机通过链条驱动。

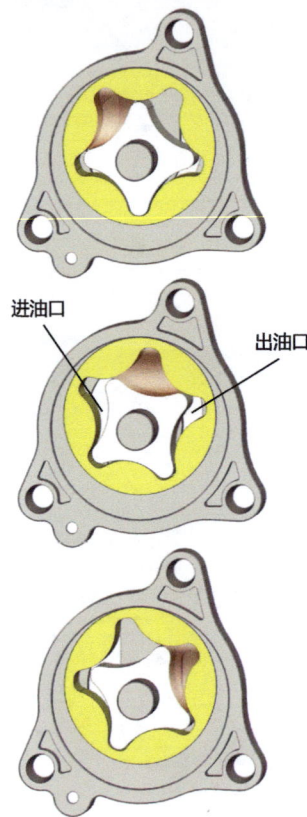

进油口
出油口

转子式机油泵工作原理

转子式机油泵

汽车构造与原理三维图解（彩色版）

空气供给与进、排气装置组成

空气供给与进、排气装置包括空气滤清器、进气管、排气管、增压器和排气消声器等。其功用是尽可能通畅地导入清洁空气，以供燃烧时使用，同时尽可能彻底地排出废气，并降低排气噪声。

▶ **知识链接**

1. 现代汽车的进、排气系统设计要求很高，比如进气口不能设在车辆行驶产生负压的区域，排气系统既要降低排放噪声，还不能有较大的排气阻力等。

2. V 形发动机排气系统往往设计成双排气系统，以保证排气效果。

3. 增压发动机的进、排气系统与非增压发动机有较大区别。

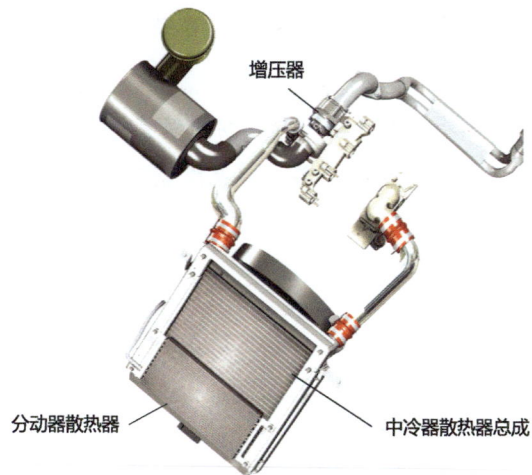

增压器

分动器散热器　　　中冷器散热器总成

进、排气装置整体示意图

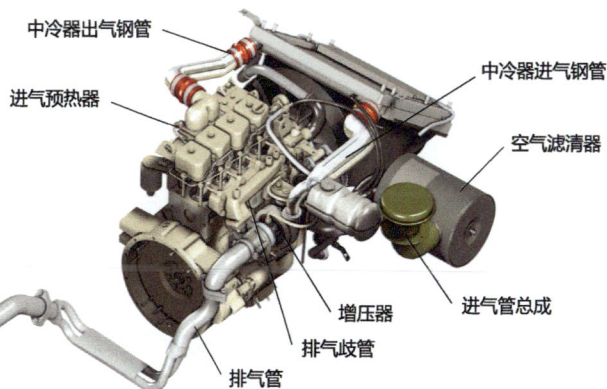

中冷器出气钢管　　　　　　　　中冷器进气钢管

进气预热器　　　　　　　　　　空气滤清器

　　　　　　　　　　增压器　　进气管总成

排气歧管

排气管

进、排气装置与发动机布置

排气消声器

进排气系统

机械增压器

机械增压器

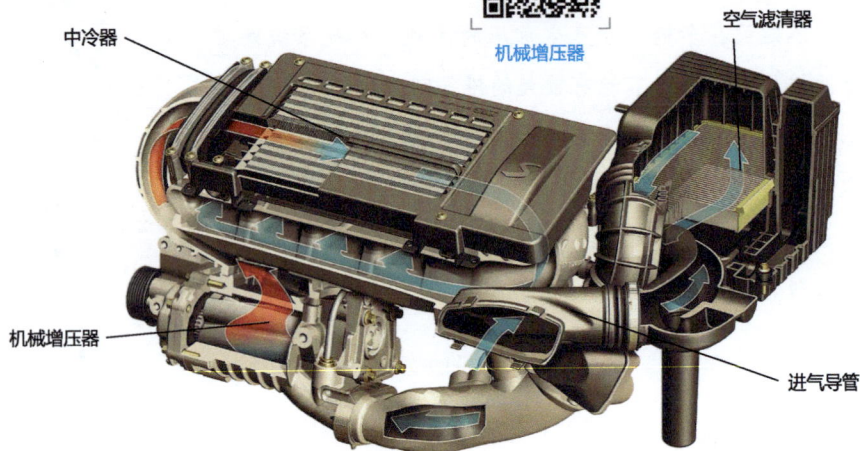

中冷器　　　　　　　　　　　　　　空气滤清器

机械增压器

进气导管

机械增压器的安装与布置

汽车构造与原理三维图解（彩色版）

机械增压器由曲轴通过传动带直接驱动，并压缩进气，它的瞬时响应性较强。

机械增压器广泛使用罗茨转子结构，这类增压器有两个相互啮合的转子，它们通过一组齿轮连接，并以相同转速同步反向旋转。扭曲的转子与经过特殊设计的进口和出口几何形状相结合，有助减少压力波动，使空气流动平稳，工作时噪声较低。

▶ 知识链接

机械增压器的制造受制于压缩转子的设计和整体强度，而且除了齿轮外，其他部件都是一体铸造而成。压缩转子的形状、角度等参数对增压器的增压值影响较大，尤其需要减小机械增压给发动机高速运转带来的阻力。机械增压器对设计技术的要求高，对经济型车型来说并不理想。

此外，机械增压器后期的保养维护成本高，尤其是更换成本过高，这也限制了它在国内的应用。

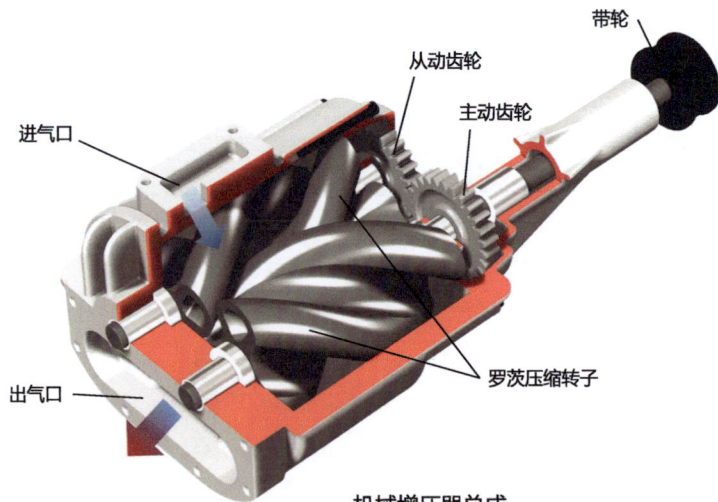

带轮

从动齿轮

主动齿轮

进气口

出气口

罗茨压缩转子

机械增压器总成

废气涡轮增压器

废气涡轮增压器是一种利用发动机排气中的剩余能量来工作的空气泵。废气驱动涡轮机叶轮总成，后者与压气机叶轮相联接。当涡轮增压器转子转动时，大量的压缩空气被输送到发动机气缸内。由于增加了进气量，就可以喷射更多的燃油，使发动机在排量不变的前提下而输出更大的功率。

废气涡轮增压器

▶ **知识链接**

1. 废气涡轮增压器是目前性价比最高的车用增压技术。与机械增压相比，涡轮增压不仅不会消耗发动机功率，还能在中、高转速工况时带来不错的动力输出，提高燃油经济性。

2. 采用废气涡轮增压器的发动机在使用、维护和修理等方面都要比自然吸气发动机要求高，会面临如起步前等待，对机油品质要求高，可靠性相对降低，维修成本高等问题。

锁紧螺栓
涡轮机连接板
涡轮机涡壳
涡轮机叶轮
增压器轴
排气旁通阀连动杆
隔热板
中间体
浮动轴承
浮动轴承座
推力轴承止推垫片
推力轴承
压气机叶轮
压气机垫圈
压气机壳
浮动轴承座

废气涡轮增压器分解图

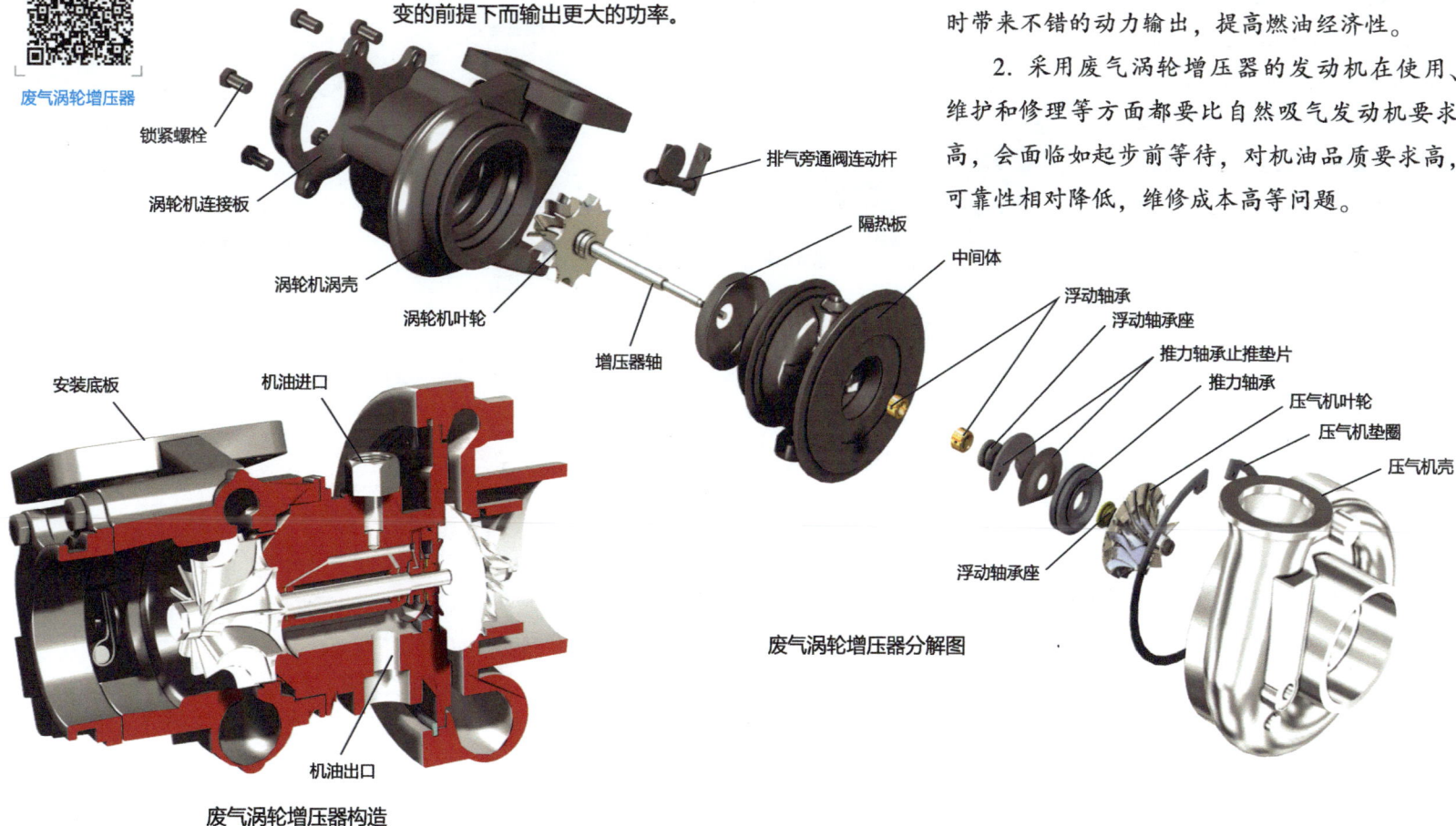

安装底板
机油进口
机油出口

废气涡轮增压器构造

空气供给与进、排气装置与排放

第九章

81

空气滤清器

空气滤清器的功用是清除进入气缸之前的空气中的灰尘和杂质，以减小气缸和活塞组之间以及气门组之间的磨损，同时还有减小进气噪声的作用。试验表明，如果不安装空气滤清器，气缸磨损将增加8倍，活塞磨损增加3倍，活塞环磨损增加9倍，发动机寿命将会大大缩短。

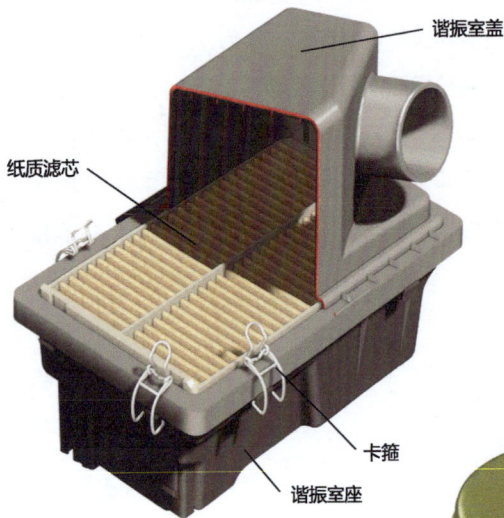

盒式空气滤清器

谐振室盖
纸质滤芯
卡箍
谐振室座

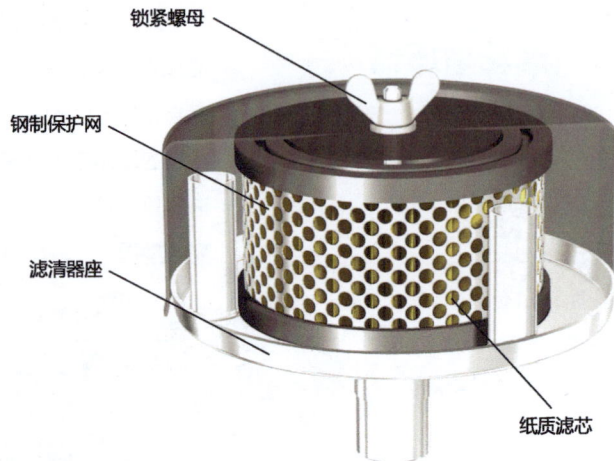

盘式空气滤清器

锁紧螺母
钢制保护网
滤清器座
纸质滤芯

▶ 知识链接

1. 盒式空气滤清器多用于乘用车或汽油机上，桶形旋风式空气滤清器多用于商用车上，盘式空气滤清器多用于对滤清要求较高的车辆上。

2. 乘用车常用的盒式滤清器的壳体需要与发动机进气频率进行匹配，既增加进气量，又降低进气噪声。

3. 由于商用车或越野车行驶环境相对恶劣，一般采用多级旋风式空气滤清器以提高滤清效果，这种滤清器清洗后可反复使用。

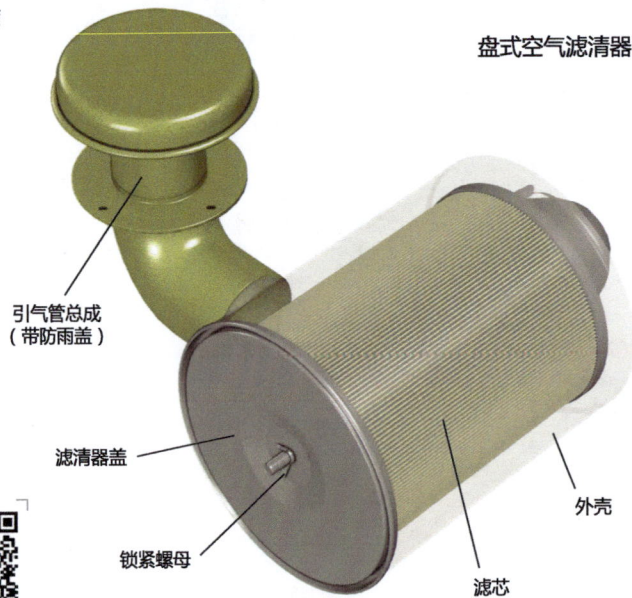

空气滤清器

桶形旋风式空气滤清器

引气管总成
（带防雨盖）
滤清器盖
锁紧螺母
外壳
滤芯

排气管及消声器

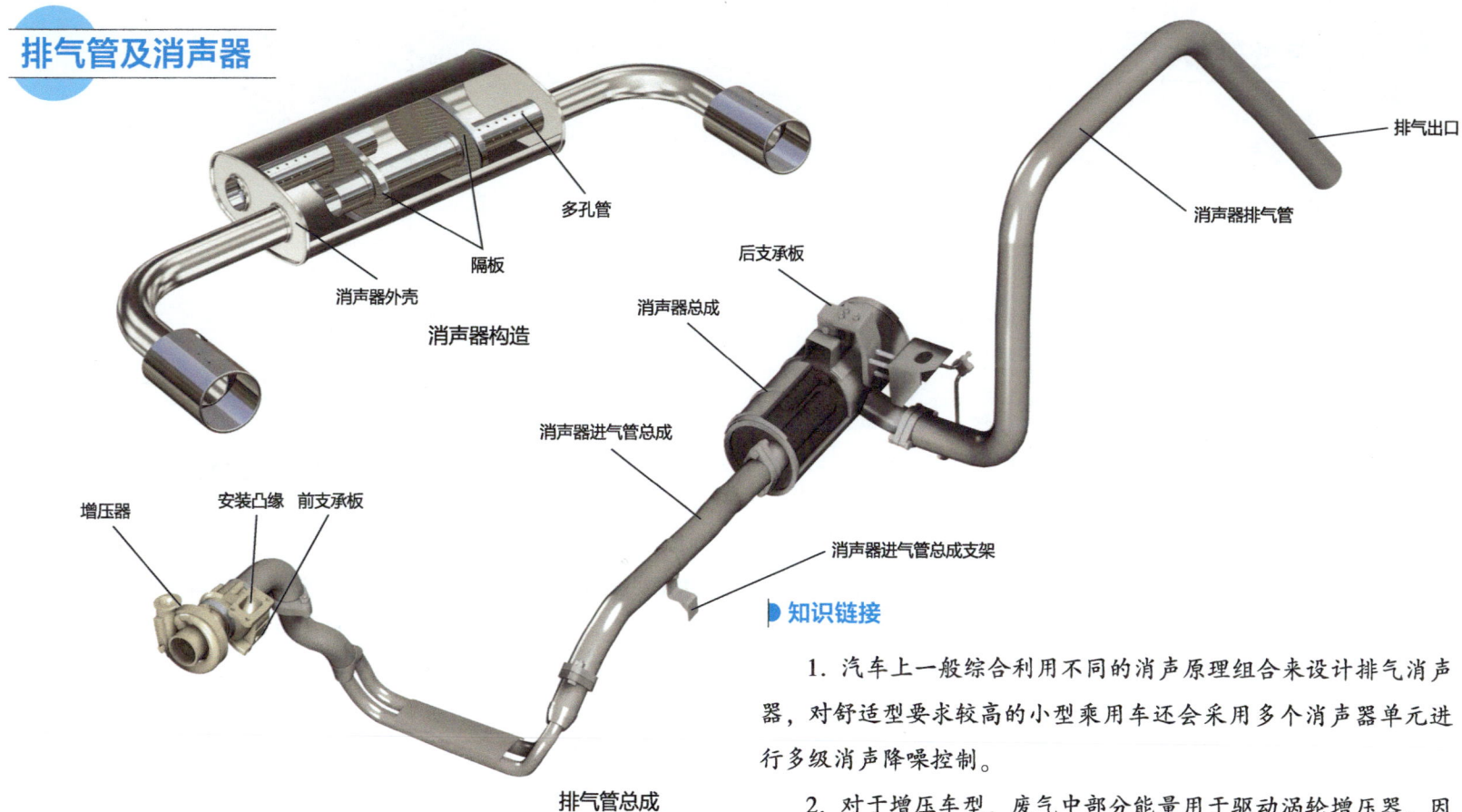

多孔管

隔板

消声器外壳

消声器构造

增压器

安装凸缘 前支承板

后支承板

消声器总成

消声器进气管总成

消声器进气管总成支架

消声器排气管

排气出口

排气管总成

消声器的功用是通过逐渐降低排气压力、衰减排气压力的脉冲以消减排气噪声。

废气经过多孔管进入多孔管与外壳之间的滤声室，受到反射并在这里膨胀冷却，又多次与壁碰撞消耗能量，从而降低压力，减小振动，最后从多孔管排到大气中，使排气噪声大大降低。

▶ **知识链接**

1. 汽车上一般综合利用不同的消声原理组合来设计排气消声器，对舒适型要求较高的小型乘用车还会采用多个消声器单元进行多级消声降噪控制。

2. 对于增压车型，废气中部分能量用于驱动涡轮增压器。因此，消声器的尺寸可以相对减小。

3. 排气管消声器最前端固定在发动机排气歧管上，其他全用橡胶吊耳悬挂车身上。如果拆装不规范，可能会引起消声器或排气管共振。

汽油机尾气处理装置

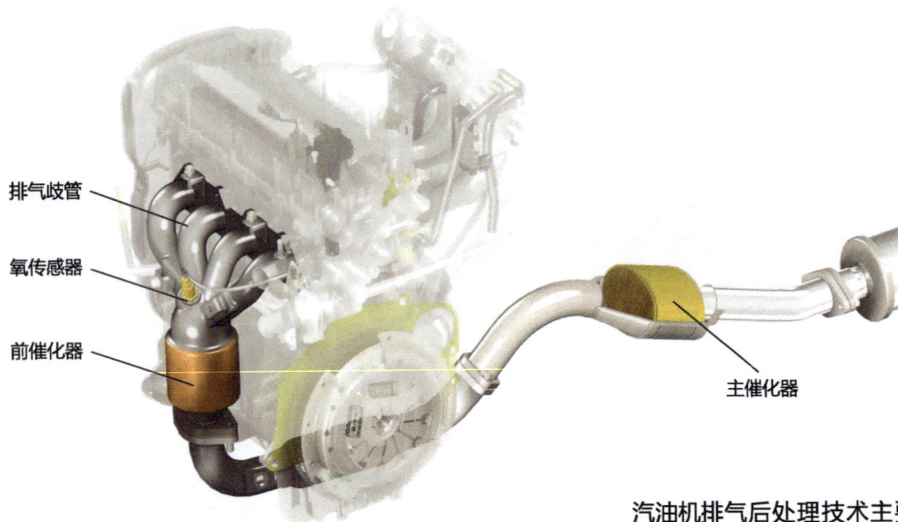

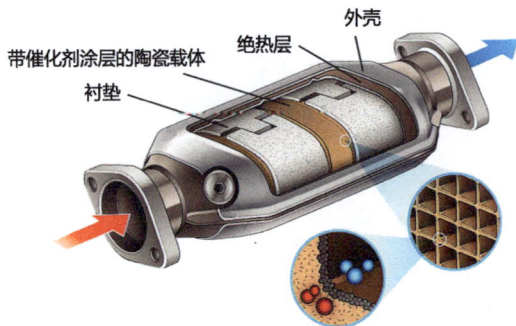

三元催化转化器特性曲线

汽油机后处理装置的安装布置

排气歧管
氧传感器
前催化器
主催化器

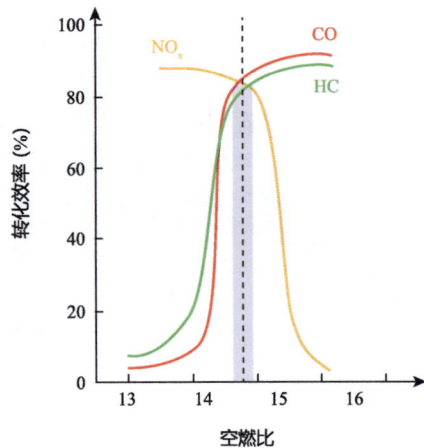

带催化剂涂层的陶瓷载体
衬垫
绝热层
外壳

三元催化转化器结构

汽油机排气后处理技术主要使用三元催化转化器，它安装在汽车排气系统中，可将发动机排出的CO、HC和NO_x等有害气体通过氧化还原反应转换为无害的CO_2、H_2O和N_2。

当高温的汽车尾气通过净化装置时，三元催化转化器中的净化剂将增强CO、HC和NO_x三种气体的活性，促使其进行一定的氧化还原化学反应，其中CO在高温下氧化成无色、无毒的CO_2，HC在高温下氧化成H_2O和CO_2，NO_x还原成N_2和O_2。三种有害气体变成无害气体，使汽车尾气得以净化。

▶ 知识链接

1. 三元催化转化器的最佳转化范围在理论空燃比附近。为保证其转化效率，现今汽油机都是以牺牲动力性和经济性为代价。

2. 过浓的混合气以及低品质的燃油会使三元催化转化器无法正常工作或引起转化器中毒。

3. 车辆在行驶一定里程后需要更换三元催化转化器，这样才能保证发动机尾气排放达标。

汽车构造与原理三维图解（彩色版）

曲轴箱通风

为防止曲轴箱压力过高，延长机油使用期限，减少零件磨损和腐蚀，防止发动机漏油，必须实行曲轴箱通风。此外，为满足日益严格的排放要求并提高经济性，在汽车发动机设计过程中必须考虑曲轴箱通风系统设计。

曲轴箱通风包括自然通风和强制通风，现代汽油发动机常采用曲轴箱强制通风，又称 PCV 系统。

PCV 阀利用进气管中因负荷变化而变化的真空度，调整通气量。通常负荷越大，PCV 阀开度也越大。

▶ **知识链接**

1. 为了满足排放法规，为了让曲轴箱内压力均衡，减少气缸向曲轴箱窜气，很多发动机曲轴箱通风系统设计得都很复杂。

2. 曲轴箱通风系统的故障现象和常见故障表象相似，很多时候都是排除了其他可能位置，然后才到曲轴箱通风系统。

3. 机油乳化现象通常都是因为通风系统中的分离器设计不佳所致。

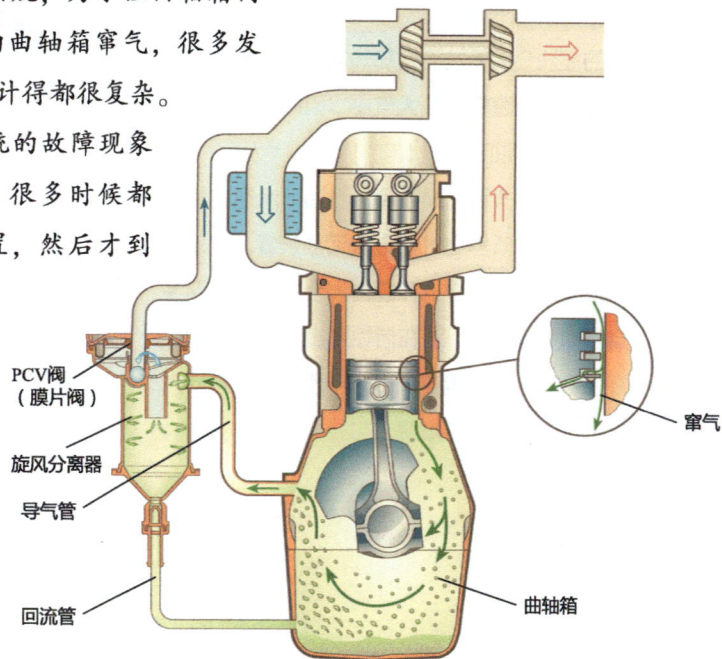

PCV阀
（膜片阀）
旋风分离器
导气管
回流管
窜气
曲轴箱

曲轴箱通风
通气管
PCV阀
气门室罩

曲轴箱通风装置在发动机上的布置

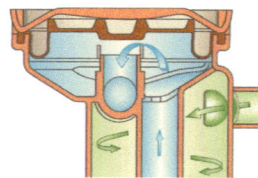

大负荷时PCV阀全开状态

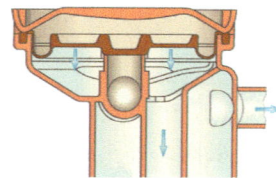

停机时PCV阀全关状态

带机油分离装置的曲轴箱通风系统

燃油蒸发控制系统

油箱内的燃油会因蒸发而增加油箱内部的压力，但多余的燃油蒸汽不能直接排到大气中，因此需要燃油蒸发系统处理这部分燃油蒸汽。

当汽车运行或熄火时，燃油箱的汽油蒸汽通过管路进入活性炭罐上部，新鲜空气也进入活性炭罐。发动机熄火后，汽油蒸汽与新鲜空气在罐内混合并贮存在活性炭罐中。当发动机起动后，装在活性炭罐与进气歧管之间的燃油蒸发净化装置的电磁阀打开，活性炭罐内的汽油蒸汽被吸入进气歧管参与燃烧。

活性炭罐

电磁阀工作失效后，活性炭罐电磁阀不能正常开启，可能会在驾驶室内闻到汽油味。活性炭罐电磁阀损坏或常开不闭会让发动机怠速不稳或出现起动后熄火等间歇性故障。

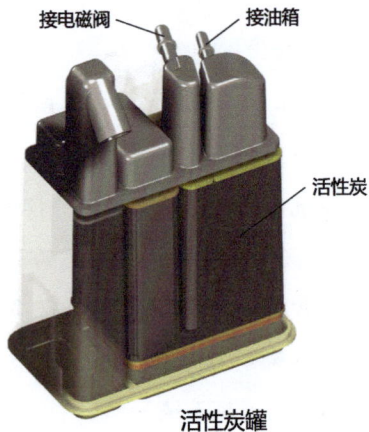

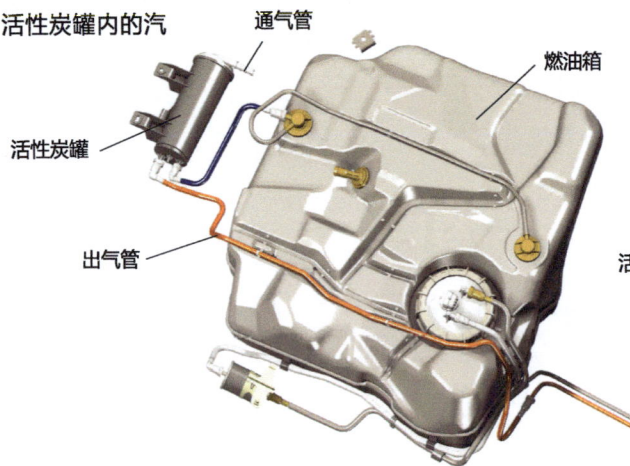

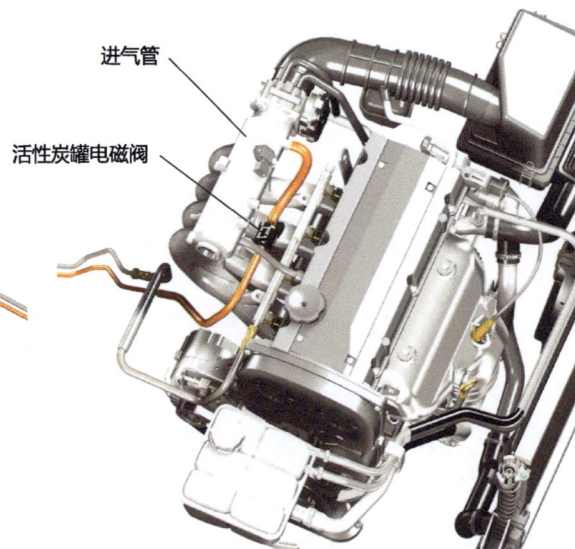

活性炭罐

活性炭罐电磁阀

燃油蒸发系统布置

采用汽油机的乘用车底盘布置（一）

▶ 知识链接

发动机的优劣可能需要通过时间来检验，而底盘的优劣在试驾时就能直接感觉到，如操控稳定性、行驶平顺性、转向自如性、制动安全性以及底盘的紧凑性。

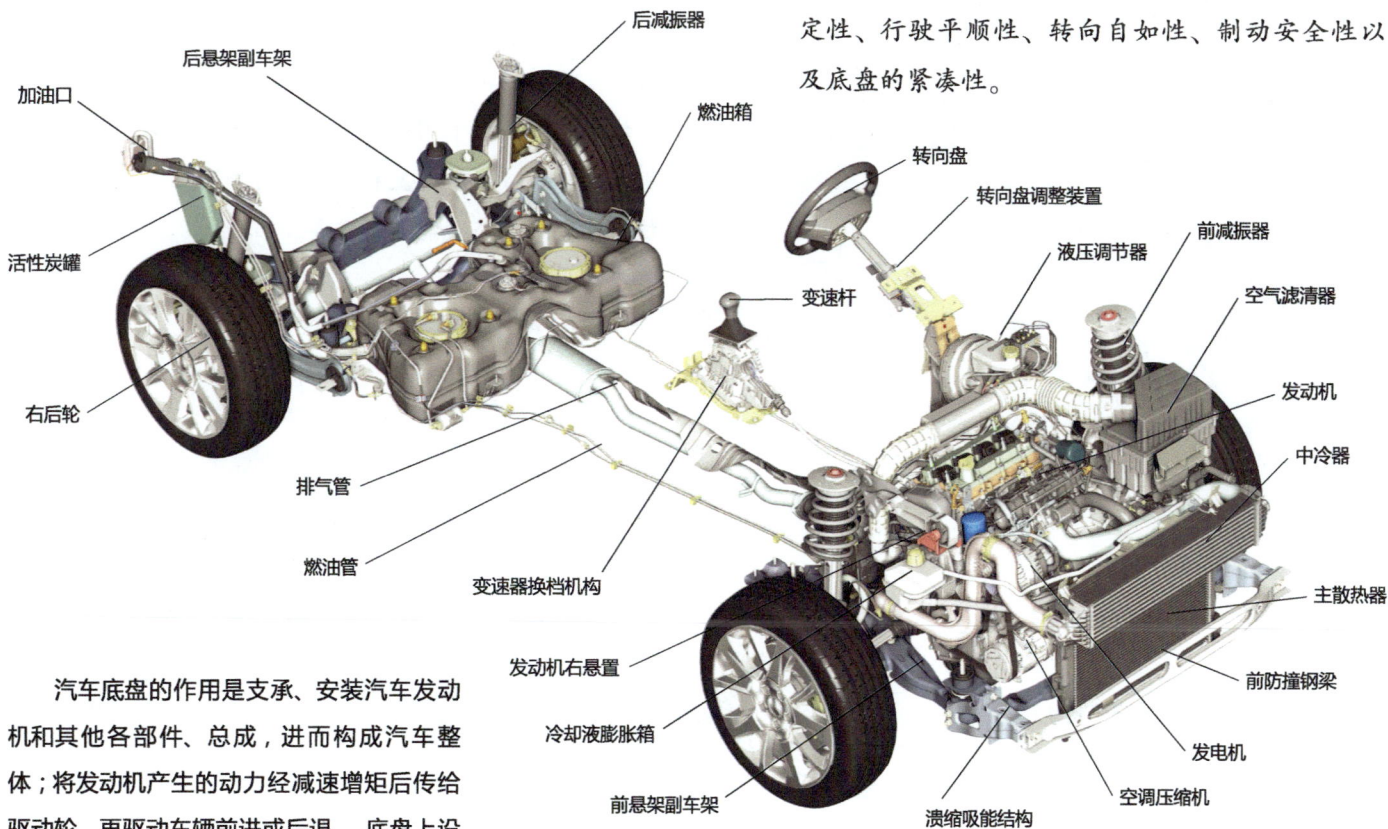

后悬架副车架

后减振器

加油口

燃油箱

活性炭罐

转向盘

转向盘调整装置

液压调节器

前减振器

空气滤清器

右后轮

变速杆

发动机

中冷器

排气管

主散热器

燃油管

变速器换档机构

发动机右悬置

前防撞钢梁

冷却液膨胀箱

发电机

前悬架副车架

溃缩吸能结构

空调压缩机

汽车底盘的作用是支承、安装汽车发动机和其他各部件、总成，进而构成汽车整体；将发动机产生的动力经减速增矩后传给驱动轮，再驱动车辆前进或后退。底盘上设置有转向控制、制动控制和减振缓冲等装置，以确保车辆正常行驶。

10

采用汽油机的乘用车底盘布置（二）

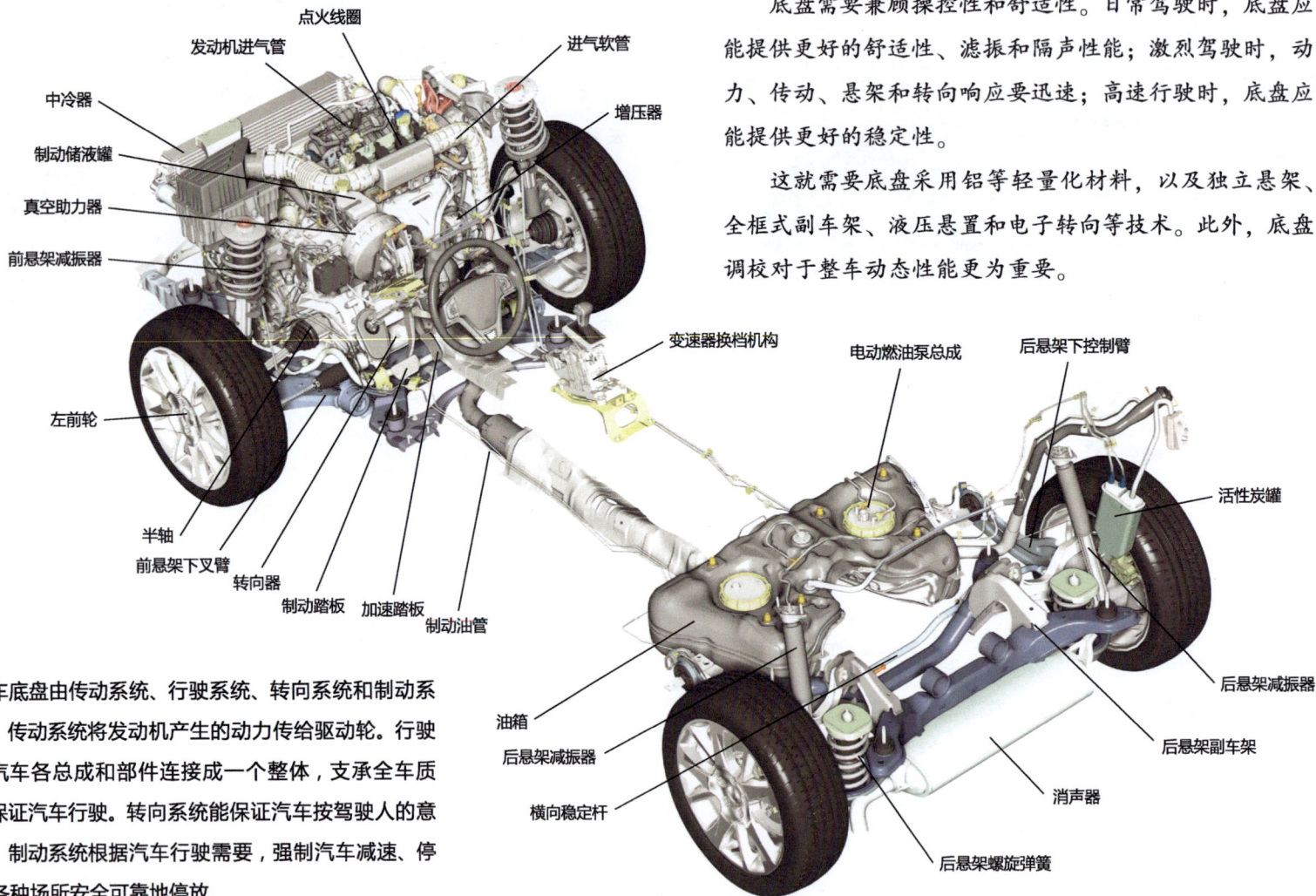

点火线圈
发动机进气管
进气软管
进气软管
中冷器
制动储液罐
真空助力器
增压器
前悬架减振器
左前轮
半轴
前悬架下叉臂
转向器
制动踏板
加速踏板
制动油管
变速器换档机构
电动燃油泵总成
后悬架下控制臂
活性炭罐
油箱
后悬架减振器
横向稳定杆
后悬架螺旋弹簧
后悬架减振器
后悬架副车架
消声器

汽车底盘由传动系统、行驶系统、转向系统和制动系统组成。传动系统将发动机产生的动力传给驱动轮。行驶系统将汽车各总成和部件连接成一个整体，支承全车质量，并保证汽车行驶。转向系统能保证汽车按驾驶人的意愿行驶。制动系统根据汽车行驶需要，强制汽车减速、停车和在各种场所安全可靠地停放。

知识链接

底盘需要兼顾操控性和舒适性。日常驾驶时，底盘应能提供更好的舒适性、滤振和隔声性能；激烈驾驶时，动力、传动、悬架和转向响应要迅速；高速行驶时，底盘应能提供更好的稳定性。

这就需要底盘采用铝等轻量化材料，以及独立悬架、全框式副车架、液压悬置和电子转向等技术。此外，底盘调校对于整车动态性能更为重要。

汽车构造与原理三维图解（彩色版）

88

汽车动力传动方向

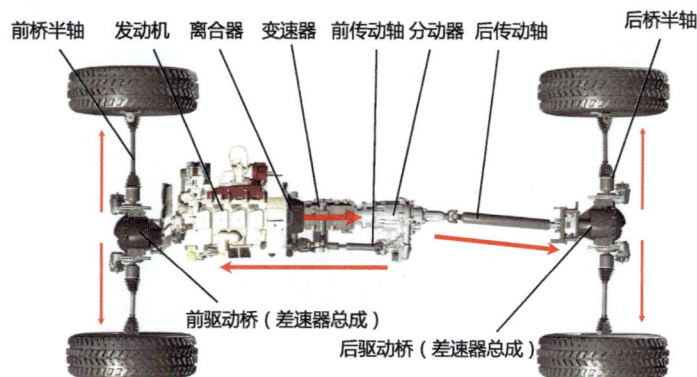

前桥半轴　发动机　离合器　变速器　前传动轴　分动器　后传动轴　后桥半轴

前驱动桥（差速器总成）

后驱动桥（差速器总成）

四轮驱动

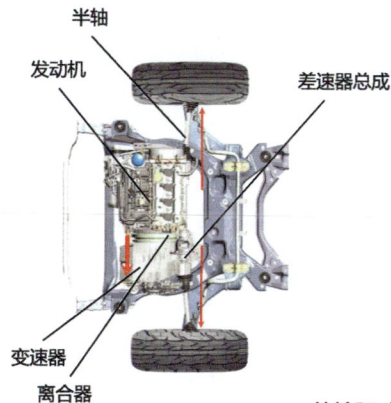

半轴

发动机

差速器总成

变速器

离合器

前轮驱动

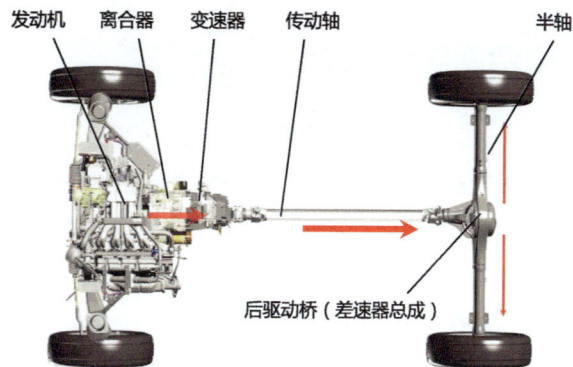

发动机　离合器　变速器　传动轴　半轴

后驱动桥（差速器总成）

后轮驱动

汽车动力由发动机产生，经过离合器、变速器、万向传动装置、传动轴以及安装在驱动桥中的差速器、半轴等传递给车轮。

汽车由于功用不同，可以设计成多种动力传递形式，如前轮驱动、后轮驱动和四轮驱动。

前轮驱动动力传递过程简单，传动效率相对较高。四轮驱动动力传递过程复杂，因此动力损失相对较多，经济性也不高。后轮驱动动力传递特点介于前两者之间。

▶ 知识链接

对于汽车来讲，不同的动力传递方式只有适合与不适合之分，而没有谁优谁劣之分。前轮驱动汽车直线行驶稳定性好，最适合常见的乘用车。后轮驱动操控性和稳定性好，更适合高性能乘用车和商用车。四轮驱动每个车轮都能获得驱动力，越野性能最佳。但不论何种驱动，最终还是要通过汽车的传动系统将发动机产生的转矩按需求分配给各个驱动轮。

汽车传动系统是汽车发动机与驱动轮之间动力传递装置的总称。它能根据需要将动力平稳接合，并传递或迅速彻底地分离；能满足汽车倒车和必要时左、右驱动轮差速转动的要求；能在各种行驶条件下提供所需的牵引力和车速，使汽车有良好的动力性和燃油经济性。

传动系统包括离合器、变速器、万向传动装置、主减速器和差速器等。

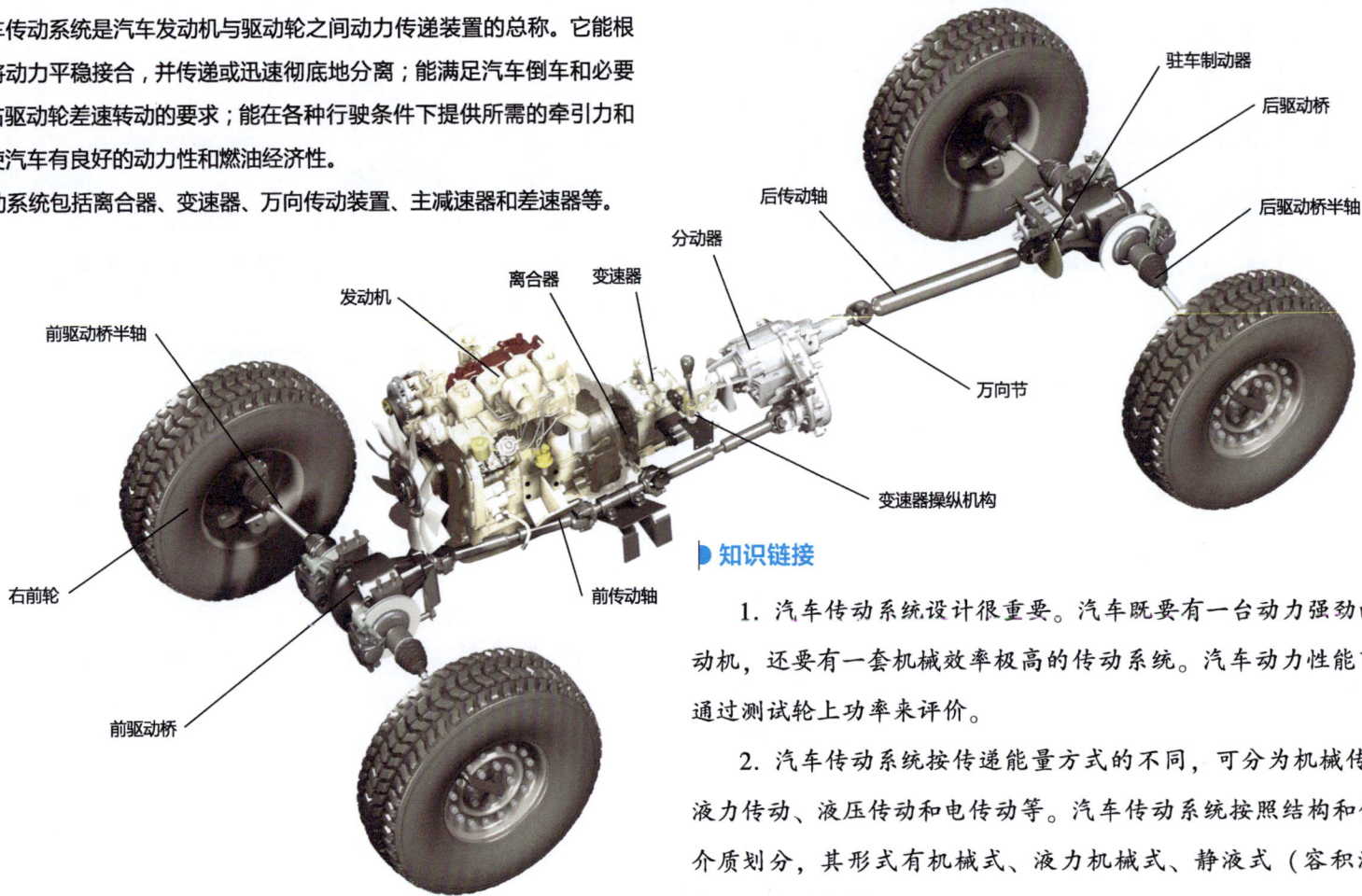

前驱动桥半轴　右前轮　前驱动桥　发动机　离合器　变速器　分动器　后传动轴　驻车制动器　后驱动桥　后驱动桥半轴　万向节　变速器操纵机构　前传动轴

▶ **知识链接**

1. 汽车传动系统设计很重要。汽车既要有一台动力强劲的发动机，还要有一套机械效率极高的传动系统。汽车动力性能可以通过测试轮上功率来评价。

2. 汽车传动系统按传递能量方式的不同，可分为机械传动、液力传动、液压传动和电传动等。汽车传动系统按照结构和传动介质划分，其形式有机械式、液力机械式、静液式（容积液压式）和电力式等。

膜片弹簧离合器组成

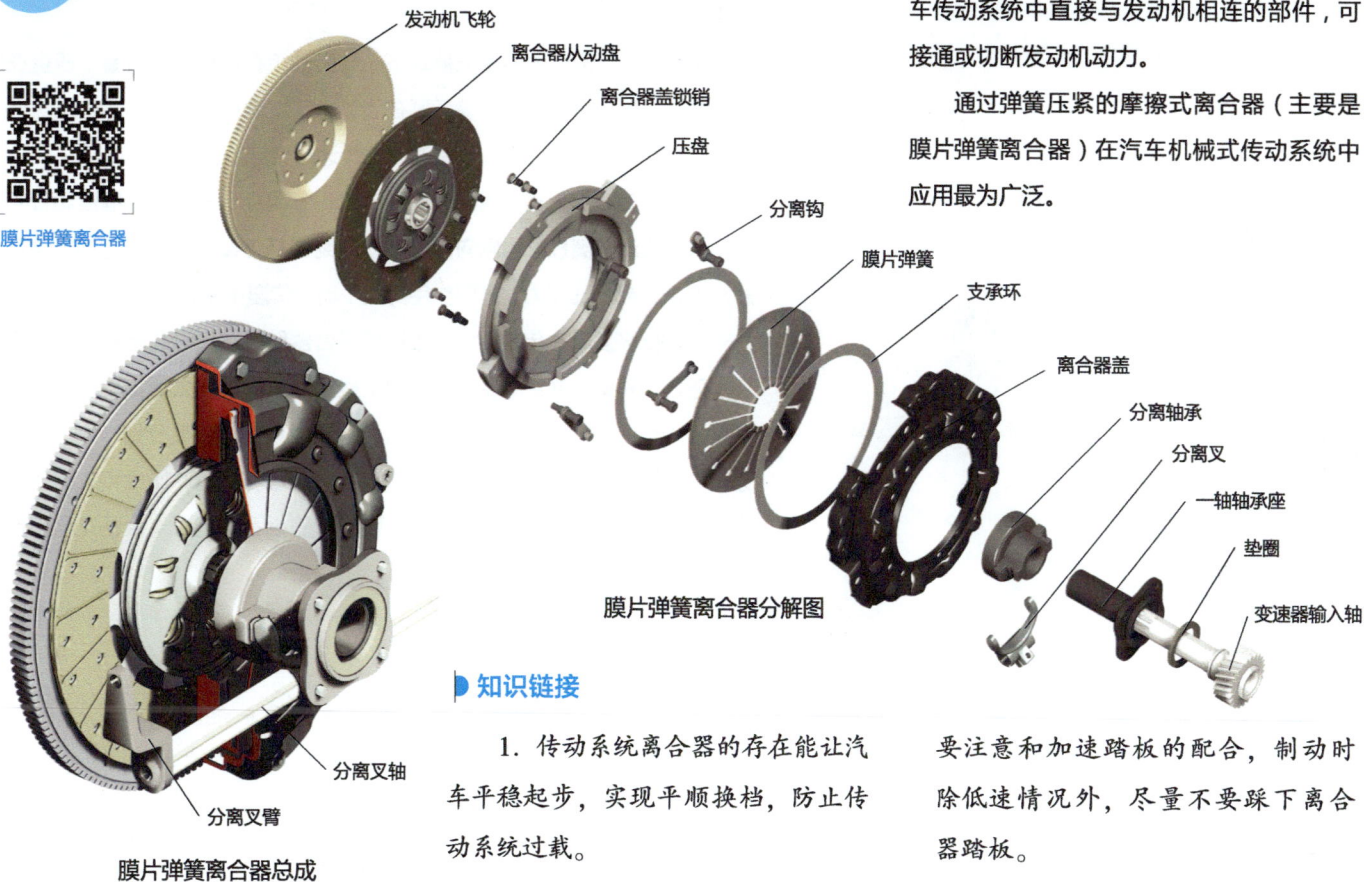

膜片弹簧离合器

离合器位于发动机和变速器之间，是汽车传动系统中直接与发动机相连的部件，可接通或切断发动机动力。

通过弹簧压紧的摩擦式离合器（主要是膜片弹簧离合器）在汽车机械式传动系统中应用最为广泛。

发动机飞轮
离合器从动盘
离合器盖锁销
压盘
分离钩
膜片弹簧
支承环
离合器盖
分离轴承
分离叉
一轴轴承座
垫圈
变速器输入轴

膜片弹簧离合器分解图

分离叉轴
分离叉臂

膜片弹簧离合器总成

▶ 知识链接

1. 传动系统离合器的存在能让汽车平稳起步，实现平顺换档，防止传动系统过载。

2. 车辆行驶过程中不要无故踩下离合器踏板。操作离合器时要"一快、二慢、三联动"，换档时，要注意和加速踏板的配合，制动时除低速情况外，尽量不要踩下离合器踏板。

3. 膜片弹簧离合器结构简单、外形紧凑、受力平均、工作可靠，因此在各类汽车中广泛应用。

膜片弹簧离合器的工作原理

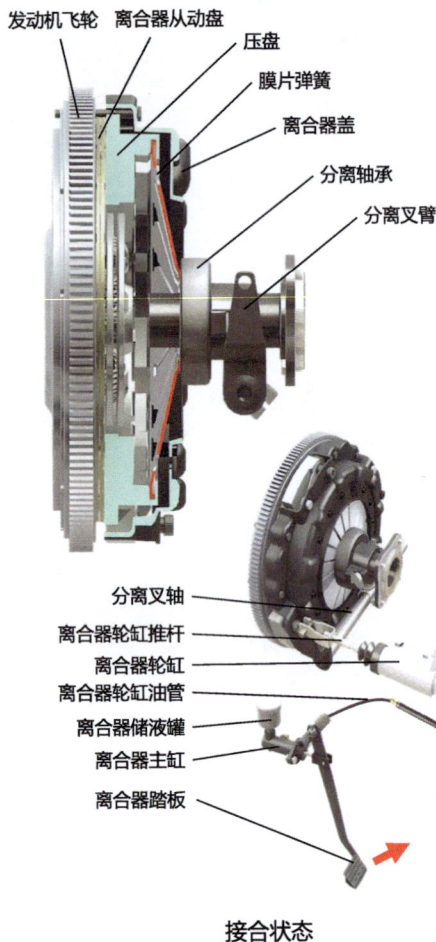

膜片弹簧离合器就是靠主、从动件接触面之间的摩擦作用传递转矩。如果传动系统传递的转矩超过极限值，离合器将打滑，从而起到过载保护作用。

接合状态：离合器踏板未被踩下，分离轴承在右侧极限位置，压盘在膜片弹簧的压紧作用下将从动盘压紧在飞轮上，发动机转矩经飞轮和压盘通过两个摩擦面传递给从动盘，再经输出轴传递给变速器。

分离状态：踏下离合器踏板，拉杆拉动分离叉，分离叉内端推动分离轴承，然后推动分离杠杆内端向前移动，分离杠杆外端便拉动压盘向后移动，解除对从动盘的压紧力，摩擦作用消失，动力传递中断。

当需要恢复动力传递时，缓慢抬起离合器踏板，压盘在膜片弹簧的压紧作用下向前移动，并逐渐压紧从动盘，接触面之间的压力逐渐增大，相应的摩擦力矩也逐渐增大。当飞轮、压盘和从动盘接合还不紧密时，主、从动部分可以不同步旋转，即离合器处于打滑状态。随着飞轮、压盘和从动盘压紧程度逐渐加大，离合器主、从动部分转速渐趋相等，直至离合器完全接合而停止打滑，接合过程结束。

▶ 知识链接

1. 离合器常见故障现象有：起步换档时，车身发抖；起步爬坡时无力、打滑，甚至有焦煳味道；换档困难，起动后易熄火等。

2. 当离合器出现故障现象时，应先从外部检查开始，如检查离合器踏板位置、行程等。其次，检查主缸、轮缸等是否漏油、干涉。最后，检查更换内部总成。

发动机飞轮　离合器从动盘
压盘
膜片弹簧
离合器盖
分离轴承
分离叉臂

分离叉轴
离合器轮缸推杆
离合器轮缸
离合器轮缸油管
离合器储液罐
离合器主缸
离合器踏板

接合状态

分离状态

离合器液压操纵机构

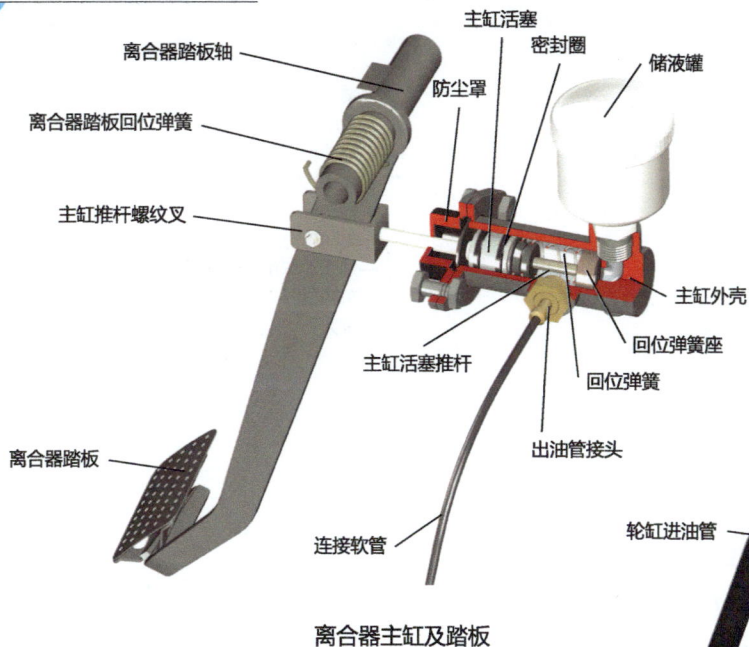

离合器踏板轴
离合器踏板回位弹簧
主缸推杆螺纹叉
主缸活塞推杆
离合器踏板
主缸活塞
密封圈
防尘罩
储液罐
主缸外壳
回位弹簧座
回位弹簧
出油管接头
连接软管

离合器主缸及踏板

▶ 知识链接

1. 离合器最容易损坏的元件是离合器分离轴承，为防止或减少没必要的损坏，也为了操作方便和可靠，离合器踏板必须要有一定的自由行程。由于从动盘摩擦片在使用一定时间后就会变薄，为了保证离合器能正常接合，需要调整这个自由行程。

2. 离合器液压操纵机构中的助力泵最常见的故障现象是漏油。如今汽车中这种小总成已经没有单独的密封配件了，因此只能换件修理。

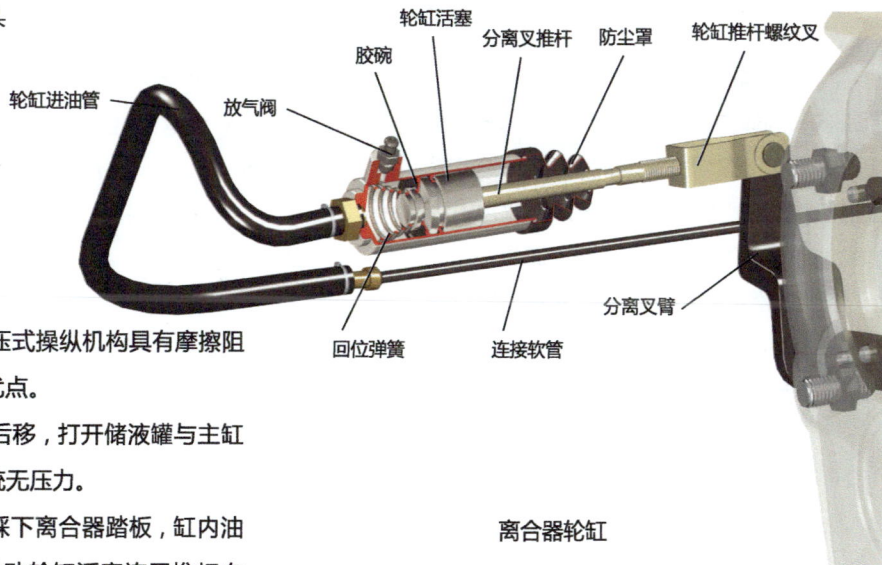

轮缸活塞
胶碗
分离叉推杆
防尘罩
轮缸推杆螺纹叉
轮缸进油管
放气阀
回位弹簧
连接软管
分离叉臂

离合器轮缸

离合器液压式操纵机构主要由主缸、轮缸和管路系统等组成。液压式操纵机构具有摩擦阻力小、质量轻、布置方便、接合柔和，不受车架和车身变形的影响等优点。

当离合器处于接合状态时，离合器踏板处于最高位置，主缸活塞后移，打开储液罐与主缸通孔，并通过前弹簧座径向和轴向槽，使管路与工作缸相通，整个系统无压力。

当踩下离合器踏板时，活塞左移，密封主缸内储液罐通道。继续踩下离合器踏板，缸内油液在活塞和胶碗的作用下压力上升，并经油管传至轮缸的工作腔，推动轮缸活塞连同推杆右移，通过分离叉带动离合器分离。

变速器的功用

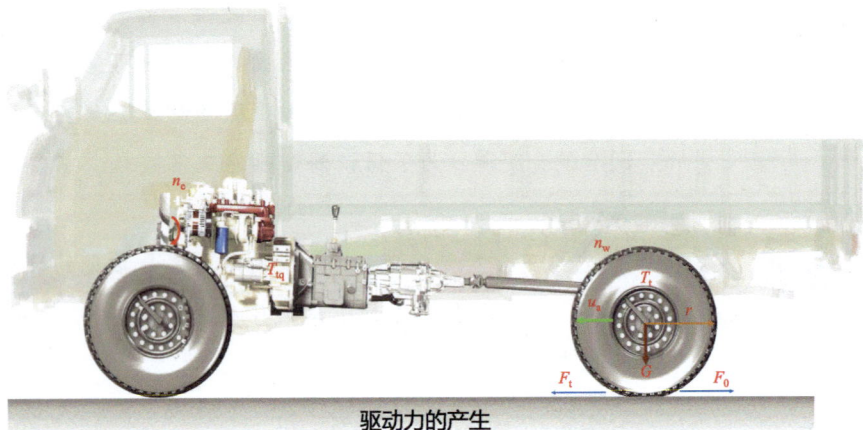

驱动力的产生

n_e —发动机转速
T_{tq} —发动机输出转矩
n_w —驱动轮转速
T_t —驱动轮转矩
r —驱动轮半径
F_0 —驱动轮对地面切向力
F_t —地面对车轮的反作用力
v_a —车速
G —重力

汽车的实际使用情况非常复杂，如起步、怠速停车、低速或高速行驶、加速、减速、爬坡和倒车等，这就要求汽车的驱动力和速度能在相当大的范围内变化，而目前广泛采用的活塞式发动机的输出转矩和转速变化范围较小。为了适应经常变化的行驶条件，同时使发动机工作在有利的工况下（功率较高、油耗较低），在传动系统中设置了变速器。

▶ **知识链接**

$$F_t = F_0 = T_t / r$$

发动机转速对于车轮工作来讲过高，此外，为充分利用驱动力，需要传动系统具有减速增矩作用。

传动比 $i = n_e / n_w = T_t / T_{tq}$

$n_w = n_e / i$，$T_t = i T_{tq}$

可以看出，发动机转速与驱动轮转矩成反比。

发动机动力同时以转矩和转速两种形式输出，其中转矩最后通过驱动轮转化为驱动力，而转速也会通过驱动轮的转动转化为车速。

$$v_a = 2 r n_w$$

简单的变速器及其操纵机构

变速器与分动器

第十二章

12

三轴变速器

三轴变速器除了输入轴和输出轴外，还有中间轴，中间轴主要用来固定安装各档位的变速传动齿轮。由于三轴变速器的每个档位都是由两对齿轮传动的，因此输入轴和输出轴的旋转方向相同，这种变速器通常更适合发动机前置后轮驱动的汽车。

三轴变速器

▶ 知识链接

1. 与三轴变速器对应的两轴变速器只有两根轴，分别是输入轴和输出轴。它具有结构简单、尺寸小等优点，同时其中间档位传动效率高，噪声较小，因此更适合发动机前置前轮驱动的汽车，是目前使用最广泛的乘用车变速器形式。

2. 两轴变速器在一般档位只经过一对齿轮就可以将输入轴的动力传至输出轴，所以传动效率更高。但是，实际上正因为任何一档都要经过一对齿轮传动，所以任何一档的传动效率又都不如三轴变速器直接档的传动效率高。

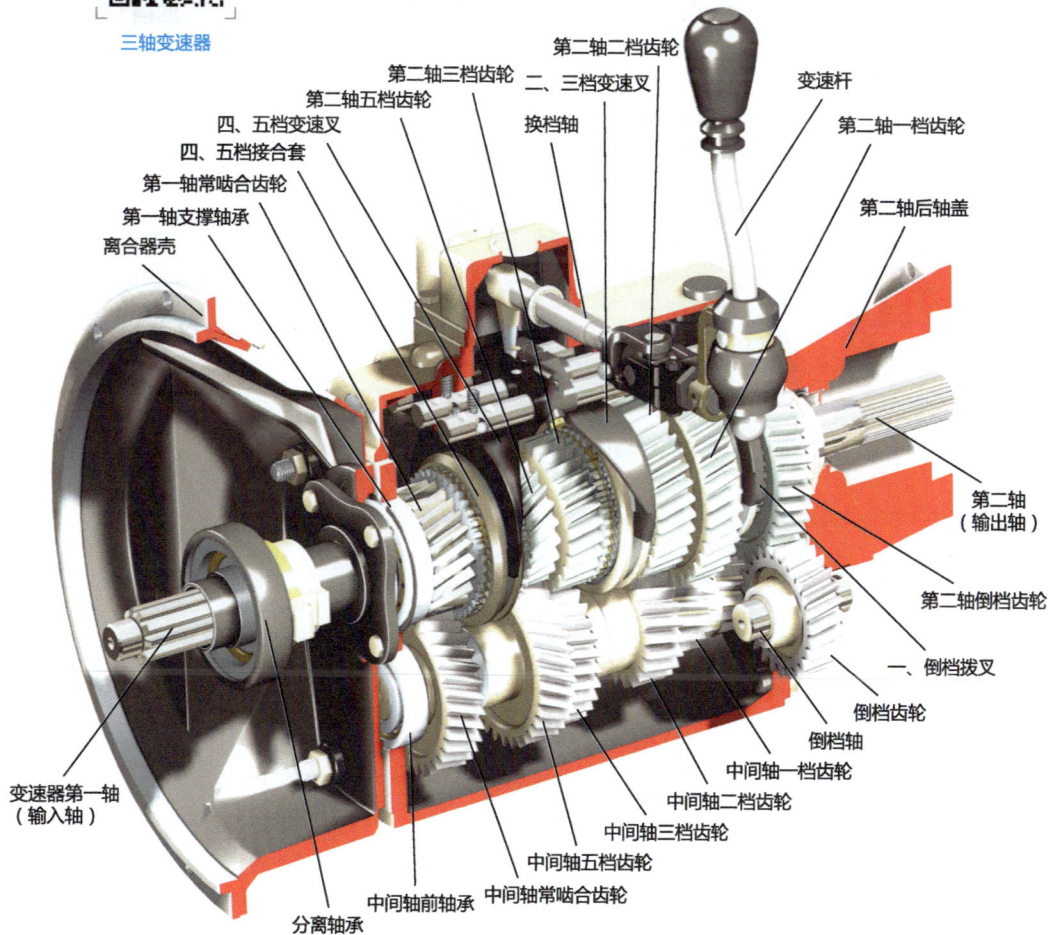

第二轴二档齿轮
第二轴三档齿轮
二、三档变速叉
变速杆
第二轴五档齿轮
换档轴
第二轴一档齿轮
四、五档变速叉
四、五档接合套
第二轴后轴盖
第一轴常啮合齿轮
第一轴支撑轴承
离合器壳
第二轴（输出轴）
第二轴倒档齿轮
一、倒档拨叉
倒档齿轮
倒档轴
中间轴一档齿轮
中间轴二档齿轮
变速器第一轴（输入轴）
中间轴三档齿轮
中间轴五档齿轮
中间轴前轴承
中间轴常啮合齿轮
分离轴承

三轴变速器传动路线

三轴变速器动力
传动路线

一档：输入轴→中间轴→一档齿轮→一、倒档接合套→输出轴。

二档：输入轴→中间轴→二档齿轮→二、三档接合套→输出轴。

三档：输入轴→中间轴→三档齿轮→二、三档接合套→输出轴。

四档：输入轴→四、五档接合套→输出轴。

五档：输入轴→中间轴→五档齿轮→输出轴。

倒档：输入轴→一档齿轮→中间轴→中间轴倒档齿轮→倒档轴输出轴→倒档齿轮→一、倒档接合套→输出轴。

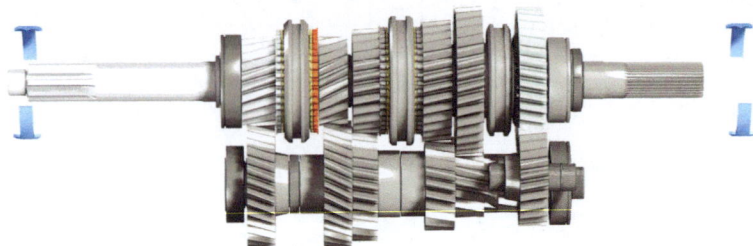

手动变速器齿轮机构

▶ 知识链接

变速器何时升降档，这跟匹配的发动机动力特性以及车速有很大关系。因为发动机的转速范围很宽，如果只有一个档位，很难想象到底是适应汽车低速好还是高速好，这就需要有多个传动比来充分利用发动机的输出。对于同级别的车型来说，一档和最高档的传动比差不多，中间档位传动比的多少，就会大大影响该车型的加速性能和油耗，通过多个档位传动就可以解决这些问题。

一档

二档

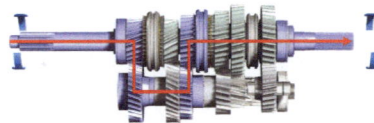

三档

四档

五档

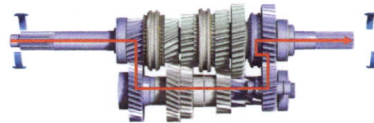

倒档

锁环式惯性同步器

同步器的功用是使接合套与待啮合的齿圈迅速同步，并阻止二者在同步前进入啮合，从而消除换档冲击，缩短换档时间，简化换档过程，使换档操作简捷轻便，并可延长变速器的使用寿命。

同步器有多种结构形式。因为锁环式惯性同步器结构紧凑，且径向尺寸小、锥面间摩擦力矩小，所以多用于传递转矩不大的乘用车和轻型货车的变速器。

同步器依靠摩擦作用实现同步，结构上除有接合套、花键毂、对应齿轮上的接合齿圈外，还增设了同步锁环等。

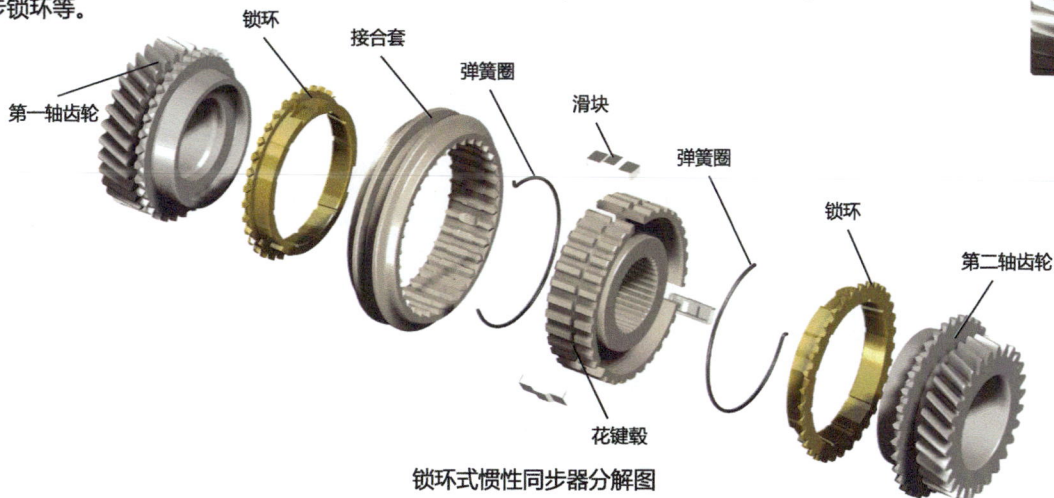

▶ 知识链接

1. 以前的驾驶人要踩两次离合器踏板才能完成换档，操作比较复杂。有了同步器以后，原来的"一脚离合"使换档时会在空档位置停留片刻，当离合器踏板抬起时，使离合器片和飞轮同步的任务就交给了它。

2. 国内很多重型货车变速器副箱带同步器，主箱不带同步器，即同步器安装在副箱中。还有些变速器为主箱与副箱都装有同步器的全同步结构，这样可使传动转矩更大，传动比范围更宽广。

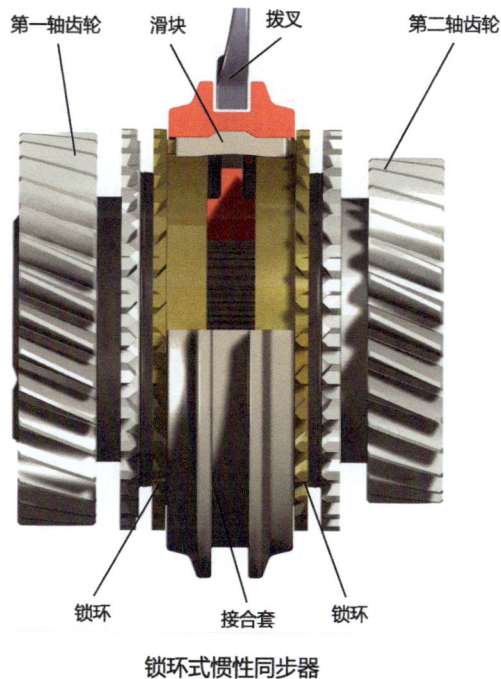

锁环式惯性同步器

锁环式惯性同步器分解图

锁环式同步器

锁环式惯性同步器工作过程

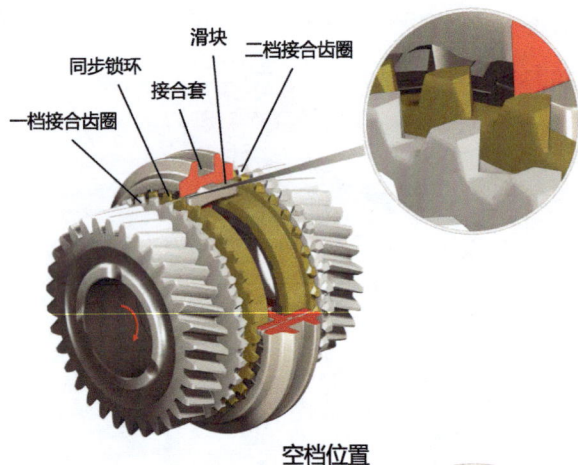

同步锁环 滑块 二档接合齿圈
接合套
一档接合齿圈

空档位置

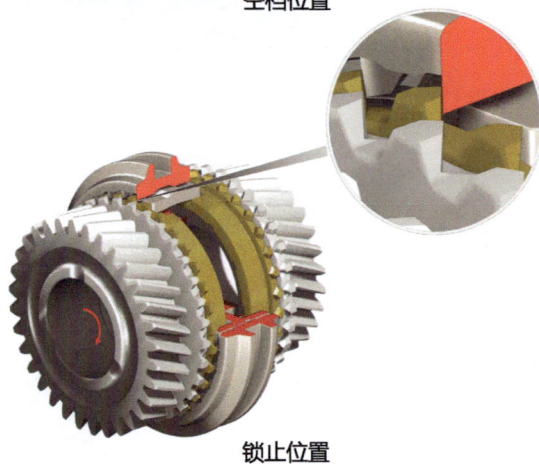

锁止位置

换入位置

空档位置：当接合套从二档退到空档时，接合套和锁环都在其自身惯性作用下，继续沿原方向转动。接合套及滑块都处于中间位置，锁环在轴向上是自由的，它的内锥面与接合齿圈的外锥面不接触。

锁止位置：若要换入一档，操纵机构拨动接合套并带动滑块一同向左移动。当滑块左端面与锁环的缺口的内端面接触时，便同时推动锁环移向接合齿圈，接合齿圈便带动锁环相对于接合套及花键毂超前一个角度。当锁环缺口的一个侧面与滑块接触时，锁环便与接合套同步转动。由于滑块未位于缺口中央，接合套花键齿相对于锁环花键齿错开了约半个齿厚，使接合套被抵住而不能再向左移动。

同步啮合：随着驾驶人施加于接合套上的推力加大，摩擦力矩不断增加，齿圈转速迅速降低。当与锁环、接合套达到同步时，作用在锁环上的惯性力矩消失。

接合套与同步环接合后，齿圈及与之相连各零件一起相对于接合套向后倒转一个角度，使接合套与接合齿圈进入啮合，最后完成了换入一档的全过程。

▶ **知识链接**

尽管同步器可以让换档更平顺，但是换档时还是不要用力过猛，应该有空档停顿。错误的操作会损坏同步器，使换档变得越来越困难，并伴随换档异响。

汽车构造与原理三维图解（彩色版）

远距离操纵式变速器操纵机构

　　有些汽车变速器的安装位置离驾驶人座椅较远，需要在变速杆与拨叉之间加装一些辅助杠杆或一套传动机构，即远距离操纵机构。

　　远距离操纵机构分为变速杆布置在转向盘旁边或变速杆布置在驾驶人座椅旁边的地板上两种类型。

　　远距离操纵机构应具有足够的刚性，且各连接件间隙不能过大，否则换档时手感差。

▶ 知识链接

　　换档操纵机构除了考虑功能实现外，人机工程设计也必不可少。例如变速器换档手柄工作位置应位于转向盘下面和驾驶人座椅右边且不低于坐垫表面的特定区域，换档时驾驶室内其他零件与换档杆之间的距离不得小于 50mm；为减轻驾驶人疲劳，要求换档力不大于 90N，变速杆手柄的双向行程之和应不大于 200mm 等。

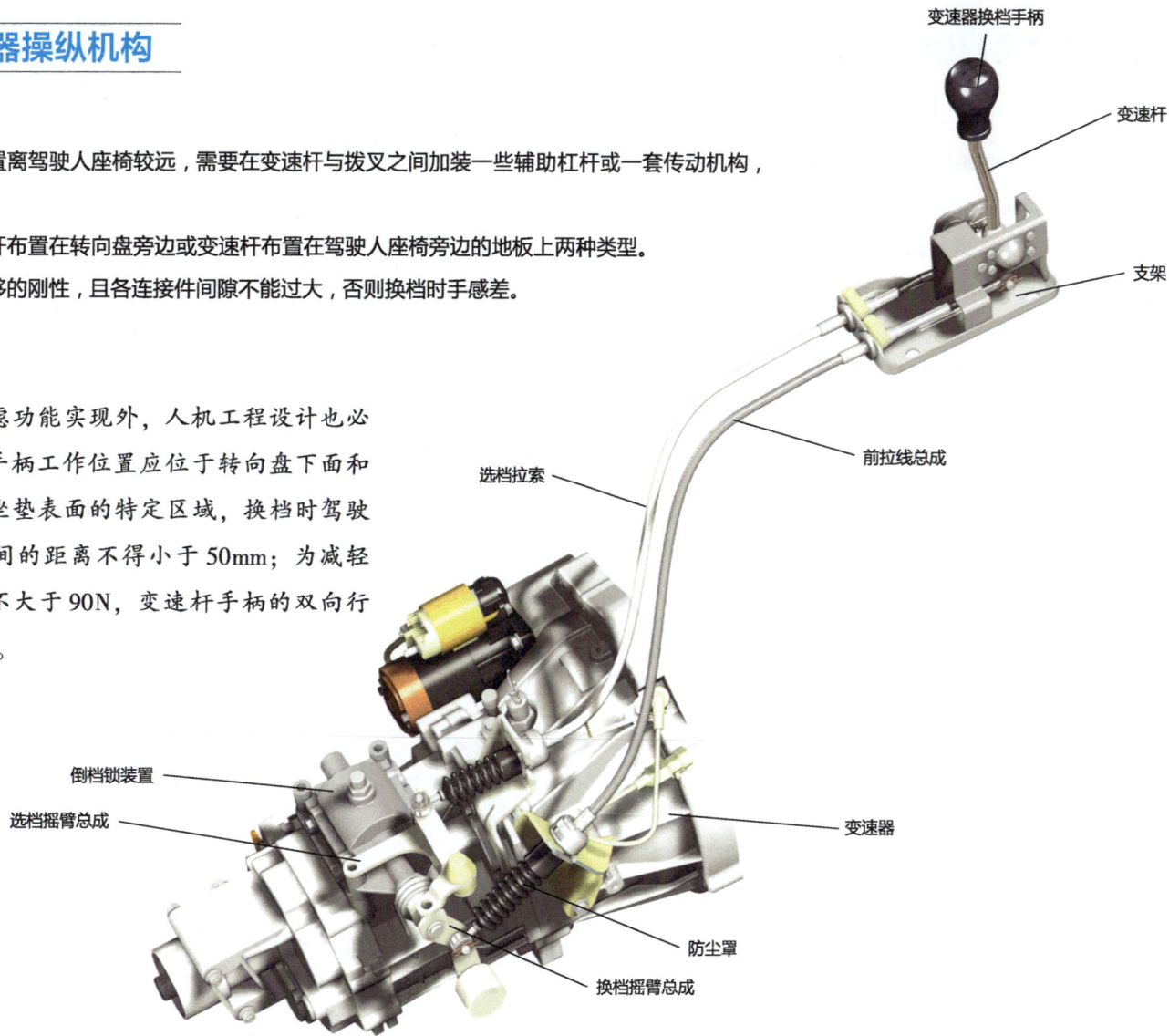

变速器操远距离
操纵机构

变速器换档手柄

变速杆

支架

前拉线总成

选档拉索

倒档锁装置

选档摇臂总成

变速器

防尘罩

换档摇臂总成

链条传动全时四驱分动器

该分动器为行星轮和链条传动全时四驱分动器,其主要作用是为前后桥提供驱动力,并增大转矩,根据需求使前后轴差速或锁止,提高车辆的通过性。

该分动器带有行星轮减速机构和行星轮差速机构。分动器的动力传递路线是从输入轴经减速和差速机构传给后输出轴,同时通过无声齿形链条传递给前输出轴。

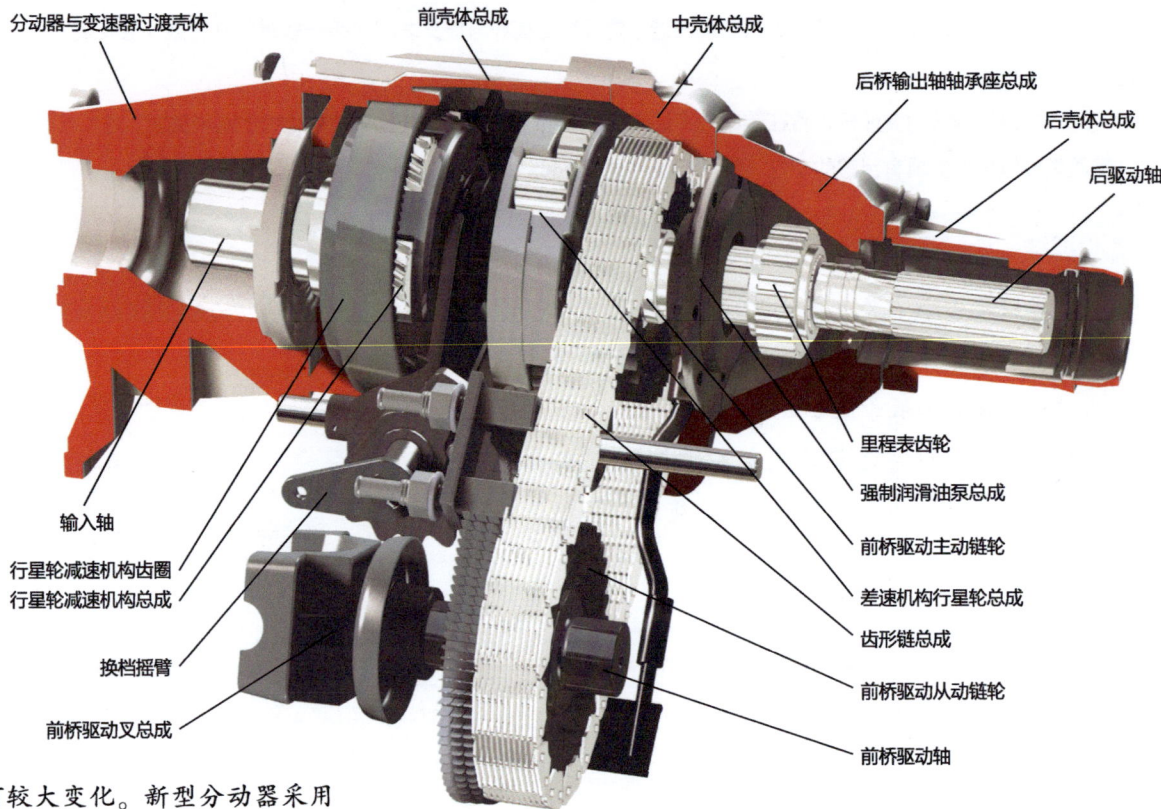

分动器与变速器过渡壳体
前壳体总成
中壳体总成
后桥输出轴轴承座总成
后壳体总成
后驱动轴
里程表齿轮
强制润滑油泵总成
前桥驱动主动链轮
差速机构行星轮总成
齿形链总成
前桥驱动从动链轮
前桥驱动轴
输入轴
行星轮减速机构齿圈
行星轮减速机构总成
换档摇臂
前桥驱动叉总成

▶ 知识链接

分动器发展至今在结构上已经有较大变化。新型分动器采用压铸铝合金材料、齿形链传动输出,其低档位采用行星斜齿轮机构,使其轻便可靠,传动效率高,操纵简单,结构紧凑,噪声更小。

链传动相对齿轮传动的优点有:传动平稳,噪声小,中心距误差要求低,轴承负荷较小及防止共振。这些优点使它能够广泛地应用到各种越野汽车上。

分动器操纵机构

分动器操纵机构分为内部和外部操纵机构两部分。内部操纵机构通过拨叉轴等与壳体外的换档摇臂连接，然后连接外部的操纵机构。另外，还设计有凸轮机构，依靠摇臂（摇臂在壳体外部）的转动带动凸轮拨动两个滚轮，从而带动拨叉移动，实现高低档的选择和差速锁的开关。

外部操纵机构中操纵杆用来控制操纵拉杆，使其带动换档摇臂进行换档。

▶ 知识链接

1. 分动器换入低速档时，输出转矩较大。为避免中、后桥超载，操纵机构必须保证：换入低档前，应先接上前桥，摘下前桥前应先退出低档，即应具有互锁功能。互锁装置有钉、板式，球销式和摆板滑槽凸面式。

2. 分动器的四个档位分别是：高速档锁止（HL）、高速档（H）、低速档（L）和空档（N）。

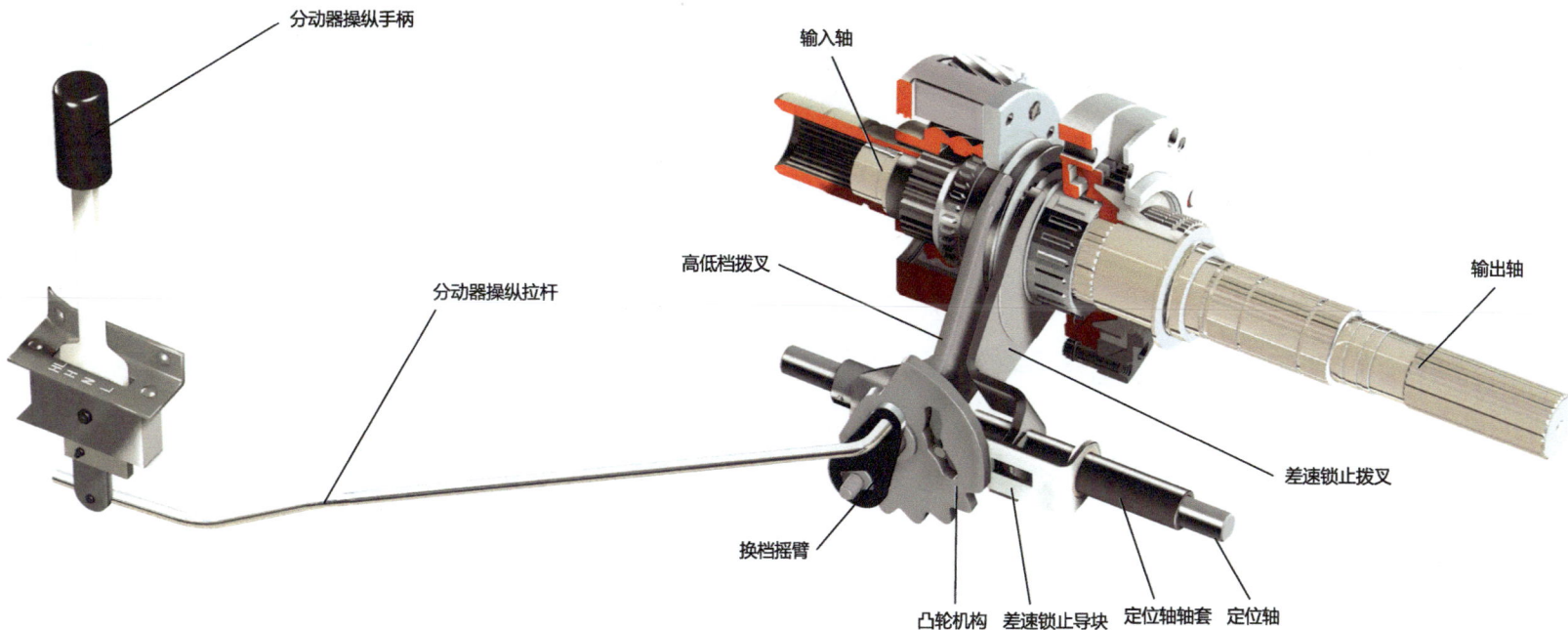

分动器操纵手柄

分动器操纵拉杆

输入轴

高低档拨叉

输出轴

差速锁止拨叉

换档摇臂

凸轮机构　差速锁止导块　定位轴轴套　定位轴

自动变速器在汽车上的布置

自动变速器是能够根据发动机工况和汽车运行速度自动选档和换档的变速器。

自动变速器能够克服机械变速器的动载荷大、易使零件磨损和需频繁操纵离合器等缺点，从而减轻驾驶人劳动强度，提高行车安全性。

汽车上应用的自动变速器主要有四种：机械式自动变速器（AMT）、液力自动变速器（AT）、无级变速器（CVT）及双离合自动变速器（DCT或DSG）。

纵置发动机　纵置自动变速器　传动轴　后桥

纵置自动变速器布置

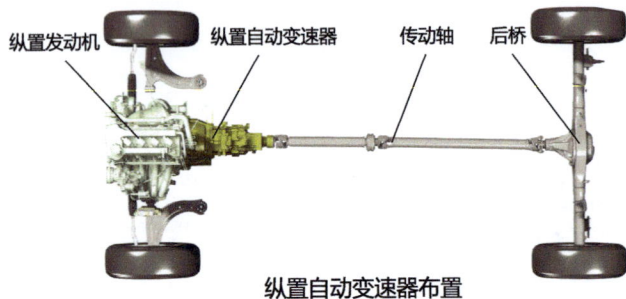

纵置自动变速器

横置发动机　横置自动变速器（带驱动桥）　传动轴　后桥

横置自动变速器布置

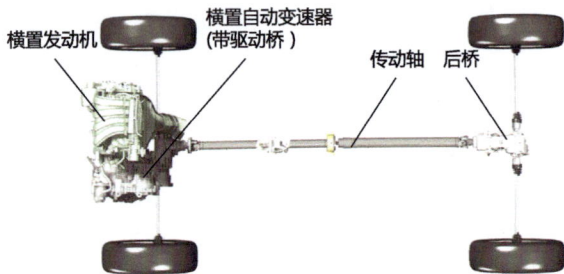

横置自动变速器（带驱动桥）

▶ 知识链接

自动变速器还可分为横置式和纵置式，前者结构轻巧，承受转矩小，主要应用于小排量前置前驱车型；后者结构更复杂，尺寸更大，承受转矩也大，主要应用于一些大排量前置后驱车型。

第十三章

自动变速器

13

液力自动变速器的基本组成

液力自动变速器主要由液力变矩器、行星轮和液压操纵系统等组成，通过液力传递和齿轮组合的方式来达到变速变矩；通过传感器感受汽车和发动机的运行状态，并将所获得的信息转换成电信号输入到电子液压控制装置的换档阀，使其打开或关闭通往换档离合器和制动器的油路，从而控制换档时刻和档位的变换，以实现自动变速，并通过换档执行机构（换档离合器、换档制动器和单向离合器）进行换档。

▶ **知识链接**

1. 除了液力自动变速器，一些无级变速器（CVT）也使用液力变矩器作为优化动力的机构。此外，有些高档液力自动变速器还采用多片摩擦离合器替代液力变矩器。因此，多组离合器与制动器协同工作的行星轮组才是自动变速器的最大特点。

2. 液力自动变速器（AT）、机械式自动变速器（AMT）、无级变速器（CVT）、双离合变速器（DCT 或 DSG）各具优缺点，只是在不同的车型、不同的使用领域、不同的应用成本之间做出最合适的选择。液力自动变速器技术最为成熟，动力承载跨度范围较广，工作平顺可靠。但液力传递效率较低，导致其经济性不好；另外，结构复杂，使其成本较高，维修困难。

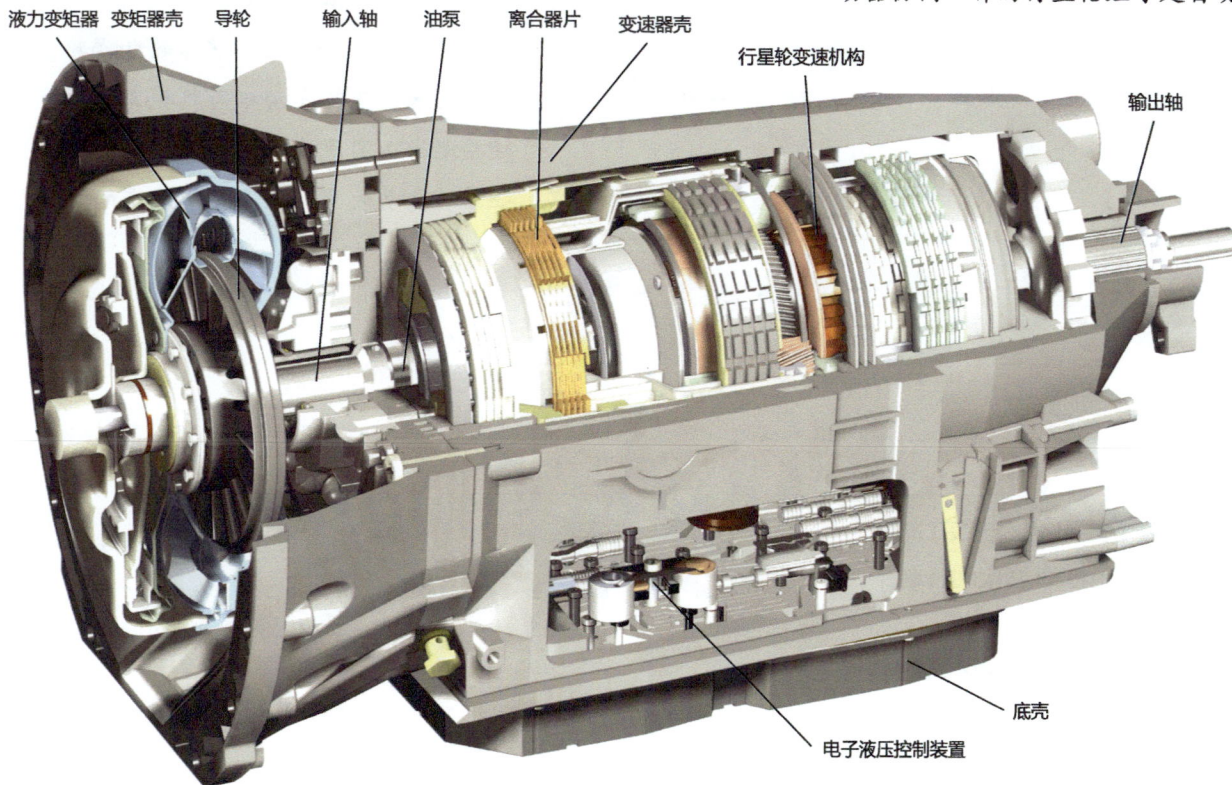

液力变矩器　变矩器壳　导轮　输入轴　油泵　离合器片　变速器壳　行星轮变速机构　输出轴　底壳　电子液压控制装置

液力变矩器组成

外壳

卡环

压盘

锁止离合器从动盘

传力盘

涡轮

导轮

泵轮

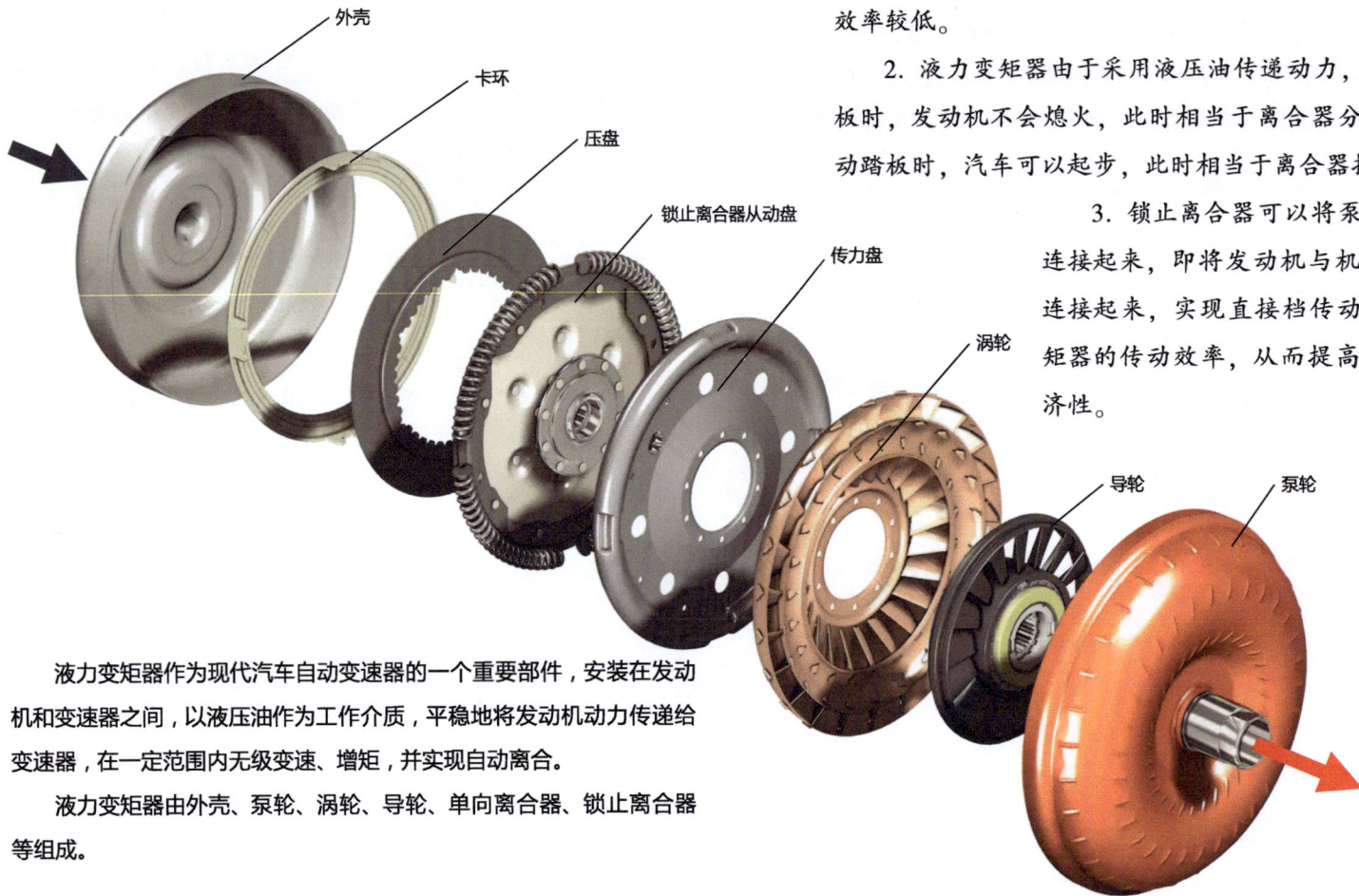

液力变矩器作为现代汽车自动变速器的一个重要部件，安装在发动机和变速器之间，以液压油作为工作介质，平稳地将发动机动力传递给变速器，在一定范围内无级变速、增矩，并实现自动离合。

液力变矩器由外壳、泵轮、涡轮、导轮、单向离合器、锁止离合器等组成。

▶ 知识链接

1. 发动机转矩通过液力变矩器的主动元件，再通过液压油传给液力变矩器的从动元件，最后传给变速器，因此传动效率较低。

2. 液力变矩器由于采用液压油传递动力，当踩下制动踏板时，发动机不会熄火，此时相当于离合器分离。当抬起制动踏板时，汽车可以起步，此时相当于离合器接合。

3. 锁止离合器可以将泵轮和涡轮直接连接起来，即将发动机与机械变速器直接连接起来，实现直接档传动，提高液力变矩器的传动效率，从而提高汽车的燃油经济性。

液力变矩器工作原理

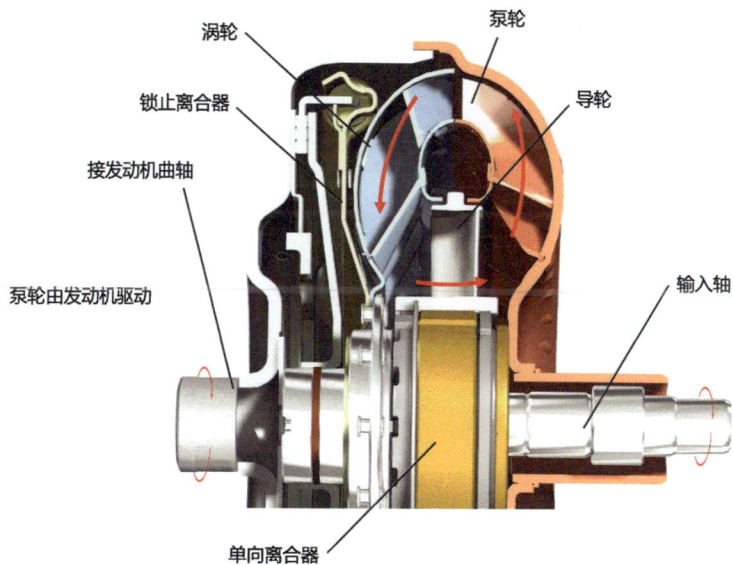

发动机起动后，曲轴带动泵轮旋转，因旋转产生的离心力使泵轮叶片间的工作液沿叶片从内缘向外缘甩出。这部分工作液既具有随泵轮一起转动的沿圆周向的分速度，又有冲向涡轮的轴向分速度。这些工作液冲击涡轮叶片，推动涡轮与泵轮同方向转动。

增矩：涡轮速度低时，涡流速度大，环流速度小，合成液流的方向冲击导轮正面，经导向顺着泵轮叶片槽冲击涡轮，涡轮的输出转矩增大。

耦合：随着涡轮转速的增加，当泵轮与涡轮转速接近时，涡流速度最小，环流速度最大，合成液流的方向正好与导轮叶片相切。

降速：涡轮速度增大，其转速高于泵轮转速，涡流速度小，环流速度大，合成液流的方向冲击导轮背面，导轮的转矩反向，涡轮的输出转矩减小。

失速：涡轮负载过大而停转（如怠速时），泵轮仍在旋转，但转速较低，变矩器只输入、不输出，涡轮得到的转矩不足以克服阻力矩。

▶ **知识链接**

由于液力变矩器使变速器和发动机在本质上无物理接触，它使用的是柔性传动（液压传输），这样可使车辆起步平稳，即使在陡坡上出现动力不足而溜车时，发动机也不会熄火。但是如果起动系统出现故障，想推车滑行起动是不行的，同样也不能随意拖车。

液力变矩器

涡轮被驱动

导轮对变速器油起导向作用

泵轮由发动机驱动

液力变矩器工作原理

涡轮

泵轮

锁止离合器

导轮

接发动机曲轴

输入轴

单向离合器

液力变矩器剖面图

液力自动变速器主要机械传动部分

▶ 知识链接

该液力自动变速器装配了锁止离合器，档位传动比由三套行星轮组决定，并采用五档设计，设有带超速档传动比的低转速档位。三个液压多片式制动器、三个液压多片式离合器和两个机械自由轮之间经过组合完成换档。

机械部件由主动轴、输出轴、太阳轮轴和相互连接在一起的三套行星轮组构成。

1. 现代液力自动变速器普遍采用行星轮变速机构。

2. 行星轮机构是变速机构，传动比的改变通过以不同元件作为主动件和限制不同元件的运动而实现。在传动比改变的过程中，整个行星轮组还在运动，动力传递没有中断，因而实现了动力换档。

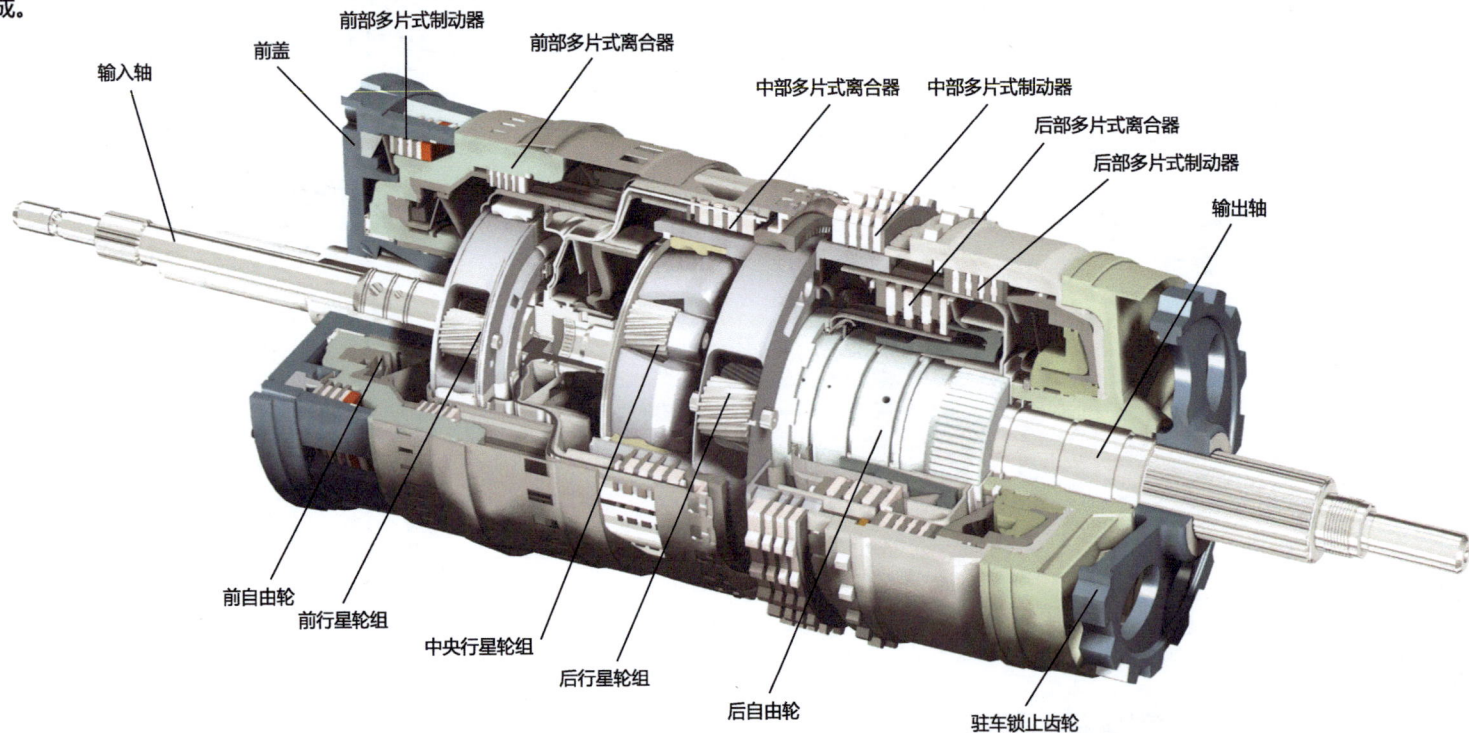

图中标注：输入轴　前盖　前部多片式制动器　前部多片式离合器　中部多片式离合器　中部多片式制动器　后部多片式离合器　后部多片式制动器　输出轴　前自由轮　前行星轮组　中央行星轮组　后行星轮组　后自由轮　驻车锁止齿轮

汽车构造与原理三维图解（彩色版）

楔块式单向离合器

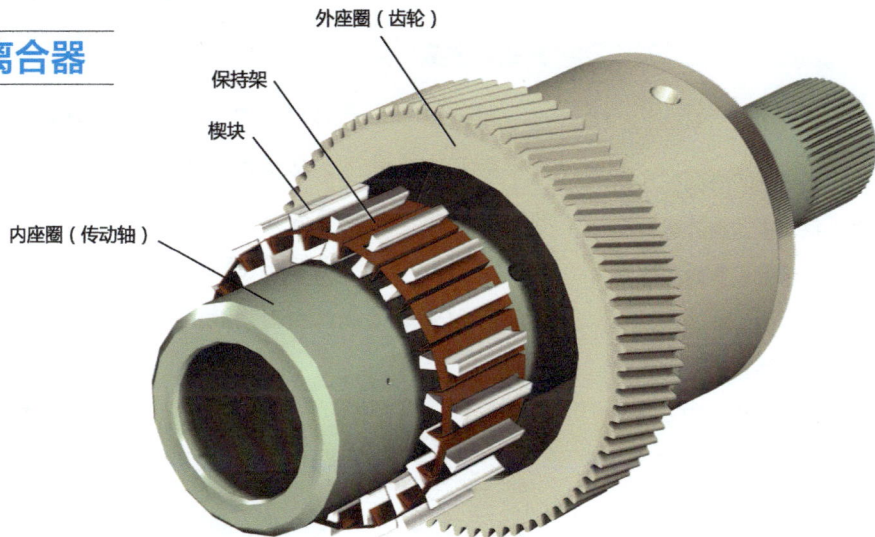

外座圈（齿轮）
保持架
楔块
内座圈（传动轴）

楔块式单向离合器分解图

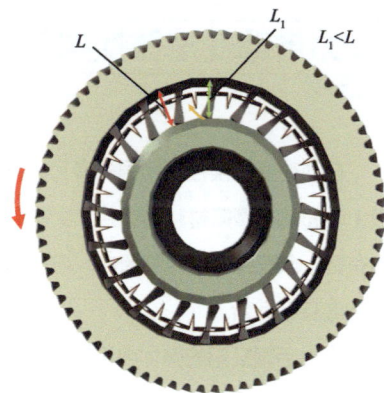

$L_1 < L$

自由状态

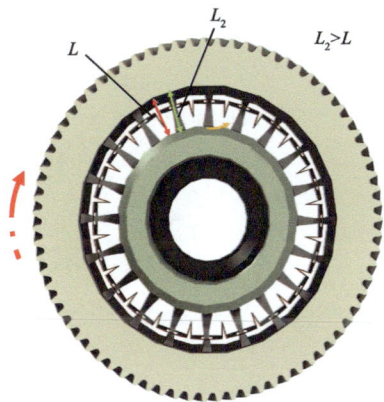

$L_2 > L$

锁止状态

楔块式单向离合器由外圈、楔块、保持架和内圈组成。当外圈相对于内圈沿逆时针方向转动时，楔块被推动发生倾斜，在内外圈之间让出一定空间，因而不会锁止离合器。楔块式单向离合器在任何时候都允许其外圈相对于内圈沿逆时针方向旋转，或允许其内圈相对于外圈沿顺时针方向旋转。

反之，当外圈试图相对于内圈沿顺时针方向转动时，楔块因几何形状的原因将卡在内外圈之间无法活动，从而将两者锁死在一起。

为保证楔块能可靠地楔在内外圈之间，这种单向离合器中装有保持弹簧，使楔块按能锁住内外圈的方向始终保持一点倾斜。

▶ 知识链接

1. 这种单向离合器最容易装反。如果装反会改变其锁止方向，使行星轮变速器无法正常工作。

2. 与滚柱斜槽式单向离合器相比，两者工作原理相似，但楔块式单向离合器所能传递的动力更大。

液力自动变速器换档离合器

自动变速器换档采用湿式多片式离合器。离合器由若干相间排列的从动盘（表面粘有摩擦材料的钢片）、主动盘和压盘组成。每个主动盘外缘上凸出有键，卡在壳体的内键槽内，与输入轴连接，从动盘内缘上设有内花键与花键毂互相啮合。

作为活塞缸用的壳体内设有活塞和回位弹簧，当液力使活塞把主动盘和从动盘压紧时，花键毂与壳体接合在一起；当工作液从活塞缸排出时，回位弹簧使活塞后退，离合器便分离。

汽车构造与原理三维图解（彩色版）

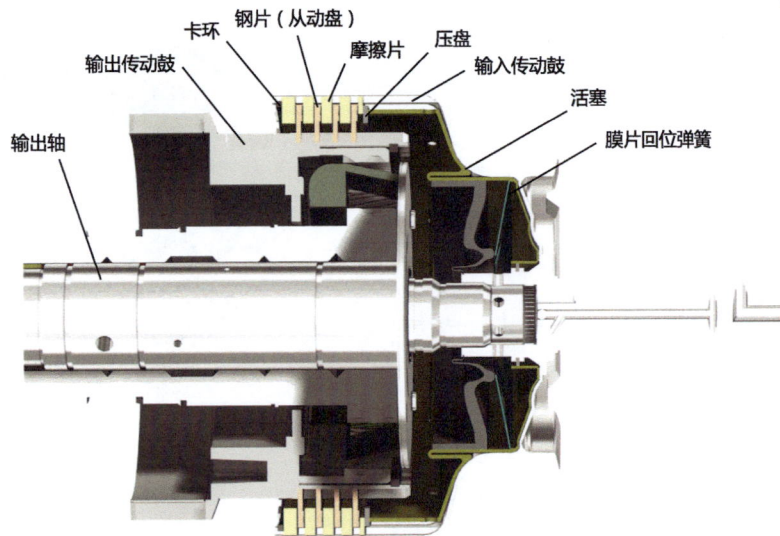

自动变速器换档离合器布置图

▶ 知识链接

同一厂家生产的同一类型的自动变速器可以在不改变离合器外形和尺寸条件下，通过增减摩擦片数来满足不同车型传递动力的要求。为了保证离合器片间隙值正常，需要相应减少或增加钢片数量，因此，有些离合器在相邻两个摩擦片间设有两个钢片，可使自动变速器在改型时具有灵活性。

液力自动变速器
换档离合器

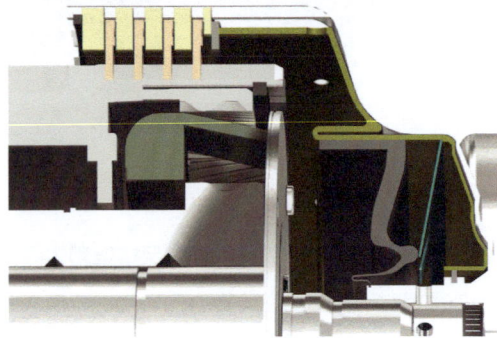

分离状态

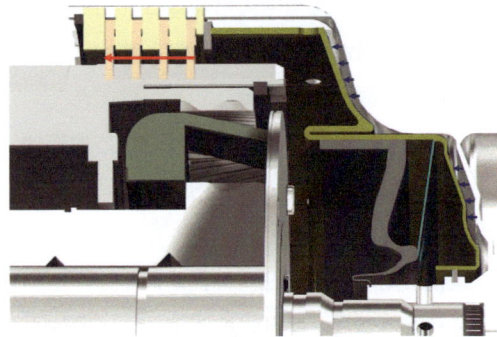

接合状态

行星轮机构

自动变速器的液力变矩器虽能传递和增大发动机转矩，但变矩比不大，变速范围不宽，远不能满足汽车使用工况。为进一步增大转矩、扩大其变速范围、提高汽车的适应能力，需在液力变矩器后再装一个机械变速器，即有级式齿轮变速器。

行星轮变速器由行星轮机构、离合器、制动器和单向离合器等执行元件组成。行星轮机构通常由多个行星排组成，行星排的多少与档数有关。

▶ **知识链接**

1. 行星轮机构是液力自动变速器变速的基础。行星轮组的主动件、从动件和固定件可以变换，只要限制其中一个元件的转动，并改变动力的输入和输出，输出的传动比就会改变。如果有两个或多个行星轮组组合在一起，就能实现多个档位输出，如多数 6～8 档液力自动变速器有三个行星轮组，4 档的有两个行星轮组。

2. 液力自动变速器的行星轮机构主要有辛普森式行星轮机构、拉威娜式行星轮机构和莱佩莱捷行星轮机构等。

3. 利用行星轮组改变传动比的汽车装置有很多，如 CVT 利用它做副变速机构，四驱车的中央差速器也会用到它，起动机以及电动汽车的减速机构都有它的身影。

行星齿轮机构

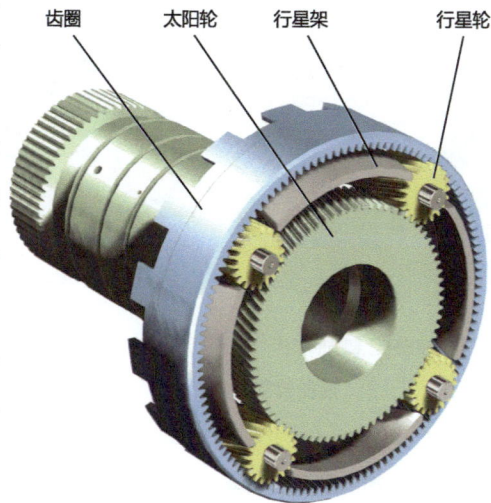

齿圈　太阳轮　行星架　行星轮

行星轮变速器

低速

中速

高速

倒档

主动件
从动件
固定件

液力自动变速器液压控制系统

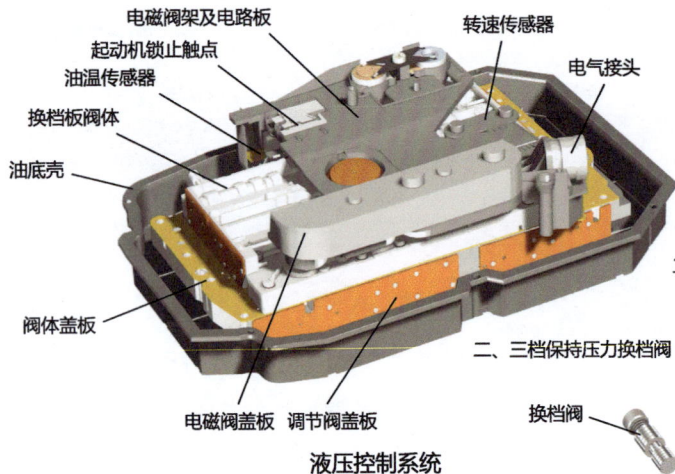

电磁阀架及电路板
起动机锁止触点
油温传感器
换档板阀体
油底壳
阀体盖板
转速传感器
电气接头

电磁阀盖板　调节阀盖板

液压控制系统

液力自动变速器液压控制系统由阀体、各种控制阀及油路组成，其功用是控制油泵的泵油压力，使之符合自动变速器的工作需要，根据变速杆的位置和汽车行驶状态实现自动换档。

阀门和油路设置在一个板块内，称为阀体总成。不同型号的自动变速器阀体总成的安装位置不同，有的装在上部，有的装在侧面，纵置的自动变速器一般装在下部。

▶ 知识链接

1. 对于自动变速器换档控制实际上有两个要求：一是换档过程应尽量迅速地完成；二是换档过程应尽量缓慢平稳过渡。但是，两者是矛盾的，通常是确定摩擦元件的滑动摩擦最小时间，再设法提高换档过程的平稳性。

2. 液压控制系统中最复杂的是各种控制阀，这些控制阀通常集中在一个阀体上，由阀体中各个阀门控制液压，并切换液体通道。

3. 换档阀根据换档信号系统提供的信号控制自动变速器中液压操纵油路的方向，由此决定所处不同档位。

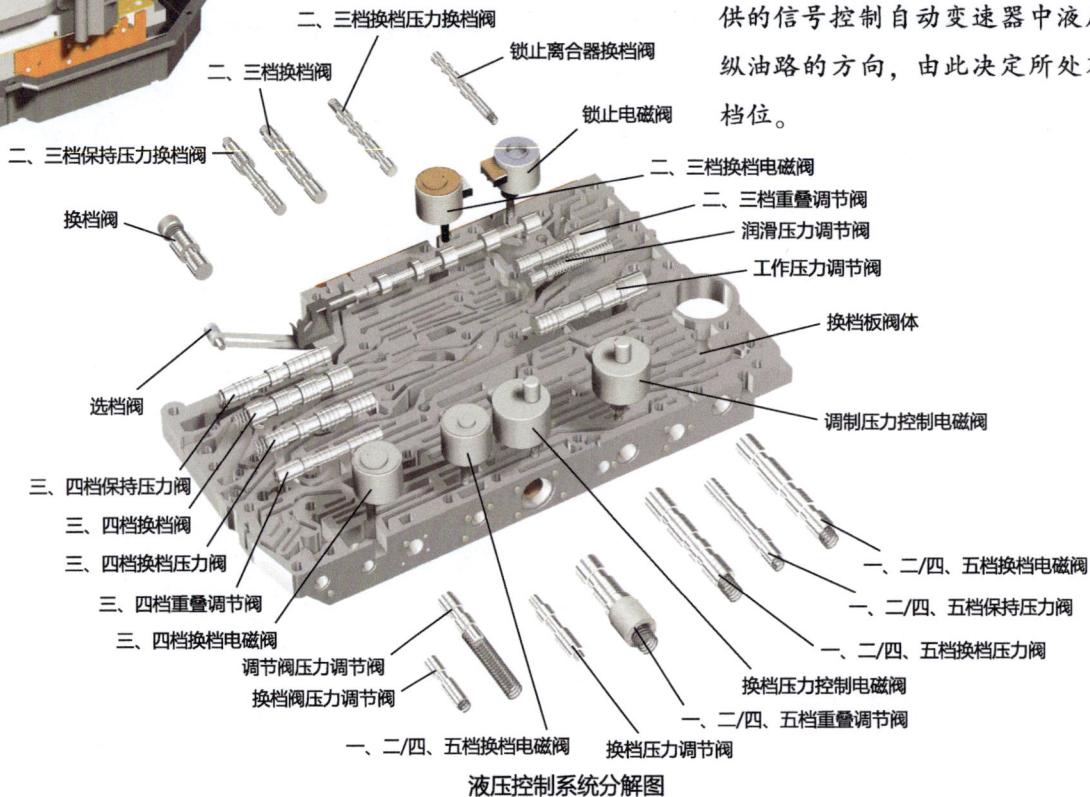

二、三档换档压力换档阀
二、三档换档阀
锁止离合器换档阀
锁止电磁阀
二、三档保持压力换档阀
换档阀
二、三档换档电磁阀
二、三档重叠调节阀
润滑压力调节阀
工作压力调节阀
换档板阀体
调制压力控制电磁阀
选档阀
三、四档保持压力阀
三、四档换档阀
三、四档换档压力阀
三、四档重叠调节阀
三、四档换档电磁阀
调节阀压力调节阀
换档阀压力调节阀
一、二/四、五档换档电磁阀
换档压力调节阀
一、二/四、五档换档电磁阀
一、二/四、五档保持压力阀
一、二/四、五档换档压力阀
换档压力控制电磁阀
一、二/四、五档重叠调节阀

液压控制系统分解图

汽车构造与原理三维图解

（彩色版）

自动变速器控制

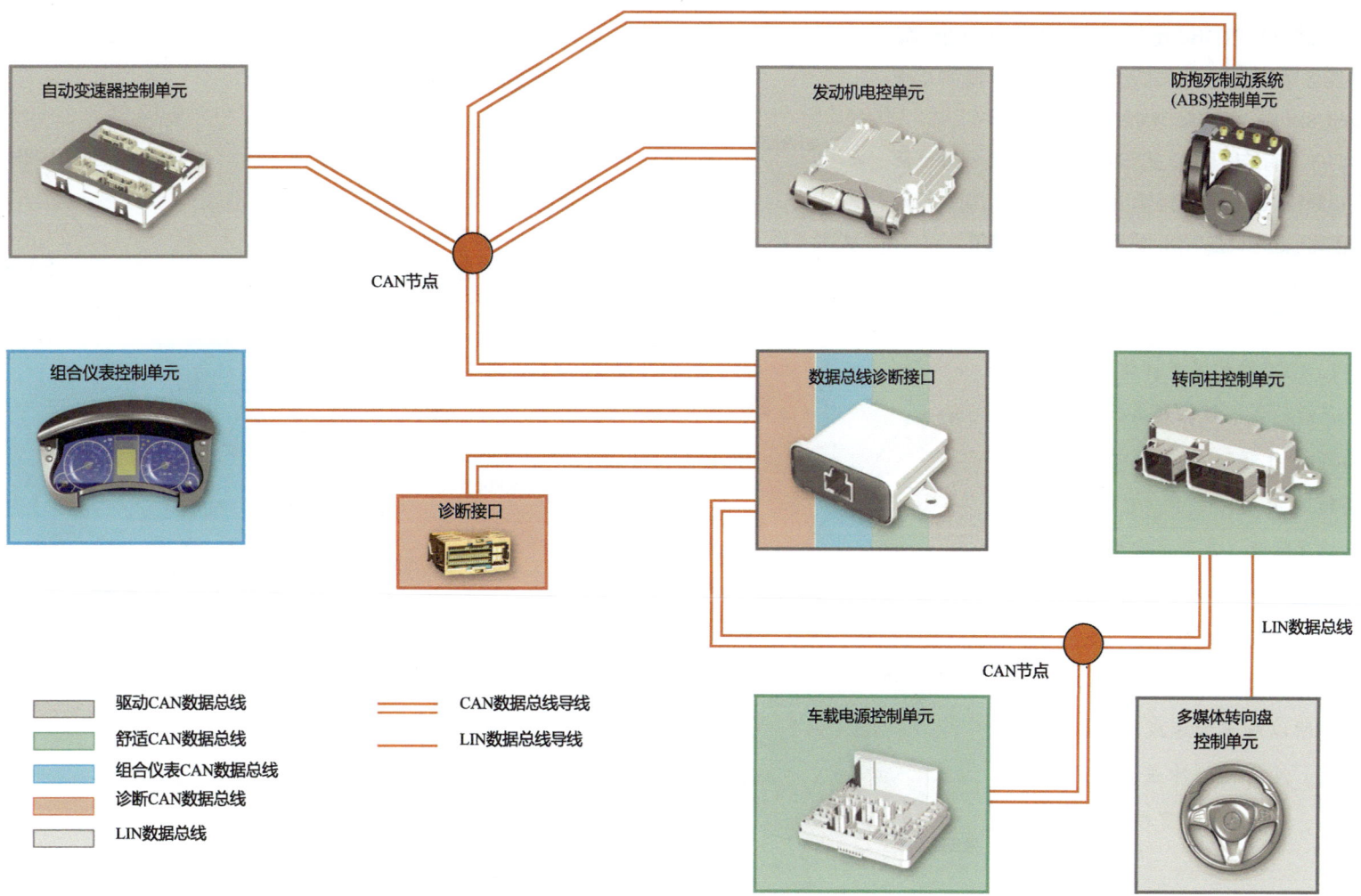

自动变速器控制单元

发动机电控单元

防抱死制动系统 (ABS)控制单元

CAN节点

组合仪表控制单元

数据总线诊断接口

转向柱控制单元

诊断接口

LIN数据总线

CAN节点

车载电源控制单元

多媒体转向盘控制单元

驱动CAN数据总线

舒适CAN数据总线

组合仪表CAN数据总线

诊断CAN数据总线

LIN数据总线

CAN数据总线导线

LIN数据总线导线

无级变速器基本组成

传统汽车理想的传动系统是无级自动变速系统，即一种能连续换档的机械式无级变速传动，简称 CVT（Continuously Variable Transmission）。

CVT 具有结构紧凑、工作可靠、寿命长、效率高及噪声小等特点。但其转矩输出较小，很难实现大传动比。因此，通常只在 3.0L 以下排量乘用车使用。

▶ 知识链接

1. CVT 结构简单，体积小，大批量生产后的成本低，经济性好。但是，它的经济性好仅局限于中低负荷下，在高转速或大负荷下，它的传动效率会大幅度降低，甚至只有 50% 左右。

2. CVT 工作好坏、寿命长短，更依赖驾驶习惯。

3. 因为 CVT 传动比变化是连续不断的，所以汽车加速或减速过程都非常平缓，没有换档冲击，提高了行驶平顺性，当然也就少了些驾驶的乐趣。

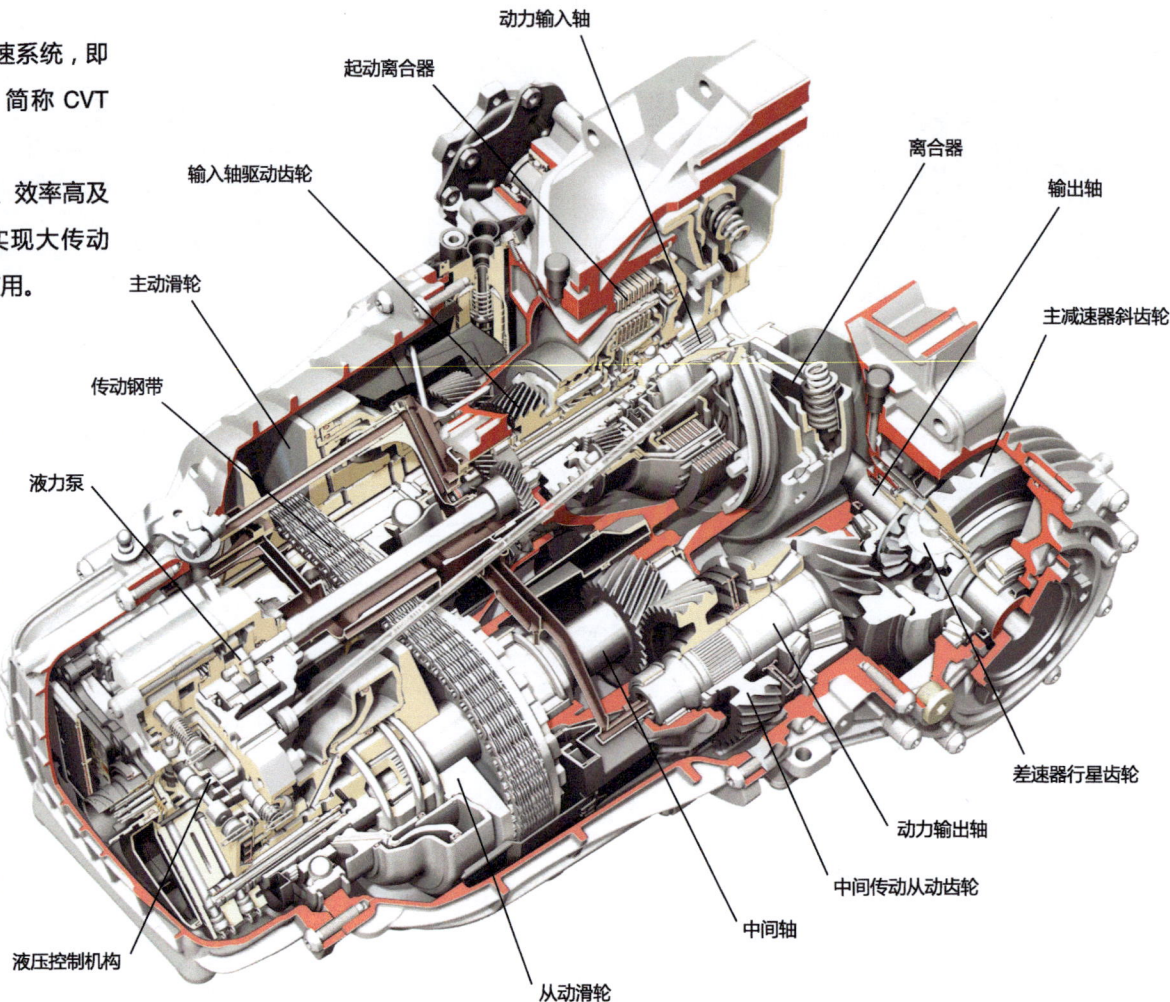

动力输入轴
起动离合器
输入轴驱动齿轮
主动滑轮
传动钢带
液力泵
离合器
输出轴
主减速器斜齿轮
差速器行星齿轮
动力输出轴
中间传动从动齿轮
中间轴
从动滑轮
液压控制机构

无级变速器工作原理

无级变速器（CVT）由钢带、主动滑轮组、从动滑轮组、液力泵、起步离合器和控制系统等组成。其动力传递路线是：发动机输出的动力经飞轮、离合器、主动滑轮、钢带和从动滑轮后，传给中间减速器，再经主减速器与差速器，最后传给驱动轮。该变速传动系统中的主、从动工作轮由固定部分和可动部分组成。工作轮的固定部分和可动部分之间形成V形槽。钢带在槽内与工作轮相啮合。当工作轮的可动部分做轴向移动时，即可改变钢带与主、从动工作轮的行驶工况，通过液力控制系统进行连续调节，实现无级变速传动。

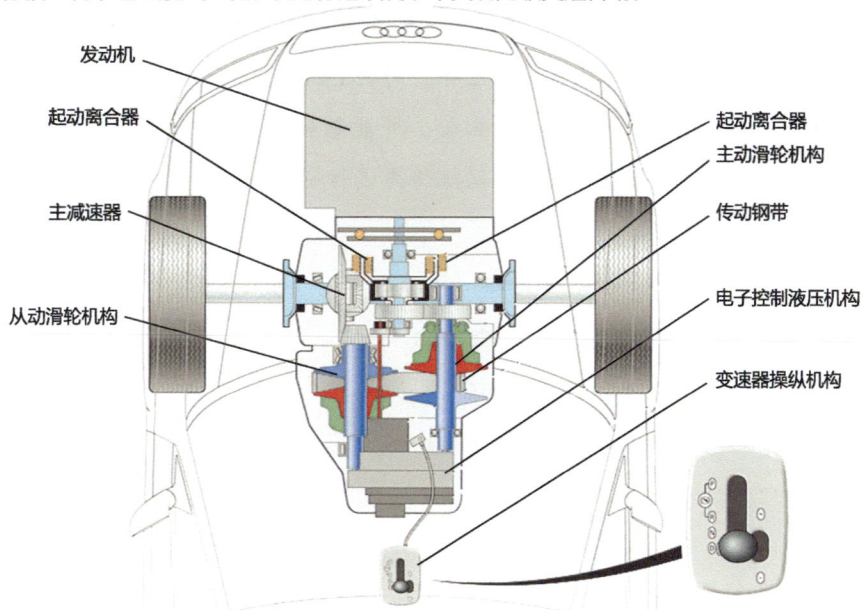

无级变速器在乘用车上的布置

▶ 知识链接

1. 提高传动带性能和CVT传动效率的研究一直在进行，如将液力变矩器集成到CVT中，主、从动轮的夹紧力实现电子化控制，在CVT中采用节能泵，传动带用金属带代替传统的橡胶带。

2. CVT经大小轮盘与链条带动车轮以不同的速度旋转。由于不同的力度对各组齿轮产生的推力大小不同，致使变速器输出的转速也随之变化。

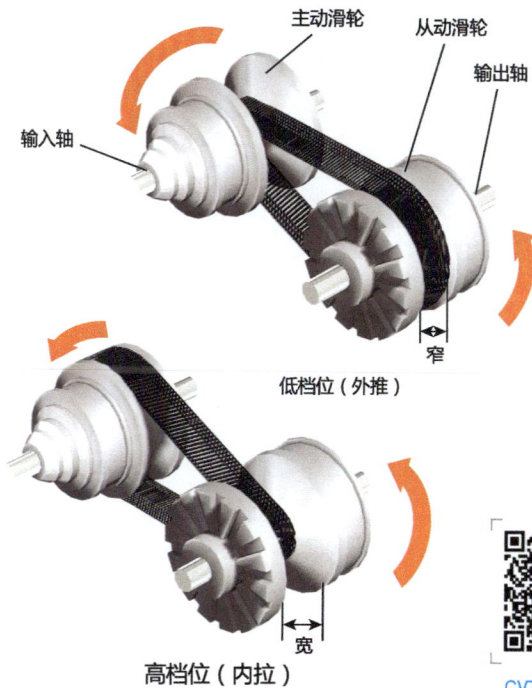

低档位（外推）

高档位（内拉）

CVT 简单机构

无级变速器内部组成部分

无级变速器的前进档和倒档各有一个湿式摩擦片式离合器，两者均为起动离合器。倒档旋转方向通过行星轮系改变。发动机转矩通过传动钢带传递转矩，再通过辅助减速齿轮传递到变速器，并由此传到主减速器。其电子液压控制单元和变速器控制单元集成为一体，位于变速器壳体内。

▶ 知识链接

各大汽车厂商的无级变速器设计、结构和命名都有区别。大众公司的 Multitronic 无级变速器结构同发动机均为纵置式，它能够模拟出 8 个前进档和 S（运动）模式。日产公司的 XTronic 无级变速器可以模拟 6 个前进档，但没有手动模式。斯巴鲁公司的 Lineartronic 无级变速器提供了前、后两根动力输出轴，并能够模拟出 6 档手动模式，还可在下坡时利用发动机阻力进行制动。

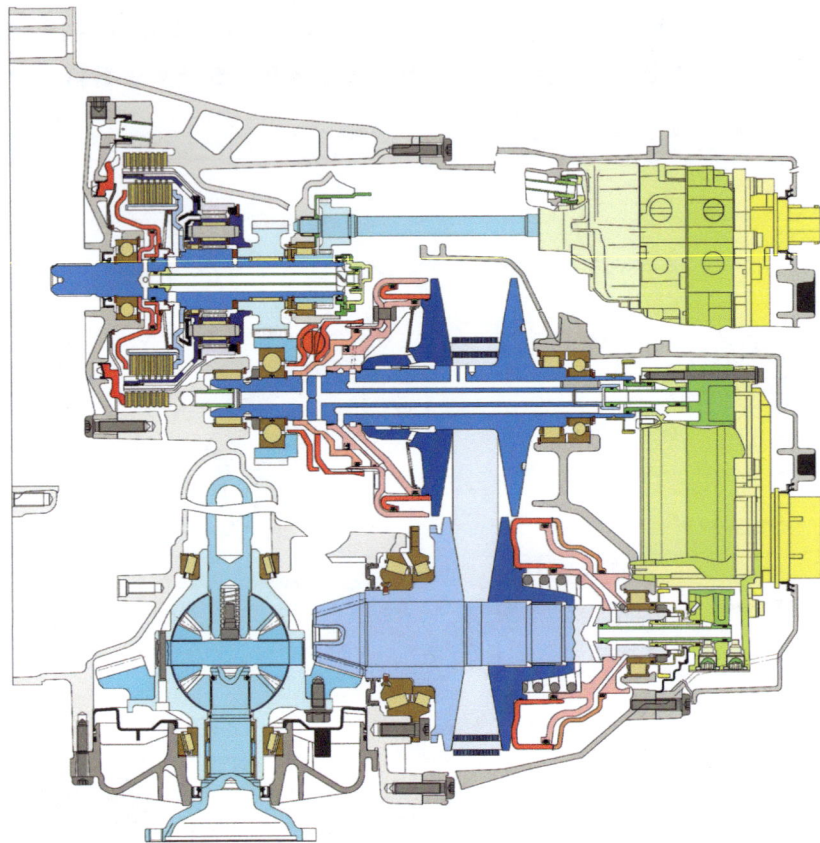

- 壳体、螺栓
- 液压部分/控制机构
- 电子控制部分
- 传动齿轮、传动轴
- 离合器钢片
- 活塞、转矩传感器
- 垫片、挡圈、轴承
- 密封件、塑料件、橡胶件

汽车构造与原理三维图解（彩色版）

无级变速器变速过程

在无级变速器（CVT）中，集成在输入轴上的转矩传感器用来监控传递至主动滑轮压力缸内的油压，从而防止因油压过低导致的打滑现象以及油压过高引起的传动效率降低现象。

CVT通过滑轮压力缸内部的油压变化改变作用在钢带上的基础张紧力（接触压力），从而分离或接合滑轮，并改变传动比。

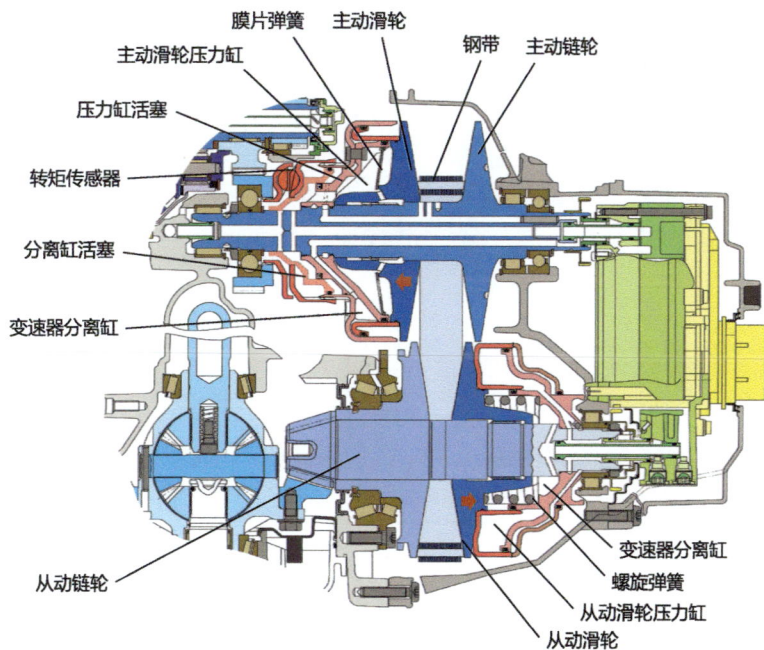

起动转矩变速比状态（减速档）

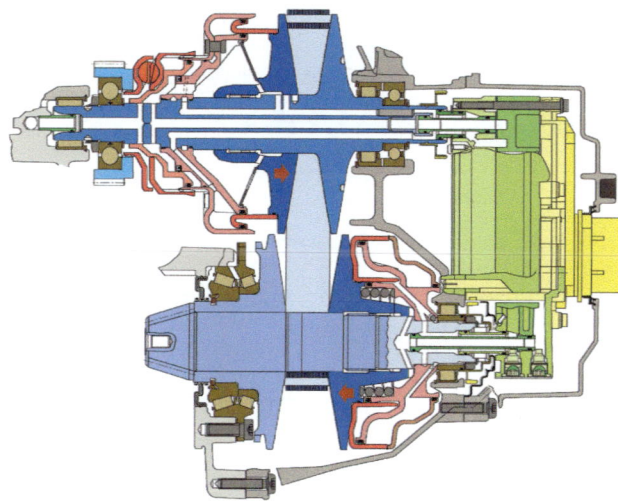

终端转矩变速比状态（高速档）

第十三章
自动变速器

115

无级变速器液力换档控制

无级变速器使用液力换档控制机构。压力导向阀为压力调节阀提供恒定的油压，而压力控制阀根据变速器控制单元提供的档位控制电流产生控制压力，并通过该压力改变减压阀位置。控制电流与控制压力成正比，这个控制压力通过减压阀的控制作用在主动滑轮和从动滑轮上。当控制压力较低时，机油压力作用在主动滑轮压力缸内，从动滑轮压力缸泄油，变速器向加速传动比方向换档；当控制压力较高时，从动滑轮压力缸内压力增加，主动滑轮压力缸泄压，变速器向减速传动比方向换档。

▶ 知识链接

1. 无级变速器档位通过控制单元进行模拟。

2. 无级变速器的换档逻辑会让激烈驾驶者感到无趣，而激烈驾驶还会让变速器过热。

3. 无级变速器的使用要求很多，如在冬季变速器要预热，制动不能太急，上下长坡或陡坡要用手动档或低速档，停车要停得更稳再熄火等。

汽车构造与原理三维图解（彩色版）

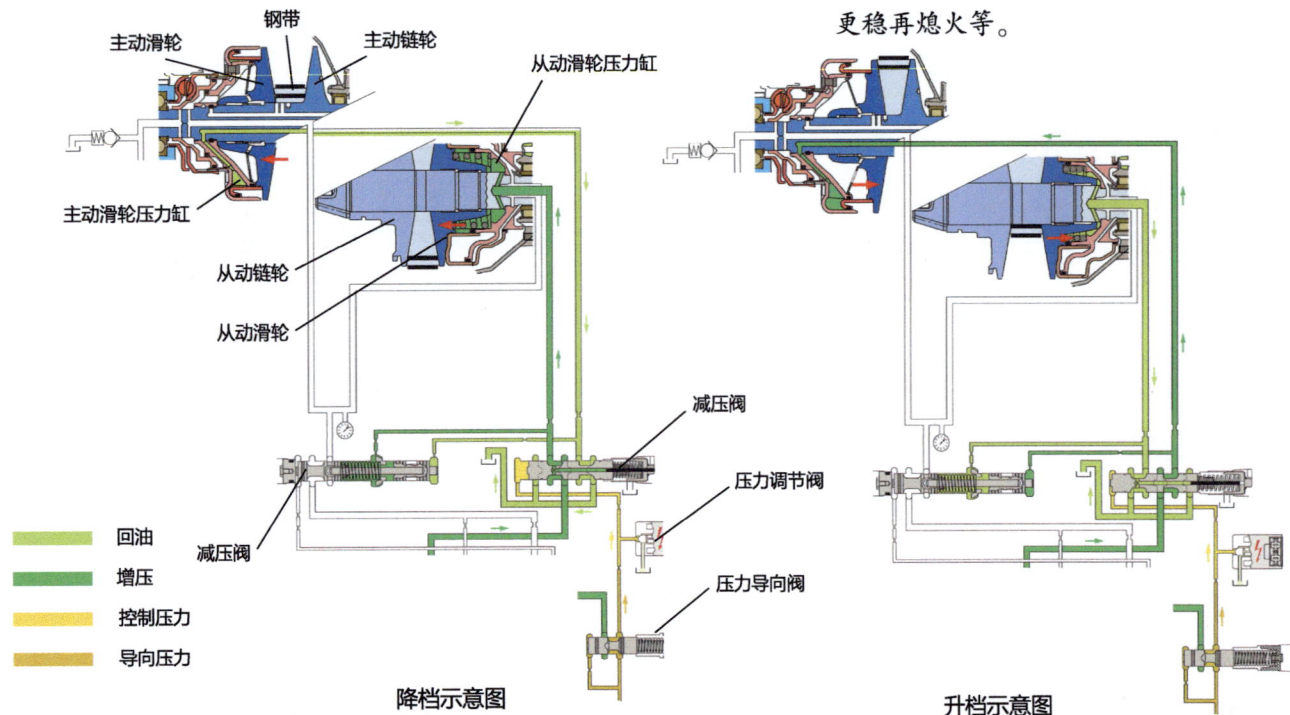

降档示意图

升档示意图

图例：
回油
增压
控制压力
导向压力

主动滑轮　钢带　主动链轮　从动滑轮压力缸　主动滑轮压力缸　从动链轮　从动滑轮　减压阀　减压阀　压力调节阀　压力导向阀

双离合自动变速器传动原理

双离合自动变速器（DCT 或 DSG）将两套彼此独立的手动变速器组合在一起，再给每台传统的手动变速器分配一个摩擦片式离合器，并利用机械电子控制装置根据要接通的档位来分离和接合，从而实现换档而不中断牵引力的目的。

与传统的手动变速器相比，双离合变速器使手动变速器具备自动性能，同时大大改善了汽车的燃油经济性，换档更快速、顺畅，动力输出不间断。

双离合变速器与其他自动变速器相比，体积更小、重量更轻、结构简单，而研发制造成本低才是它能够普及的重要原因。

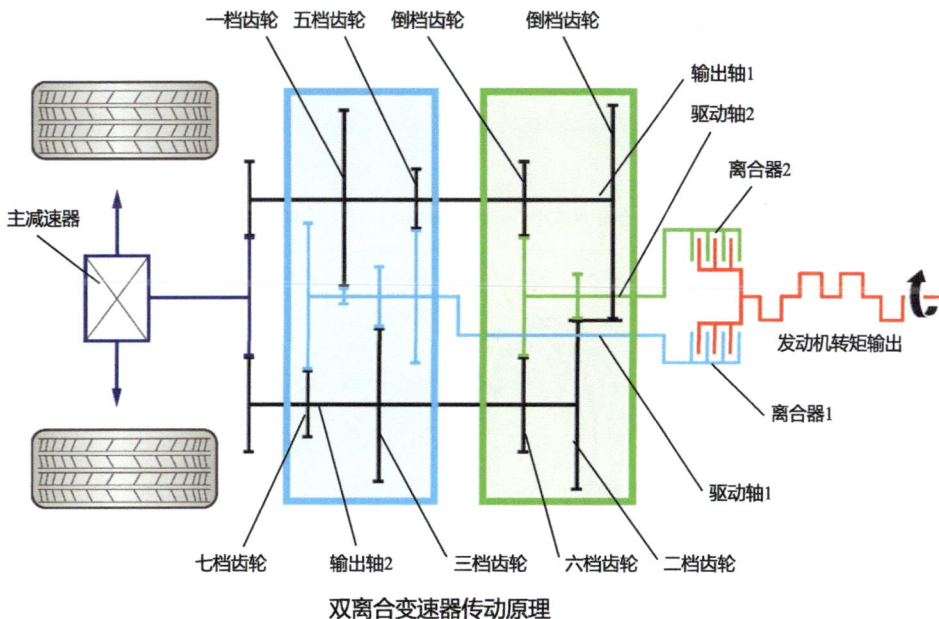

双离合变速器

双离合变速器传动原理

▶ **知识链接**

1. 双离合变速器最早搭载在20世纪80年代初的保时捷赛车上，其目的是消除换档时动力传递停滞现象，让赛车获得更大的加速度。

2. 双离合变速器简称 DCT（Dual Clutch Transmission），大家通常理解的 DSG 是大众公司自有的双离合变速器。

3. 干式双离合和湿式双离合在工作原理和基本构造上没有本质区别。湿式双离合的两组离合器片浸在一个密封的液压油腔内，可以通过液压油吸收热量，而干式双离合没有密封油槽，主要通过风冷散热。

湿式双离合自动变速器离合器

湿式双离合器为一大一小两组同轴安装在一起的多片式离合器，它们安装在一个充满液压油的密闭油腔里，并通过液压缸的作用压紧多个钢片和摩擦片使离合器接合，回油后则在弹簧力的作用下使钢片和摩擦片分离。

湿式双离合器的结构有着更好的调节能力和优异的热熔性，能够传递比较大的转矩，耐用性也更好。

▶知识链接

1. 湿式双离合变速器的离合器由于有变速器油包裹，它的传动效率低于干式，但它的耐热性好，离合器摩擦片磨损程度低，可承受较大的转矩和适应较为激烈的驾驶环境。但因为结构复杂，制造成本和养护成本较高（需定期更换变速器油），所以它一般用于高端豪华车和跑车。

2. 在干式双离合变速器出现之前，几乎所有的电控/液控离合器都是湿式的。例如四驱系统中的多片离合器、一些主动控制系统中采用的离合器，包括液力自动变速器内的离合器全都是湿式的。

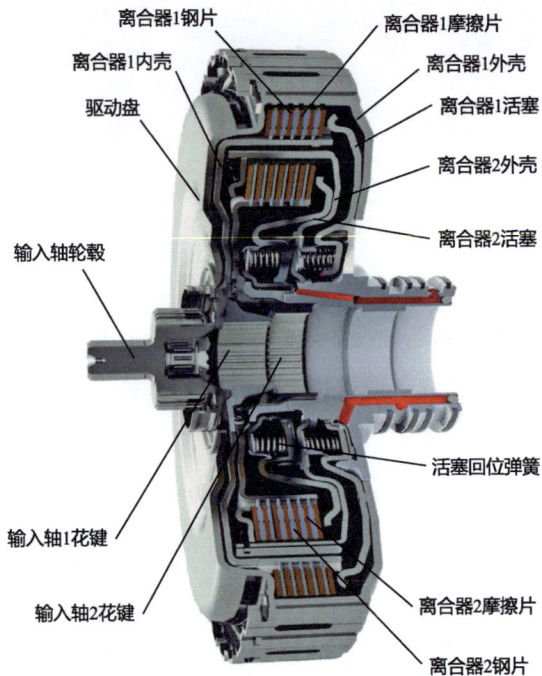

离合器1钢片　离合器1摩擦片　离合器1内壳　离合器1外壳　驱动盘　离合器1活塞　离合器2外壳　输入轴轮毂　离合器2活塞　活塞回位弹簧　输入轴1花键　输入轴2花键　离合器2摩擦片　离合器2钢片

湿式双离合器

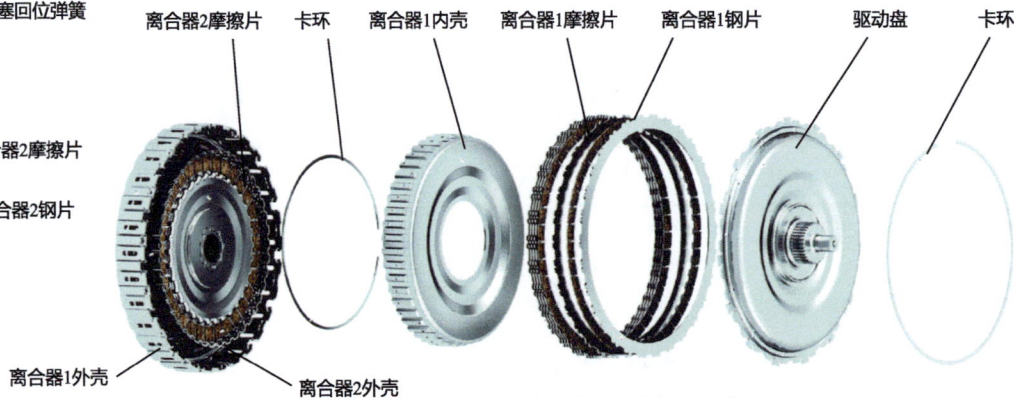

离合器2摩擦片　卡环　离合器1内壳　离合器1摩擦片　离合器1钢片　驱动盘　卡环　离合器1外壳　离合器2外壳

湿式双离合器分解图

湿式双离合自动变速器动力传动路线

发动机转矩通过双质量飞轮的啮合齿传递到膜片式离合器的驱动轴轮毂上。双离合变速器驱动轴轮毂上的双质量飞轮通过花键将转矩传至多片离合器的驱动盘，这样发动机转矩就能传递到双离合变速器上。

离合器1的外壳和离合器2的外壳均与轮毂连接在一起，因此始终都可实现动力啮合。转矩经过外片壳体传输到相关离合器，如果离合器接合，则转矩继续传递到内片壳体，然后传递到相关驱动轴。

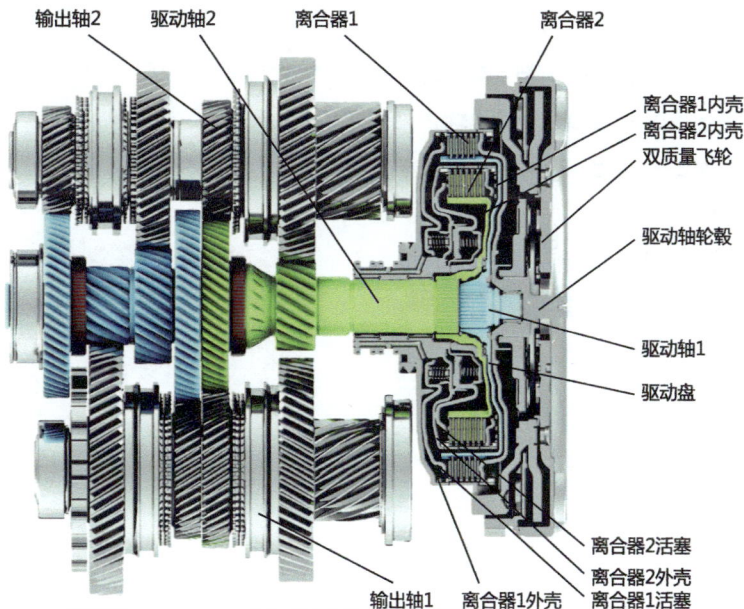

输出轴2　驱动轴2　离合器1　离合器2

离合器1内壳
离合器2内壳
双质量飞轮

驱动轴轮毂

驱动轴1

驱动盘

离合器2活塞
离合器2外壳
离合器1活塞

输出轴1　离合器1外壳

湿式双离合变速器动力传动布置图

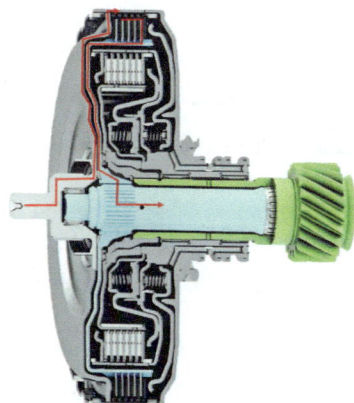

离合器1（外）接合状态

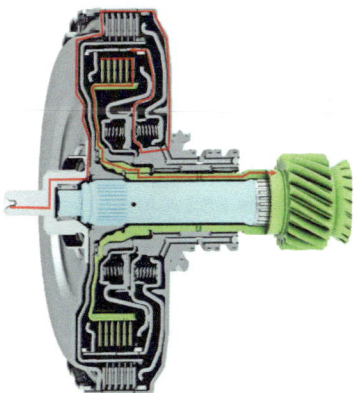

离合器2（内）接合状态

▶ **知识链接**

由于双离合变速器中没有液力变矩器，要达到良好的换档品质，需要通过精确控制离合器的接合来实现。当车辆行驶时，一组齿轮先处于啮合状态，而接近换档时，下一个档位的齿轮已被预选，换档时，先前处于接合状态的离合器分离，同时另一组离合器啮合。此时传动效率几乎接近于手动变速器，这就是双离合变速器经济性好的原因。

湿式双离合自动变速器档位传动路线

一档：离合器1→驱动轴1→输出轴1→一档锁环；二档：离合器2→驱动轴2→输出轴2→二档锁环；三档：离合器1→驱动轴1→输出轴2→三档锁环；四档：离合器2→驱动轴2→输出轴1→四档锁环；五档：离合器1→驱动轴1→输出轴1→五档锁环；六档：离合器2→驱动轴2→输出轴2→六档锁环；七档：离合器1→驱动轴1→输出轴2→七档锁环；倒档：离合器2

→驱动轴2→输出轴2→二档锁环→输出轴1→倒档锁环。

▶ 知识链接

负责控制动力传动路线的是换档控制装置，这个装置与其他自动变速器类似。双离合变速器控制单元由电子控制单元和电子液压控制单元两部分构成，这两部分集成在一起。这两部分连同阀体都位于滑阀箱内，浸在变速器油内。

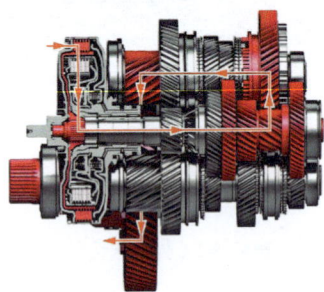
一档

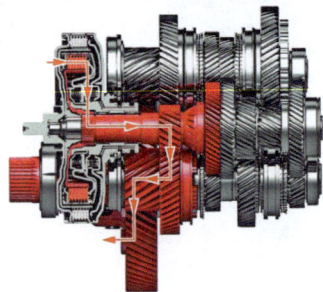
二档

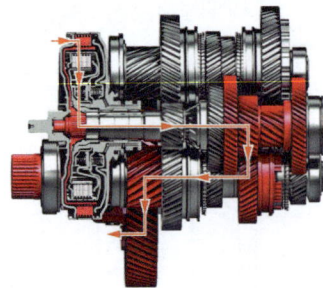
三档

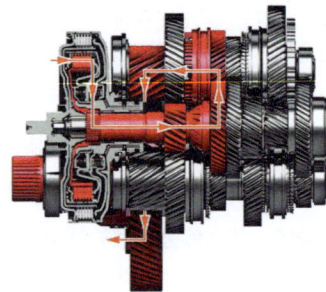
四档

五档

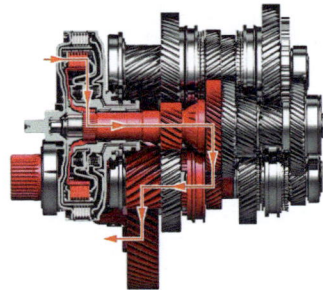
六档

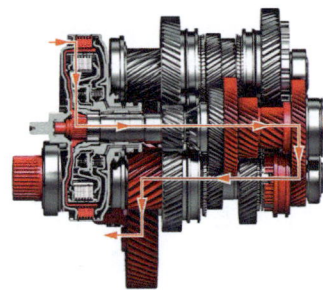
七档

倒档

万向传动装置

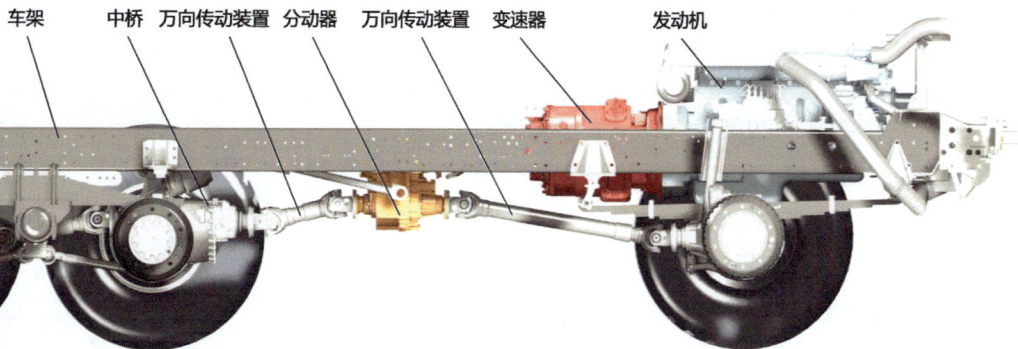

车架　中桥　万向传动装置　分动器　万向传动装置　变速器　　发动机

传动系统中的万向传动装置

万向传动装置

在发动机前置后轮驱动的汽车上，变速器与发动机、离合器连成一体，并支承在车架上，而驱动桥则通过弹性悬架与车架连接。这样变速器输出轴与驱动桥的输入轴难以在一条传动线上，并且在汽车行驶过程中，由于不平路面的冲击等因素，使弹性悬架系统产生振动，造成两根轴相对位置经常变化，所以变速器输出轴与驱动桥输入轴不可能刚性连接，而必须采用一般由十字万向节和传动轴组成的万向传动装置。

万向传动装置除用于汽车的传动系统外，还可用于动力输出装置和转向操纵机构。

▶ 知识链接

1. 十字轴式刚性万向节结构简单，传动可靠，效率高，它允许两根传动轴之间有较大的交角，在汽车传动系统中应用很广泛。

2. 在长期实践过程中，人们创造了各种形式的等速和准等速万向节。只要用一个这样的万向节，就能实现或基本实现等角速传动。在转向驱动桥及独立悬架的后驱动桥中，广泛采用等速万向节。

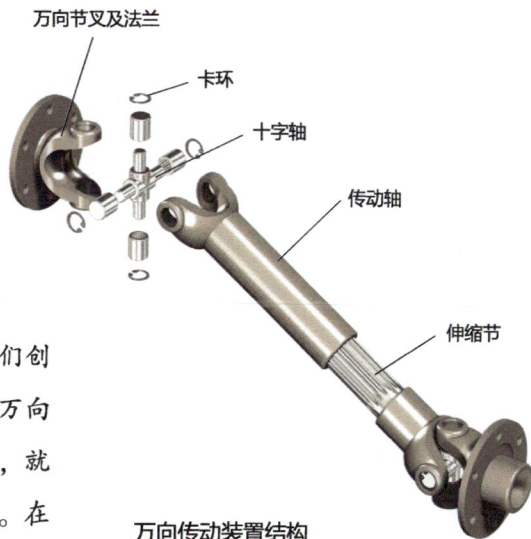

万向节叉及法兰

卡环

十字轴

传动轴

伸缩节

万向传动装置结构

第十四章

传动装置与驱动桥

14

转向驱动桥中的球笼式万向节

球笼式万向节中的星形套以内花键与传动轴相连，其外表面有条凹槽，形成内滚道。球形壳内表面有相应的凹槽，形成外滚道。六个钢球分别装在各条凹槽中，并由保持架使之保持在一个平面内。动力由传动轴经钢球、球形壳输出。

球笼式万向节承载能力强，结构紧凑，拆装方便，因此应用广泛。

▶ **知识链接**

1. 靠近发动机的是内球笼，靠近车轮的是外球笼。由于工作受力等原因，外球笼损坏的概率比内球笼要大。

2. 在转向时前轮异响，通常是外球笼出现了问题，一般是球笼的防尘套破损，导致球笼内的钢球和保持架因缺少润滑进而磨损造成的。

3. 球笼损坏后会造成转向跑偏，加速轮胎磨损，甚至损坏转向助力泵等。

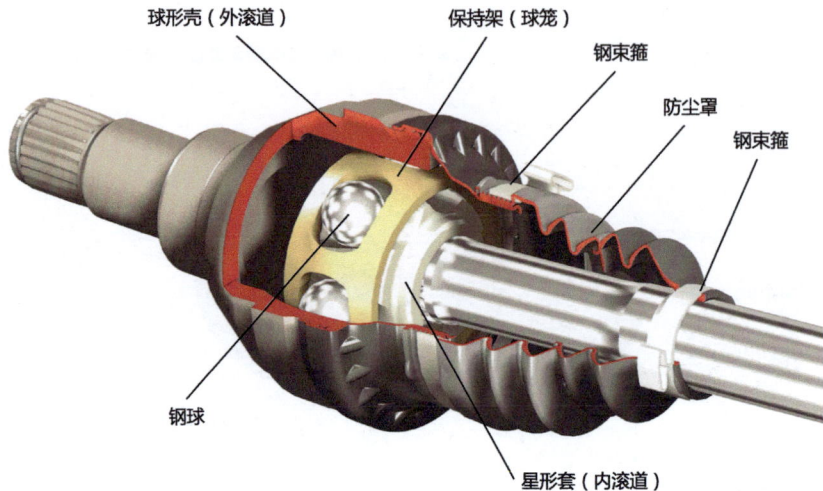

球笼式等速万向节

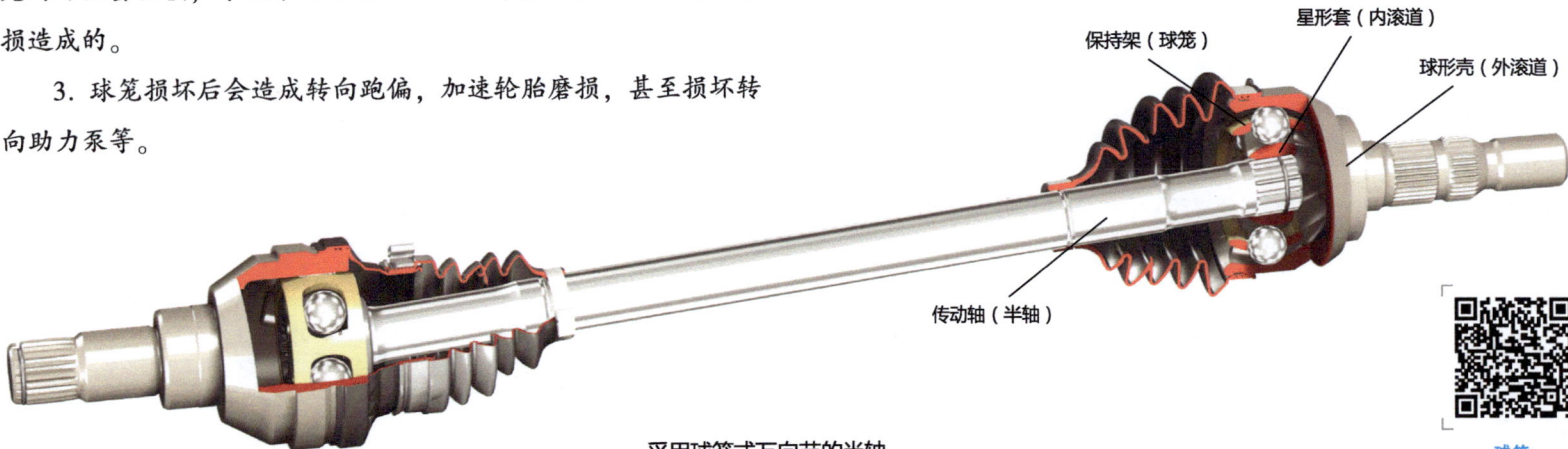

采用球笼式万向节的半轴

球笼

驱动桥的类型

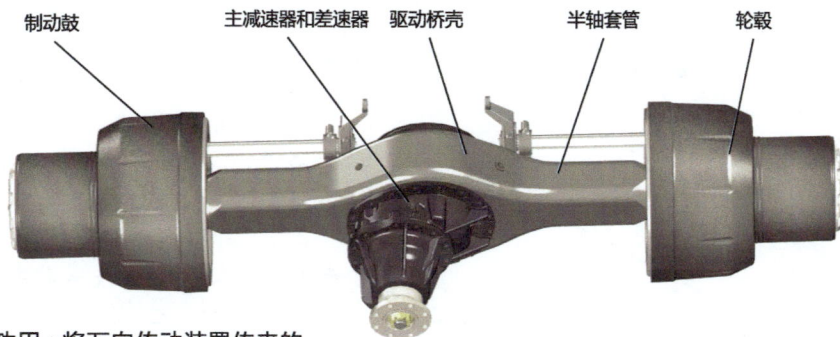

制动鼓　　　主减速器和差速器　　驱动桥壳　　　半轴套管　　　轮毂

非断开式驱动桥

驱动桥的功用：将万向传动装置传来的发动机转矩通过主减速器、差速器和半轴等传到驱动车轮，实现降速增矩。主减速器圆锥齿轮副能改变转矩的传递方向；差速器实现两侧车轮差速作用，满足内外侧车轮以不同转速转动的需要。

当半轴套管与主减速器壳刚性连成一体时，两侧的半轴和驱动轮不可能在横向平面内做相对运动，这种驱动桥称为非断开式驱动桥，也称为整体式驱动桥。

为了提高汽车行驶平顺性和通过性，有些乘用车全部或部分驱动轮采用独立悬架，即将两侧的驱动轮分别用弹性悬架与车架相连，两轮可彼此独立地相对于车架上下跳动。与此对应，主减速器壳固定在车架上，驱动桥壳制成分段并通过铰链连接，这种驱动桥称为断开式驱动桥。

知识链接

1. 主减速器、差速器、半轴、万向节、驱动轮和桥壳等组成了汽车驱动桥。

2. 驱动桥是汽车传动系统中最末端的总成，其两侧装有驱动轮。

3. 驱动桥可以布置在汽车前轴，也可以布置在汽车后轴，或前后轴同时为驱动桥。当驱动桥与发动机在汽车前后布置形式相互关联时，分别形成发动机前置前轮驱动、发动机前置后轮驱动和发动机后置后轮驱动等布置形式。

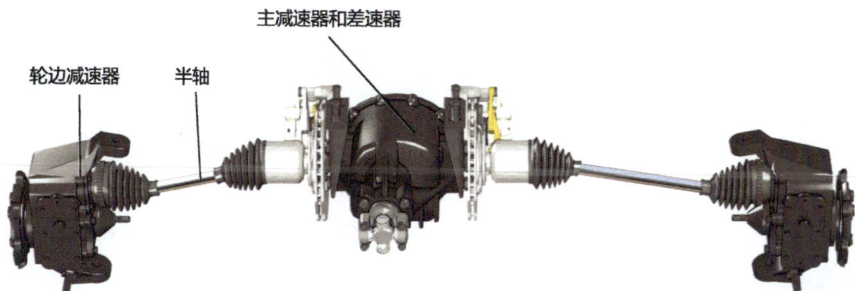

轮边减速器　　半轴　　　主减速器和差速器

断开式驱动桥

驱动桥

单级主减速器及差速器

主减速器的功用是将输入的转矩增大并相应降低转速,当发动机纵置时还具有改变转矩旋转方向的作用。

单级主减速器具有结构简单、体积小、质量轻和传动效率高等优点,一般应用于乘用车和轻、中型货车。

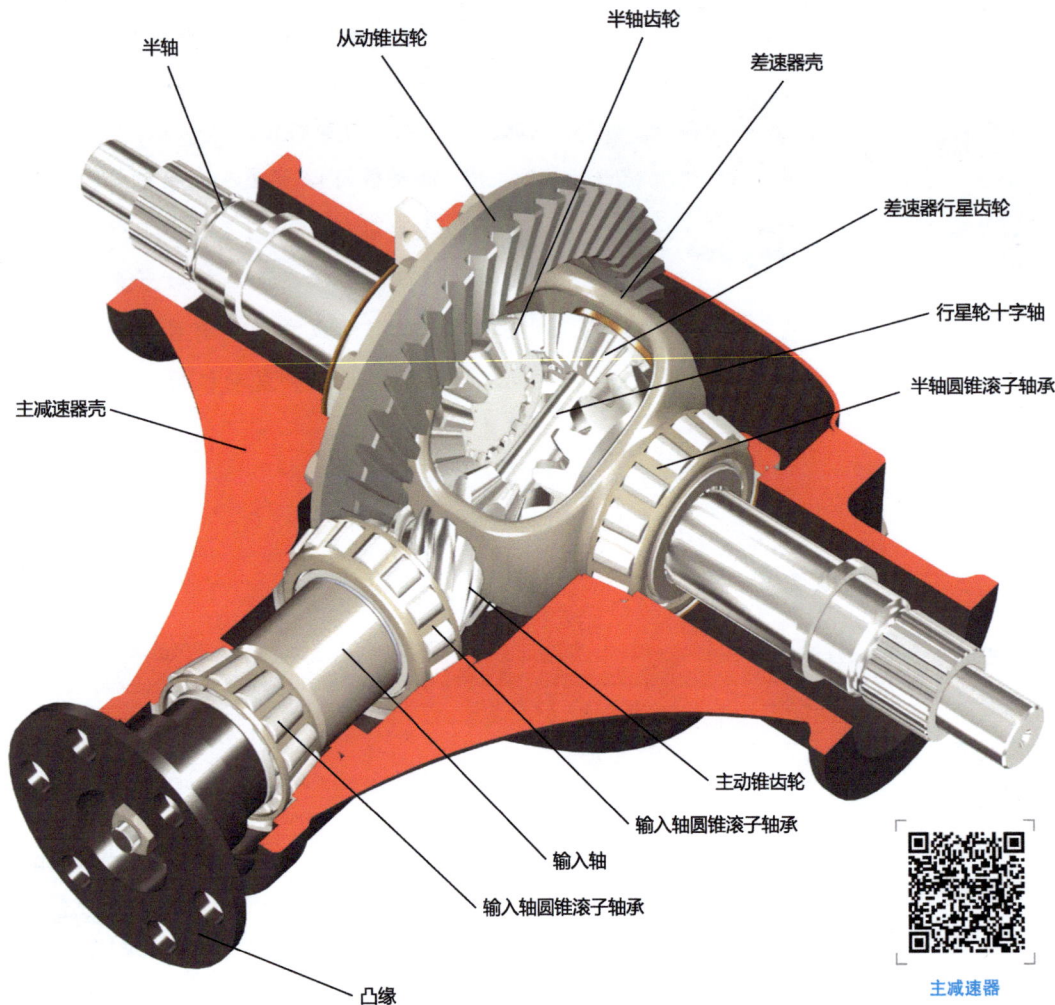

半轴
从动锥齿轮
半轴齿轮
差速器壳
差速器行星齿轮
行星轮十字轴
半轴圆锥滚子轴承
主减速器壳
主动锥齿轮
输入轴圆锥滚子轴承
输入轴
输入轴圆锥滚子轴承
凸缘

主减速器

知识链接

1. 汽车行驶时,发动机转速一般在1500r/min 以上,这么高的转速如果只靠变速器来减速,变速器中齿轮副的传动比要很大,主减速器其实分担了变速器的功能。

2. 按参加减速传动的齿轮副数目分,主减速器可分为单级主减速器和双级主减速器。除了一些要求大传动比的中、重型汽车采用双级主减速器外,一般微、轻、中型汽车基本采用单级主减速器。

3. 根据主减速器和差速器的工作原理,可以看到它们在汽车传动系统中的工作条件比较恶劣,承受的转矩很大。对于中、重型汽车而言,不管是急加速、高速档直接换入低速档,还是急减速制动,对于刚性连接的主减速器来说冲击力都很大,因此,不良的驾驶习惯会损坏主减速器。

单级主减速器及差速器分解图

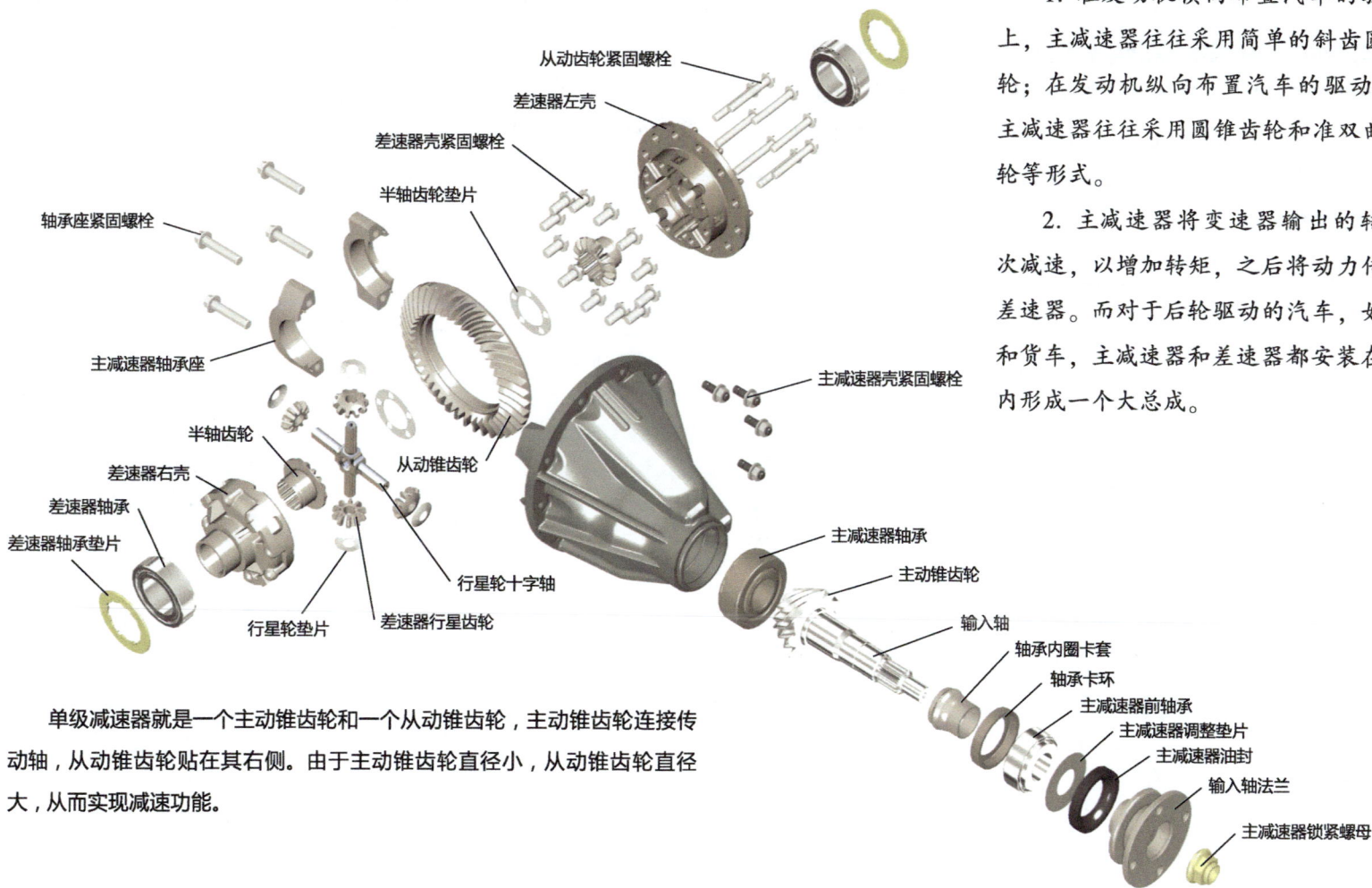

从动齿轮紧固螺栓
差速器左壳
差速器壳紧固螺栓
半轴齿轮垫片
轴承座紧固螺栓
主减速器轴承座
半轴齿轮
差速器右壳
差速器轴承
差速器轴承垫片
行星轮垫片
差速器行星齿轮
行星轮十字轴
从动锥齿轮
主减速器壳紧固螺栓
主减速器轴承
主动锥齿轮
输入轴
轴承内圈卡套
轴承卡环
主减速器前轴承
主减速器调整垫片
主减速器油封
输入轴法兰
主减速器锁紧螺母

单级减速器就是一个主动锥齿轮和一个从动锥齿轮，主动锥齿轮连接传动轴，从动锥齿轮贴在其右侧。由于主动锥齿轮直径小，从动锥齿轮直径大，从而实现减速功能。

变速驱动桥

目前轿车广泛采用发动机前置前轮驱动形式的传动系统。在此系统中，主减速器和差速器成为一体式传动，称为变速驱动桥。它同时实现变速、差速和驱动车轮等功能，省去了传动轴，缩短了传动路线，提高了传动效率。变速驱动桥不仅使传动系统结构紧凑，也大大减轻了传动系统的质量，有利于汽车底盘轻量化。

▶ 知识链接

1. 变速驱动桥在汽车前后轴上有多种安装布置形式，如前置前驱、前置四驱、后置后驱等。

2. 驱动桥从功能特点上可分为独立式驱动桥和变速驱动桥，货车驱动桥基本都为独立式驱动桥，乘用车多为变速驱动桥，这就使得两者在驱动桥部分的保养和修理方法大不相同。

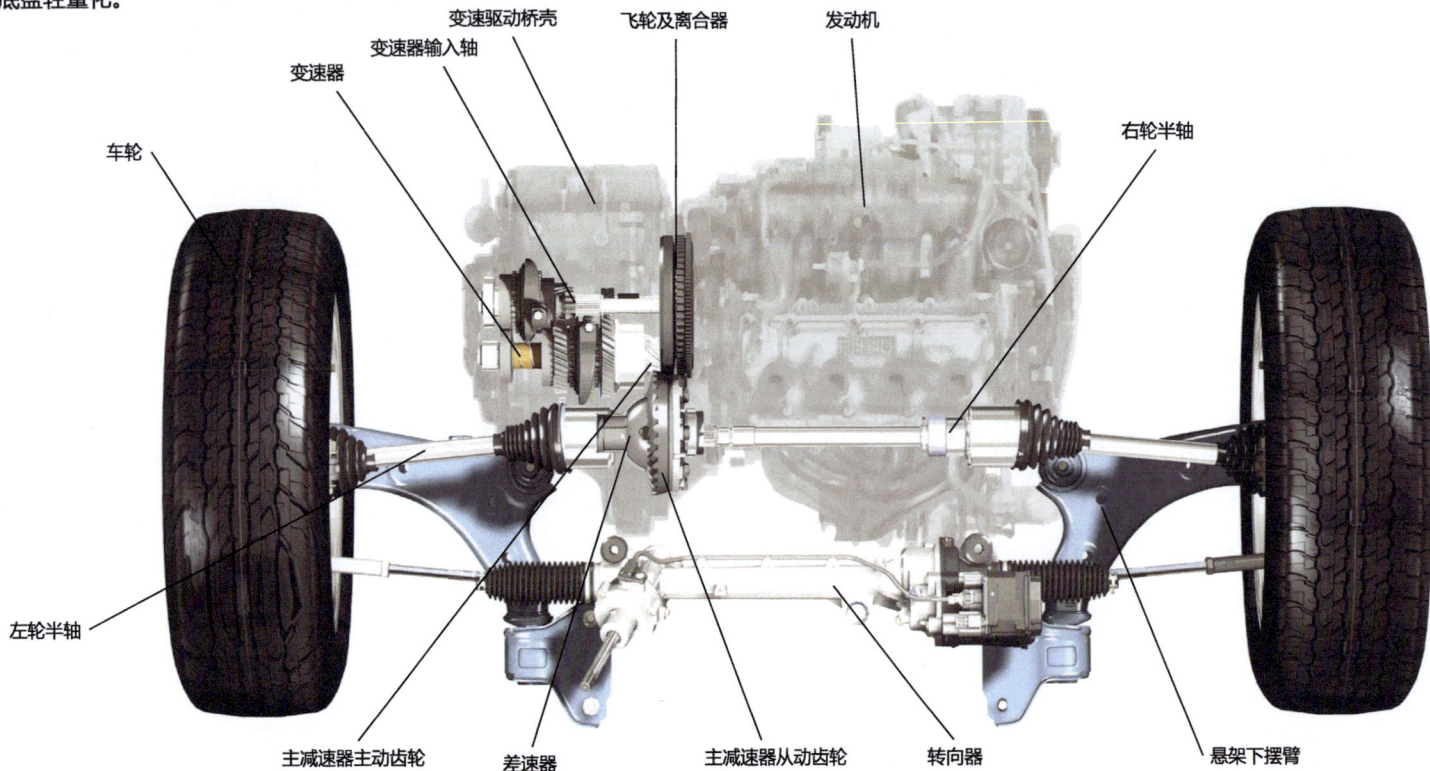

变速驱动桥壳　飞轮及离合器　发动机
变速器输入轴
变速器
车轮
右轮半轴
左轮半轴
主减速器主动齿轮　差速器　主减速器从动齿轮　转向器　悬架下摆臂

汽车构造与原理三维图解（彩色版）

变速驱动桥的布置形式

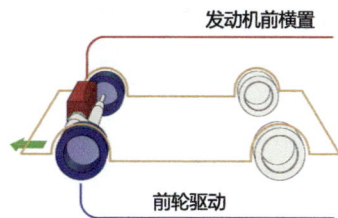

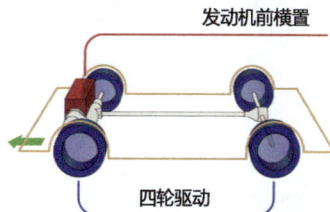

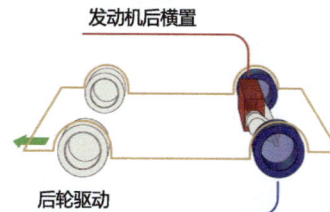

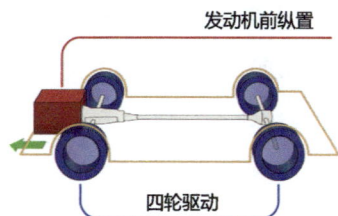

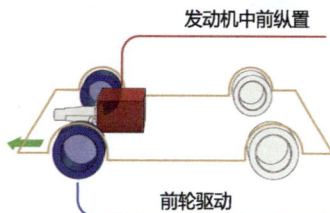

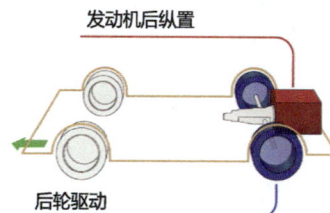

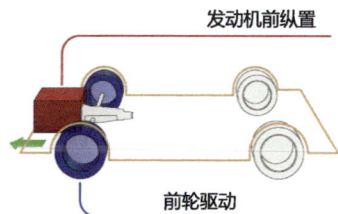

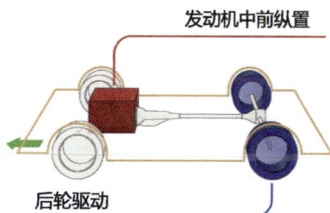

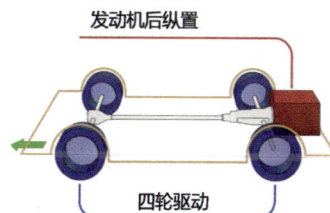

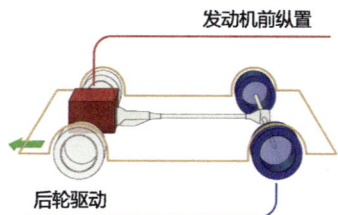

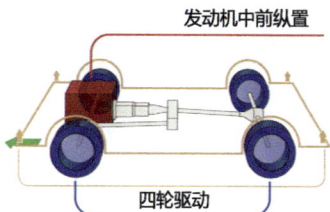

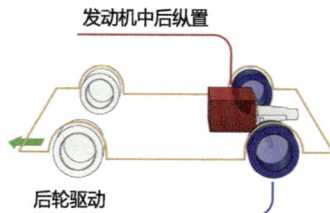

发动机前横置
前轮驱动

发动机前横置
四轮驱动

发动机后横置
后轮驱动

发动机前纵置
四轮驱动

发动机中前纵置
前轮驱动

发动机后纵置
后轮驱动

发动机前纵置
前轮驱动

发动机中前纵置
后轮驱动

发动机后纵置
四轮驱动

发动机前纵置
后轮驱动

发动机中前纵置
四轮驱动

发动机中后纵置
后轮驱动

差速器的工作原理

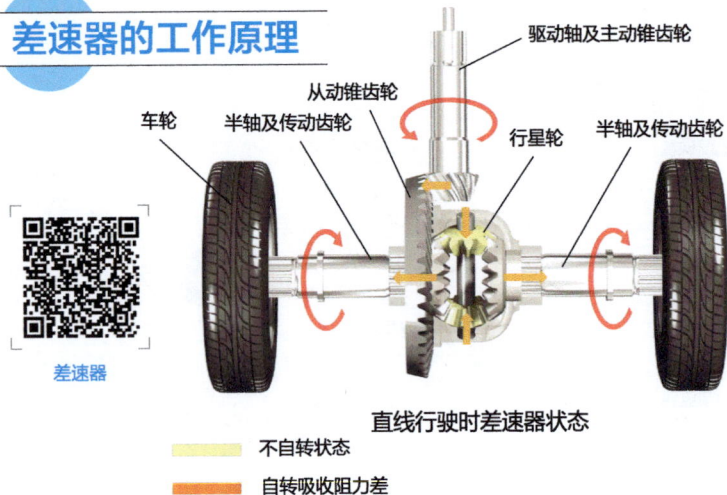

车轮　半轴及传动齿轮　从动锥齿轮　驱动轴及主动锥齿轮　行星轮　半轴及传动齿轮

差速器

■ 不自转状态

■ 自转吸收阻力差

直线行驶时差速器状态

汽车差速器是能够使左、右（或前、后）驱动轮实现以不同转速转动的机构，主要由左右半轴齿轮、两个行星轮和齿轮架组成。差速器可调整左右轮的转速差，当汽车转弯行驶或在不平路面上行驶时，使左右车轮以不同转速滚动，即保证两侧驱动轮做纯滚动运动。

汽车直线行驶时，动力自主减速器从动锥齿轮依次经差速器壳体、行星轮轴、行星轮、半轴齿轮和半轴输出到驱动轮。这时两侧驱动轮阻力差不多，行星轮和半轴齿轮一起绕差速器旋转轴线公转，半轴齿轮和行星轮没有相对转动。此时差速器不起作用。

当汽车转弯行驶时，内侧车轮和地面之间产生较大的阻力，并通过半轴反映到半轴齿轮上，迫使行星轮产生自转，两个驱动轮此时产生两个方向相反的附加力，使内侧车轮转速减慢，外侧车轮转速加快，从而实现两侧车轮转速的差异。

1. 对于同一组车轮，单侧车轮的转速在某些特定时期能达到差速器壳的两倍。由于差速器的作用是使两侧车轮做不等速运动，因此，这种差速器叫作轮间差速器。

2. 对于多轴汽车来讲，因多轴同时驱动，当遇到转弯、起伏及复杂路面时，两根驱动轴的转速也不尽相同，因此，需要在两个驱动桥之间安装一个差速器，这种差速器叫作轴间差速器。

3. 差速器在车轮打滑时会起反作用，由于差速器的特性，会自动将动力分配给打滑一侧的车轮或车桥，使车辆无法行驶，这时就需要差速锁来发挥作用。

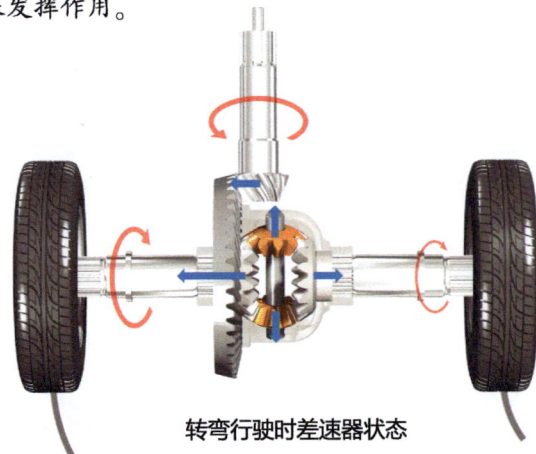

转弯行驶时差速器状态

第十五章

差速器与四驱

15

齿轮式差速器的主要类型

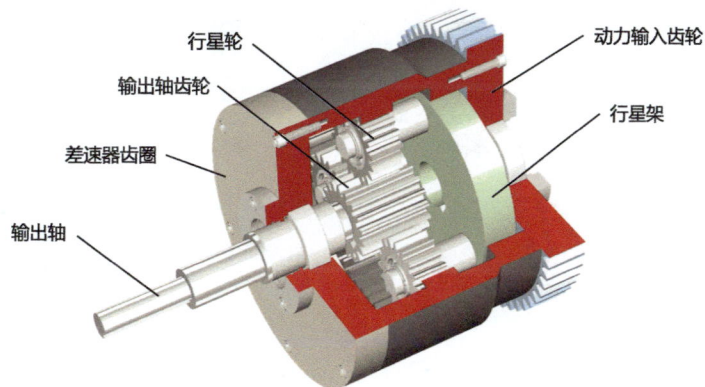

圆柱齿轮式差速器

按两侧输出转矩是否相等,齿轮式差速器有对称式和不对称式两种。

对称式差速器用作轮间差速器或由平衡悬架联系的两驱动桥之间的轴间差速器,如对称圆锥齿轮式差速器。

不对称式差速器用作前、后驱动桥之间或前驱动桥与中、后驱动桥之间的轴间差速器。

目前,汽车上广泛应用的是对称圆锥齿轮式差速器。

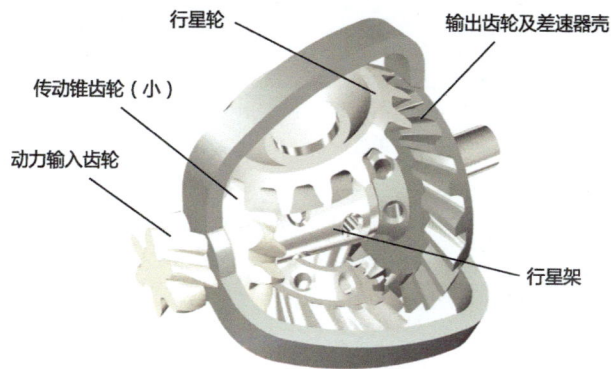

对称圆锥齿轮式差速器

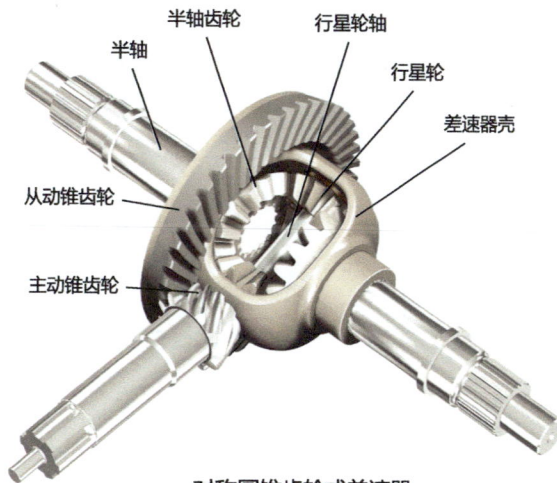

不对称齿轮式差速器

▶ 知识链接

1. 这几种差速器都属于开放式差速器,能向左右两驱动半轴分配同等大小的转矩。对于全驱车辆来讲,如果其前后轴都使用开放式差速器,在越野时遇到单个前轮或后轮离地的状况,是不可能脱困的。因此,需要对差速器进行锁止。

2. 差速器除了这种分类以外,还分为开放式差速器、带有离合组件的限滑差速器、可以自锁的托森差速器和锁止式差速器。后两种都是开放式差速器的衍生形式。

四轮驱动的主要类型

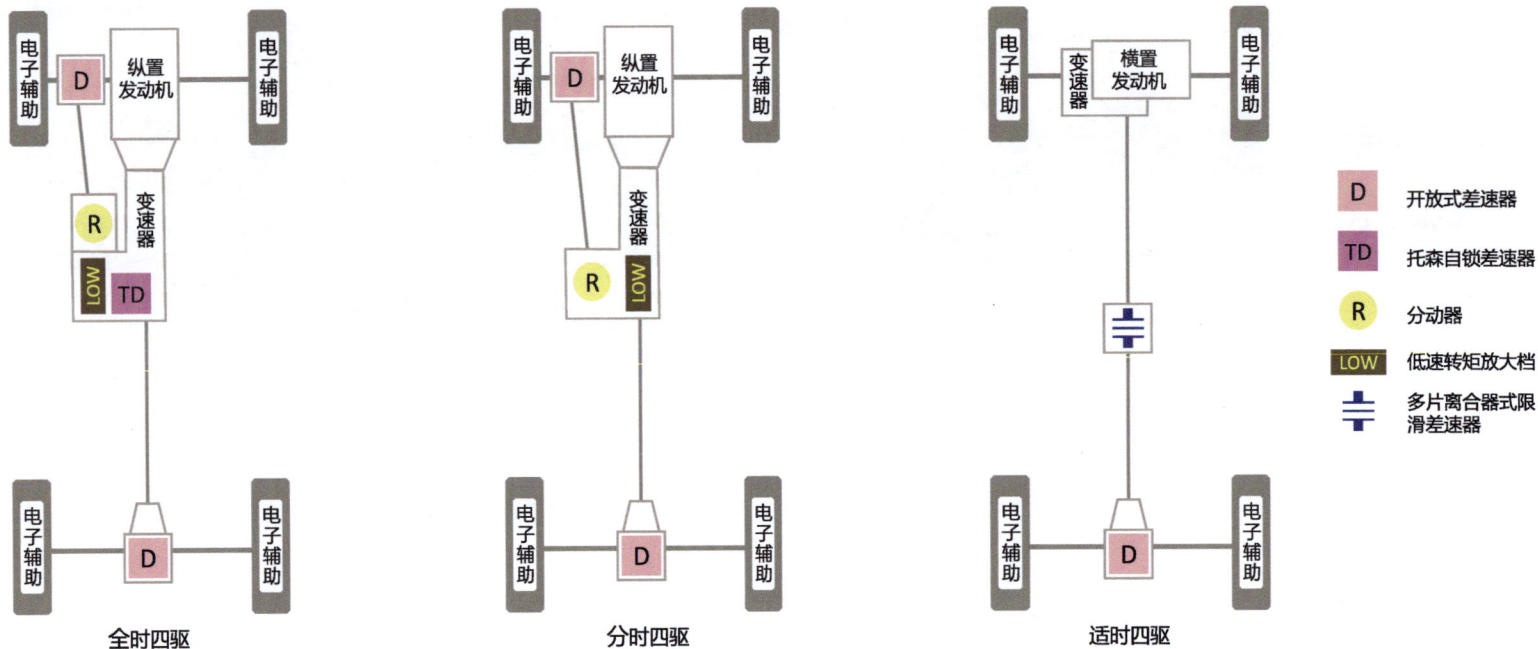

全时四驱

分时四驱

适时四驱

D	开放式差速器
TD	托森自锁差速器
R	分动器
LOW	低速转矩放大档
⊥	多片离合器式限滑差速器

汽车构造与原理三维图解（彩色版）

全时四驱就是在任何时候，车辆都是由四个车轮独立推动的。

分时四驱是指可以由驾驶人根据路面情况，通过接通或断开分动器来切换驱动模式，从而实现两驱和四驱自由转换。

适时四驱只有在适当的时候才会转换为四轮驱动，而在其他情况下仍然是两轮驱动，系统会根据行驶路况自动切换为两驱或四驱模式，无须人为操作。

▶ 知识链接

全时四驱结构复杂，制造成本高，一般用于中高档车型。分时四驱通过切换到四驱模式来提高通过性能，结构简单，稳定性好，但操作复杂，常用于硬派越野汽车。适时四驱在一般情况下是两轮驱动，四驱由 ECU 控制，常用于城市 SUV。

适时四驱系统工作状态

适时四驱有机械联轴式、多离合器式和智能电子式。

机械联轴式采用液力偶合系统以保证车辆在多种状态下都能稳定行驶。在正常行驶时，前桥和后桥之间也会存在转速差，这个转速差使得液力偶合器接合并将动力传递到四个车轮上。当前轮打滑时，全部的驱动力就会被传递到后桥上，差速器会补偿两个前轮之间的转矩差。当后轮打滑时，前桥和后桥之间也有转速差，于是四轮驱动装置会将动力分配到四个车轮。此时，前桥承担驱动车辆的作用。当前轮与后轮同时打滑时，车桥上差速器会对转速进行补偿（平衡），理论上车轮上都不会有驱动力。 但是，可以通过将打滑车轮制动，从而差速器将更大一些的驱动力传送到其他车轮上。

▶ 知识链接

1. 电控液力偶合器（也称电子差速锁）是利用电控多片离合器结构的中央差速器通过电液或电磁控制摩擦片的接合程度，大多数前横置发动机布局的 SUV 使用的都是这类四驱系统。

2. 差速锁对同轴两侧车轮的锁止功能是最为彻底的，限滑差速器次之，而电子差速锁比起限滑差速器和差速锁在性能上还是有差距的，仅可以理解为 ESP 的附加功能。

3. 交叉轴测试就是考验四驱系统动力分配效率高低的常见项目。这时有无前/后差速锁就成为能否通过该测试的决定因素。当然，少数车辆由于车轮上下移动行程足够大偶尔也能通过测试。

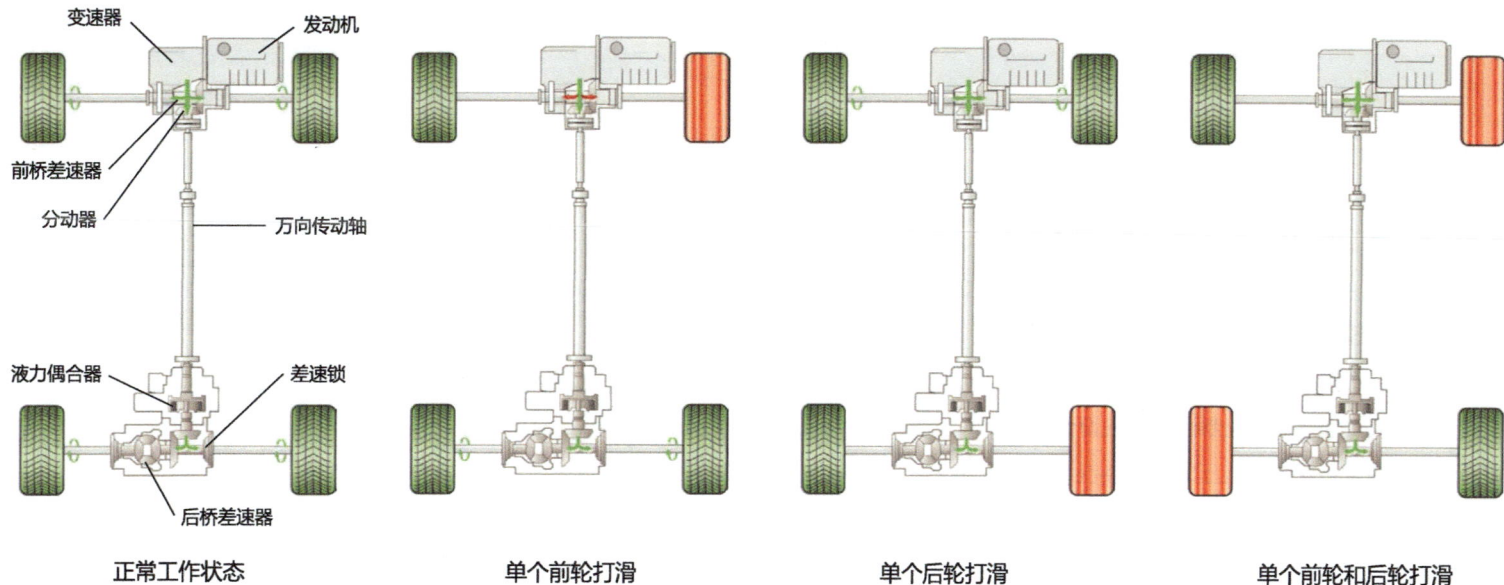

正常工作状态　　　单个前轮打滑　　　单个后轮打滑　　　单个前轮和后轮打滑

电控液力偶合器工作原理

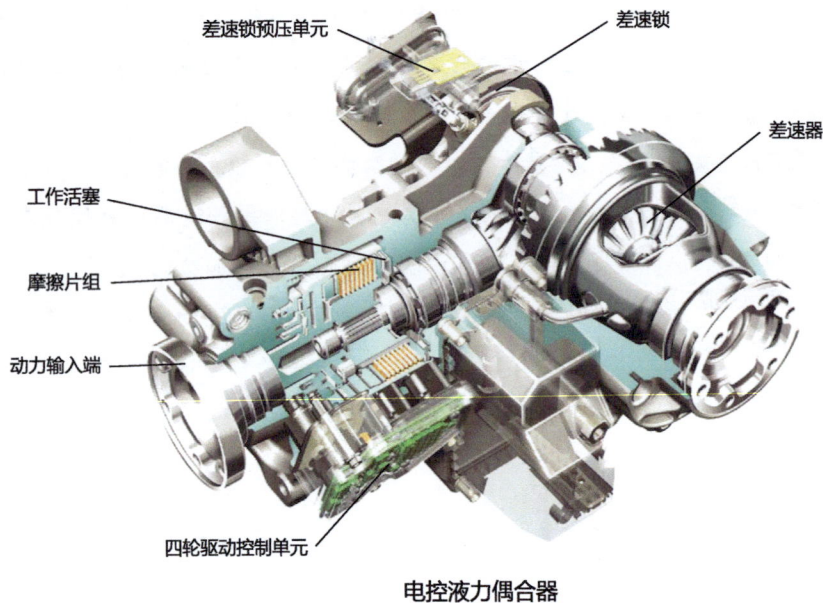

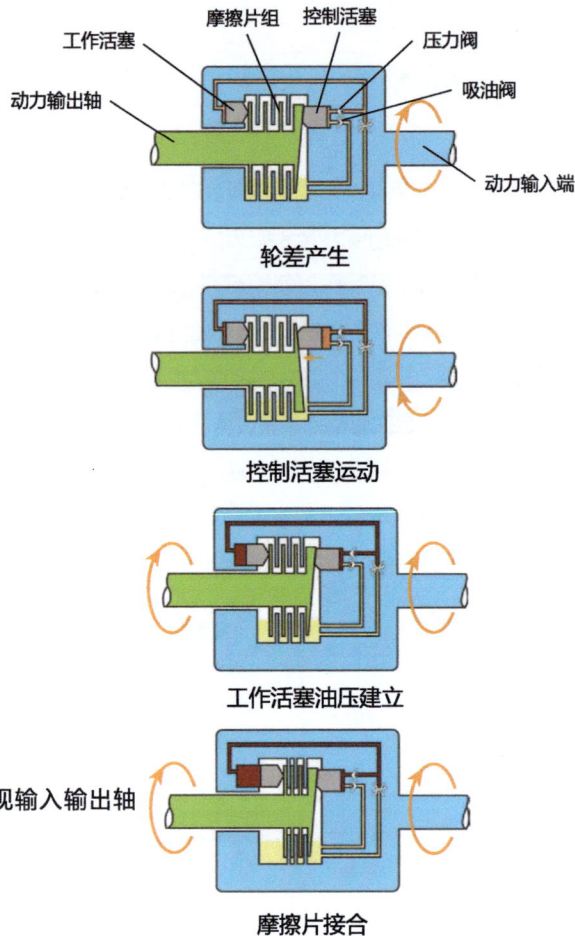

差速锁预压单元

差速锁

差速器

工作活塞

摩擦片组

动力输入端

四轮驱动控制单元

电控液力偶合器

工作活塞   摩擦片组   控制活塞   压力阀

动力输出轴   吸油阀

动力输入端

轮差产生

控制活塞运动

工作活塞油压建立

摩擦片接合

两个车桥间的车轮转角差达到10°时，液力偶合器的摩擦片组就开始传递转矩。当车轮转角差达到20°时才能输出全部转矩。

当出现车轮转速差时，输入轴就会与控制活塞和输出轴一起绕着与盘形凸轮连接在一起的输出轴（该轴在以较低转速转动）转动，控制活塞的往复运动形成了油液流量的变化。这个具有压力的机油流经机油道被导入工作活塞，并使工作活塞推动摩擦片组的止

推垫圈压向右边（右图所示），进而实现输入输出轴联动。

▶ 知识链接

这种电控四驱系统的出现模糊了全时四驱与适时四驱的界限，但它仍然是从适时四驱演变发展出来的一种，只是在功能上模仿了全时四驱。

四驱越野车车架及牵引钩

车架横梁不仅用来保证车架的扭转刚度和承受纵向载荷,而且还用来支承汽车上的主要部件,如散热器、发动机、驾驶舱、传动轴、备胎架和悬架等。

有些越野汽车的保险杠后面还装有绞盘,以便当汽车陷入打滑路段时进行自救。

▶ **知识链接**

粗壮的大梁纵贯全车会影响整车布置和空间利用率,大梁的横截面高度使车厢离地距离加大,乘客上下车不方便,较大的重量也使整车经济性变差。但这些缺点对越野车却是优点,因为越野车要求有很强的通过性,在崎岖路面行驶时要有一定的离地间隙,而非常颠簸的道路会令车体大幅扭动,只有带刚性车架的非承载式车身结构才能抵御这种冲击力。因此越野车普遍采用非承载式车身。

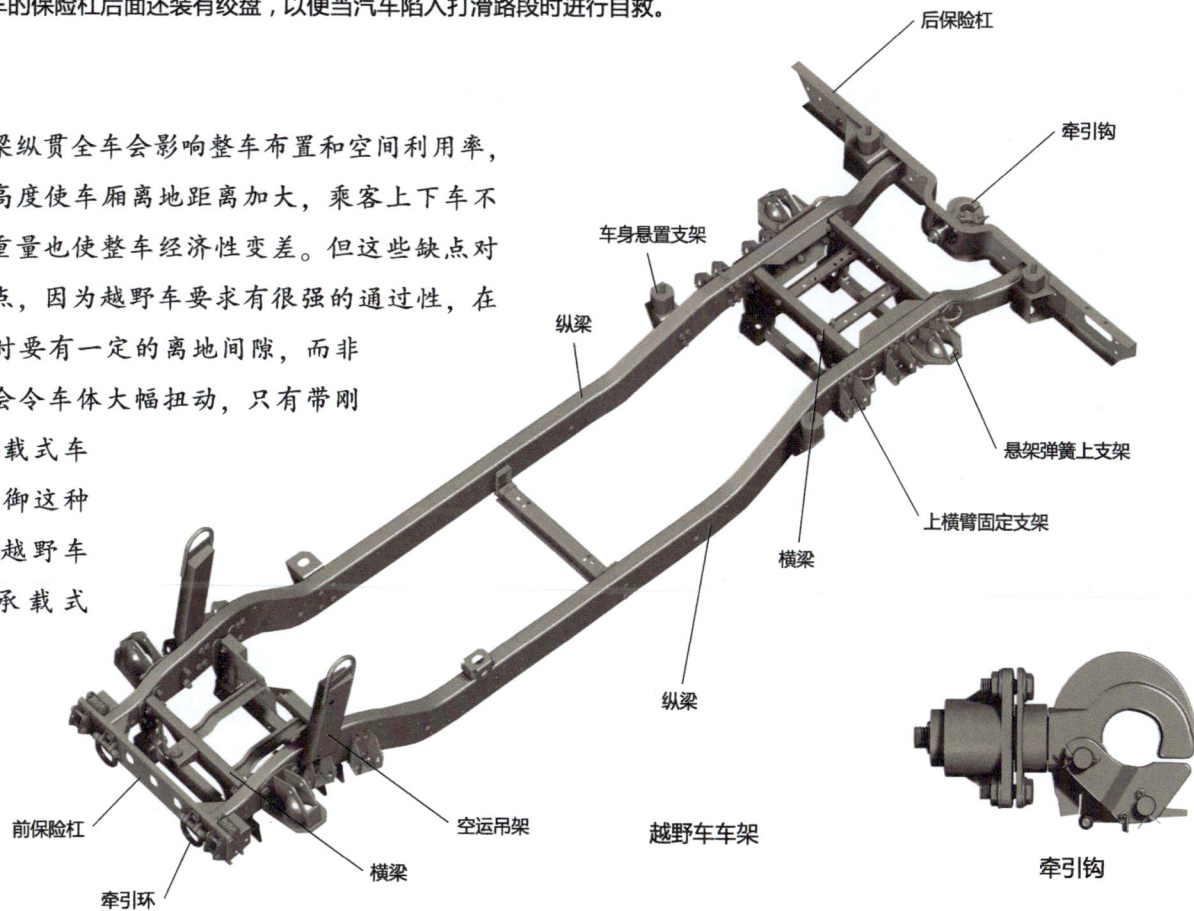

后保险杠

牵引钩

车身悬置支架

纵梁

悬架弹簧上支架

上横臂固定支架

横梁

纵梁

前保险杠

空运吊架

牵引环

横梁

越野车车架

牵引钩

转向桥

转向桥利用转向节使车轮偏转一定的角度以实现汽车的转向,同时还承受和传递车轮与车架之间的垂直载荷、纵向力和侧向力以及这些力形成的力矩。转向桥通常位于汽车的前部,因此也常称为前桥。

各种类型汽车的转向桥结构基本相同,主要由前轴(梁)、转向节、主销和轮毂等组成。前轴是转向桥的主体,其断面形状有工字形或管形。

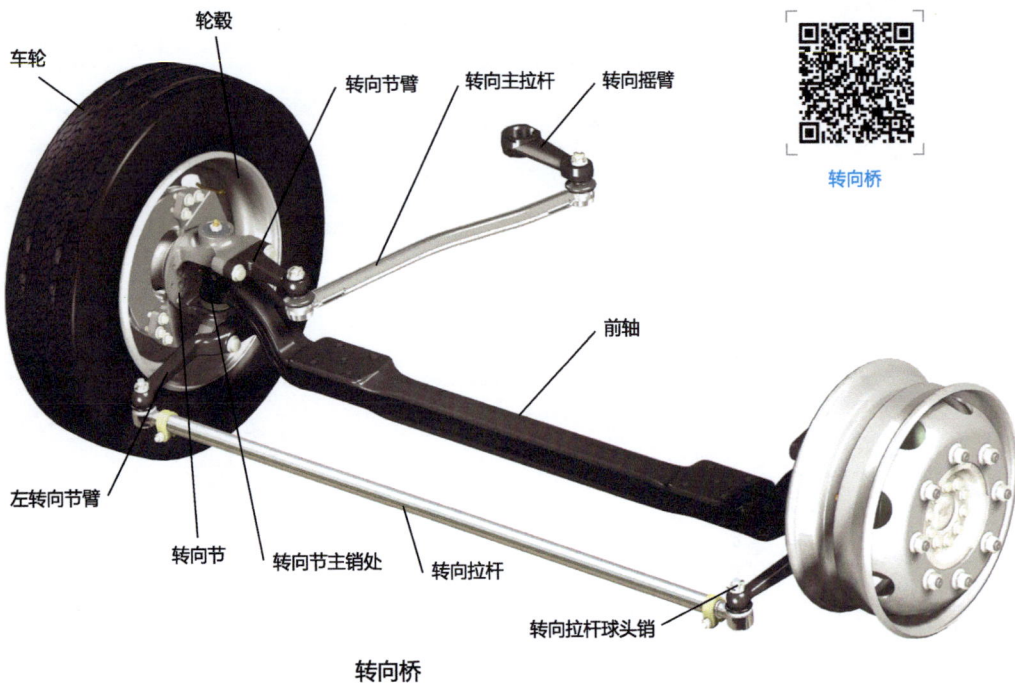

转向桥与转向机构

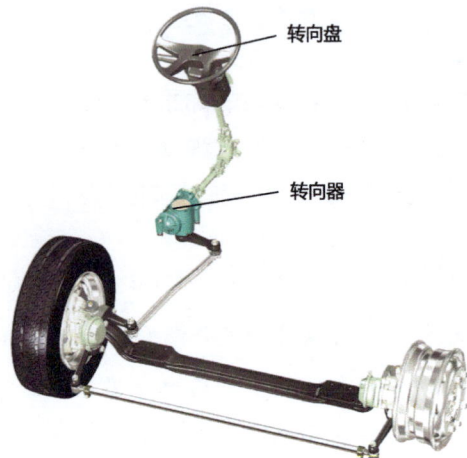

转向桥

▶知识链接

1. 转向桥按与其匹配的悬架结构不同,可分为非断开式和断开式两类。与非独立悬架相匹配的非断开式车轴是一根支撑于左、右从动车轮上的刚性整体横梁,当它又是转向桥时,则其两端经转向主销与转向节相连。断开式前桥与独立悬架相匹配。

2. 通常非越野的货车及客车都采用这种简单实用的前桥结构。

汽车构造与原理三维图解(彩色版)

转向桥内部构造

转向桥的前轴用来降低发动机高度，从而降低汽车重心，扩展驾驶人视野，减小传动轴与变速器输出轴之间的夹角。

转向节是车轮转向的铰链，它是一个叉形件。上下两叉有安装主销的两个同轴孔，转向节轴颈用来安装车轮。转向节上的销孔通过主销与前轴两端相连，使前轮可以绕主销偏转一定角度而使汽车转向。

主销的作用是铰接前轴和转向节，使转向节绕着主销摆动以实现车轮转向。

车轮轮毂通过两个圆锥滚子轴承支承在转向节外端的轴颈上。轴承松紧度可通过调整螺母（装于轴承外端）加以调整。

▶ 知识链接

1. "断轴"现象通常就是由于外力或自身质量不过关导致的转向节断裂。

2. 主销是汽车底盘中最重要的一个销轴，它的工作状态以及调校是否良好，关乎汽车直线行驶的稳定性，以及汽车转弯后能否自动回正。

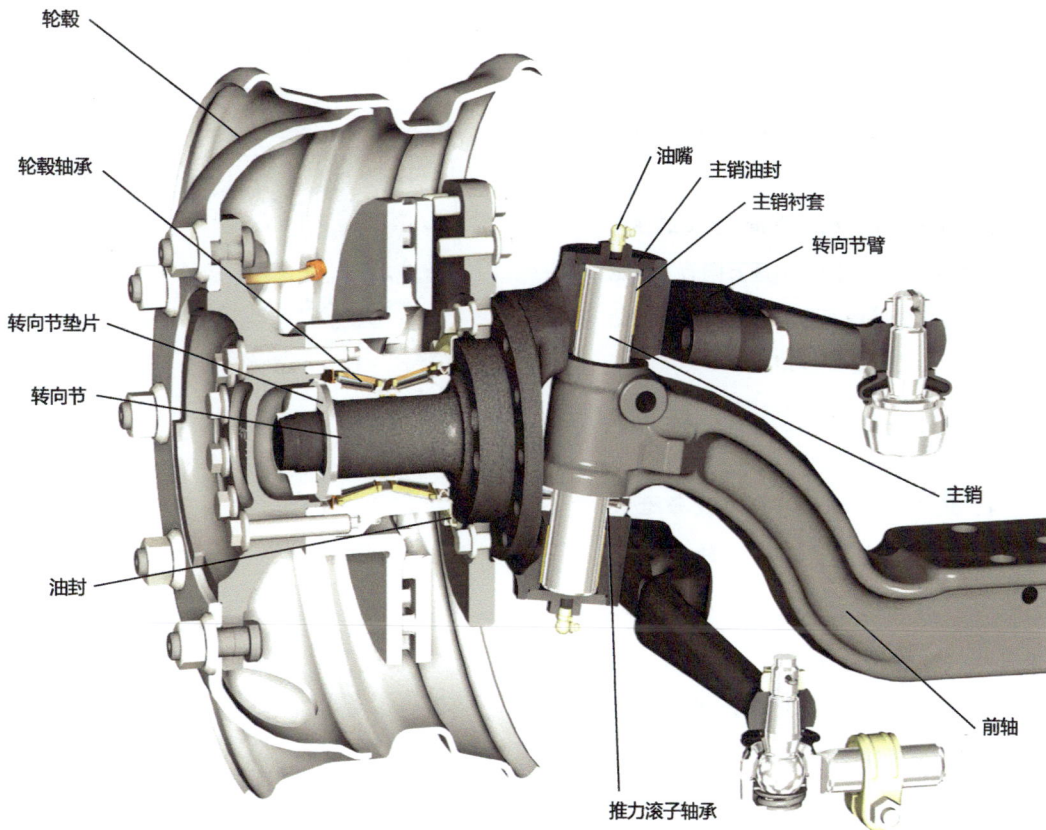

轮毂
轮毂轴承
油嘴
主销油封
主销衬套
转向节臂
转向节垫片
转向节
主销
油封
推力滚子轴承
前轴

转向驱动桥

能同时实现车轮转向和驱动的车桥称为转向驱动桥。

目前，大多数乘用车采用发动机前置前驱的布置形式，其前桥既是转向桥又是驱动桥。

动力经主减速器和差速器传至传动轴和内等角速万向节，经内等角速万向节（球笼式万向节）和外等角速万向节传至外半轴凸缘和车轮上，驱动车轮旋转。

▶知识链接

1. 这类转向驱动桥多与麦弗逊式独立悬架配合使用，因其前轮内侧空间较大，因此便于布置，具有较好的接近性，方便维修。

2. 对于一些重型货车来讲，其车桥采用二级减速，转向驱动桥的主减速器减速比小，主减速器总成相对较小，桥包相对减小，因此相较于单级桥其离地间隙更大，通过性好。

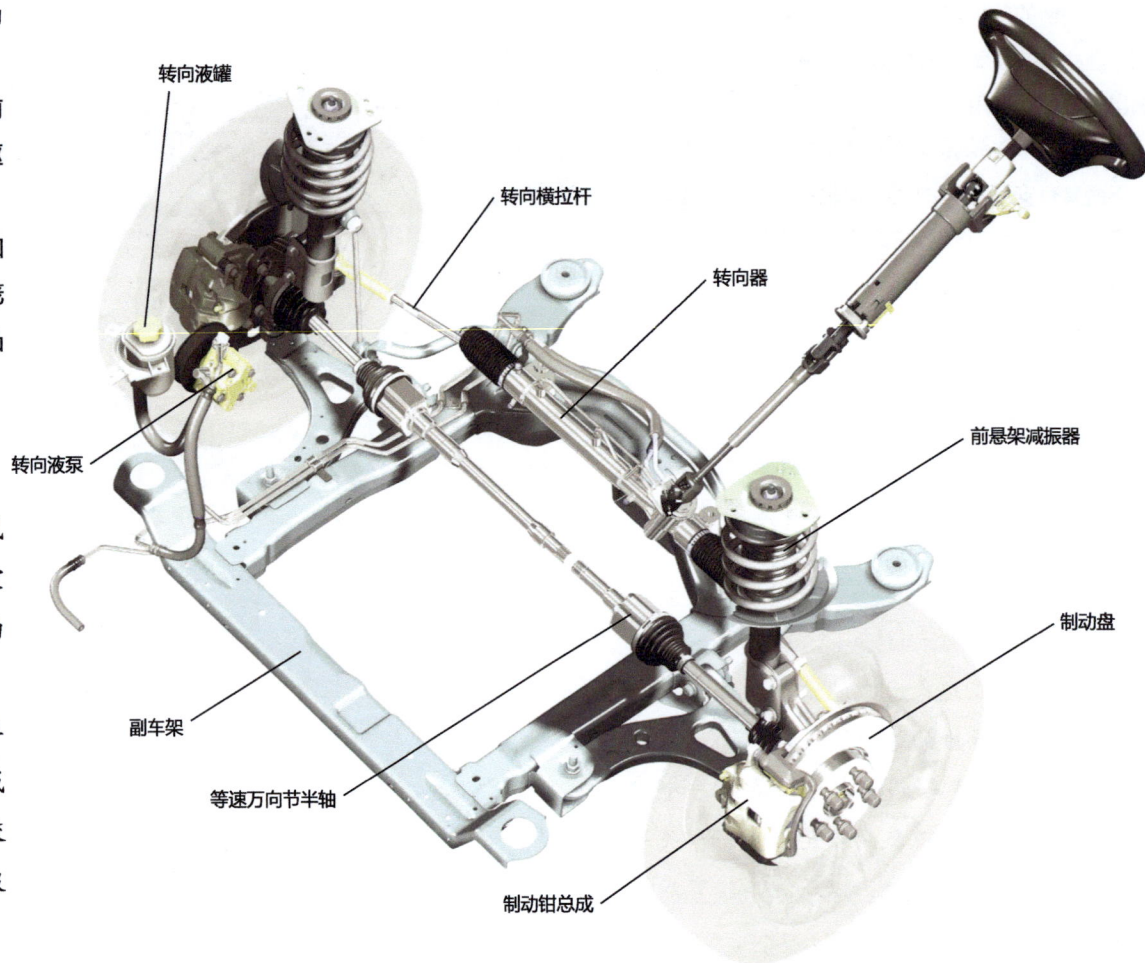

汽车构造与原理三维图解（彩色版）

转向液罐

转向横拉杆

转向器

前悬架减振器

转向液泵

制动盘

副车架

等速万向节半轴

制动钳总成

轮胎的主要类型

轮胎按结构分为斜交轮胎和子午线轮胎。

斜交轮胎是一种老式结构的轮胎，其外胎由胎面、帘布层（胎体）、缓冲层和胎圈等组成。帘布层是外胎的骨架，用以保持外胎的形状和尺寸，通常由成双数的多层挂胶布（帘布）用橡胶贴合而成。帘布的帘线与胎面中心线约呈35°角。

子午线轮胎的帘布层与胎面中心线呈90°角或接近90°角排列，与帘布层轮胎的子午断面一致。

子午线轮胎具有滚动阻力小、节约燃料的优点。由于有带束层，轮胎着地后胎冠切向变形及相对滑移比普通轮胎要小很多，而且子午线轮胎胎侧薄，径向变形恢复快。这两个特点有利于减少轮胎内磨损，降低滚动阻力。

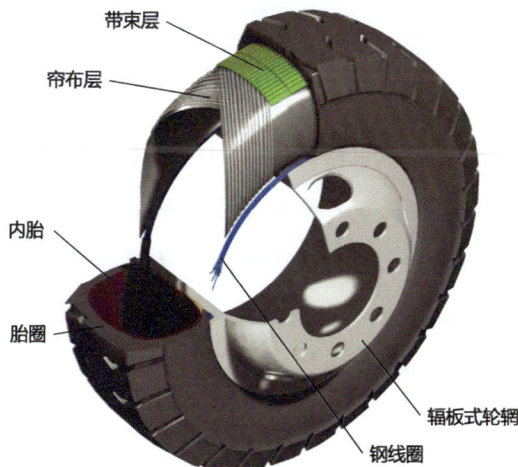

▶ 知识链接

1. 尽管子午线轮胎性能更好，但是其胎侧部位正是其最薄弱的地方，由于没有了带束层的保护，一旦发生严重变形，便会造成胎侧帘线断裂。

2. 不论是更换轮辋还是更换新轮胎，哪怕只把轮胎从轮辋上拆下来检查一下，只要是轮辋和轮胎分开再次组装，就需要做动平衡。

3. 不同的材质、不同的花纹会给轮胎带来不同的性能。一定要选择最适合自己车辆的轮胎，并非越贵越好。

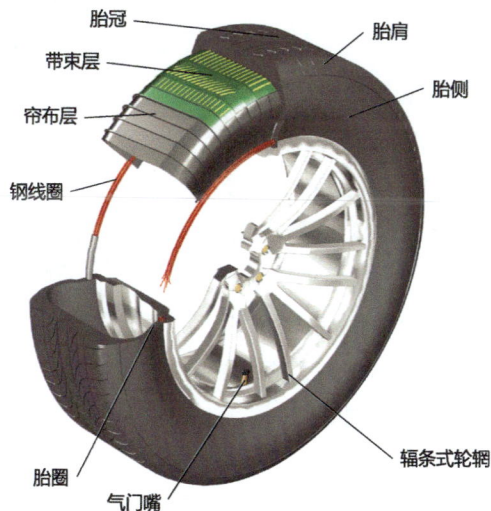

有内胎斜交轮胎

带束层
帘布层
内胎
胎圈
辐板式轮辋
钢线圈

车轮

无内胎子午线轮胎

胎冠
带束层
帘布层
钢线圈
胎肩
胎侧
辐条式轮辋
胎圈
气门嘴

越野车车轮与轮胎

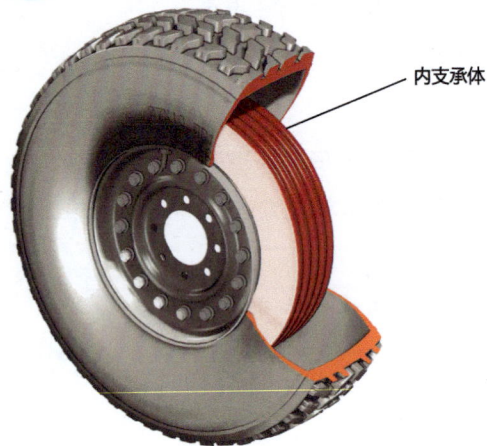

内支承体

轮胎内支承体

内轮辋

密封圈

外轮辋

车轮控制阀

车轮控制阀护罩

越野车轮毂分解图

37X12.5R16.5LT M+S LOAD
123N RANGE D

越野车轮胎总成

越野轮胎使用条件介于子午线轮胎和斜交轮胎之间,既要在良好路面上有较高的车速,又要在恶劣路面上有很强的通过性。有的越野车在其内部还装有内支承体,在车轮泄气情况下越野车仍然可以以一定时速行驶。

根据国标,在外胎的两侧要标出生产编号、制造厂商标、尺寸规格、层级、最大负荷和相应气压、胎体帘布汉语拼音代号、安装要求和行驶方向记号等。

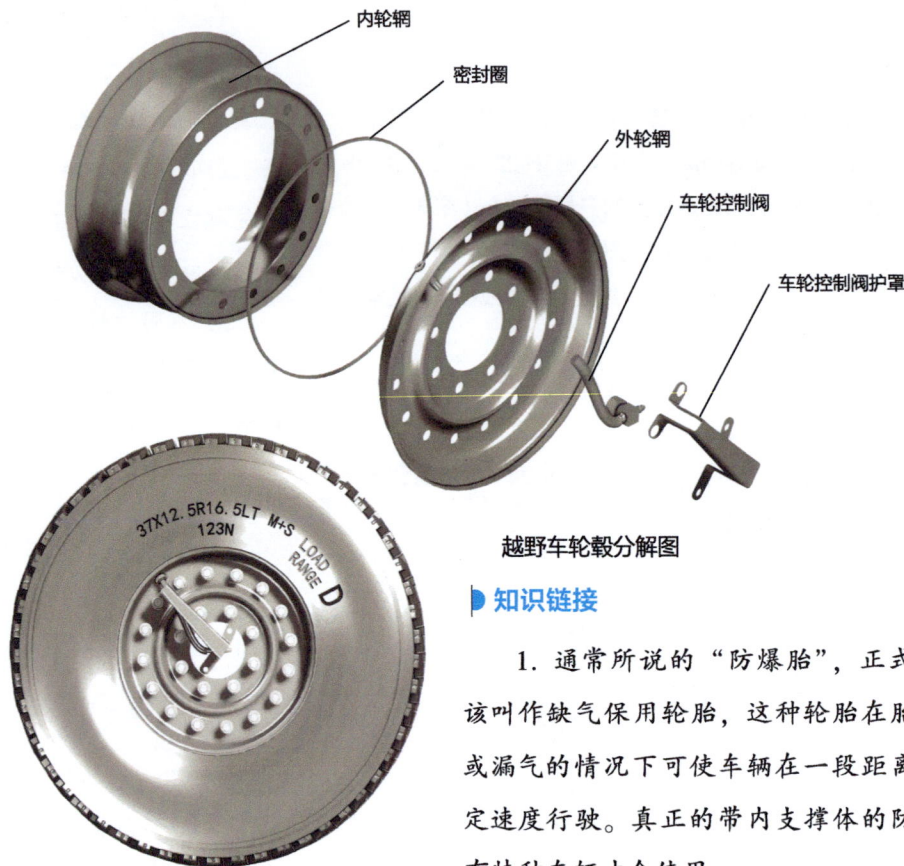

▶ 知识链接

1. 通常所说的"防爆胎",正式名称应该叫作缺气保用轮胎,这种轮胎在胎压不足或漏气的情况下可使车辆在一段距离内以一定速度行驶。真正的带内支撑体的防爆胎只有特种车辆才会使用。

2. 在极低温情况下无法用通常的方法给轮胎充气,需要采用爆炸充气装置实现轮胎快速充气。

车轮定位（1）

车轮外倾角

主销内倾角和主销偏距

L

车轮定位是将车轮以特定的角度固定在地面和特定的悬架上，以保障车辆具有稳定的直线行驶和转弯性能。转向轮定位参数有：主销后倾角、主销内倾角、车轮外倾角、车轮前束。

车轮外倾角是指车轮在安装后，其端面向外倾斜，即车轮所处平面和纵向垂直平面间的夹角。轮胎呈现"八"字形张开时称为负外倾，而呈现"V"字形张开时称为正外倾。

转向节主销轴线在横向平面内向内倾斜，与铅垂线所形成的夹角称为主销内倾角。

主销线与地面交点和胎中心线与地面交点的距离，称为主销偏距。

在汽车纵向平面内，主销轴线上端略向后倾斜，这种现象称为主销后倾。在纵向垂直平面内，主销轴线与垂线之间的夹角叫主销后倾角。

四轮定位是指以车辆的四轮参数为依据，通过调整以确保车辆良好的行驶性能及一定可靠性的方法。

▶ **知识链接**

1. 通常车辆跑偏、轮胎严重偏磨（俗称吃胎）时，就要基于车辆原厂的底盘参数，对悬架定位角度进行调整，从而达到恢复车辆稳定性、转向能力和一定的地面附着力。

2. 通常采用独立悬架的汽车需要对全部车轮调整参数，而非独立悬架只需调节驱动轮的参数。

主销后倾角

L

第十七章 车轮及定位

车轮前束示意图

前束值是指从车的正上方看，车轮的前端和车辆纵线的夹角。如上图所示，车轮前端或向内侧倾斜（呈内八字），车轮前端或向外倾（呈外八字）。前束的功用在于补偿轮胎因外倾角及路面阻力所导致向内或向外滚动的趋势，确保车辆的直进性。

前束的作用主要是为了使车辆具有自动回正功能。前束值一般为正。前束过小，方向不能自动回正；过大会导致轮胎外侧过度偏磨或表面不平、转向较沉。

汽车车轮的轴线都相交于一点，以保证在汽车转向时使所有车轮均做纯滚动，此交点称为转向中心。对于两轴汽车，内转向轮偏转角 β 应大于外转向轮偏转角 α。

▶ 知识链接

做四轮定位时，需要使汽车处于空载状态。四轮定位是一种维修手段，没有使用问题时无须定期做。

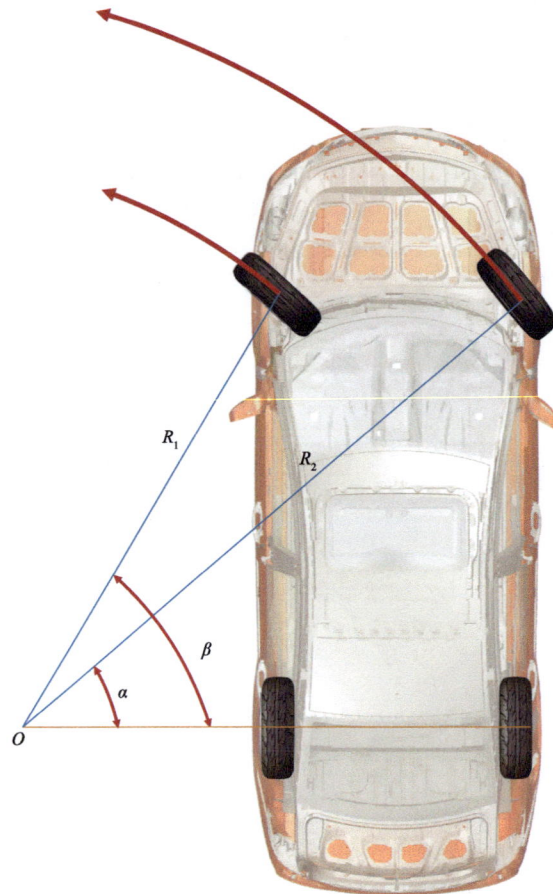

两轴汽车转向示意图

汽车构造与原理三维图解（彩色版）

悬架的主要类型

悬架的主要作用是把路面作用于车轮上的支承力、驱动力、制动力和侧向反力以及这些反力所形成的力矩传递到车架或承载式车身上，以保证汽车正常行驶。

根据汽车两侧车轮运动是否相互关联，汽车悬架可分为非独立悬架和独立悬架。

非独立悬架的结构特点是汽车两侧车轮分别安装在一根整体式的车轴两端，车轴则通过弹性元件与车架相连，当一侧车轮因道路不平而跳动时，会影响另一侧车轮的工作。

独立悬架的结构特点是两侧车轮分别安装在断开式的车轴两端，每段车轴和车轮单独通过弹性元件与车架相连，当一侧车轮跳动时，对另一侧车轮不产生影响，因此称为独立悬架。

独立悬架的前轮可调整其定位，故在乘用车上被广泛应用，而非独立悬架因结构简单、制造和维修方便，故中、重型商用车中普遍采用。

▶ 知识链接

1. 非独立悬架并非都是低端产品，钢板弹簧多在承重要求高的商用车上出现。如果采用扭力梁悬架的汽车调校到位，也会有不错的操控性。

2. 在每款汽车设计之初，都会根据车型定位选择悬架形式，如运动、舒适、空间、耐用等不同需求，都会匹配和设计不同的悬架。

钢板弹簧式悬架

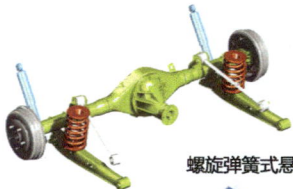

螺旋弹簧式悬架

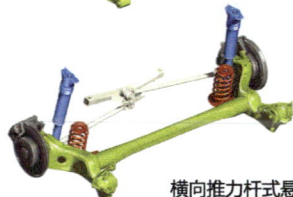

横向推力杆式悬架

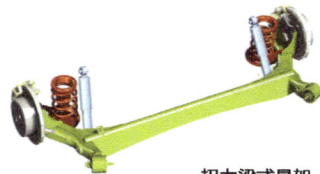

扭力梁式悬架

非独立悬架常见类型

麦弗逊式悬架

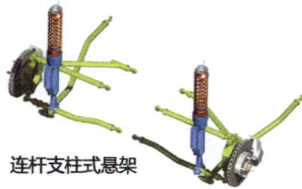

连杆支柱式悬架

双叉臂式悬架

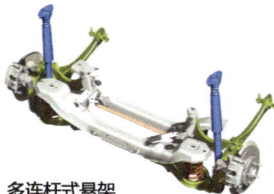

多连杆式悬架

独立悬架常见类型

纵置钢板弹簧非独立悬架

钢板弹簧悬架

载货汽车一般采用钢板弹簧作为弹性元件的非独立悬架，因钢板弹簧既有缓冲、减振功能，又能起到传力、导向作用，使悬架结构大为简化。

在板簧式非独立悬架中，钢板弹簧一般是纵向安置的，它与车桥的连接绝大多数是用两个U形螺栓将钢板弹簧的中部刚性地固定在车桥上部。钢板弹簧两端通过钢板弹簧销与车架支座活动铰接，以起到传力和导向作用。

▶ 知识链接

1. 钢板弹簧主要分为多片簧、少片簧两种形式。由于两种形式薄厚以及结构上的差异，多片簧主要适应于重型汽车，少片簧主要应用于轻型汽车。

2. 钢板弹簧只适用于非独立悬架上，在使用上有一定的局限性。钢板弹簧顾名思义由钢板组合而成，整体质量以及刚度都很大，导致舒适性比较差，并且纵向尺寸过长，不利于缩短汽车前悬和后悬。

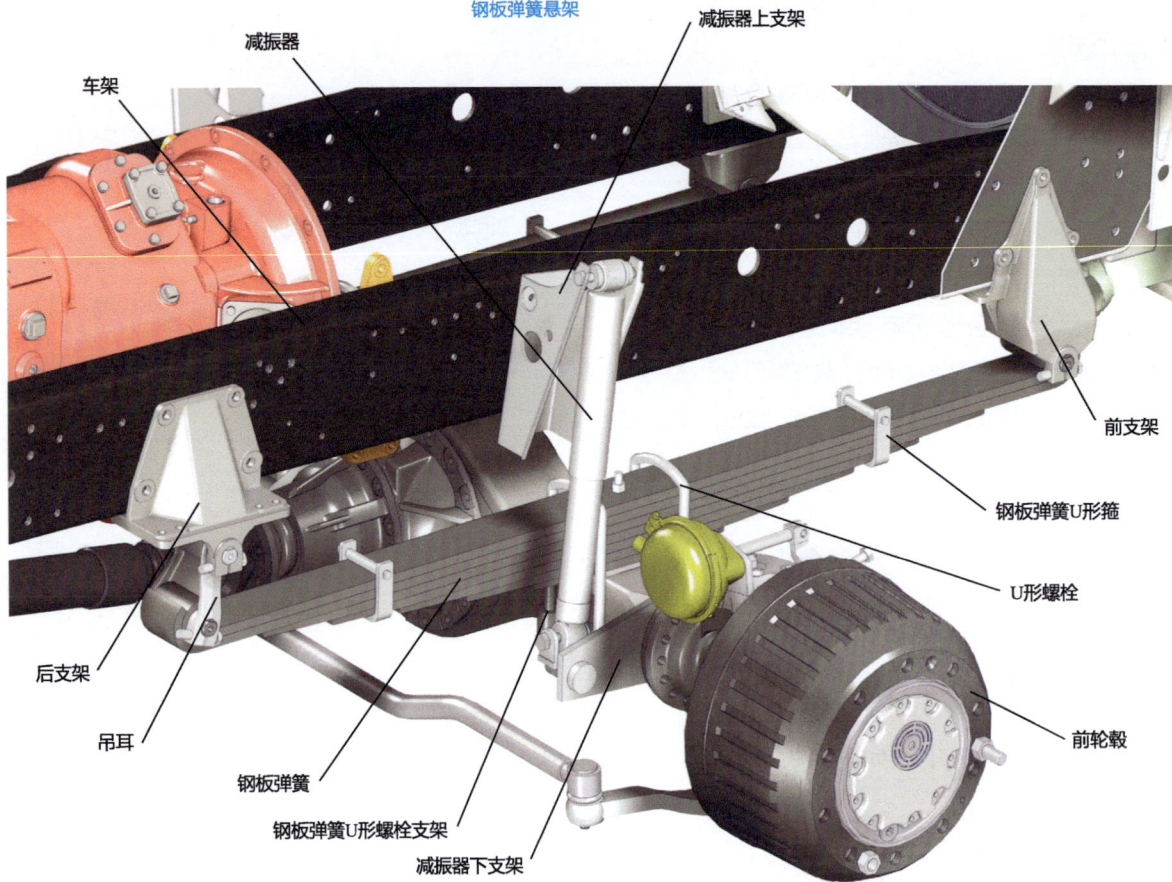

车架 减振器 减振器上支架
前支架
钢板弹簧U形箍
U形螺栓
前轮毂
后支架
吊耳
钢板弹簧
钢板弹簧U形螺栓支架
减振器下支架

螺旋弹簧非独立悬架

扭力梁非独立悬架平稳性和舒适性相对较差，但由于其构造简单、承载力大，因此常作小型乘用车后悬架。

其工作原理是将非独立悬架的车轮装在一根扭力梁的两端，当一边车轮上下跳动时，会使扭力梁跳动，从而带动另一侧车轮也相应地跳动，减小整个车身的倾斜或摇晃。由于其自身具有一定的扭转刚度，可以起到与横向稳定杆相同的作用，可增加车辆的侧倾刚度，提高车辆的侧倾稳定性。

扭力梁悬架

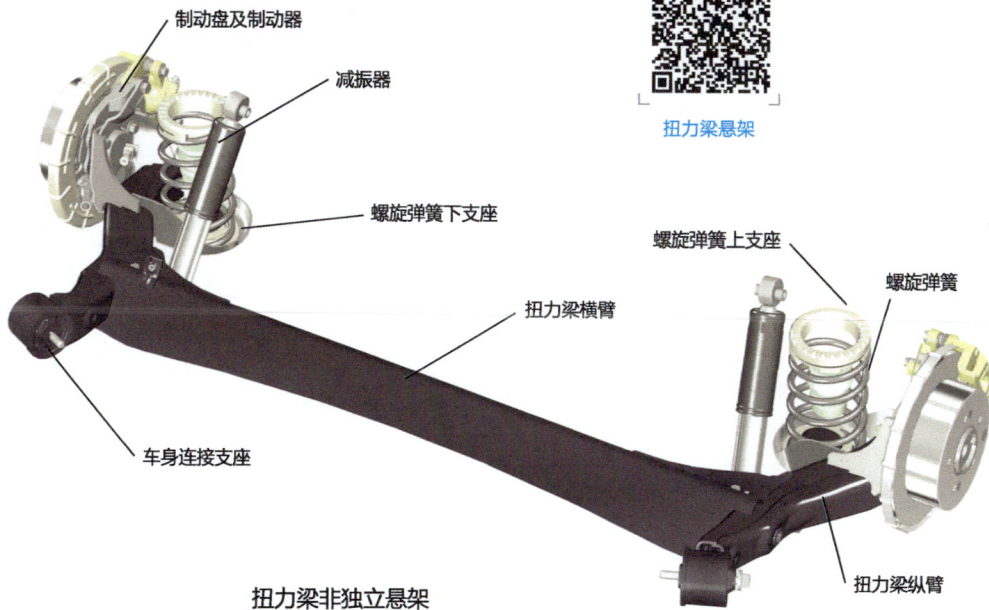

扭力梁非独立悬架局部

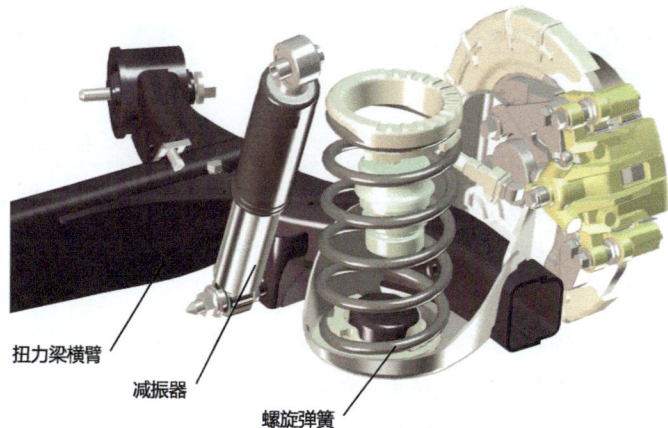

扭力梁非独立悬架

▶ **知识链接**

1. 扭力梁非独立悬架体积较小，为后排省出大量乘坐空间，这种结构制造成本较低，降低了汽车的造价。

2. 平时驾车比较激烈、喜欢运动型汽车的驾驶人，选择多连杆式或双横臂式独立后悬架的车型更适合。对于城市路况，对空间要求高的车型，调校不错的扭力梁悬架也是不错的选择。

3. 现在很多车型采用带有瓦特连杆的扭力梁结构，这种结构使得两侧车轮在过弯时受力互相补偿，尽可能地抑制车体出现严重的侧倾。也正因为有了瓦特连杆的支撑，可以让悬架调校得更软一些，保证车辆乘坐更舒适性。

麦弗逊式独立悬架

麦弗逊式独立悬架是当今世界用得最广泛的乘用车前悬架之一。麦弗逊式独立悬架由螺旋弹簧、减振器、三角形下摆臂等组成，绝大部分车型还会加上横向稳定杆。

这种悬架的主要结构简单说就是螺旋弹簧套在减振器上，减振器可以避免螺旋弹簧受力时向前、后、左、右偏移的现象，限制弹簧只能做上下方向的振动，并且可以根据减振器行程、阻尼搭配不同硬度的螺旋弹簧对悬架性能进行调校。

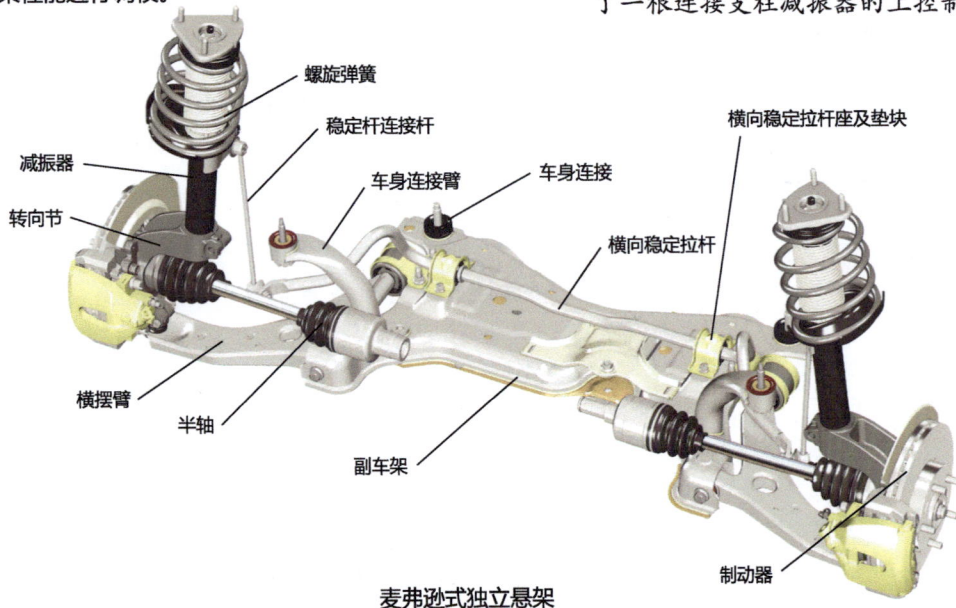

麦弗逊式独立悬架

螺旋弹簧
稳定杆连接杆
减振器
车身连接臂
车身连接
转向节
横向稳定拉杆座及垫块
横向稳定拉杆
横摆臂
半轴
副车架
制动器

知识链接

1. 中级以下乘用车几乎都选用麦弗逊式前独立悬架，这种结构简单，占用空间小，重量轻，但悬架稳定性差，抗侧倾和制动点头能力弱。因此，很多汽车增加横向稳定杆以弥补麦弗逊式前独立悬架的弱点。

2. 对可靠性和稳定性要求更高的中高级乘用车会采用横向刚度大、抗侧倾性能优异的双叉臂式前独立悬架。这种悬架下控制臂和麦弗逊式前独立悬架一样都是叉形控制臂，但其多了一根连接支柱减振器的上控制臂。

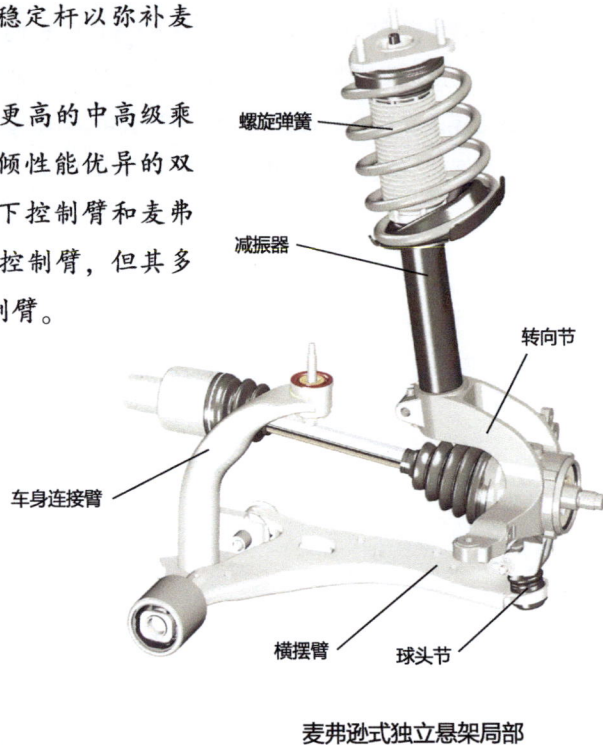

麦弗逊式独立悬架局部

螺旋弹簧
减振器
转向节
车身连接臂
横摆臂
球头节

多连杆式独立悬架

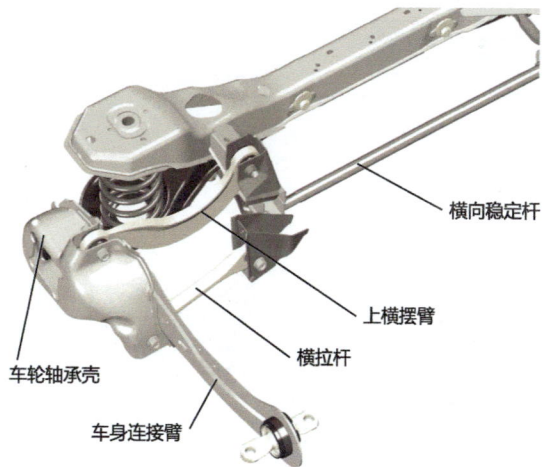

多连杆式独立悬架可分为多连杆前悬架和多连杆后悬架。前悬架一般为三连杆或四连杆式；后悬架一般为四连杆或五连杆式，其中五连杆式后悬架应用较为广泛。

多连杆式独立悬架能实现主销后倾角的最佳位置，大幅度减少来自路面前后方向的力，从而改善加速和制动时的平顺性和舒适性，同时也保证了直线行驶的稳定性，因为由螺旋弹簧拉伸或压缩导致的车轮横向偏移量很小，不易造成非直线行驶。

汽车转弯或制动时，多连杆悬架结构可使后轮形成正前束，提高了车辆的控制性能，减少了转向不足的情况。

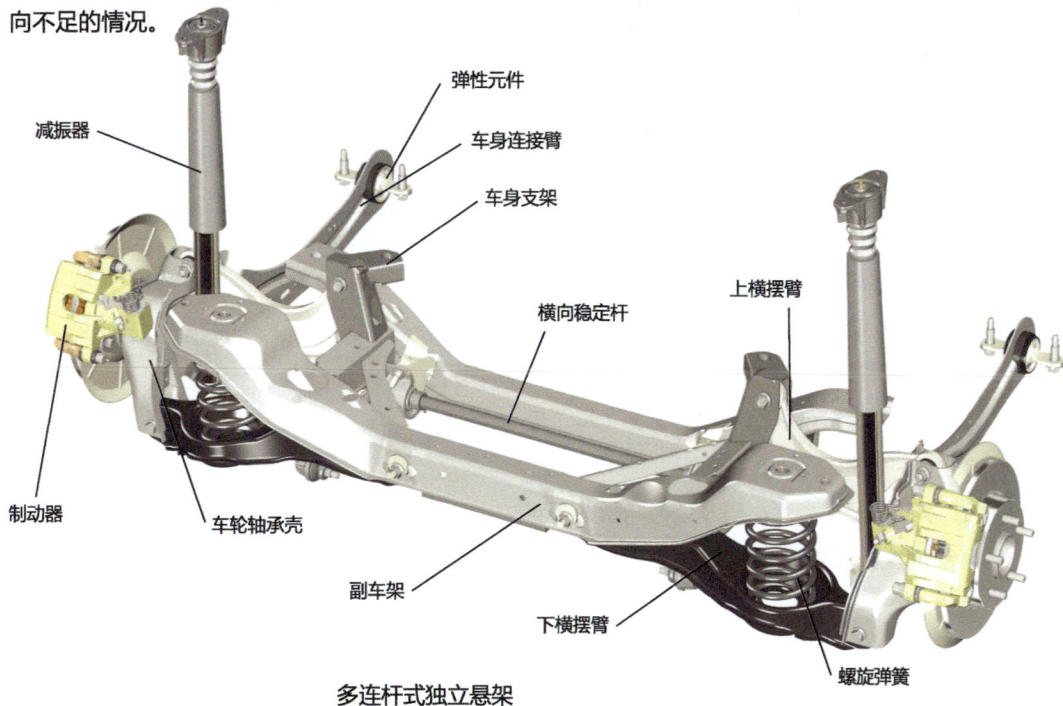

多连杆式独立悬架局部

多连杆式独立悬架

多连杆式独立悬架

▶知识链接

汽车的舒适性和运动性并不仅仅取决于悬架类型，还与底盘调校和悬架优化等方面有很大关系。例如法系车后悬架特别喜欢用扭力梁式半独立悬架，它的调校非常出色，比起很多多连杆式后独立悬架车型舒适性都高。

液力减振器

减振器支柱支座
螺旋弹簧
减振器总成

液力减振器

液力减振器布置图

减振器支柱支座
螺旋弹簧上支座
缓冲块
螺旋弹簧
防尘套
螺旋弹簧下支座
工作缸
储油缸
转向节连接支座

减振器盖
油封
导向座
活塞杆
支承臂
活塞

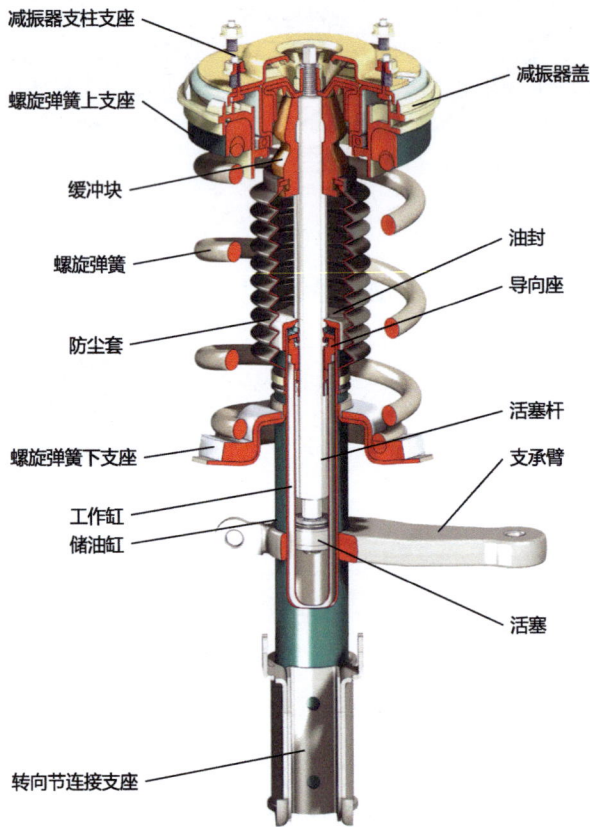

液力减振器剖面图

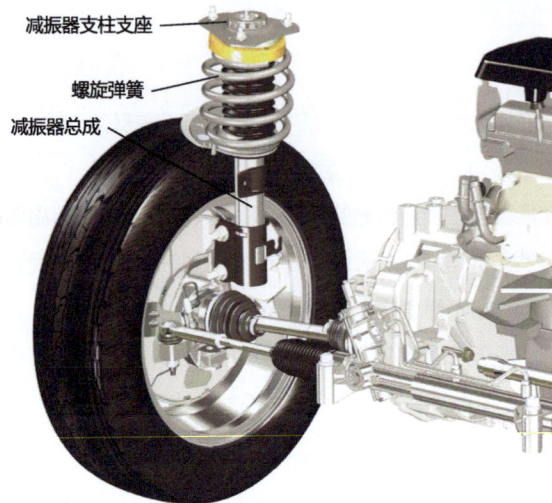

减振器的作用是吸收钢板弹簧起落时车辆的振动，使其迅速恢复到平稳状态，改善汽车行驶时的平稳性。

汽车悬架广泛采用液力减振器，其工作原理是利用液体流动阻力来消耗振动能量。

减振器阻尼力大小随车架与车桥的相对运动速度的增减而增减，并且与油液黏度有关。

▶ **知识链接**

1. 减振器是汽车易损件，减振器工作好坏将直接影响汽车行驶平稳性和其他机件寿命。

2. 减振器漏油是常见的现象，这时就需要更换减振器。为了考虑和原车的匹配性能，应尽量更换原厂减振器。如果是保有量很高的车型，更换适合的名牌非原厂减振器也未尝不可。

双向作用筒式减振器

在压缩行程时，车轮接近车身，减振器被压缩，其内活塞向下移动，活塞下腔室的容积减小，油压升高，油液经流通阀流到活塞上腔。活塞杆占去上腔一部分空间，因而上腔增加的容积小于下腔减小的容积，一

部分油液推开压缩阀流回储油缸。这些阀对油的节流形成悬架受压缩运动的阻尼力。

在伸张行程时，车轮远离车身，减振器受拉，其内活塞向上移动。活塞上腔油压升高，流通阀关闭，上腔内的油液推开伸张阀流入下腔。由于活塞杆的存在，自上腔流来的油液不足以充满下腔增加的容积，使下腔产生真空度，这时储油缸中的油液推开补偿阀流进下腔进行补充。这些阀的节流作用对悬架在伸张运动时起到阻尼作用。

▶ **知识链接**

1. 在悬架压缩行程中（车桥和车架相互靠近），减振器阻尼力较小，以便充分发挥弹性元件的弹性作用，缓和冲击，此时弹性元件起主要作用。

2. 在悬架伸张行程中（车桥和车架相互远离），减振器阻尼力应较大，以迅速减振，此时减振器起主要作用。

3. 当车架或车身与车桥之间的相对速度过大时，要求减振器能自动加大流液量，使阻尼力始终保持在一定限度之内，以避免车架或车身承受过大的冲击载荷。

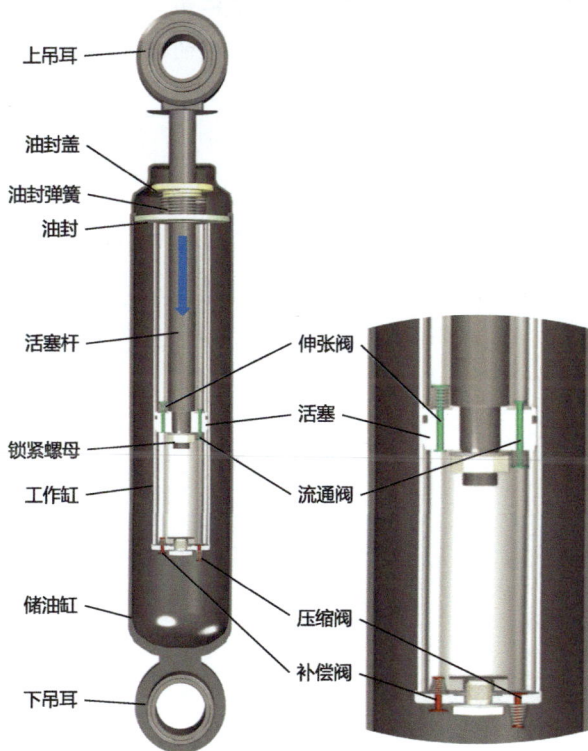

上吊耳
油封盖
油封弹簧
油封
活塞杆
锁紧螺母
工作缸
储油缸
下吊耳
伸张阀
活塞
流通阀
压缩阀
补偿阀

压缩行程

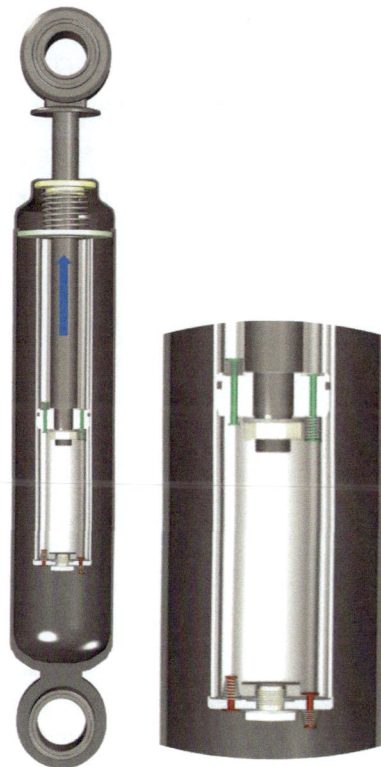

伸张行程

空气式可调悬架

采用空气式可调悬架汽车的前轮和后轮都设有离地距离传感器，电子控制单元（ECU）根据该传感器信号判断出车身高度变化，再控制空气压缩机和排气阀门，使弹簧自动压缩或伸长，从而降低或升高底盘离地间隙，以增加高速行驶时车身稳定性或复杂路况时的通过性。

这种悬架的弹簧振动和行程永远保持在最佳状态，即使在颠簸路面行驶也非常平稳。空气式可调悬架不仅可以改变悬架的软硬度，还可以改变阻尼大小。自动高度调整装置可确保在任一悬架模式时，不论汽车承载多少，车身都与路面保持一定距离。只有当车速高于某一数值时，底盘高度才会自动下降。车身重心下降不仅增加了地面附着力，同时还减小了风阻，进而降低了油耗。

▶ 知识链接

1. 除了空气式可调悬架，还有液力可调悬架、电子液力可调悬架和电磁可调悬架等。

2. 空气弹簧悬架不等于空气式可调悬架。空气弹簧悬架在商用车上应用很广泛，其自重比钢板弹簧低，提高了车辆的承载能力，减少了车辆对路面的冲击，可延长路面寿命。

3. 可调悬架结构复杂，对调校和匹配要求很高，曾经在有些国产车上有应用，但是可靠性和匹配性能限制了它的进一步普及。

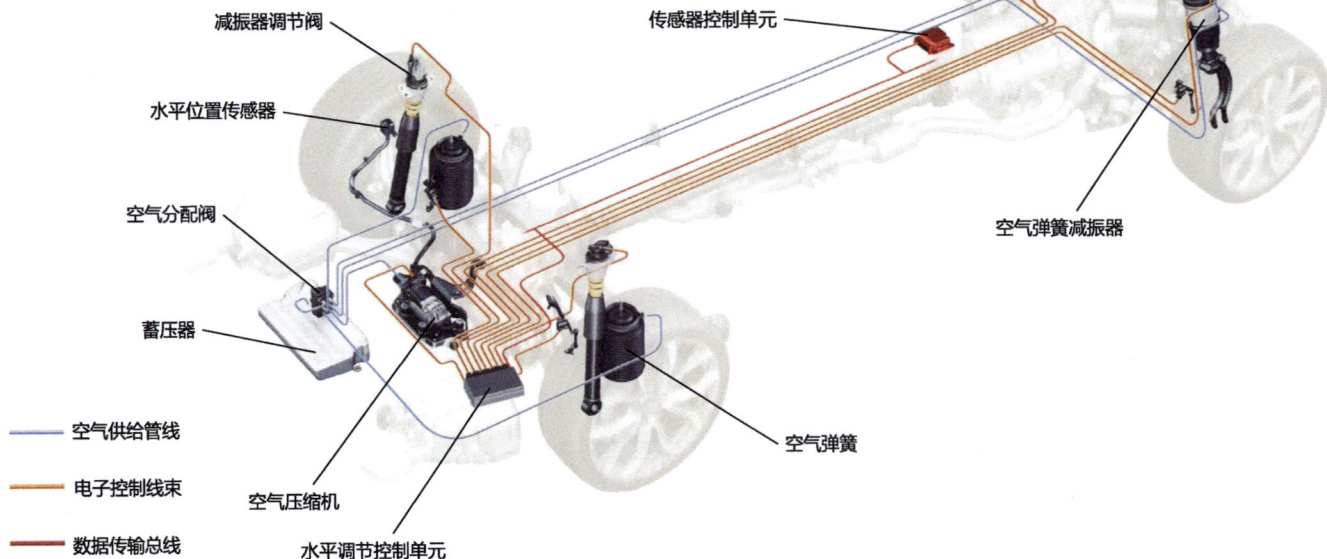

减振器调节阀
水平位置传感器
空气分配阀
蓄压器
传感器控制单元
空气弹簧减振器
空气弹簧
空气压缩机
水平调节控制单元

—— 空气供给管线
—— 电子控制线束
—— 数据传输总线

空气弹簧减振器

空气弹簧减振器采用可充气的空气弹簧气囊来替代传统减振器的螺旋弹簧。

空气弹簧气囊壁很薄，可以提供极佳的悬架响应。通过将起伏活塞轮廓、外部导套与直接连接在支柱上的辅助储压器组合起来，就得到了所需的弹簧刚度。

▶ **知识链接**

1. 这种悬架可以让汽车在动态模式下使底盘下降 20mm，提高车辆在高速时的稳定性，并降低燃油消耗；也可以在舒适模式下，使底盘升高 25mm，以满足通常路况下对舒适性的要求。

2. 这个提升过程通常是按照先后桥、再前桥的顺序，降低过程是按照先前桥、再后桥的顺序，这样可避免夜间调节时汽车远光灯给对面来车造成眩目效果。

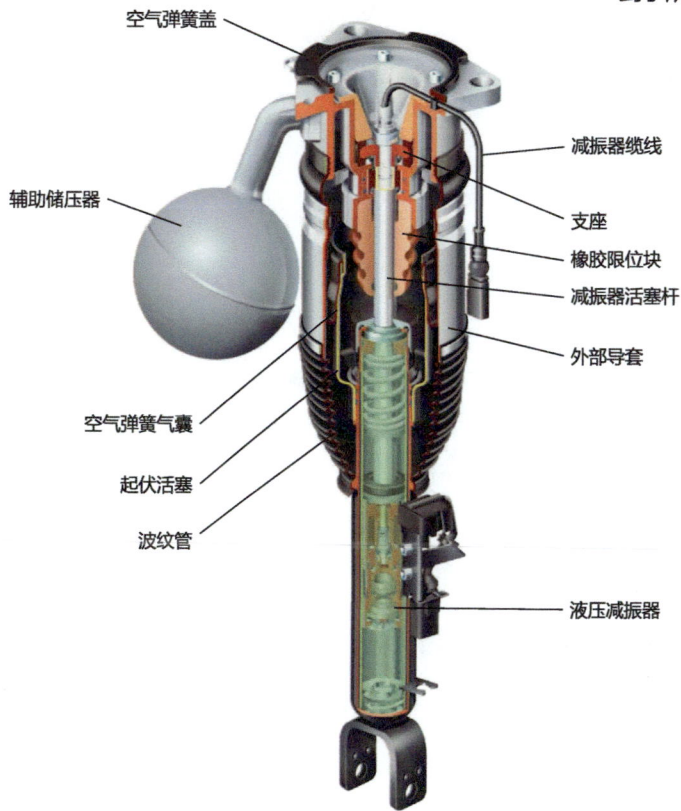

空气弹簧盖
减振器缆线
辅助储压器
支座
橡胶限位块
减振器活塞杆
外部导套
空气弹簧气囊
起伏活塞
波纹管
液压减振器

空气弹簧双向作用筒式减振器总成

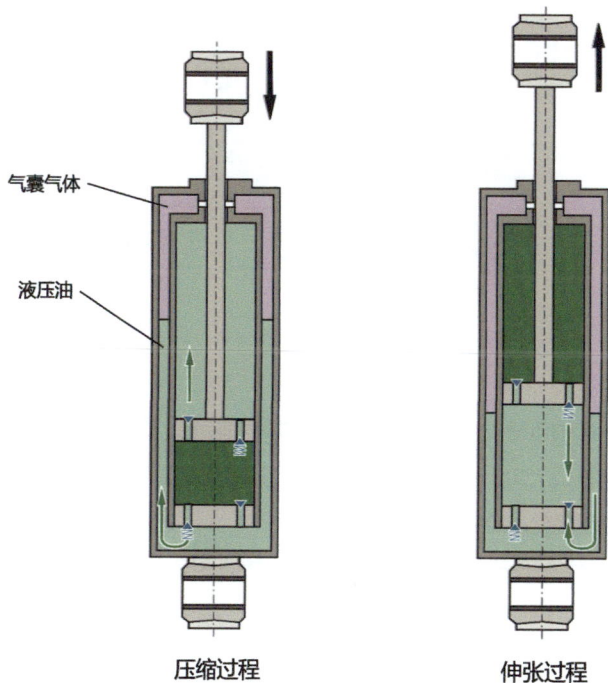

气囊气体
液压油

压缩过程

伸张过程

液压动力转向系统

　　汽车在道路上行驶时，驾驶人可根据道路情况和交通状况转动转向盘使转向轮偏转，改变汽车的行驶方向。用来改变或保持汽车行驶方向的机构称为汽车转向系统。汽车转向系统的功能是按照驾驶人的意愿控制汽车的行驶方向。

液压动力
转向系统

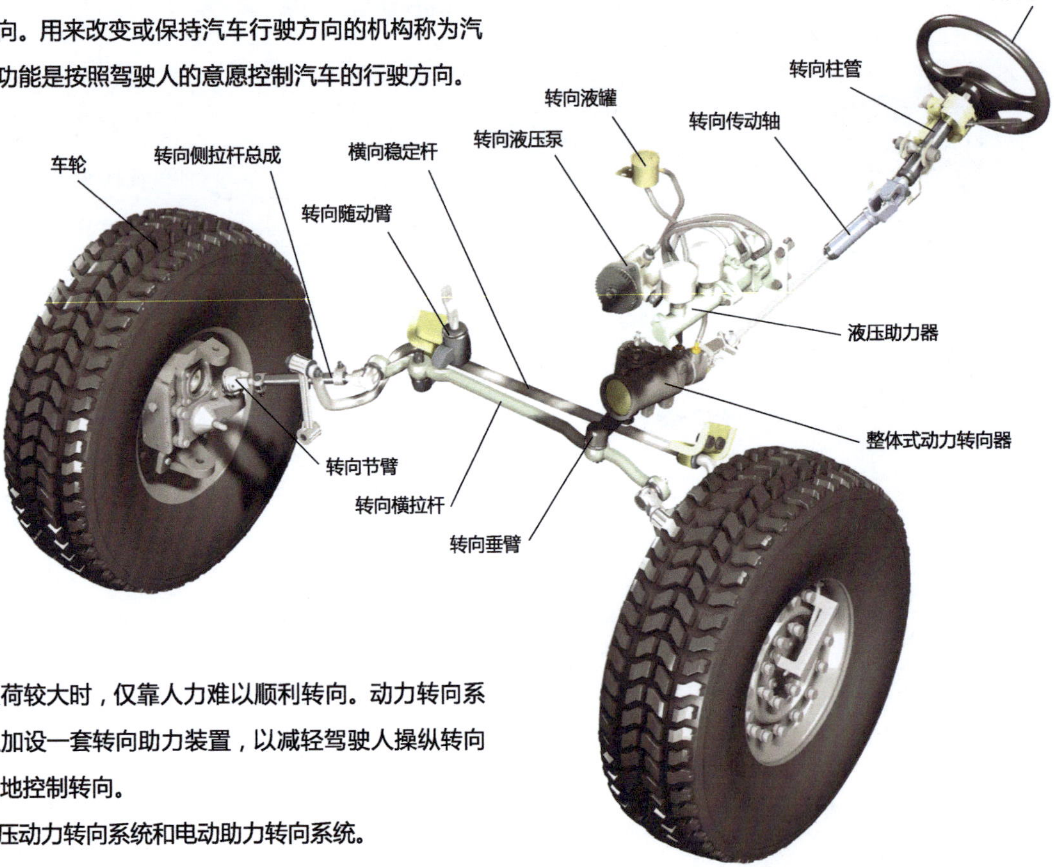

车轮　　转向侧拉杆总成　　横向稳定杆　　转向液压泵　　转向液罐　　转向传动轴　　转向柱管　　转向盘

转向随动臂

液压助力器

转向节臂

转向横拉杆

整体式动力转向器

转向垂臂

　　当机械转向装置转向轴负荷较大时，仅靠人力难以顺利转向。动力转向系统是在机械转向系统的基础上加设一套转向助力装置，以减轻驾驶人操纵转向盘的作用力，使驾驶人能轻松地控制转向。

　　动力转向系统可以分为液压动力转向系统和电动助力转向系统。

第十九章

转向系统

19

液压动力转向器

很多货车与越野车采用的整体式动力转向器为转阀式,其机械转向器为循环球齿条齿扇式。

相比齿轮齿条式转向器,由于循环球式转向器更多地依靠滚动摩擦,所以具有较高的传动效率,操纵起来轻便舒适,机械磨损较小,使用寿命相对较长,但传动精度与灵敏度较差,在普通乘用车上应用较少。

▶ **知识链接**

1. 液压动力转向器主要有齿轮齿条式、循环球曲柄指销式、蜗杆曲柄指销式、循环球齿条齿扇式、蜗杆滚轮式等。

2. 转向器的设计与工作必须让驾驶人从转向盘上感受到行驶阻力变化带来的转向阻力变化,也就是所谓的"路感"。

3. 转向器还要为驾驶人提供"随动"的操作感觉,也就是转向轮的偏转角度随转向盘的转角变化而变化,助力随转向停止而减小,随继续转动而增大。

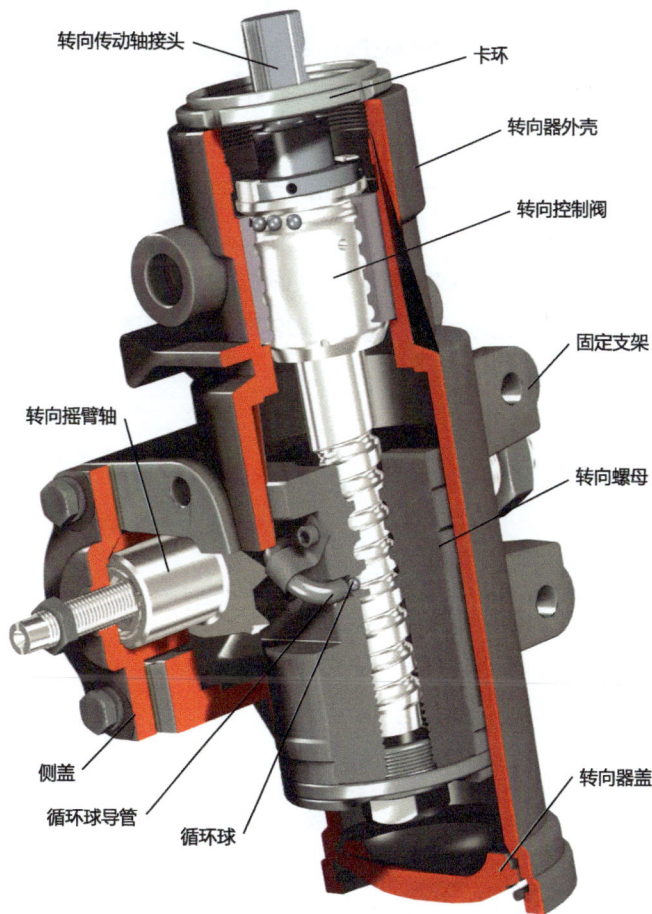

循环球式液压动力转向器

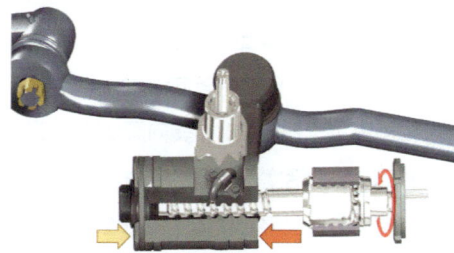

右转弯状态

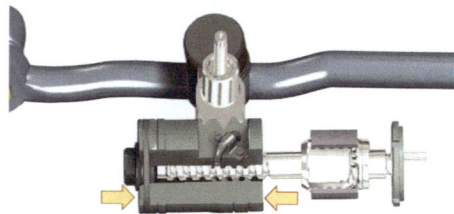

直线行驶状态

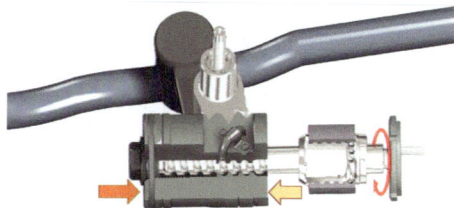

左转弯状态

整体式动力转向器

转向控制阀、齿轮齿条式转向器和转向动力缸设计成一体，组成整体式动力转向器。这种转向器的控制阀为转阀式结构。转向器壳体上有油孔分别通向转向液压泵、转向液罐和转向动力缸左右两个工作腔。转向齿条与转向动力缸内的活塞制成一体，活塞将转向动力缸分隔为左右两个工作腔。转向动力缸上有油管通向转向器壳体内的控制阀。

当汽车直线行驶时，转向阀使液力活塞两侧压力均衡，此时不产生助力作用。当汽车转弯时，转动转向盘带动控制阀转动，液力活塞两侧产生压力差，进而产生相反方向助力。

转向盘一旦停止转动，转向动力缸暂时继续工作，导致转向轮继续转动，使扭杆的扭转变形减小，转向助力减少。当转向助力刚好与车轮的回正力矩相平衡时，齿轮齿条停止运动。此时，转向阀即停驻在某一位置不动，转向轮转角保持不变。

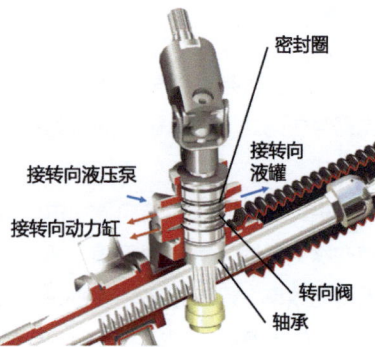

整体式动力转向器局部

整体式动力转向器

▶ 知识链接

1. 齿轮齿条式结构相对简单，成本也低，同时体积、质量也不大，与助力系统结合起来也非常方便，所以在现代乘用车上得到广泛应用。

2. 对于一些硬派越野车来讲，尽管电动助力技术已经广泛应用，由于路况更恶劣复杂，仍然会采用传统的循环球式动力转向器。

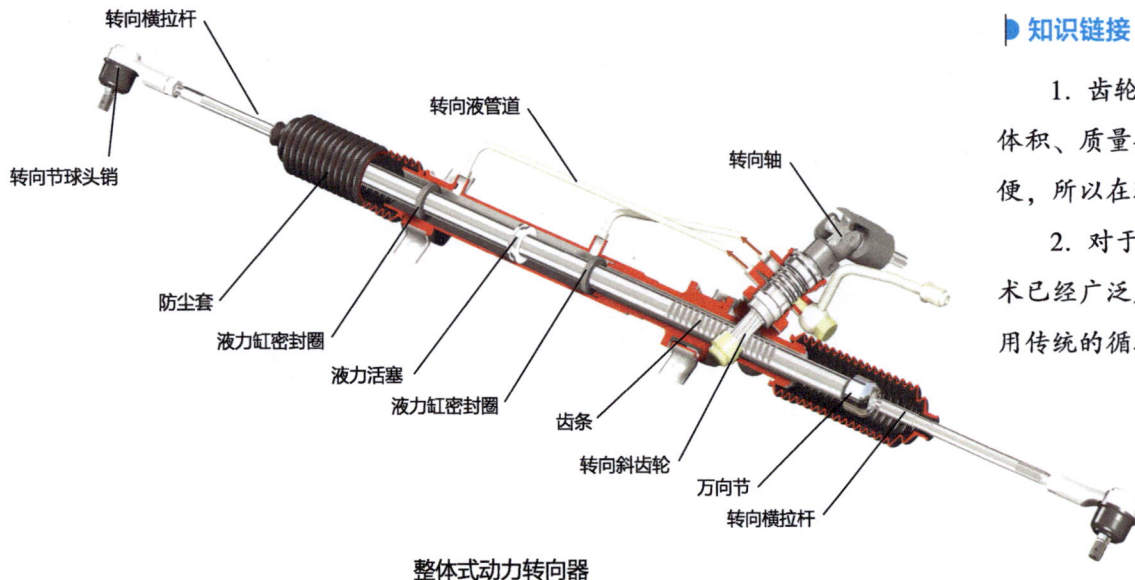

齿条式整体式
动力转向器

电动助力转向系统工作原理

当汽车转向时，作用在转向盘上的力矩将扭转转向轴。转向力矩传感器向电动转向控制单元输出转向力矩信号，转向角传感器传输当前的转向角和转向速度信号，电动转向控制单元由转向力矩、车速、发动机转速、转向角、转向速度和在电动转向控制单元中存储的特征曲线获得触发电动机的额定转矩。作用在转向盘上的力矩与助力力矩的和即推动齿条作用在转向器上的有效力矩。

当转向盘不再受力时，转向轴上的转向力矩将为零，在车轮上将产生复位力，电动转向控制单元通过转向角传感器的转向角值对此复位力进行识别。电动转向控制单元通过计算出转向力矩、车速、发动机转速、转向角、转向速度和在电动转向控制单元中保存的特征曲线来计算出复位所需的电动机转矩。电动机被触发后，车轮将重新转回到直线行驶位置。

▶ 知识链接

现今乘用车中电动助力转向系统应用已经很普及了，与传统液力动力转向系统相比，其结构简单紧凑，制造成本低，系统损耗和噪声更低，能耗也更小。除此之外，它可与其他电子系统联用，有着强大的功能延展性。

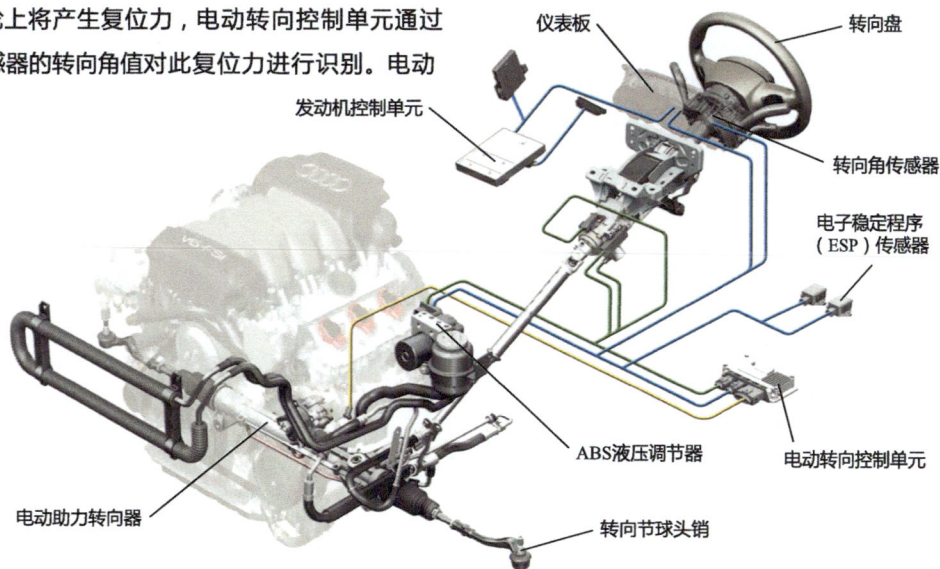

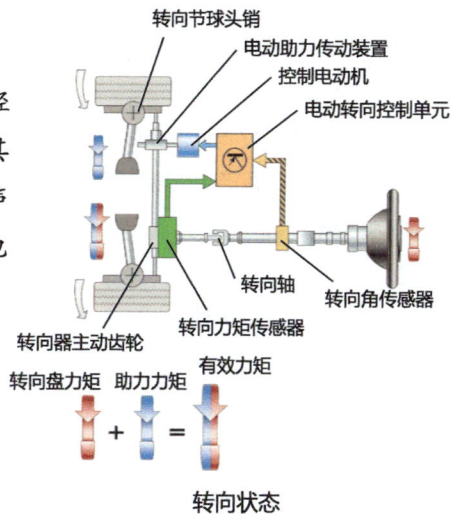

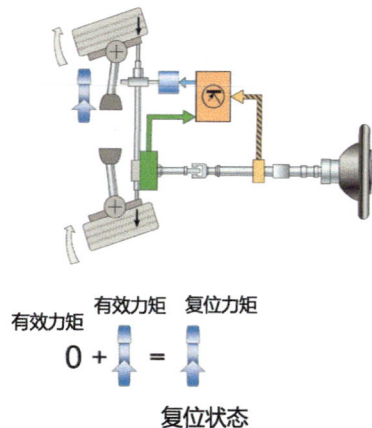

电动助力转向系统组成

转向状态

复位状态

电动助力转向器组成

电动转向

电动式电子控制动力转向系统是在机械转向机构的基础上，增加电动助力机构和转向助力控制系统。电动助力系统可分为齿条驱动式、转向柱驱动式。齿条驱动式转向器通常又分为同轴式、平行轴式驱动方式等。

下图所示的平行轴式电动助力转向器电动机转子与转向器丝杠轴不同轴，采用平行轴结构，利用传动带连接电动机转轴和丝杠螺母，滚珠丝杠上的循环滚珠作为减速机构。它主要由壳体、驱动电动机、滚珠丝杠、输入齿轮轴总成、转矩传感器、电控单元和轴承等组成。

平行轴式电动助力转向系统的电动机多用永磁式三相交流电动机，工作电压一般与蓄电池的电压相同，但也需要通过变频器进行转换。

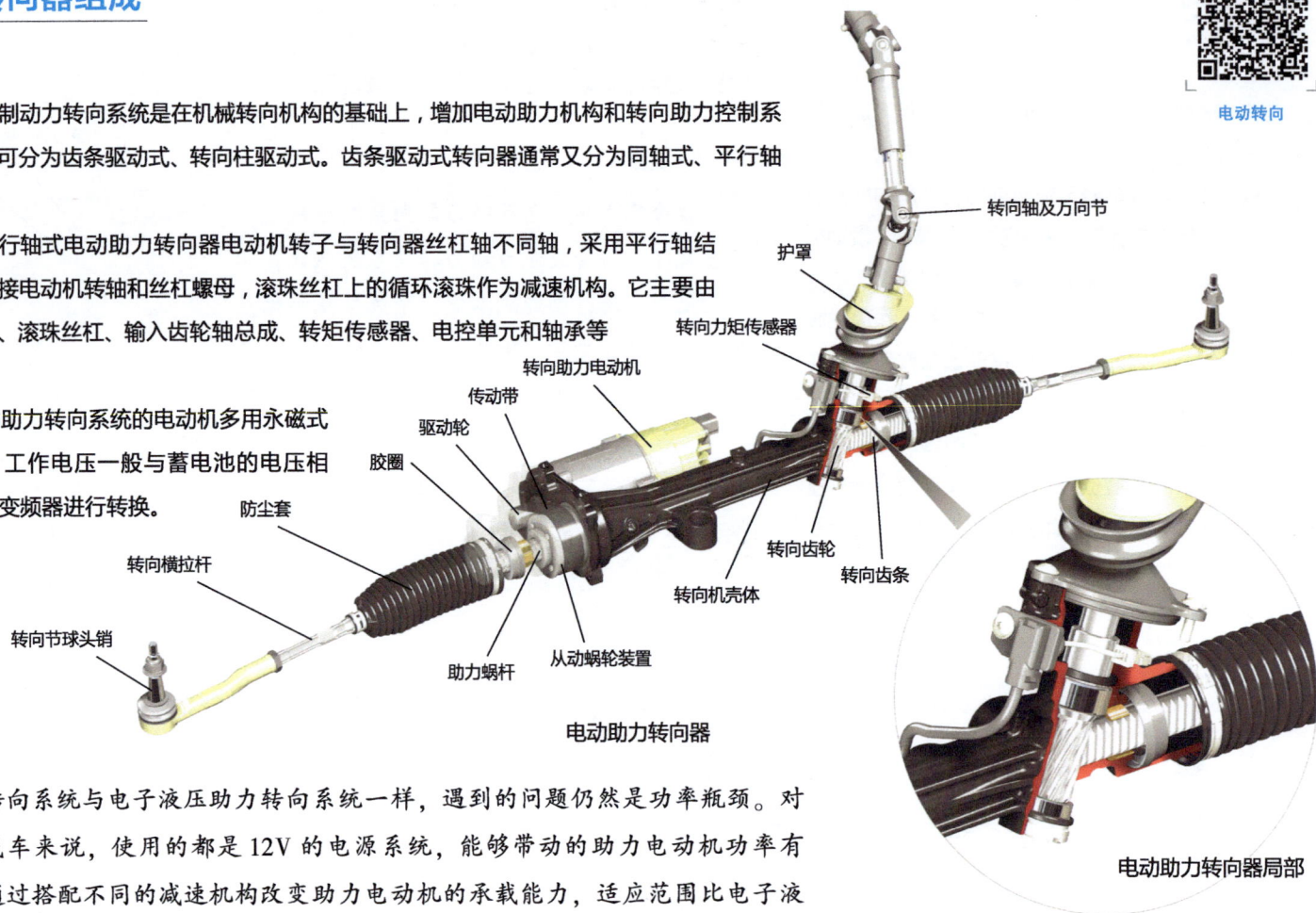

转向轴及万向节
护罩
转向力矩传感器
转向助力电动机
传动带
驱动轮
胶圈
防尘套
转向横拉杆
转向节球头销
助力蜗杆
从动蜗轮装置
转向机壳体
转向齿轮
转向齿条

电动助力转向器

电动助力转向器局部

▶ 知识链接

电动助力转向系统与电子液压助力转向系统一样，遇到的问题仍然是功率瓶颈。对于目前大多数汽车来说，使用的都是12V的电源系统，能够带动的助力电动机功率有限，虽然可以通过搭配不同的减速机构改变助力电动机的承载能力，适应范围比电子液压助力更广，但是改变范围还是有限。因此，对于转向负荷较大的大型汽车来说，电动助力系统仍然有些力不从心。

转向操纵机构

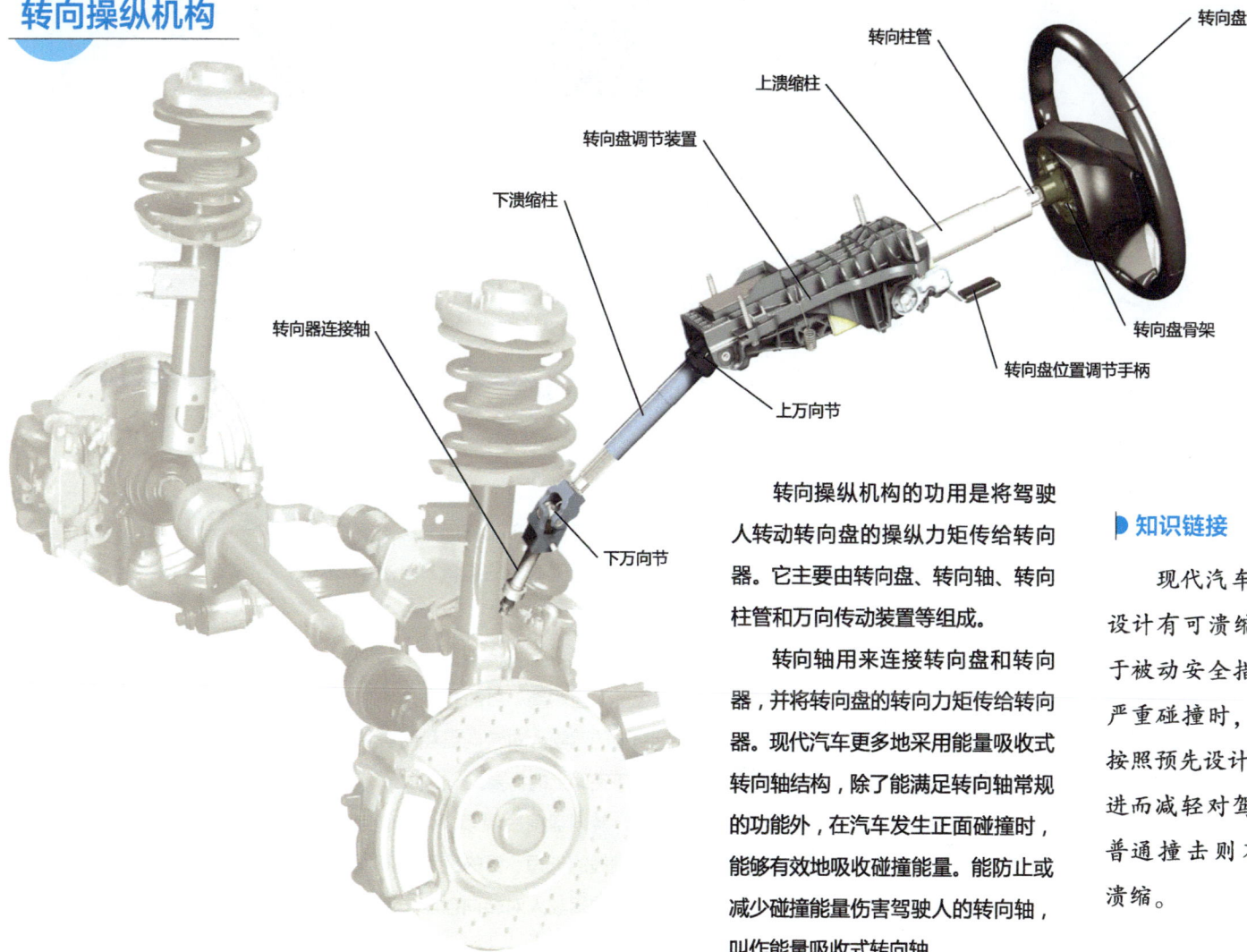

转向柱管

上溃缩柱

转向盘调节装置

下溃缩柱

转向器连接轴

转向盘

转向盘骨架

转向盘位置调节手柄

上万向节

下万向节

转向操纵机构的功用是将驾驶人转动转向盘的操纵力矩传给转向器。它主要由转向盘、转向轴、转向柱管和万向传动装置等组成。

转向轴用来连接转向盘和转向器，并将转向盘的转向力矩传给转向器。现代汽车更多地采用能量吸收式转向轴结构，除了能满足转向轴常规的功能外，在汽车发生正面碰撞时，能够有效地吸收碰撞能量。能防止或减少碰撞能量伤害驾驶人的转向轴，叫作能量吸收式转向轴。

▶ 知识链接

现代汽车转向操纵机构都设计有可溃缩式转向柱，这属于被动安全措施。当汽车发生严重碰撞时，可溃缩转向柱会按照预先设计溃缩变形或折叠，进而减轻对驾驶人的伤害，而普通撞击则不会让转向机构溃缩。

方向盘调整

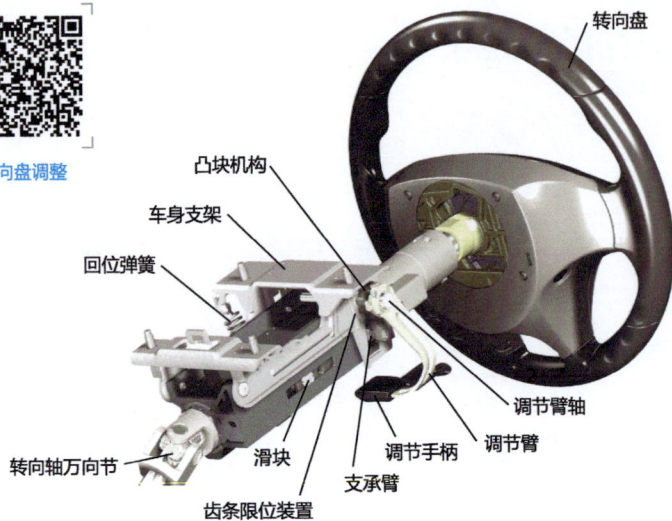

转向盘及调整装置

标注：转向盘、凸块机构、车身支架、回位弹簧、调节臂轴、调节臂、调节手柄、支承臂、滑块、齿条限位装置、转向轴万向节

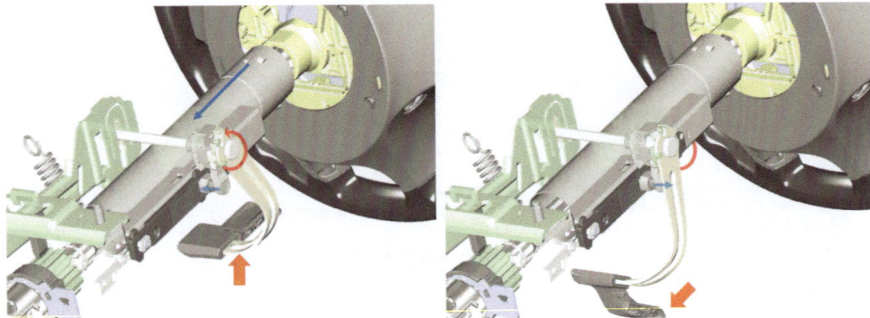

转向盘向前调整

转向盘向后调整

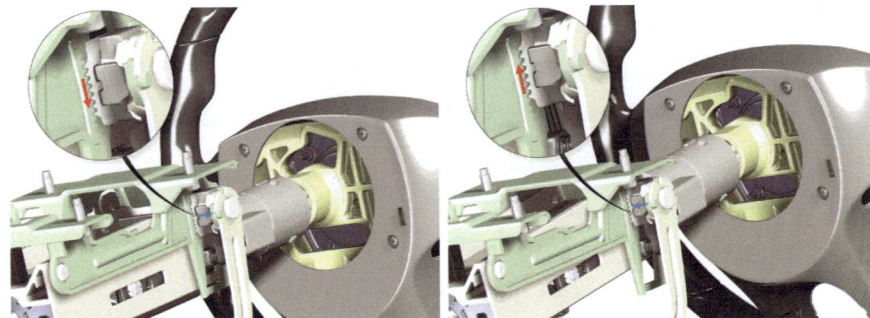

转向盘向下调整

转向盘向上调整

很多乘用车和商用车都配备有转向盘位置调节装置，以满足不同驾驶人的需求。

转向盘上下调节即调节转向盘的垂直距离，目的是满足不同身材的驾驶人对转向盘和驾驶人上下空间上的需要。

转向盘前后调节即调节转向盘轴线的长短，目的是满足不同身材的驾驶人对转向盘与自身距离的需要。

▶ 知识链接

部分高档汽车在自动调节转向盘的基础上增加了记忆功能，通过设置可还原自己设置好的转向盘位置。记忆功能会与驾驶人的钥匙联动，在识别该钥匙后，转向盘会自动调节到该驾驶人设置过的位置。

汽车构造与原理三维图解（彩色版）

制动系统的组成

　　制动系统的主要功用是让驾驶人能够根据道路和交通等情况对制动力进行控制，以实现一定程度的强制制动，使汽车减速或停车；下坡行驶时，保证汽车以稳定的车速行驶；保证汽车原地可靠停车（包括在坡道上停车）。

　　汽车制动系统一般采用摩擦制动，其车轮制动器利用摩擦制动车轮，利用的是轮胎与路面之间的摩擦力。因此，制动的实质就是将汽车的动能强制地转化为其他形式的能量，通常是热能。

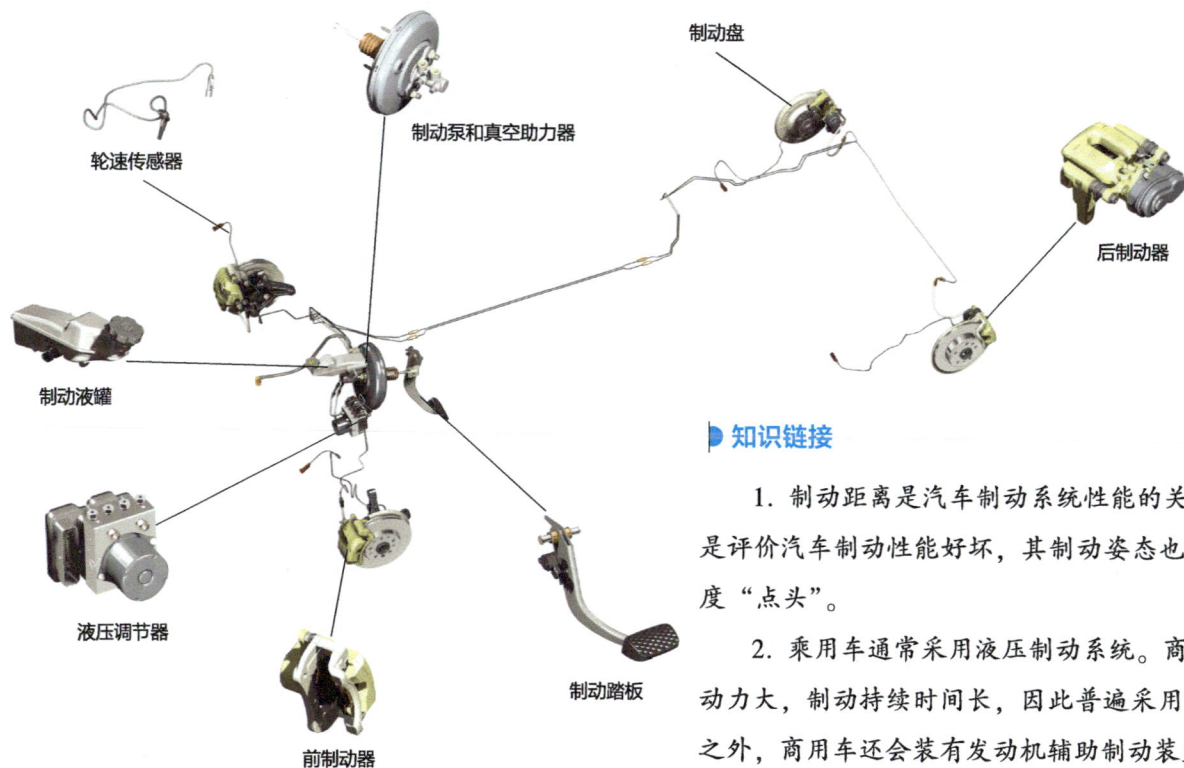

制动盘

制动泵和真空助力器

轮速传感器

后制动器

制动液罐

液压调节器

制动踏板

前制动器

▶ 知识链接

　　1. 制动距离是汽车制动系统性能的关键参数之一，但是评价汽车制动性能好坏，其制动姿态也很重要，不能过度"点头"。

　　2. 乘用车通常采用液压制动系统。商用车由于要求制动力大，制动持续时间长，因此普遍采用气压制动。除此之外，商用车还会装有发动机辅助制动装置。

鼓式制动器

汽车制动器分为鼓式和盘式两大类。

鼓式制动器利用制动蹄片挤压制动鼓而获得制动力，它可分为内张式和外束式。

内张鼓式制动器是以制动鼓的内圆柱面为工作表面，在现代汽车上广泛使用。外束鼓式制动器则是以制动鼓的外圆柱面为工作表面，目前只用作极少数汽车的驻车制动器。

鼓式制动器根据制动蹄张开装置（也称促动装置）形式不同，可分为轮缸式制动器和凸轮式制动器。轮缸式制动器按制动蹄的受力情况不同，可分为领从蹄式、双领蹄式（单向作用、双向作用）、双从蹄式、自增力式（单向作用、双向作用）等。

▶ **知识链接**

鼓式制动器结构简单，制造成本低，制动能力强，因此中大型汽车一般都采用鼓式制动器。但它的最大缺点是散热差，由于制动工作机构是封闭在制动鼓内的，所以在连续制动后热量无法快速散发，制动鼓在受热膨胀之后与制动摩擦片的接触面会变小，从而影响制动效率，这也是货车长时间制动时常利用喷水来降温的原因。

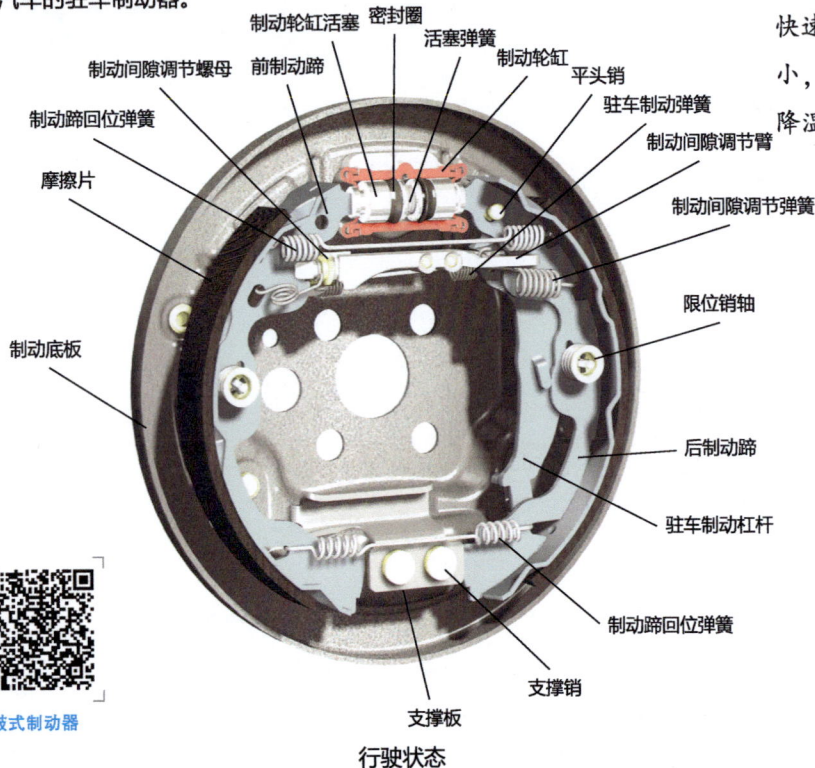

鼓式制动器

制动轮缸活塞　密封圈
制动间隙调节螺母　前制动蹄　活塞弹簧　制动轮缸
制动蹄回位弹簧　　　　　平头销
摩擦片　　　　　　　　　　驻车制动弹簧
　　　　　　　　　　　　　制动间隙调节臂
　　　　　　　　　　　　　制动间隙调节弹簧
制动底板　　　　　　　　　限位销轴
　　　　　　　　　　　　　后制动蹄
　　　　　　　　　　　　　驻车制动杠杆
　　　　　　　　　　　　　制动蹄回位弹簧
支撑板　　支撑销

行驶状态

制动状态

浮钳盘式制动器

盘式制动器中最常用的是浮钳盘式制动器。在钳盘式制动器中，由工作面积不大的摩擦块与其金属背板组成制动衬块，每个制动器中一般有2~4块。这些制动衬块及其促动装置都装在横跨制动盘两侧的夹钳形支架中，称为制动钳。钳盘式制动器散热能力强，热稳定性好，故广泛应用于大多数乘用车上。

▶知识链接

1. 盘式制动器散热快、重量轻、结构简单、调整方便。高负载时耐高温性能好，制动效果稳定，不怕泥水侵袭。在冬季和恶劣路况下行车，很多轿车采用的盘式制动器有平面式制动盘或通风制动盘。

2. 陶瓷制动盘有很好的抗热衰退性能，其耐热性能要比普通制动盘高出许多倍，常用于高档跑车上。

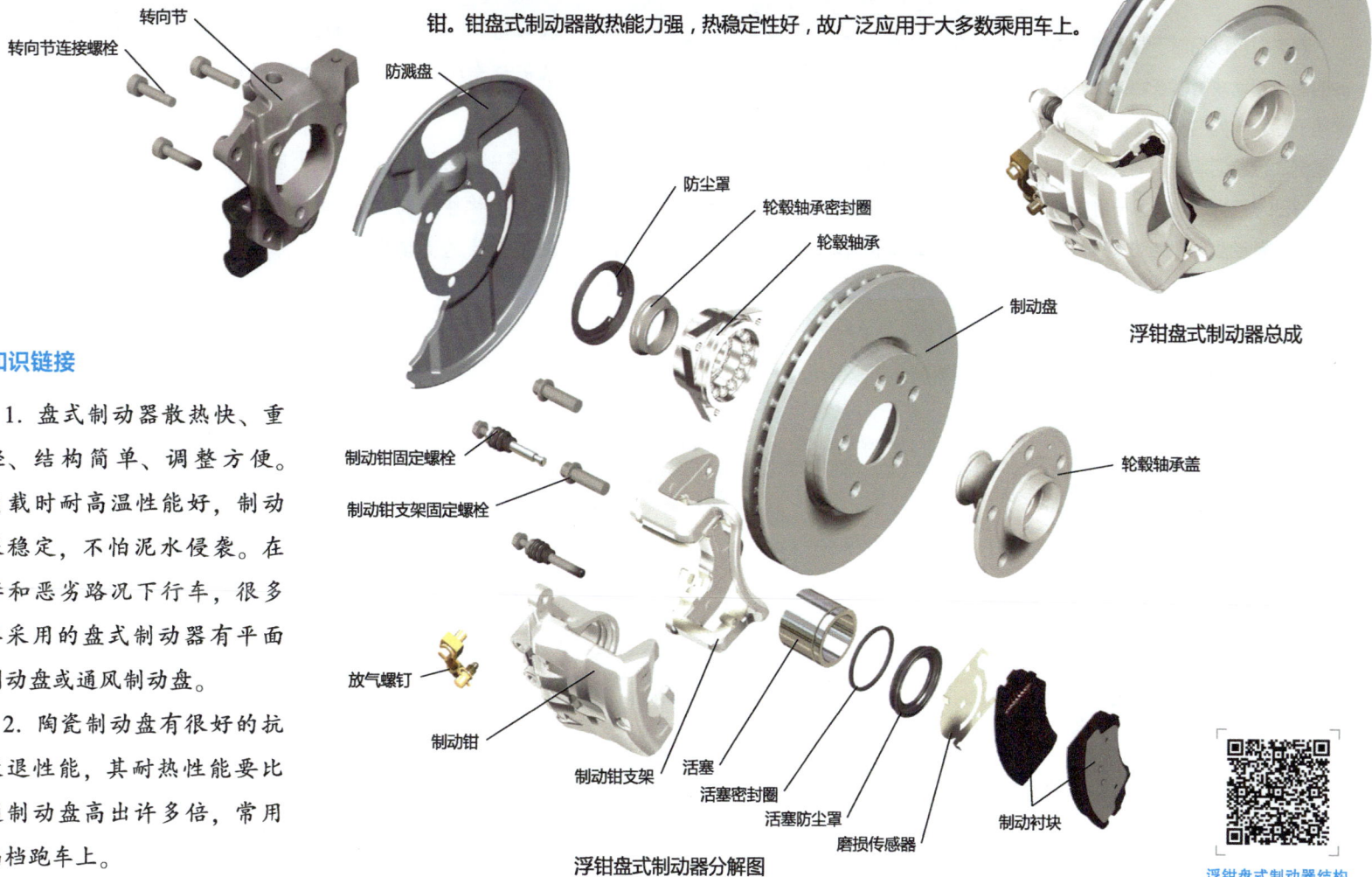

转向节连接螺栓
转向节
防溅盘
防尘罩
轮毂轴承密封圈
轮毂轴承
制动盘
浮钳盘式制动器总成
轮毂轴承盖
制动钳固定螺栓
制动钳支架固定螺栓
放气螺钉
制动钳
制动钳支架
活塞
活塞密封圈
活塞防尘罩
磨损传感器
制动衬块

浮钳盘式制动器分解图

浮钳盘式制动器结构

浮钳盘式制动器工作原理

制动钳可以相对于制动盘沿轴向移动。在制动盘内侧设置有液压缸，外侧的固定制动块附装在钳体上。制动时，制动液被压入液压缸中，在液压力作用下活塞向内侧移动，推动活动制动块也向内侧移动并压靠到制动盘上，于是制动盘给活塞一个向外的反作用力，使活塞连同制动钳体整体沿导向销向外移动，直到制动盘另一侧的固定制动块也压到制动盘上。这时两侧制动块都压在制动盘上，制动块夹紧制动盘，产生阻止车轮转动的摩擦力矩，实现制动。

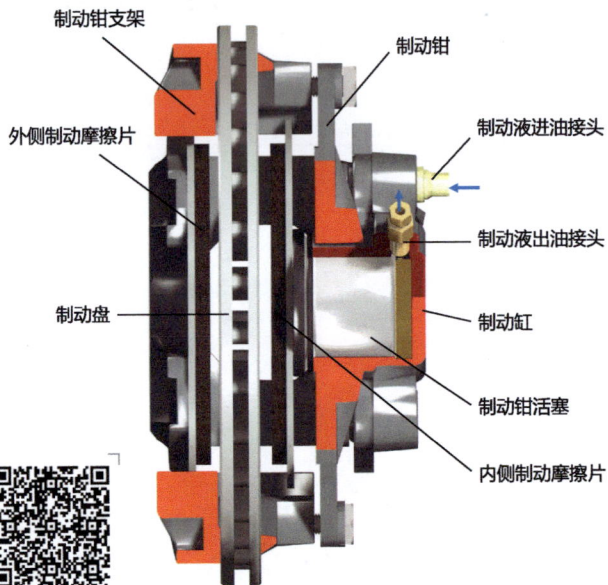

▶ 知识链接

1. 通常发动机前置的汽车在制动时重心会前移，在前后制动力度一致的情况下，车辆容易失控，所以前轮需要比后轮更大的制动力来保证车辆平衡，因此会将制动盘尺寸设计为前大后小的形式。

2. 通常制动系统先更换的是制动片（制动摩擦片）。制动片上会带有一个称作"磨损指示器"的金属片，制动盘的更换周期可以根据制动片的更换次数确定。

制动钳支架　制动钳　制动液进油接头　制动液出油接头　制动缸　制动钳活塞　外侧制动摩擦片　制动盘　内侧制动摩擦片

浮钳制动工作

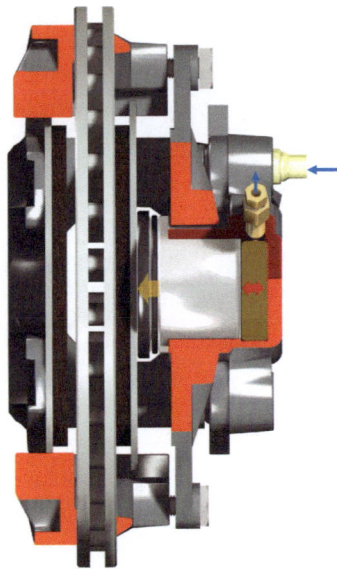

解除制动状态　　　　　　　　单片接触状态　　　　　　　　制动状态

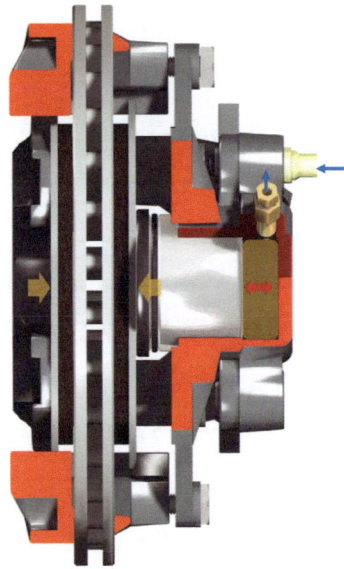

汽车构造与原理三维图解（彩色版）

■ 160

中央盘式驻车制动器

驻车制动器的作用是：当汽车停驶后使汽车可靠停车，防止汽车滑溜；汽车在坡道起步时，协同离合器、加速踏板等使汽车顺利起步；在行车制动失效后临时使用或配合行车制动器进行紧急制动。

驻车制动器必须可靠地保证汽车原地停驻，并在任何情况下确保汽车不自行滑移，而这一点只有机械锁止方法才能实现，因此驻车制动器多采用机械传能装置。

下图所示为中央盘式驻车制动器，它采用浮钳盘式制动器，布置在主减速器输入端，利用主减速比与轮边减速器减速比来提高制动力矩，采用双级螺旋斜面的楔形结构。这种制动方式可得到较大的制动盘夹紧力，能满足 40% 坡度的驻车要求。

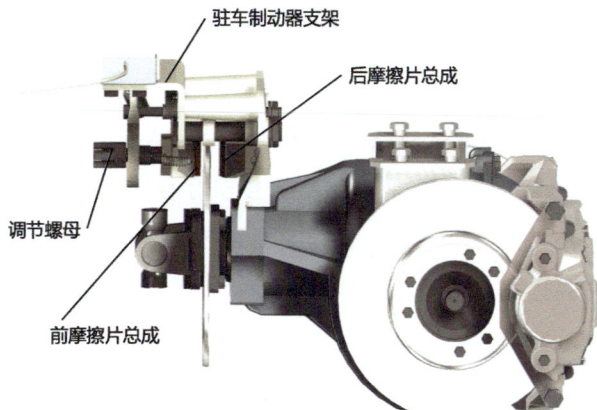

中央盘式驻车制动器组成

中央盘式驻车制动器

▶知识链接

1. 中央盘式制动器比较适合越野车，乘用车通常采用鼓式驻车制动器。

2. 机械式驻车制动在使用时不能拉得太紧，也不要长时间在坡道上拉驻车制动器，冰雪天和冬天洗车后驻车制动器可能失效。

3. 货车驻车制动采用气压制动方式，其结构与工作原理比乘用车复杂得多，在起步前还需要时间来解除驻车制动。

制动主缸

制动主缸属于单向作用活塞式液压缸，它的作用是将制动踏板输入的机械能转换成液压能。制动主缸分为单腔式和双腔式，分别用于单回路和双回路液压制动系统。

下图所示带有补偿孔的柱塞式双腔制动主缸是为解决有些汽车布置空间狭小、无法安装传统制动主缸的车型而设计的，它结构紧凑，有效地节约了其轴向空间，其长度只有传统主缸的一半左右。

当双回路液压制动系统中任何一套管路失效时，只要增大制动踏板行程，制动主缸仍能工作。

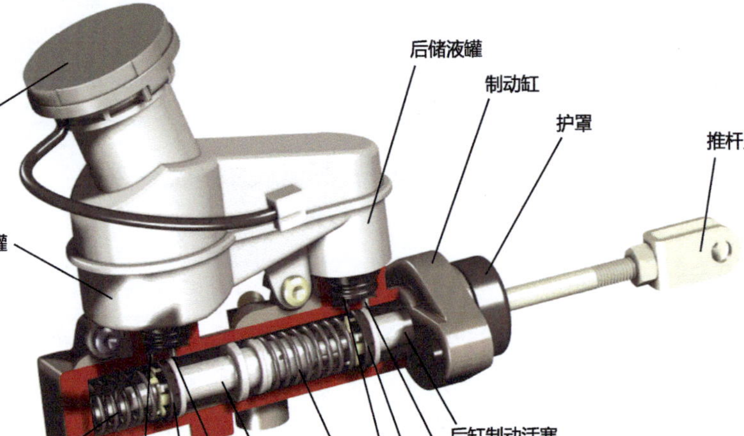

制动主缸

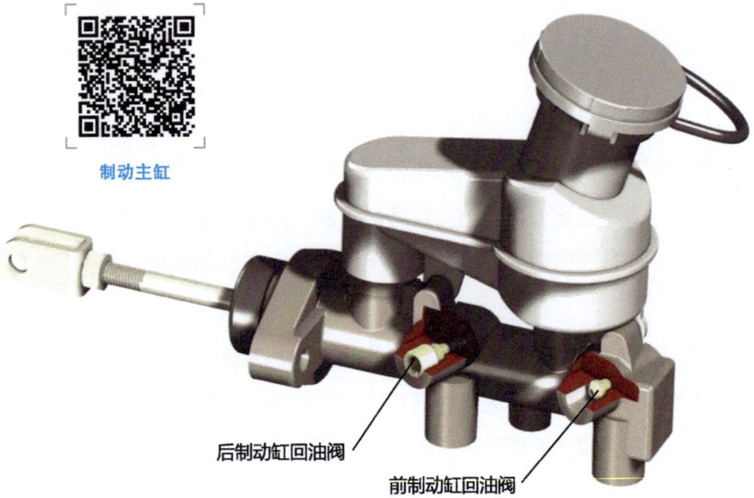

制动主缸总成

储液罐盖
后储液罐
制动缸
护罩
推杆叉
前储液罐
前制动活塞回位弹簧
前罐补偿孔
前缸活塞胶碗
前罐进油孔
后缸制动活塞
后罐进油孔
后缸活塞胶碗
前缸制动活塞
后罐补偿孔
后制动活塞回位弹簧
后缸制动活塞

制动主缸剖视图

▶ 知识链接

1. 制动主缸和真空助力器连接在一起。驾驶人的脚施加在制动踏板上的机械力和真空助力器的力作用在制动主缸上，再由它将制动液加压后分配给行车制动器。

2. 制动主缸主要分为补偿孔式、中心阀式和柱塞式主缸。补偿孔式主缸结构简单，但胶碗移动时会经过补偿孔，导致胶碗寿命降低；中心阀式制动主缸由于去掉了补偿孔式制动主缸的补偿孔，而供油方式改为中心阀式，解决了 ABS 所需的快速补油问题；柱塞式主缸缸体加工简单，活塞与主缸不接触，活塞加工工艺性好，应用更加广泛。

防抱死制动系统（ABS）

ABS 系统布置

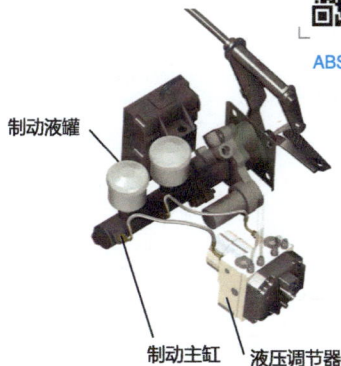

制动液罐

制动主缸　　液压调节器

ABS液力部分

防抱死制动系统（ABS）是汽车上的一种主动安全装置，其作用是在汽车制动时防止车轮抱死拖滑，以提高汽车制动时的转向稳定性，缩短汽车的制动距离，使汽车制动更为安全有效。

通常，ABS 是在普通制动系统的基础上加装轮速传感器、ABS 电控单元、制动压力调节装置和制动控制电路等电子控制系统组成的。普通制动系统的组成与前述液压制动系统完全相同，由制动主缸、制动轮缸和制动管路等组成，用来实现汽车的常规制动。电子控制系统则是在制动过程中用来确保车轮始终不抱死，车轮滑移率处于合适的范围内，车轮始终处于理想的运动状态。

▶ 知识链接

1. 主流 ABS 都是多路的，也就是每个车轮的控制都是独立不受牵连的，如果只有一个车轮抱死，则 ABS 只会有一路介入工作，控制那个抱死的车轮，这就是 ABS 带制动力分配（EBD）。

2. 当 ABS 启动时，用力踩下的制动踏板会有抖动及响声，这是 ABS 间歇收放制动的正常反应，不要因此而松开制动踏板。

3. ABS 故障灯亮，通常是因为轮速传感器失效，只需更换即可，也有少数时候是因为液压调节器（ABS 泵）有故障或损坏。

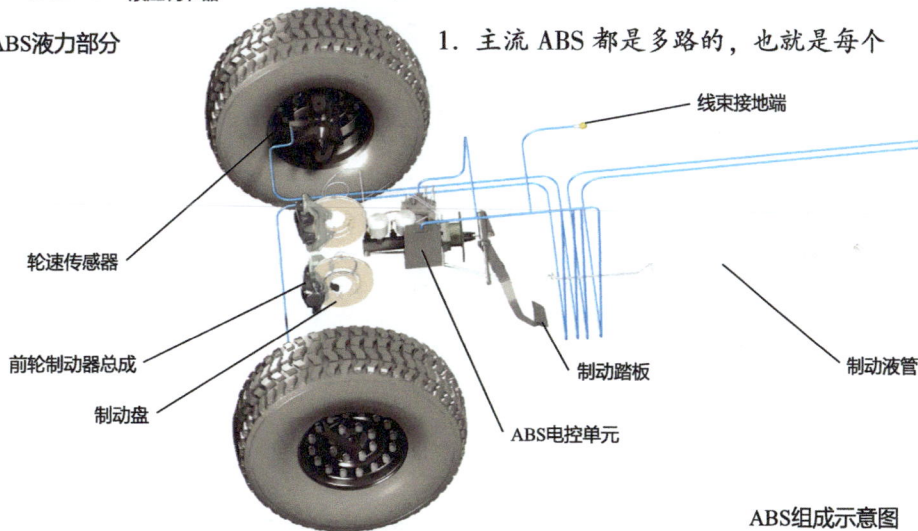

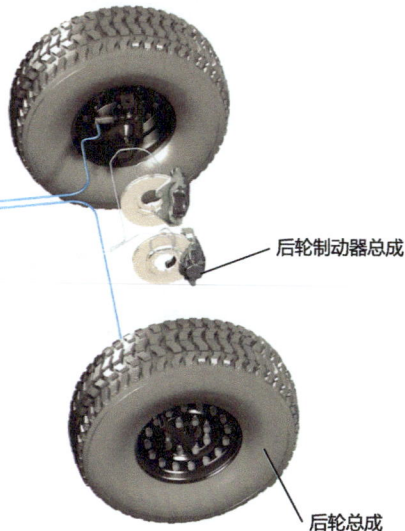

线束接地端

后轮制动器总成

轮速传感器

前轮制动器总成

制动盘

制动踏板

ABS电控单元

制动液管

后轮总成

ABS组成示意图

液压控制单元

ABS 液压控制单元（ABS 泵）主要由电动液压泵、蓄能器、电磁控制阀等部分组成，其中电动液压泵是一个高压泵，它可在短时间内将制动液加压（在蓄能器中）到 15~18MPa，并给整个液压系统提供高压制动液体。活塞–弹簧式蓄能器位于电磁阀与回油泵之间，由轮缸来的液压油进入蓄能器，进而压缩弹簧使蓄能器液压腔容积变大，以暂时储存制动液。ABS 中都有一两个电磁阀，其中有若干对电磁控制阀，分别控制前后轮的制动。常用的电磁阀有四通道式、三通道式、二通道式和一通道式等形式。

▶ **知识链接**

1. ABS 液压泵工作中，高压制动液从轮缸返回主缸时，以及制动液从主缸流回轮缸时，制动轮缸的高速收放动作会使高压制

动液被频繁挤压，伴随着制动踏板行程发生往复变化，也就是大家都会遇到的制动踏板抖动顶脚现象。

2. 在 ABS 工作过程（减压过程）中，液压泵电动机一直保持工作，时间长了就会造成电动机电刷磨损。当电动机电刷耗尽，ABS 泵也就无法正常工作了，这是 ABS 泵常见的故障。

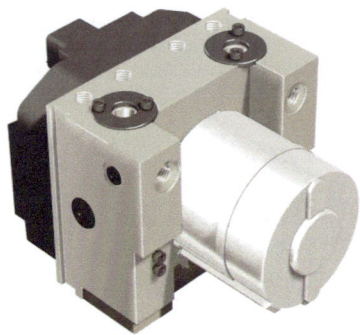

ABS液压控制单元总成

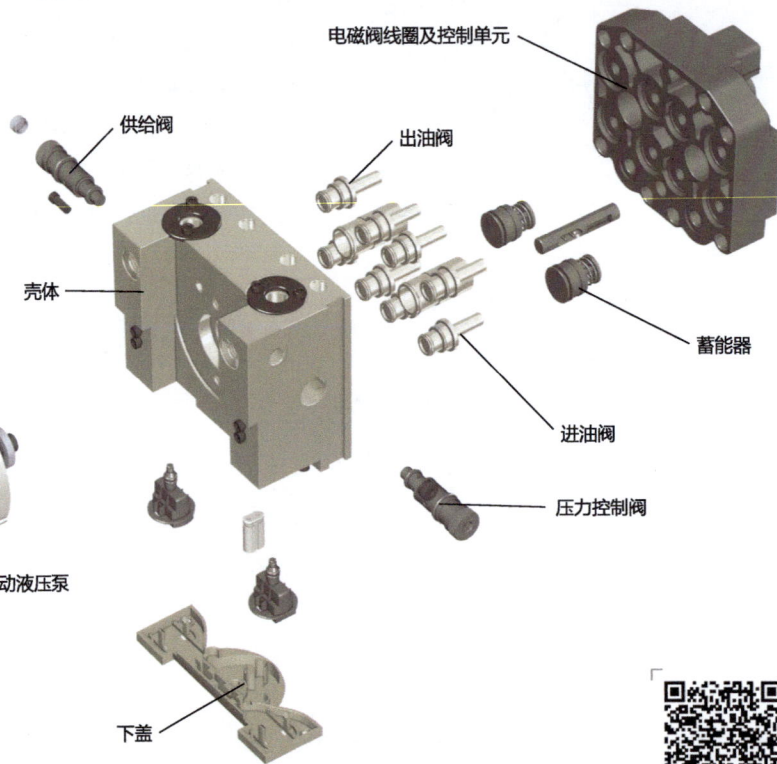

ABS液压控制单元分解图

ABS 液压调节器

汽车构造与原理三维图解（彩色版）

防抱死制动系统工作原理

开始制动：制动时，制动主缸产生制动压力，通过打开不带电的进油阀使压力升高以制动车轮，此时，出油阀不带电且闭合。车轮转速不断降低，直到轮速传感器给控制器传送车轮有抱死趋势的信号。

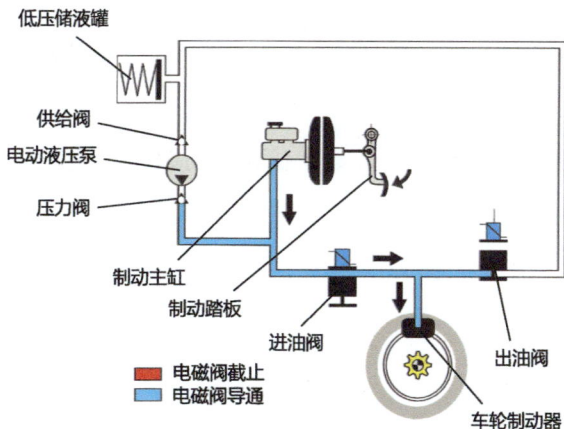

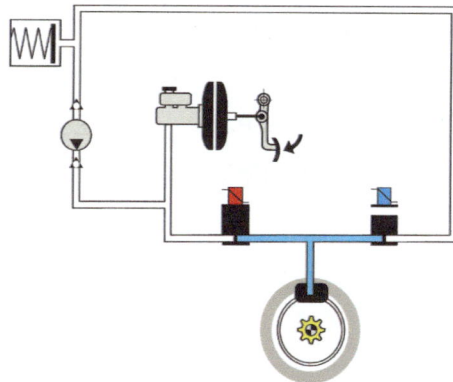

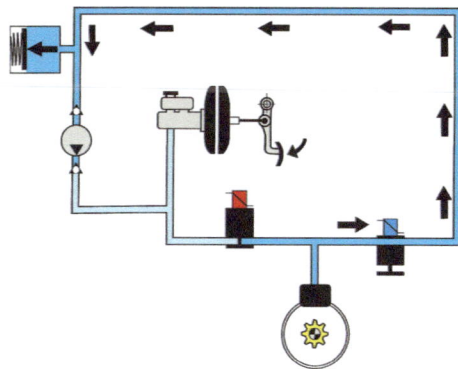

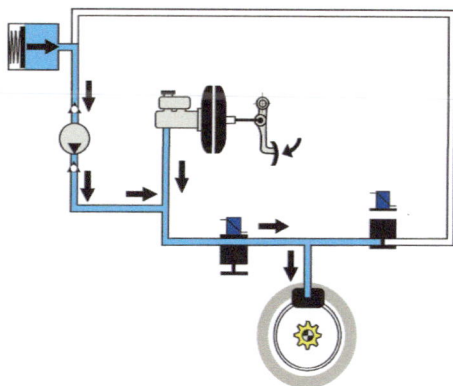

压力保持阶段：当车轮出现抱死趋势，进油阀通电并关闭阀门，出油阀不带电且闭合。出油阀与进油阀之间的制动压力保持不变。

压力降低阶段：当轮速持续降低，即使制动压力保持不变，车轮也会抱死，因此，必须降低制动压力。此时，进油阀继续供电并保持关闭状态，控制单元起动液压泵，将制动液由低压储液罐输送至制动主缸，制动踏板上移，有抱死趋势车轮的制动力下降，轮速提高。

压力增加阶段：为使制动效果最佳，只有轮速达到一定程度后，才继续施加制动力。此时，进油阀不带电且打开，出油阀不带电且关闭。液压泵持续工作，低压储液罐中的制动液持续送入制动系统管路，车轮制动力增加，轮速继续降低。

低压储液罐
供给阀
电动液压泵
压力阀
制动主缸
制动踏板
进油阀
出油阀
车轮制动器

■ 电磁阀截止
■ 电磁阀导通

开始制动

压力保持阶段

压力降低阶段

压力增加阶段

▶ 知识链接

1. ABS 的特点是当车轮趋于抱死临界点时，制动轮缸压力不随制动主缸压力增加而增高，压力在抱死临界点附近变化，也就是所谓的极限电控"点刹"。

2. 大型车辆采用气压 ABS，用气压调节器替代液压调节器，控制过程及策略与液压 ABS 相近，通过控制制动气室的制动气压来控制车轮制动力。

车辆稳定系统（ESP）的作用

车辆过度转向且没有车辆稳定系统（ESP）辅助工作时，车辆后部甩尾，驾驶人被迫猛转动转向盘，车辆无法按照适合的轨迹行驶。当有 ESP 工作时，左前轮制动力增加，给予车辆逆时针的补偿力矩，使车辆保持稳定，恢复正常驾驶路线。

车辆转向不足且没有 ESP 辅助工作时，前轮易向外侧滑出。当有 ESP 工作时，右后轮制动力增加，给予车辆顺时针的补偿力矩，使车辆保持稳定，恢复正常驾驶路线。

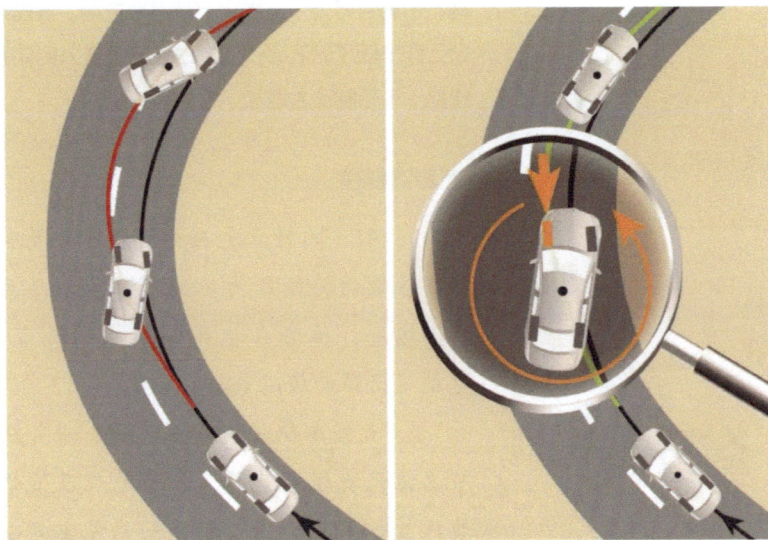

▶ 知识链接

1. 为了避免与 ESP 专利冲突，现在很多汽车装有 ESC，两者从功用到原理没有本质上的区别，但各家 ESC 在性能上还是有较大差别的。

2. ESP 应当是车辆主动安全系统必备的功能，如果没有此功能，安全性会大打折扣。

3. ESP 不能避免轮胎打滑，只是降低轮胎打滑后的失控概率，它不是万能的。

过度转向时ESP的作用　　　　　　　　　转向不足时ESP的作用

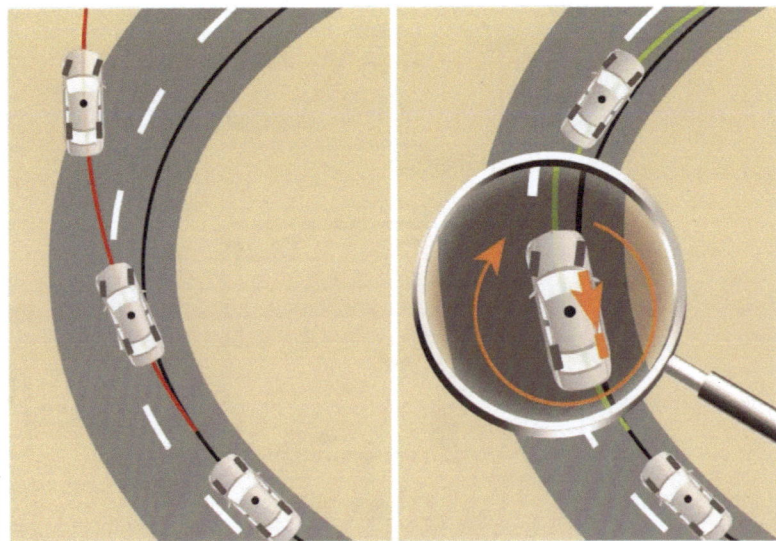

· 车辆重心　　→ 预期轨迹　　— 无ESP　　— 有ESP　　➡ ESP介入　　↻ 补偿力矩

车辆稳定系统（ESP）组成

车辆稳定系统（ESP）包含防抱死制动系统（ABS）和驱动防滑系统（ASR），是这两种系统功能上的延伸。ESP 由控制单元、转向角传感器、轮速传感器、侧滑传感器、横向加速度传感器等组成。控制单元通过这些传感器信号对汽车运行状态进行判断，进而发出控制指令。ESP 能够探测分析车况并纠正驾驶错误，防患于未然。ESP 对过度转向和不足转向特别敏感，例如汽车在路滑时左拐过度转向（转弯太急）时会产生向右侧甩尾，传感器探测到滑动就会迅速制动右前轮使其恢复附着力，产生一种相反的力矩而使汽车保持在原来的车道上。

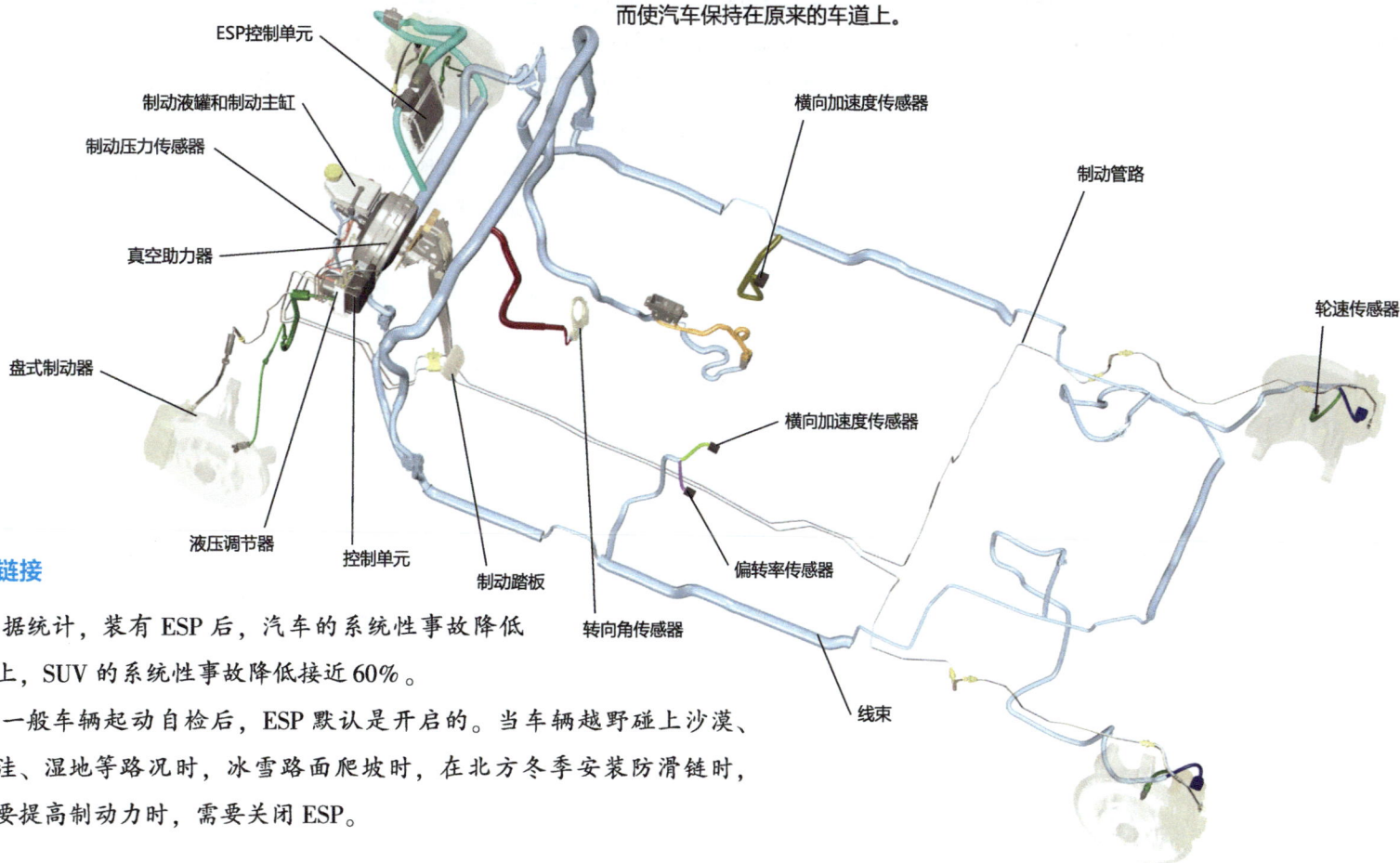

ESP控制单元

制动液罐和制动主缸

制动压力传感器

真空助力器

盘式制动器

液压调节器

控制单元

制动踏板

转向角传感器

横向加速度传感器

制动管路

轮速传感器

横向加速度传感器

偏转率传感器

线束

▶知识链接

1. 据统计，装有 ESP 后，汽车的系统性事故降低 30% 以上，SUV 的系统性事故降低接近 60%。

2. 一般车辆起动自检后，ESP 默认是开启的。当车辆越野碰上沙漠、泥泞坑洼、湿地等路况时，冰雪路面爬坡时，在北方冬季安装防滑链时，验车需要提高制动力时，需要关闭 ESP。

车辆稳定系统（ESP）工作原理

当车辆左转出现转向不足时，控制单元根据各传感器信息控制左后轮制动，产生一个拉力和一个扭矩来对抗车头向右推的转向不足趋势。

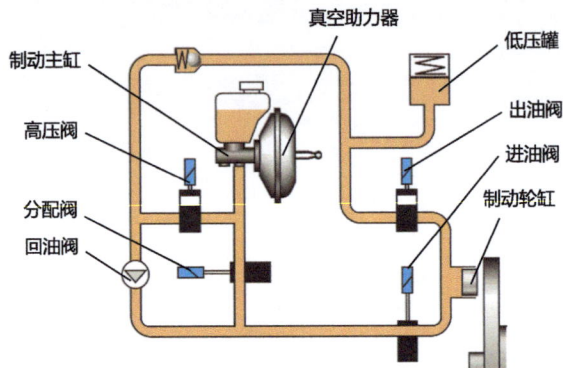

未开始制动

制动主缸　真空助力器　低压罐
高压阀　　　　　出油阀
分配阀　　　　　进油阀
回油阀　　　　　制动轮缸

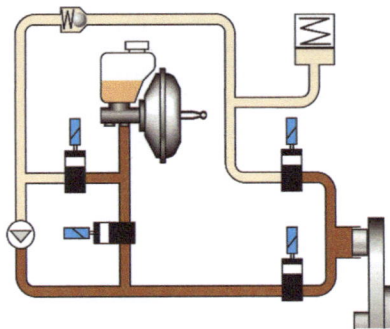

压力保持

当左转且后轮地面附着不足或后驱车急加速出现转向过度时，ESP 会控制右前轮制动，同时减小发动机输出的功率，纠正错误的转向姿态。

当汽车由于直线制动导致地面附着力不均匀出现跑偏时，ESP 会控制附着力强的车轮减小制动力，让汽车按照驾驶人预想的行驶线路前进。同样，当一边制动一边转向时，ESP 也会控制某些车轮增大制动力或减小制动力，让汽车按照驾驶人的意图行进。

其液压机构工作原理如下：

①建立压力：助力器产生预压力。此时，回油泵吸油，分配阀关闭，高压阀打开，进油阀保持打开状态，直到车轮得到足够的制动力。

②压力保持：当全部阀门关闭时，管路内制动压力得以保持。

③压力降低：当出油阀打开，分配阀根据压力大小重新打开或持续关闭。此时，高压阀和进油阀关闭，制动液经分配阀和串联的制动主缸流回储液罐。

▶ 知识链接

ESP 能够精确控制一个或多个车轮的制动过程，并且根据需要分别对每个车轮施加不同的制动力。在某些情况下，可以每秒 150 次或更高频率进行连续制动。ESP 工作时还可以自动调整发动机的输出转矩，并调整每个车轮的驱动力和制动力，以修正汽车的转向过度和转向不足。

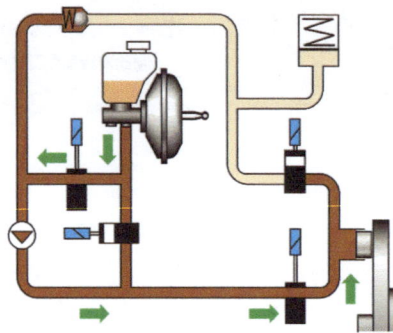

建立压力

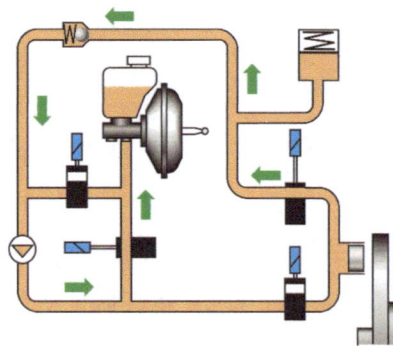

压力降低

电子机械式驻车制动系统作用

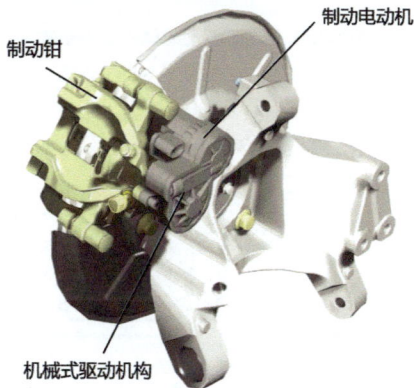

制动钳

制动电动机

机械式驱动机构

电子机械式驻车制动系统结构

电子机械式驻车制动系统是指将行车过程中的临时性制动和停车后的长时性制动功能整合在一起，并且由电子控制方式实现停车制动的技术。

其自动驻车功能通过内置在其 ECU 中的纵向加速度传感器来测算坡度，从而可以算出汽车在斜坡上由于重力而产生的下滑分力，ECU 通过电动机对后轮施加制动力来平衡下滑分力，使车辆能停在斜坡上。当车辆起步时，ECU 通过离合器踏板上的位移传感器以及节气门开度的大小来测算需要施加的制动力，同时通过高速控制器局域网（CAN）与发动机控制单元通信来获取发动机牵引力的大小。ECU 自动计算发动机牵引力的增加，相应地减少制动力。当牵引力足够克服下滑分力时，ECU 驱动电动机解除制动，从而实现汽车顺畅起步。

▶ 知识链接

如果在行驶过程中误按电子驻车按钮，汽车控制单元会关闭其功能；如果在紧急制动过程中按下，大部分电子驻车系统都会额外提供更强的制动力来辅助，部分车型更具有电子制动力分配以及限速制动功能。

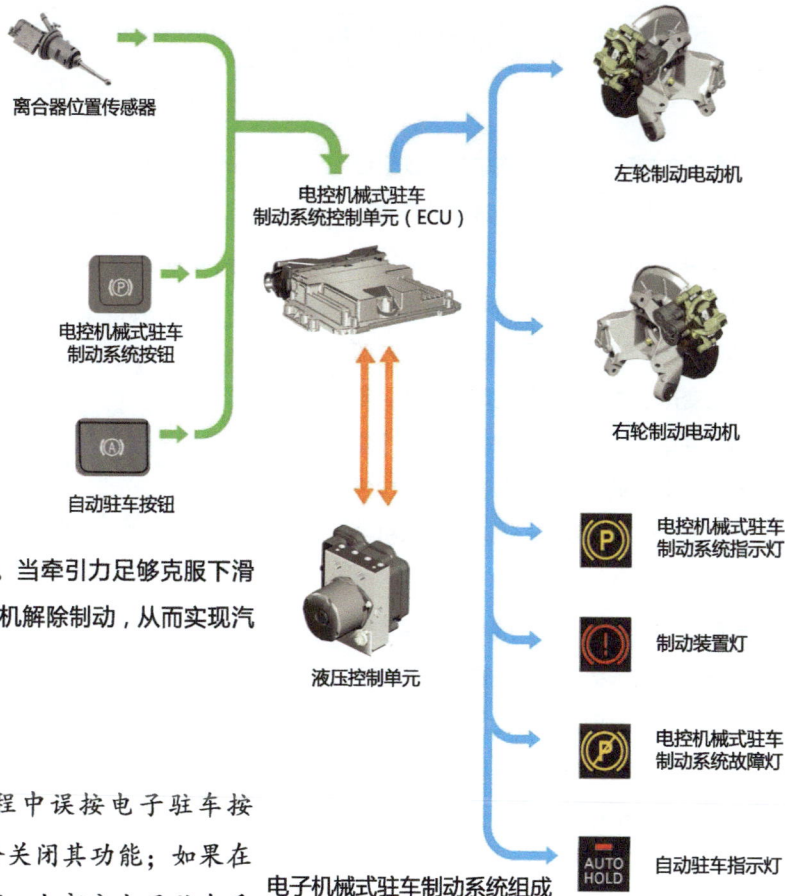

离合器位置传感器

电控机械式驻车制动系统按钮

自动驻车按钮

电控机械式驻车制动系统控制单元（ECU）

液压控制单元

左轮制动电动机

右轮制动电动机

电控机械式驻车制动系统指示灯

制动装置灯

电控机械式驻车制动系统故障灯

自动驻车指示灯

电子机械式驻车制动系统组成

电子机械式驻车制动系统工作原理

需要驻车制动时，按动驻车制动按钮会触发电动机，电动机驱动的活塞螺杆带动其上的推力螺母向前移动，推力螺母推动活塞并将其抵到制动摩擦片上，制动摩擦片会压到制动盘上。此时密封套会向制动摩擦片的方向发生变形，通过电动机的电流增大。电子机械式驻车制动系统的控制单元在整个驻车过程中对电动机的电流进行测量。当电流超过特定值时，控制单元会切断电动机的供电。

解除驻车制动时，再次按动驻车制动按钮，或在自动驻车状态下踩动加速踏板时，电动机改变旋转方向。螺杆沿反方向旋转，螺杆上的推力螺母向后运动，制动活塞被释放，制动摩擦片松开制动盘。

▶ 知识链接

1. 自动驻车功能是由 ESP 模块开发而来的，在该过程中，控制单元会通过安装在汽车上的传感器来得到车身的水平度和车轮转矩，以此来实施合适的制动力。

2. 电子驻车系统工作时，ESP 液压制动和电动机制动以 7km/h 为分割点。时速在 7km/h 以上，采用液压制动；7km/h 以下，可以为电动机螺杆制动。但液压制动也可以持续至车速为零，这和正常的制动过程没有区别。在电子驻车系统工作过程中，ABS 和 ESP 都能正常工作。

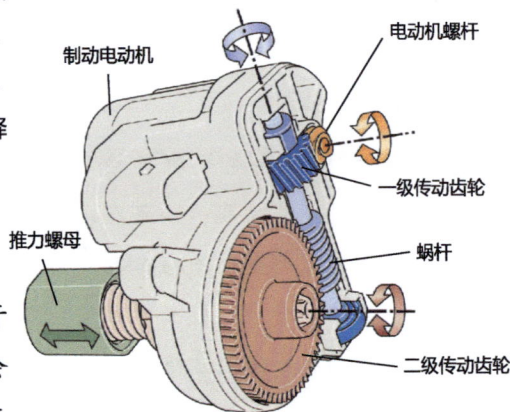

推力螺母　制动活塞　活塞螺杆　制动摩擦片　制动盘

密封套

驻车制动状态

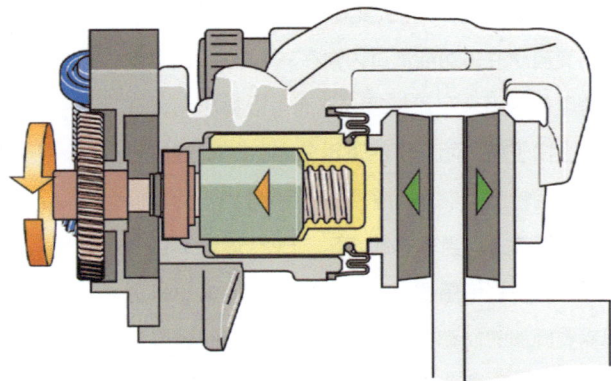

制动电动机　电动机螺杆　一级传动齿轮　蜗杆　二级传动齿轮

推力螺母

电子机械式驻车制动系统驱动装置

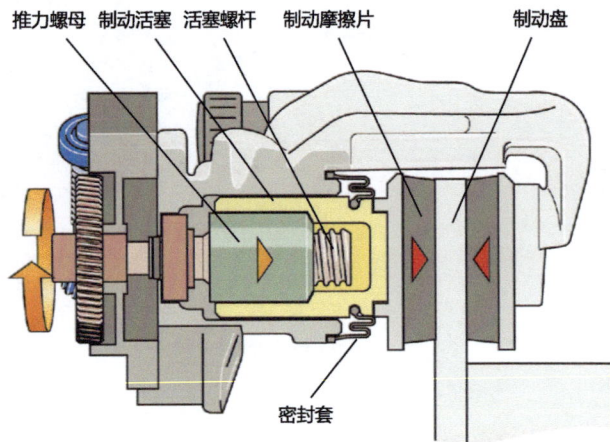

解除驻车制动状态

汽车构造与原理三维图解（彩色版）

车身布置形式

乘用车按照车身布置形式一般分为单厢车、两厢车和三厢车。

三厢车的车身结构由三个相互封闭、用途各异的厢组成。前部是发动机舱，车身中部是驾乘室，后部是行李舱。三厢车的缺点是车身尺寸长，在交通拥堵的大城市里行驶及停车不方便。

两厢车前部与三厢车没有区别，作用也一样。不同之处在于这种汽车将驾乘室近似等高度向后延伸，把行李舱和驾乘室合为一体，使其减少为发动机舱和驾乘室两厢。

两厢车尾部有宽敞的后车门，具有使用灵活、用途广泛等特点，平放后排座位，就可以获得比三厢车大得多的载物空间，可用来运送许多大型家电和家庭用品。

单厢车是在两厢车的基础上发展而来的。它的发动机舱进一步缩短，变得很不明显，其发动机舱盖与风窗玻璃几乎成一斜面，整个车身与小客车较相似。

▶ 知识链接

1. 由于两厢车少了行李舱，车辆重心前移，轴荷分布相对均匀。通常来讲，与三厢车相比，两厢车拥有更好的稳定性与操控性。

2. 三厢车由于车身修长，线条优美，外观看起来时尚。此外，由于行李舱和驾乘室之间存在一个隔断区，使得三厢车的静音性比行李舱敞开式的两厢车稍好。

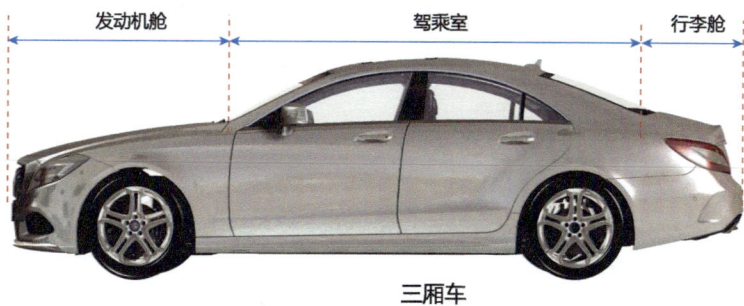

发动机舱+驾乘室+行李舱

单厢车

发动机舱　　驾乘室+行李舱

两厢车

发动机舱　　驾乘室　　行李舱

三厢车

3. 尽管两厢车没有行李舱，但并不意味着两厢车的安全性打了折扣，那是因为两厢车的 C 柱比较宽大，承受撞击能力更强。

承载式车身

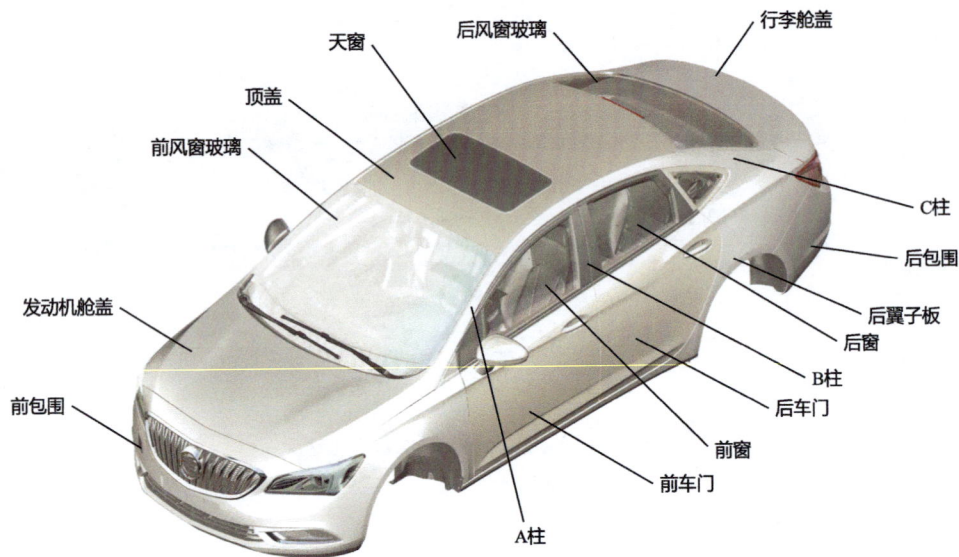

天窗　后风窗玻璃　行李舱盖
顶盖
前风窗玻璃
发动机舱盖
前包围
A柱
前车门
前窗
后车门
B柱
后窗
后翼子板
后包围
C柱

承载式车身

承载式车身没有车架，车身作为发动机和底盘各总成的安装基体，车身兼有车架的作用并承受全部载荷。

承载式车身将底盘部件、发动机等直接安装在车身上，结构以薄板为主。为了缓和底盘件安装部位的应力并确保车身刚度等，部分车辆安装有副车架，将底盘件一端安装在副车架上，也可将其安装在车身上。

▶ 知识链接

1. 除了轻量化及使用空间要求外，承载式车身重心更低，平稳性和舒适性更好，这也是家用乘用车采用这种结构的重要原因。

2. 车身设计通常分为上下两部分进行。下车身通常在汽车研发时根据已确定平台和底盘一起完成设计，而上车身是基于造型开发，同一品牌车型车身内部往往是设计思路共用的。

3. 车身总成按照功能、材质和布置不同还可以分为白车身、外饰和内饰等部分，有的还会把开闭件独立出来。

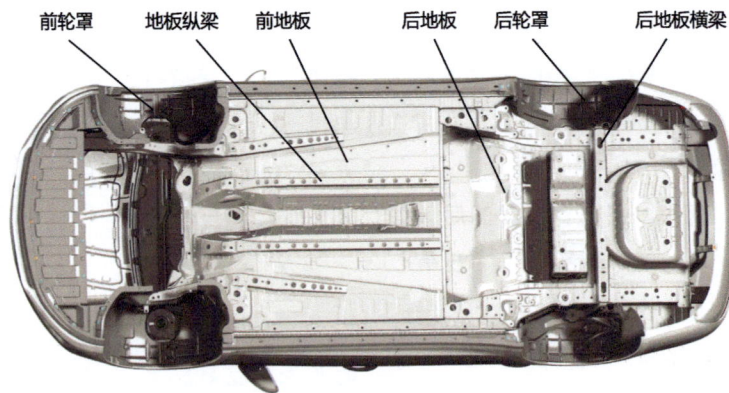

前轮罩　地板纵梁　前地板　后地板　后轮罩　后地板横梁

承载式车身仰视图

普通乘用车白车身

白车身是车身结构件和覆盖件焊接总成，包括前翼子板、车门、发动机舱盖、行李舱盖，但不包括附件和装饰件未涂漆的车身。车身壳体是一切车身部件的安装基础，通常是指纵、横梁和支柱等主要承力元件以及与它们相连接的钣件共同组成的刚性空间结构。客车车身多数具有明显的骨架，而轿车车身和货车驾乘室则没有明显的骨架。车身壳体通常还包括在其上敷设的隔声、隔热、防振、防腐和密封等材料和涂层。

▶知识链接

1. 白车身作为汽车的骨架在被动安全中具有保护和吸能作用，可保护驾乘人员的安全，因此其结构对安全性的影响也很大。

2. 乘用车车身常见的结构有3H车身和笼式车身。3H车身省去顶部和底部部分的横梁，重量轻，对于汽车经济性有较大优势。笼式车身框架结构为多方位连接形式，对乘员保护较好，但车身相对较重，车型改动难度比3H车身大。

3. 全铝合金车身还存在一些争议，采用超薄的高强度钢板或与铝合金并用是目前车身制造材料的主流选择。

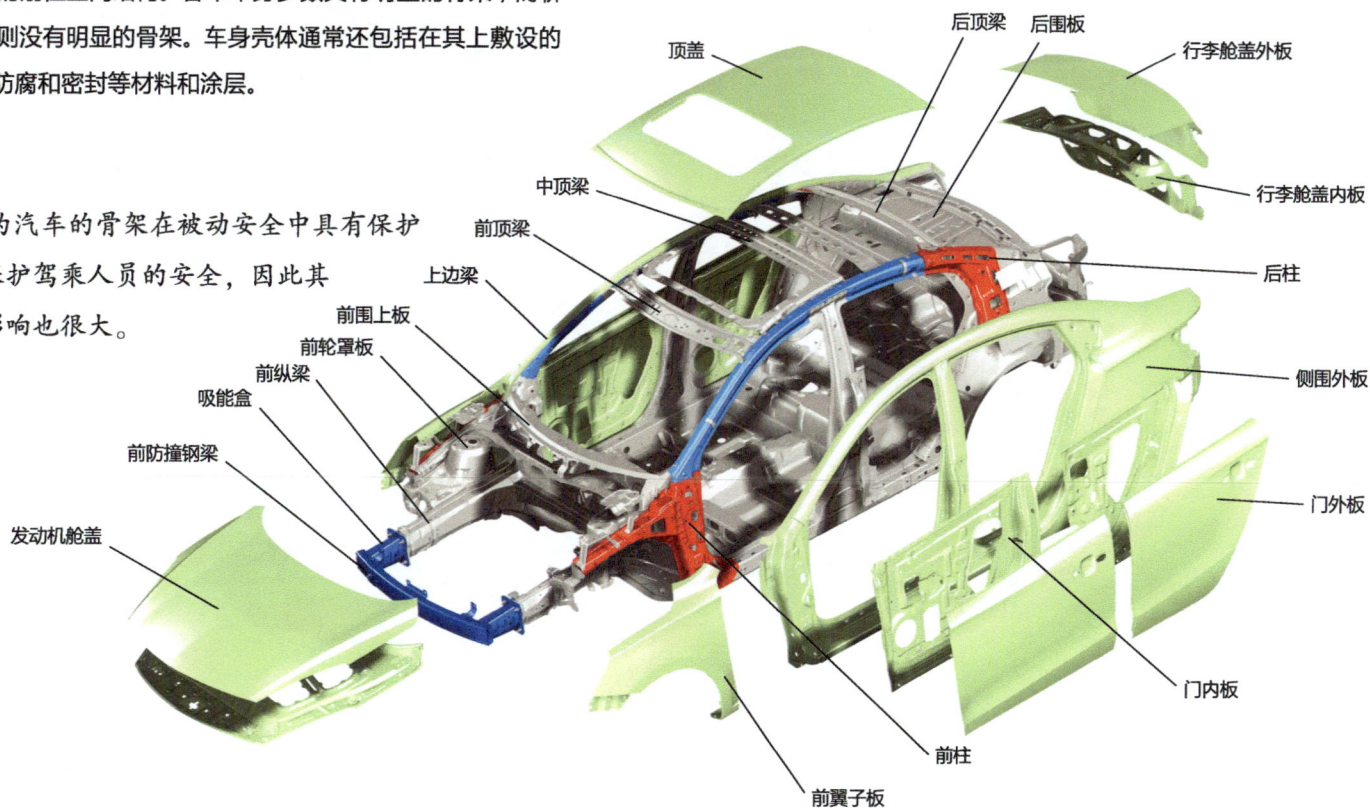

顶盖　后顶梁　后围板　行李舱盖外板　行李舱盖内板　后柱　侧围外板　门外板　门内板　前柱　前翼子板　中顶梁　前顶梁　上边梁　前围上板　前轮罩板　前纵梁　吸能盒　前防撞钢梁　发动机舱盖

车身强度设计

车身作为汽车的主要承载件，需要保证足够的刚度、强度和抗疲劳性能，从而使整车具有良好的安全性、抗振降噪和耐久性能。通过运用超高强度钢来打造驾乘室结构，大幅度提高车辆保护车内人员的能力，并通过减少板厚降低整备质量，进而提高车辆的燃油经济性及动力性。

1. 决定车身强度的是其整体框架，而不是大家常喜欢按压的门板。因此，框架钢板的强度比门板厚度更重要。

2. 白车身仅仅使用更高强度的钢材无法保证乘员安全，在车辆发生碰撞时如何将所受的撞击力均匀分散，吸能部件如何最大限度地吸收能量，这些都是白车身设计的重点。

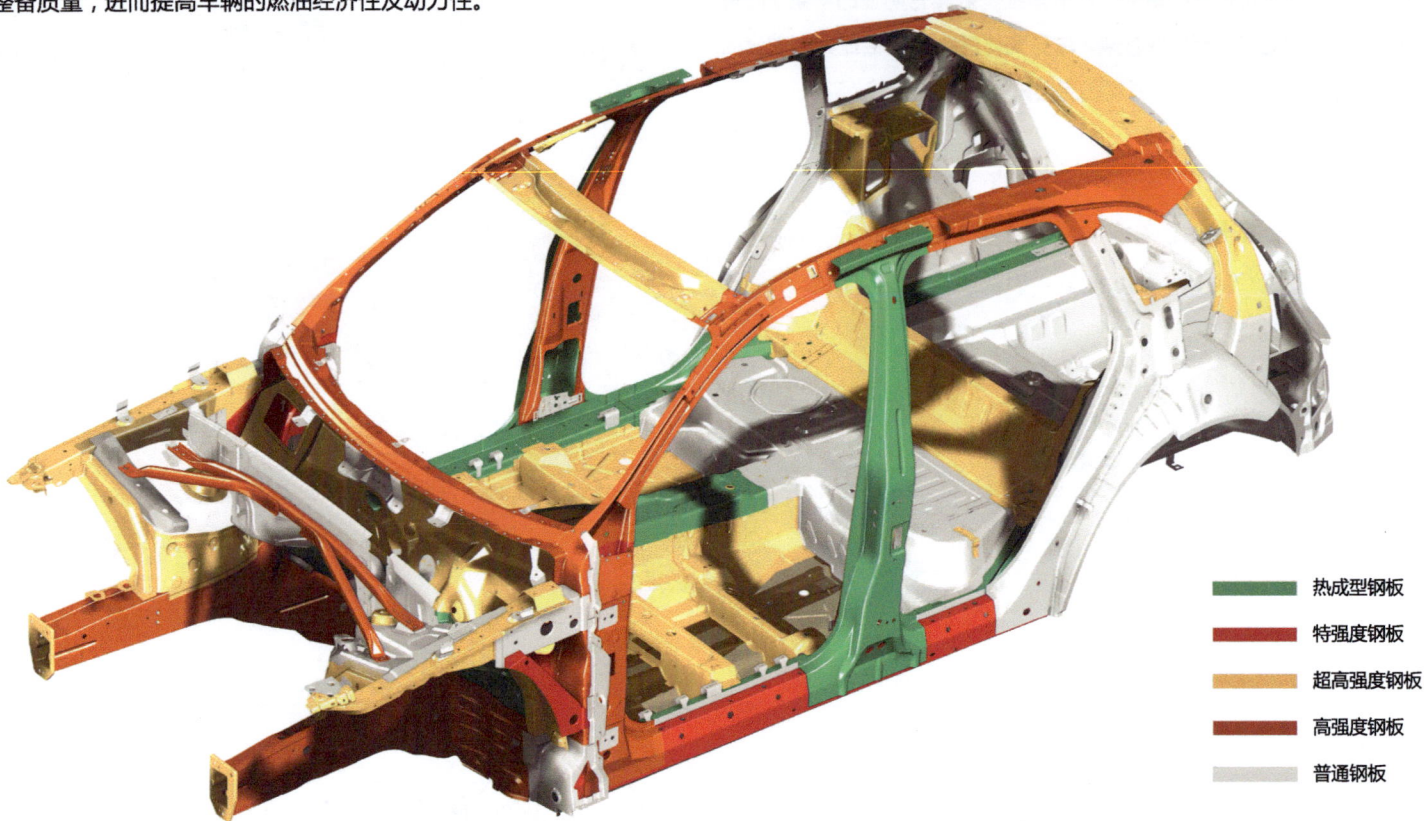

🟩	热成型钢板
🟥	特强度钢板
🟧	超高强度钢板
🟫	高强度钢板
⬜	普通钢板

汽车构造与原理三维图解（彩色版）

汽车外饰

汽车外饰零件是汽车中应用塑料最多的零部件系统。它主要包含晴雨挡、门碗饰件、外拉手贴件、挡泥板、贴纸、天线、雾灯框、灯眉、尾灯框和非金属材质的外包围等。

现代汽车外饰件一般多采用注塑工艺成型，再进行喷漆或皮纹处理。

▶ 知识链接

现代汽车外饰设计制造在汽车中占的比重越来越高，尤其在汽车同质化越来越严重的今天，外饰件材质、工艺和外观直接影响汽车的销量。外饰件材料要求轻质、隔热、隔声、阻燃、抗老化、耐冲击和耐压力波等。此外，外饰与车身工艺中的涂装关系最为密切，高低档车之间的涂装工艺差距很大。汽车生产常用的涂装方式有电泳涂装、喷涂、浸涂等。

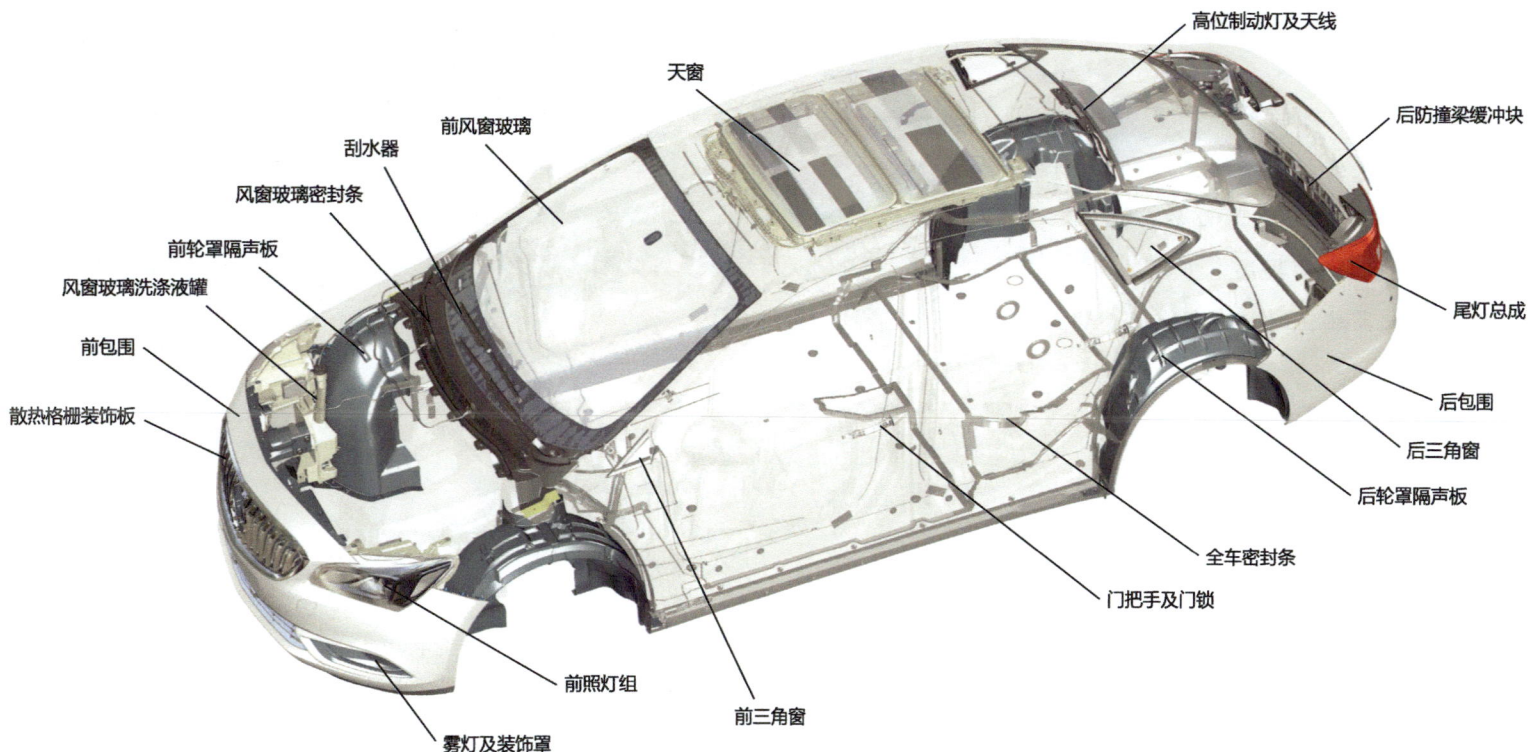

- 高位制动灯及天线
- 天窗
- 前风窗玻璃
- 刮水器
- 风窗玻璃密封条
- 前轮罩隔声板
- 风窗玻璃洗涤液罐
- 前包围
- 散热格栅装饰板
- 后防撞梁缓冲块
- 尾灯总成
- 后包围
- 后三角窗
- 后轮罩隔声板
- 全车密封条
- 门把手及门锁
- 前照灯组
- 前三角窗
- 雾灯及装饰罩

汽车内饰

汽车内饰是车身的重要组成部分，而且内饰设计工作量占汽车造型设计工作量的60%以上，是车身最重要的部分之一。

汽车内饰主要包括仪表板、副仪表板、门内护板、顶棚、座椅、立柱护板、其余驾乘室内装件、驾乘室空气循环系统、行李舱内装件、发动机舱内装件、地毯、安全带、安全气囊、转向盘、车内照明和车内声学系统等。

▶ 知识链接

汽车内饰设计的第一个重要因素就是包裹性，以给驾驶人和乘客带来安全感为目的。随着信息化程度的提高，中控台的功能被弱化，副仪表板的运用越发突出。

第二个重要因素是通透性，这能让汽车在有限的空间内营造更大的空间感。与通透感相关的是简洁性，这也与汽车的信息化与集成化的发展密不可分。

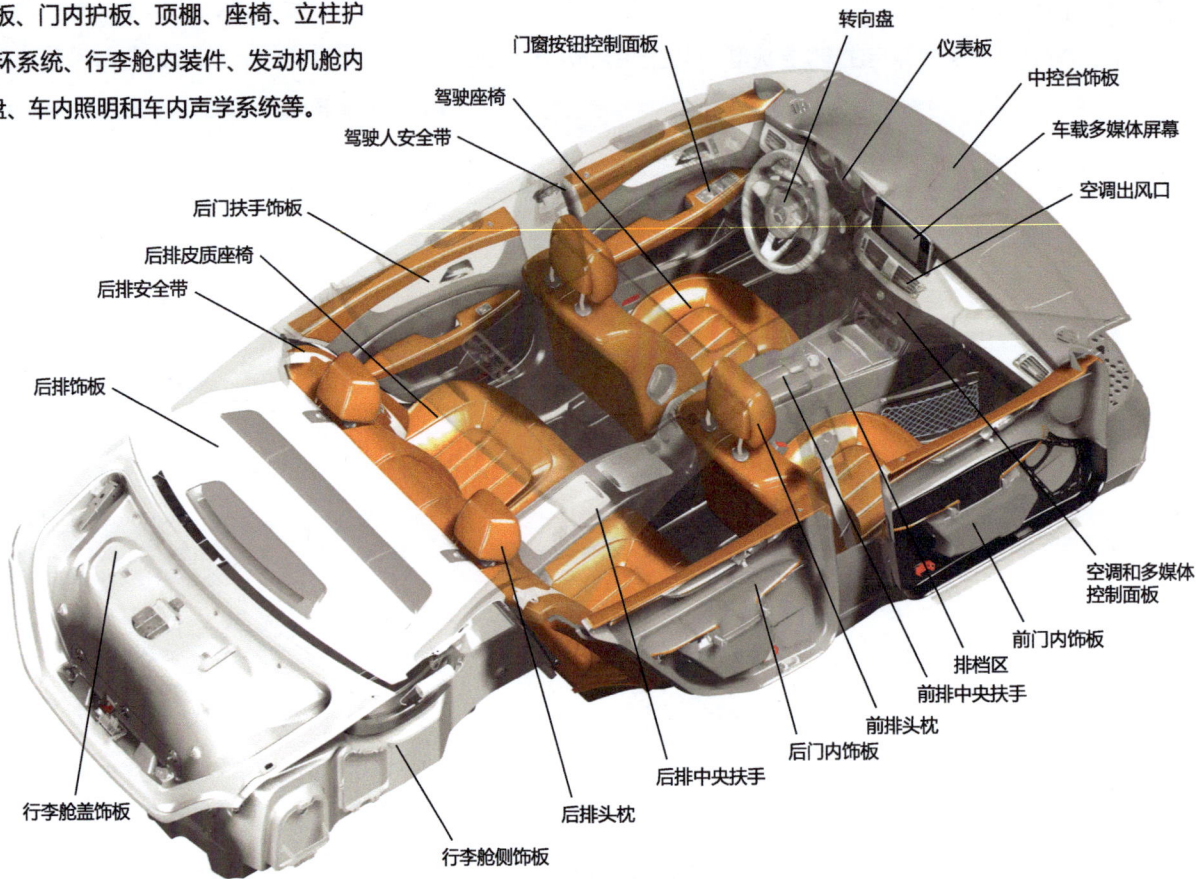

门窗按钮控制面板

转向盘

仪表板

中控台饰板

车载多媒体屏幕

空调出风口

驾驶座椅

驾驶人安全带

后门扶手饰板

后排皮质座椅

后排安全带

后排饰板

空调和多媒体控制面板

前门内饰板

排档区

前排中央扶手

前排头枕

后门内饰板

后排中央扶手

后排头枕

行李舱盖饰板

行李舱侧饰板

后排内饰板

汽车中控及仪表

中控台在汽车内部处在中心位置，空调和音响等舒适娱乐装置的功能按键都布置在中控台上。

不同汽车的仪表不尽相同。一般汽车仪表有车速里程表、转速表、机油压力表、冷却液温度表、燃油表和充电表等。

现代汽车仪表板设置了各式各样的指示灯和警告灯，例如冷却液液面警告灯、燃油量指示灯、清洗器液面指示灯、充电指示灯、远近光变光指示灯、变速器档位指示灯、ABS 指示灯、驱动力控制指示灯、安全气囊（SRS）警告灯等。

▶ **知识链接**

仪表板

现在一些汽车采用全触摸式中控台。但是其感应式触摸按钮也让很多驾驶人无所适从，尤其盲操困难，甚至类似空调、音响调整更为繁琐。因此，汽车中控设计与应用除了考虑汽车科技与智能化发展的潮流，符合人机工学、提高易用度、降低误操作才是一辆设计精良的汽车应具备的特质。

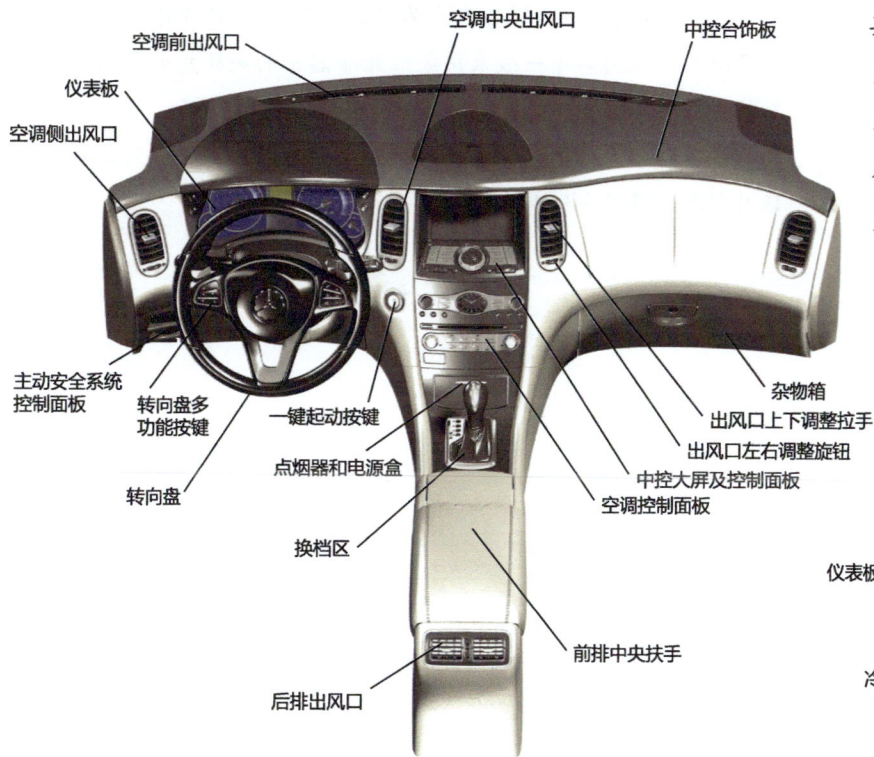

空调前出风口
空调中央出风口
中控台饰板
仪表板
空调侧出风口
主动安全系统控制面板
转向盘多功能按键
一键起动按键
点烟器和电源盒
转向盘
换档区
后排出风口
杂物箱
出风口上下调整拉手
出风口左右调整旋钮
中控大屏及控制面板
空调控制面板
前排中央扶手

中控台

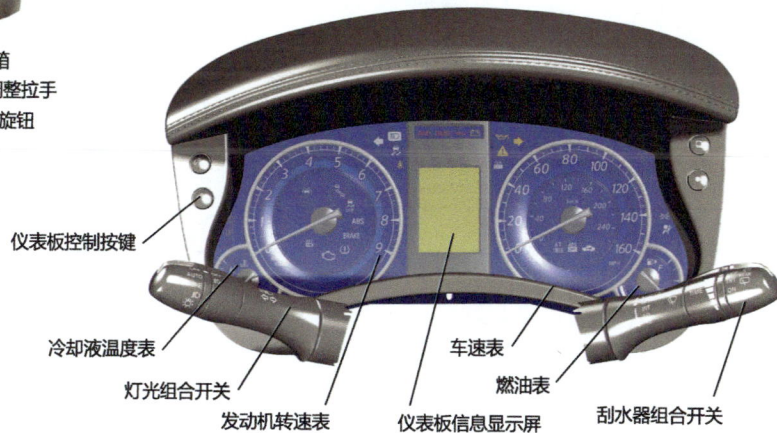

仪表板控制按键
冷却液温度表
灯光组合开关
发动机转速表
车速表
燃油表
仪表板信息显示屏
刮水器组合开关

仪表板

车门内部

车门内装有玻璃升降器、门锁等附件，为了使装配更牢固，内板局部还需加强。为了增强安全性，外板内侧一般安装有防撞杆。

绳轮式玻璃升降器是指由直流电动机驱动，通过卷丝筒和绳索等转动，使车窗玻璃沿滑动导轨上升或下降到所需位置的一种装置。根据导轨数量不同，可分为单轨和双轨。

侧门防撞梁（杆）也叫车门防撞梁（杆），是指在车门内部结构中加上横梁，以加强车辆侧面的结构，进而提高侧面撞击时的防撞抵抗力，提升侧面的安全性。

▶ 知识链接

1. 车门防撞梁主要有管形防撞梁和帽形防撞梁，前者还有矩形管、梅花形管、椭圆形管，后者又分为 U 形和 W 形。通常来讲，帽形防撞梁的吸能效果比管形防撞梁好，双帽结构一般比单帽结构要好。车门防撞梁设计还要与车身框架匹配，以发挥其高强度材料的作用。

2. 车用玻璃升降器主要分为臂式升降器、柔性升降器和丝杠式升降器。乘用车中一般采用柔性升降器中的绳轮式升降器，其中双轨式绳轮升降器工作可靠、噪声小，应用最为广泛。一些低档乘用车和商用车会采用双臂式或丝轴式玻璃升降器。现代汽车电动玻璃升降器还具有一键升窗和防夹手等功能。

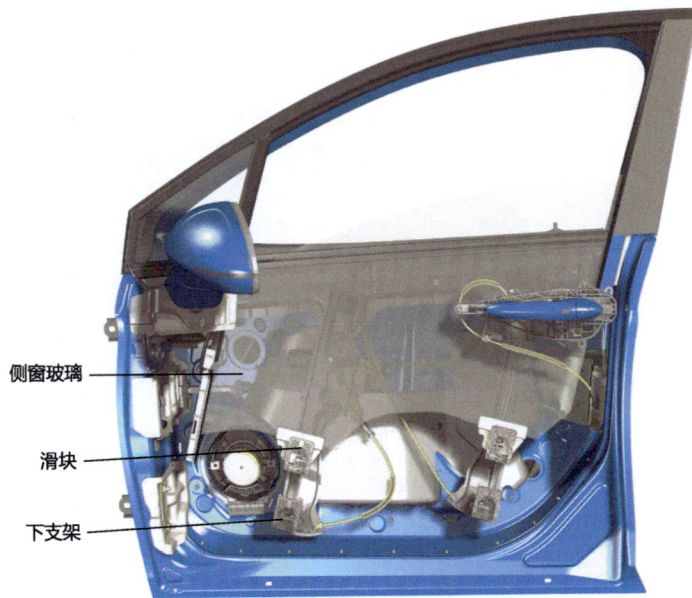

侧窗玻璃

滑块

下支架

车窗打开状态

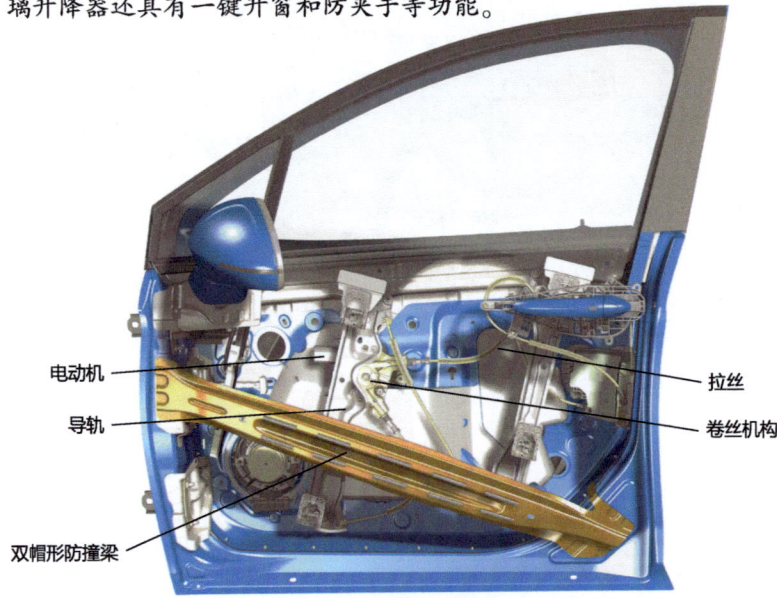

电动机

导轨

双帽形防撞梁

拉丝

卷丝机构

车窗关闭状态

外滑式电动天窗

天窗安装在汽车顶棚上，天窗玻璃可通过手动或电动机驱动实现翘起和打开，具有通风换气和采光散热等功能。

天窗换气利用的是负压原理，即依靠汽车在行驶过程中，气流在天窗顶部的快速流动，形成车内的负压而将车内空气排出。打开天窗时，首先将车内空气抽出，而不是直接进风，污浊的气体被抽走后，从进气口补充进来经过过滤的新鲜空气。开天窗换气对车内空调的影响比开侧窗要小很多。

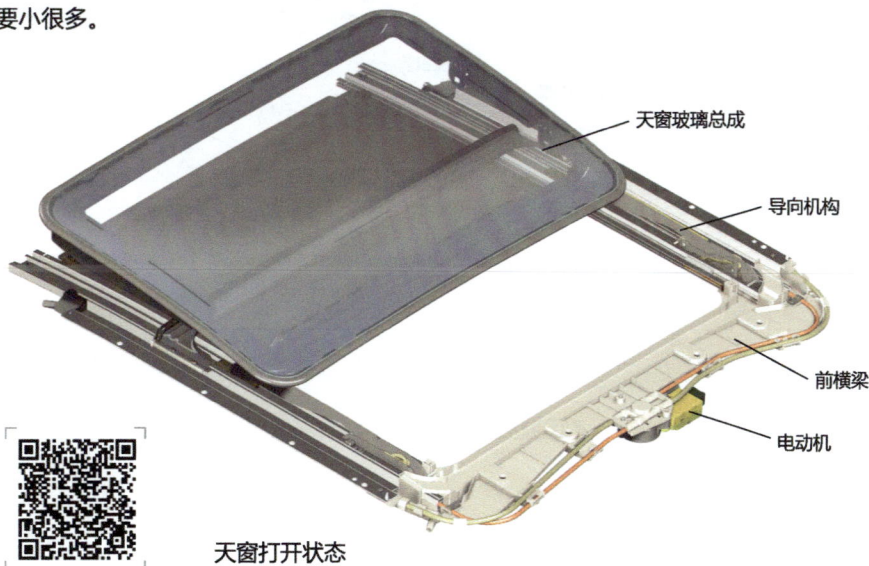

遮阳板
天窗导轨
后排水口
导水槽
驱动拉丝导管
辅助控制装置
卷丝机构
驱动拉丝导管
前排水口

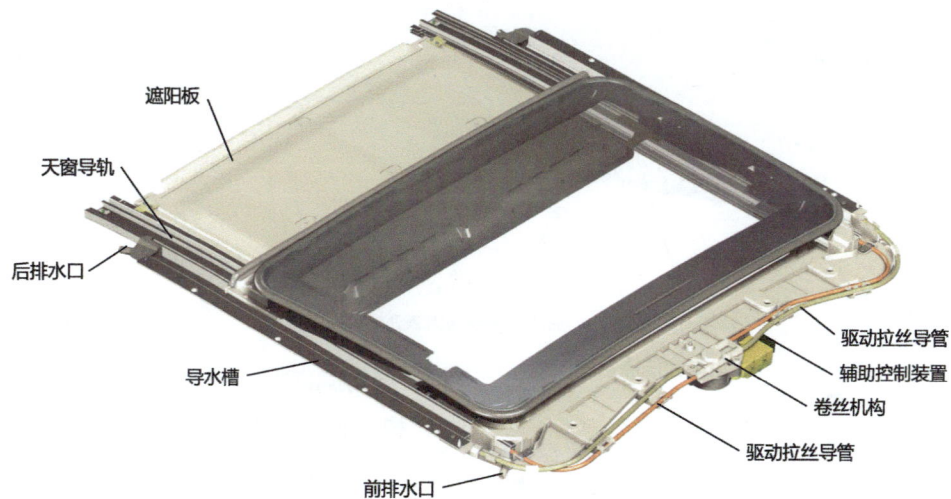

天窗闭合状态

天窗玻璃总成
导向机构
前横梁
电动机

天窗打开状态

电动天窗

▶**知识链接**

1. 电动天窗分为内藏式、外掀式。通常，外掀式电动天窗多用于普通乘用车，内藏式电动天窗则多用于商务车或高档车。

2. 天窗两侧通常设计有导水槽或管路，以防止天窗漏水。但轨道堵塞或橡胶密封条长期使用后老化导致漏水都是不可避免的。

3. 全景天窗布置虽然让车顶少了加强梁，但是为了保证汽车的安全性，车顶会设计有天窗加强环。

风窗洗涤系统

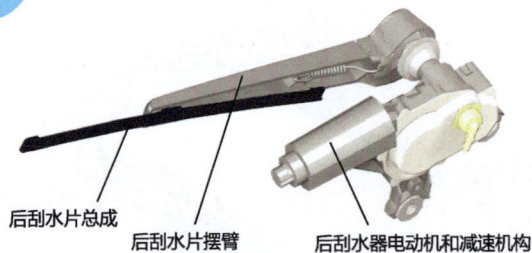

后刮水片总成　后刮水片摆臂　后刮水器电动机和减速机构

后风窗洗涤系统

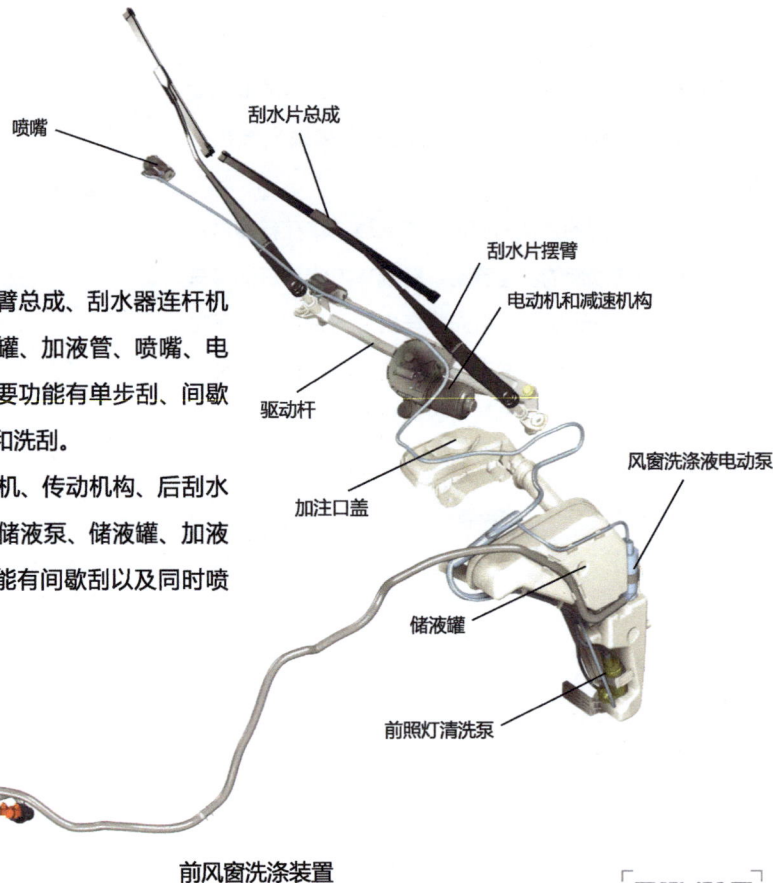

前照灯清洗喷嘴

喷嘴　刮水片总成

刮水片摆臂

电动机和减速机构

驱动杆

加注口盖

风窗洗涤液电动泵

储液罐

前照灯清洗泵

前风窗洗涤装置

前风窗洗涤系统由前刮臂总成、刮水器连杆机构、刮水片、洗涤泵、储液罐、加液管、喷嘴、电动机和减速机构等组成，主要功能有单步刮、间歇刮、慢刮、快刮、同时喷水和洗刮。

后风窗洗涤系统由电动机、传动机构、后刮水器电动机、喷嘴、洗涤泵、储液泵、储液罐、加液管、刮水片等组成，主要功能有间歇刮以及同时喷水和洗刮。

▶ 知识链接

1. 风窗洗涤系统也就是大家常说的雨刮（刷）系统，更换刮水片和清洗液是车主应该具备的基本操作。

2. 无骨刮水器利用内置弧形钢条将刮水片压紧在前风窗玻璃上，重量轻、受力均匀，清洁效果好，更换也很便捷。

3. 两厢车后方在气流作用下，易形成负压区，这会造成后风窗玻璃更容易被尘土、泥浆等附着，影响后方视线。因此，车尾相对垂直的两厢车都会装有后刮水器。

风窗洗涤

汽车电器组成

随着车用电器设备的发展，用电功率也大幅度提高，对于现代汽车拥有的长达 2km 的导线、

2000 多个线头和 350 多个集线器来讲，只有采用较高的电源电压、降低输出电流，才能满足需求。因此，42V 电气系统应运而生，尽管取代目前的 12V 电气系统还有很多路要走，但这是一种发展趋势。

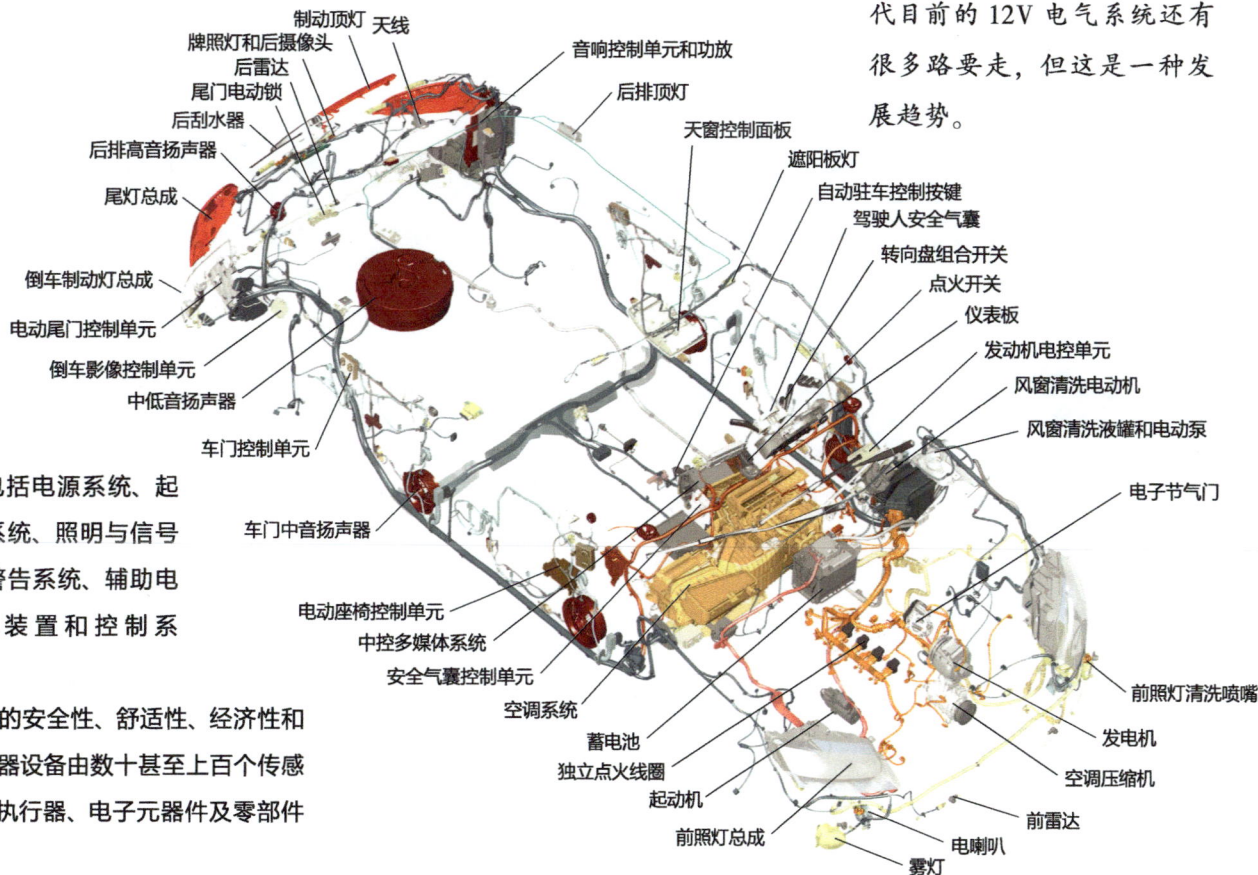

全车电器包括电源系统、起动系统、点火系统、照明与信号系统、仪表与警告系统、辅助电气系统、配电装置和控制系统等。

为提高汽车的安全性、舒适性、经济性和娱乐性，汽车电器设备由数十甚至上百个传感器、微处理器、执行器、电子元器件及零部件组成。

制动顶灯
天线
牌照灯和后摄像头
后雷达
尾门电动锁
后刮水器
后排高音扬声器
尾灯总成
音响控制单元和功放
后排顶灯
天窗控制面板
遮阳板灯
自动驻车控制按键
驾驶人安全气囊
转向盘组合开关
点火开关
仪表板
发动机电控单元
风窗清洗电动机
风窗清洗液罐和电动泵
倒车制动灯总成
电动尾门控制单元
倒车影像控制单元
中低音扬声器
车门控制单元
车门中音扬声器
电动座椅控制单元
中控多媒体系统
安全气囊控制单元
空调系统
蓄电池
独立点火线圈
起动机
前照灯总成
雾灯
电喇叭
前雷达
空调压缩机
发电机
前照灯清洗喷嘴
电子节气门

22

越野车电器

很多越野车采用柴油发动机，因其起动转矩大，所以常采用24V蓄电池。越野车电器除了起动系统，还包含灯光照明系统、中央配电部分和仪表等。

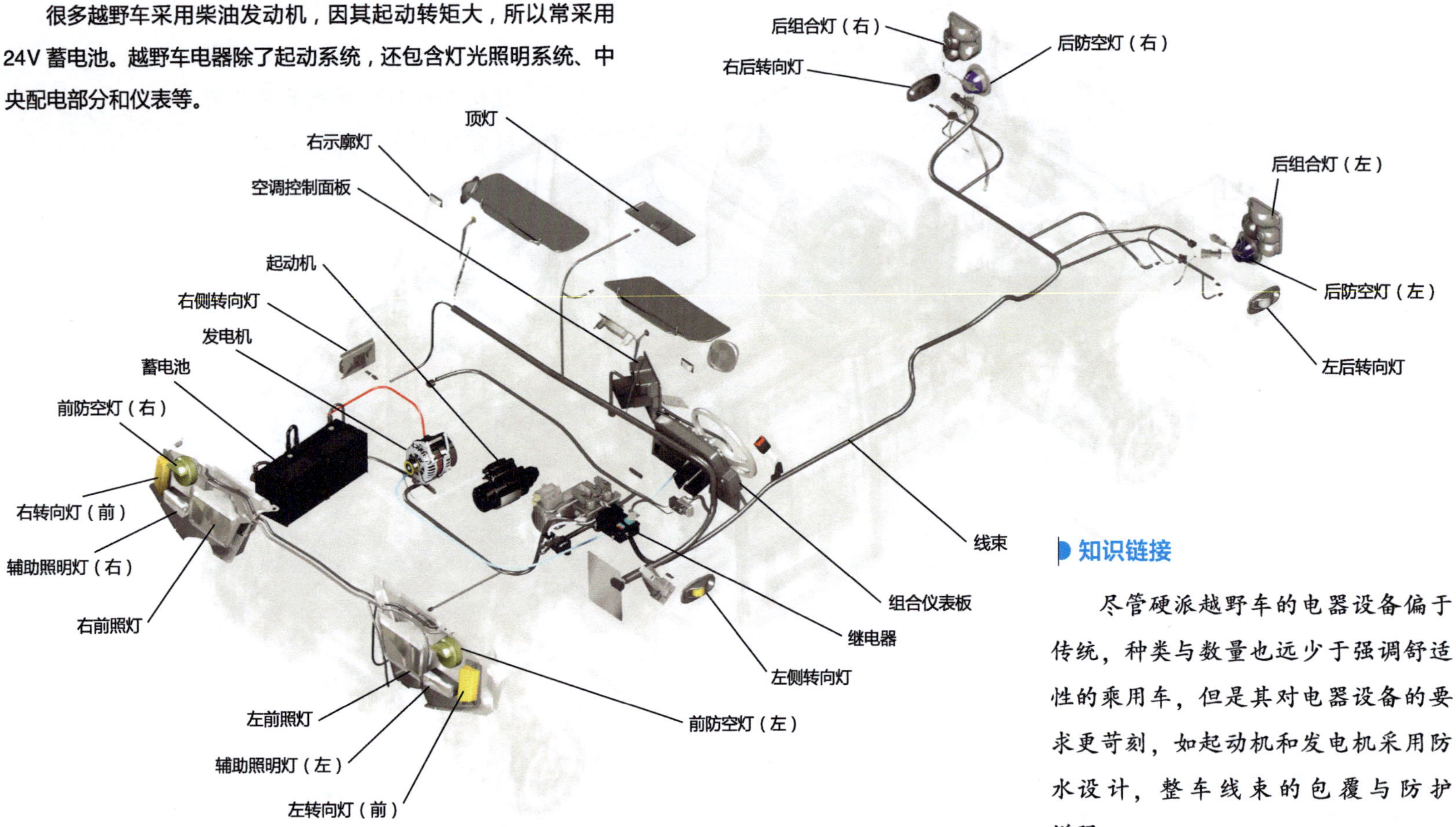
后组合灯（右）
后防空灯（右）
右后转向灯
顶灯
右示廓灯
空调控制面板
后组合灯（左）
起动机
右侧转向灯
后防空灯（左）
发电机
蓄电池
左后转向灯
前防空灯（右）
右转向灯（前）
线束
辅助照明灯（右）
组合仪表板
右前照灯
继电器
左侧转向灯
左前照灯
前防空灯（左）
辅助照明灯（左）
左转向灯（前）

知识链接

尽管硬派越野车的电器设备偏于传统，种类与数量也远少于强调舒适性的乘用车，但是其对电器设备的要求更苛刻，如起动机和发电机采用防水设计，整车线束的包覆与防护增强。

电动后视镜

驾驶人可以在车内通过按钮对电动后视镜的角度进行调节，以获得良好的后方视域。调节右侧车外电动后视镜时，不会再因距离远而难以操作。倒车时，通过调节功能让电动后视镜向下翻（前进时，电动后视镜会自动回位），便于观察车辆与路边之间的距离，避免刮蹭。停车后，电动后视镜可自动折叠，且具有位置记忆功能。

电动后视镜

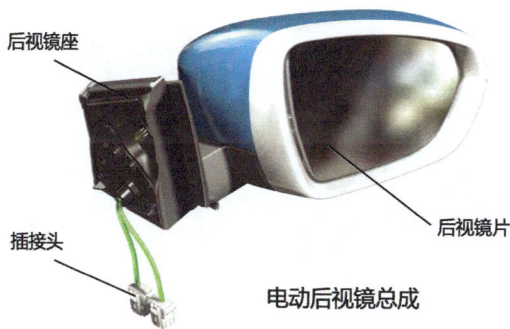

电动后视镜总成

后视镜座

插接头

后视镜片

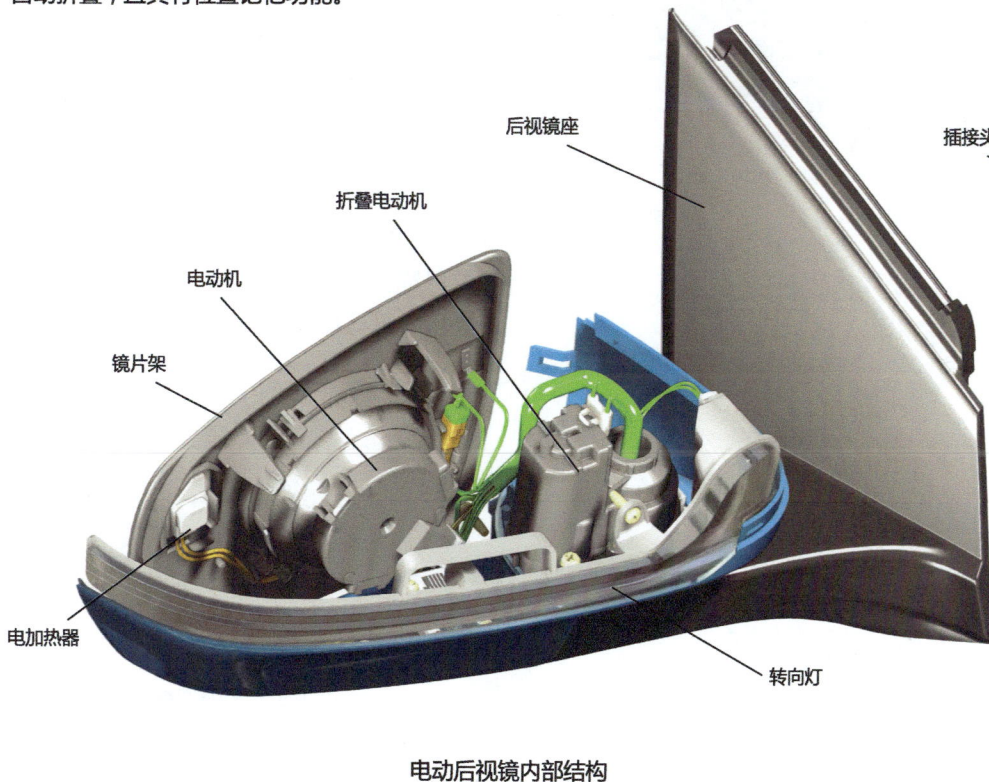

电动后视镜内部结构

后视镜座

折叠电动机

电动机

镜片架

电加热器

转向灯

▶ 知识链接

1. 通常低配汽车后视镜只具备镜片调节功能，而高配汽车电动后视镜还带有加热除霜、自动折叠甚至清洗功能。

2. 有些后视镜镜片一分为二，内侧 2/3 的面积采用平面镜，外侧 1/3 的面积采用大弧度的凸面镜，这样就能扩大视野，消除转弯盲点，就像很多车主在后视镜外侧贴上小广角圆镜一样。

3. 一些辅助安全技术例如 360°影像、并线辅助等摄像头传感器也会安装在汽车后视镜上。

汽车前照灯

▶ 知识链接

汽车灯具

转向灯
LED近光灯
远光灯
前雾灯

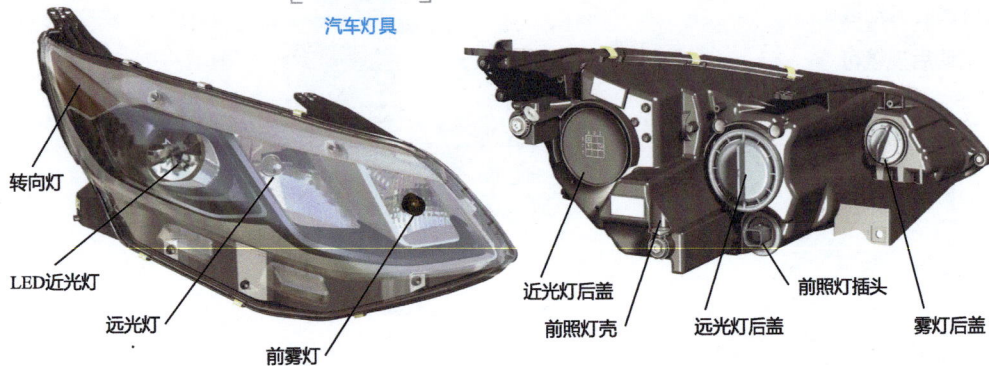

汽车前照灯总成

近光灯后盖
前照灯壳
远光灯后盖
前照灯插头
雾灯后盖

前照灯是装在汽车头部两侧，用于夜间行车道路照明的装置。

前照灯总成是保障汽车安全行驶的重要部件之一。前照灯的照射距离越远，配光特性越好，汽车行驶的安全性能就越高。随着汽车技术的发展，乘用车前照灯也有很大的变化。

现代汽车中很多已经应用了自动感应式前照灯，其中央智能控制盒根据光线传感器来判断光线亮度变化，从而控制自动点亮或熄灭前照灯。

1. 从传统的卤素前照灯到氙气灯，再到现在最时尚的 LED 前照灯，汽车前照灯的科技含量越来越高。卤素灯和白炽灯工作原理相似，只是在灯泡里加了卤族元素以延长寿命，亮度偏低。氙气灯是在石英灯管内充入高压惰性气体氙，再用 2 万多 V 的电压激发电弧发光，亮度高，但是工作温度也高。LED 前照灯就是发光二极管的组合，它的亮度最高，工作温度很低，启动迅速，没有延迟，但是它的穿透性不好，且价格最高。

2. 前照灯的灯泡后面通常都装有反光镜，将灯泡的散光聚集在一点向前照明，氙气灯一定要在前面加装透镜。

3. 日间行车灯逐渐成为普及的汽车配置。行车时日间行车灯就会保持常亮，打开转向灯或双闪时，为避免日间行车灯对其警示作用造成影响，此时其会自动关闭。

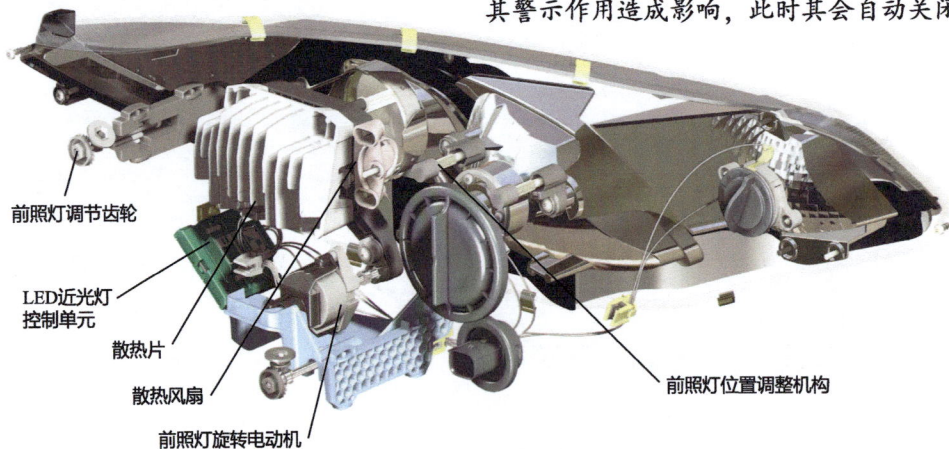

前照灯调节齿轮
LED近光灯控制单元
散热片
散热风扇
前照灯旋转电动机
前照灯位置调整机构

汽车前照灯内部结构

汽车随动前照灯

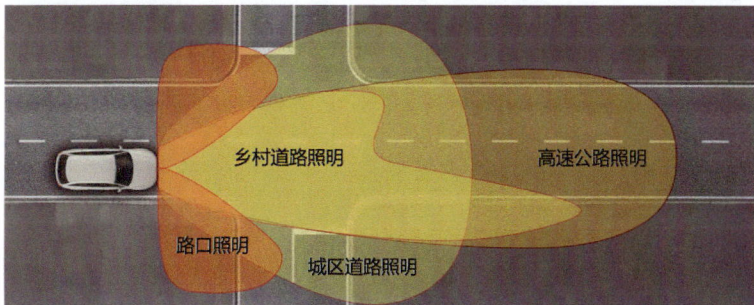

随动车灯工作过程示意图

汽车随动前照灯又称为自适应前照灯，其作用是根据汽车转向盘角度、车辆偏转率和行驶速度，不断对前照灯进行动态调节，适应当前的转向角，保持灯光方向与汽车的行驶方向一致，以确保对前方道路提供最佳照明，对驾驶人提供最佳可见度，从而显著增强了黑暗中驾驶的安全性。在路面照明差或多弯道的路况中，扩大驾驶人的视野，而且可提前提醒对方来车。

▶ 知识链接

1. 通常提到的"自动头灯"可根据光线强弱自动开关车灯。它并不是科技含量更高的随动前照灯。

2. 随动前照灯通过不同的传感器取得多种行车信息，如通过转向盘转角传感器、车速传感器、车身高度传感器获取汽车行驶状态信息。控制单元输出信号控制旋转执行器对投射式前照灯进行左右、上下旋转，从而实现智能控制。

3. 为了简化结构、降低成本，一些汽车还采用弯道侧向辅助照明系统。这种系统只是在前照灯中多设置一个专门用来照明弯道内侧的灯泡，设计好灯泡的角度和点亮时机，即可照亮弯内盲区。

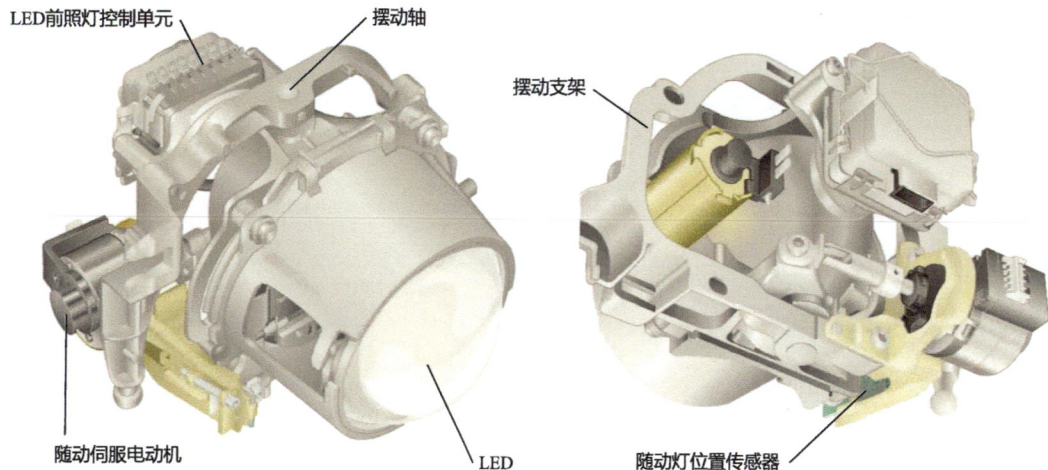

随动车灯结构

胎压监测系统

胎压监测是在汽车行驶过程中对胎压进行实时自动监测，并对轮胎漏气和低气压进行警示，以确保行车安全。

间接式轮胎监测系统实际上是依靠计算轮胎滚动半径来对气压进行监测的。间接式胎压监测系统的工作原理是：当轮胎气压降低时，车辆的重量会使该轮的滚动半径变小，导致其转速比其他车轮快，通过比较轮胎之间的转速差别，以达到监视胎压的目的。

直接式胎压监测系统利用安装在每一个轮胎里的压力传感器来直接测量轮胎气压，它利用无线发射器将压力信息从轮胎内部发送到中央接收器模块上，然后对各轮胎气压数据进行显示。当轮胎气压太低或漏气时，监测系统会自动报警。

知识链接

1. 间接式胎压监测系统大部分都是原车自带的。而直接式胎压监测系统既可以原车标配，也可以用来汽车改装。后装的胎压监测系统按照传感器安装位置来分，可以分为内置和外置两种。有的只需拧在气门嘴上即可监测（外置型），有的则需要扒开轮胎，将胎压传感器放置在轮胎内贴在轮圈上（内置型）。

2. 早在2003年，美国就开始率先推行在汽车上强制配备胎压监测系统。目前在欧美市场，胎压监测系统已成为新车的标准配置，它与安全气囊、ESP一起被视为汽车三大安全系统。但目前我国还没有类似的规定。

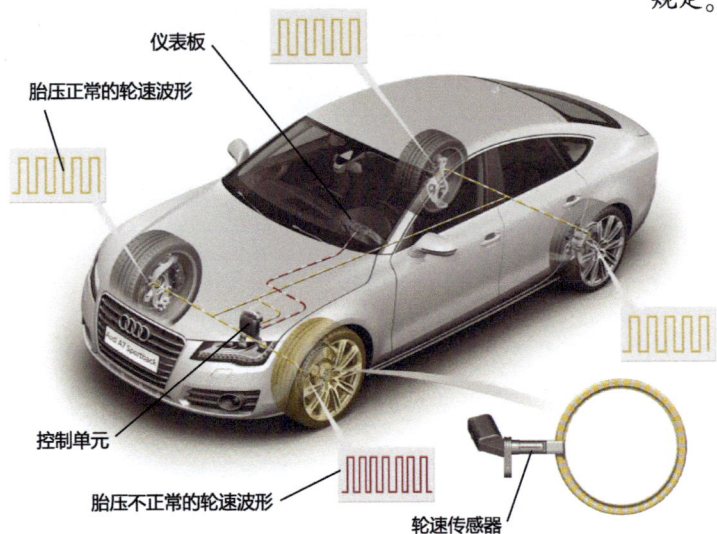

直接式胎压监测传感器

仪表板
胎压正常的轮速波形
控制单元
胎压不正常的轮速波形
轮速传感器

间接式胎压监测系统

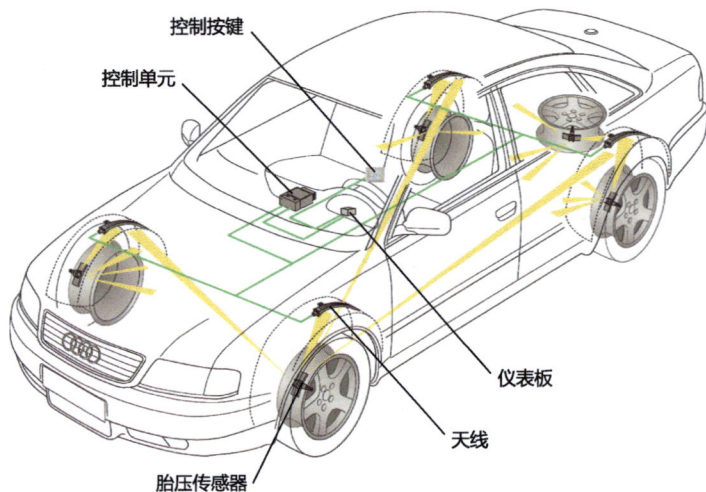

控制按键
控制单元
仪表板
天线
胎压传感器

直接式胎压监测系统

车载空调系统（一）

车载空调系统是实现对车厢内空气进行制冷、加热、换气和空气净化的装置。

现代汽车空调的主要功能有：控制车厢内的气温，把车厢内温度控制到舒适的水平；能够排出空气中的湿气；可吸入新风，具有通风功能；可过滤空气，排除空气中的灰尘和花粉。

空调系统

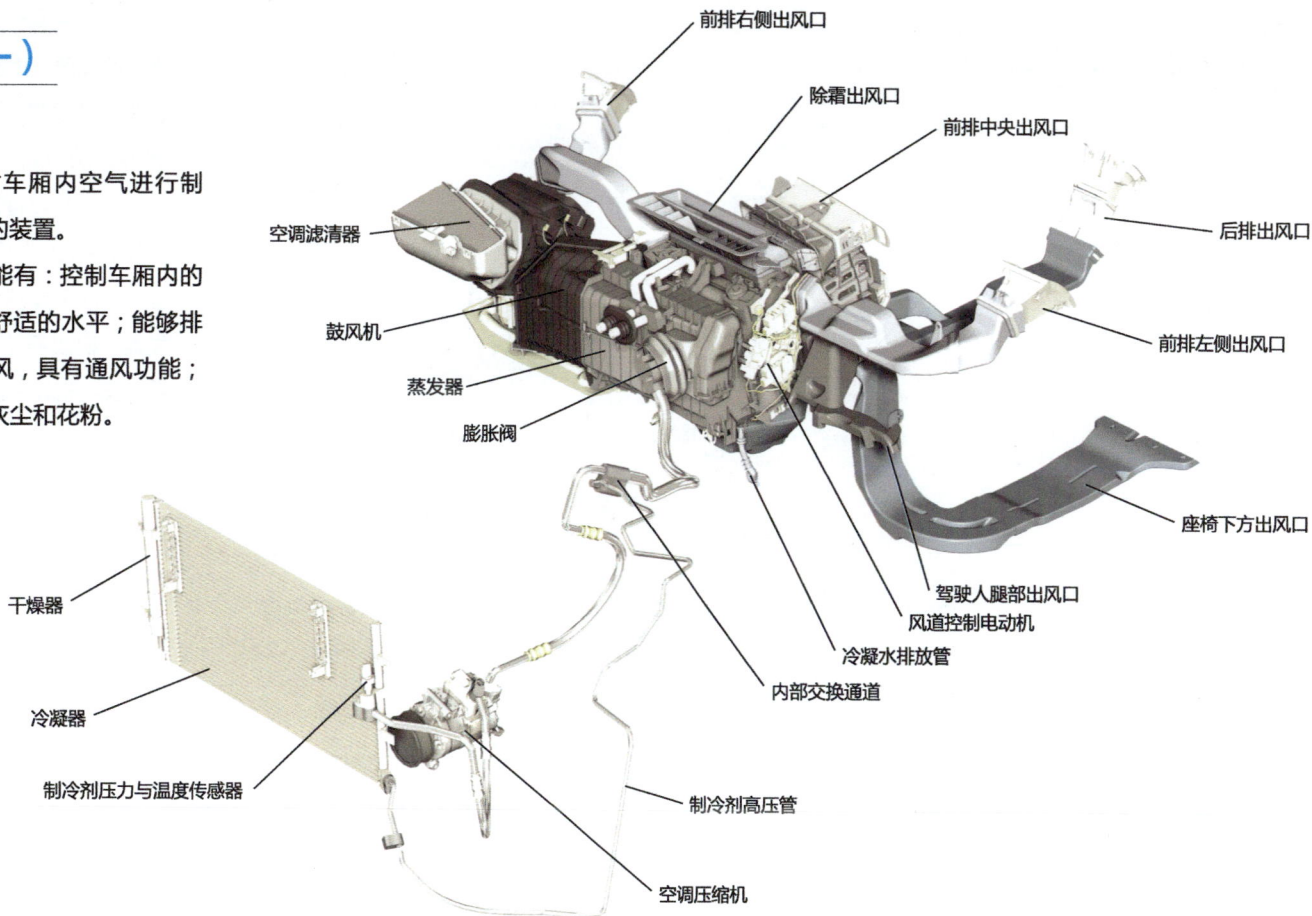

前排右侧出风口
除霜出风口
前排中央出风口
后排出风口
空调滤清器
前排左侧出风口
鼓风机
蒸发器
膨胀阀
座椅下方出风口
驾驶人腿部出风口
风道控制电动机
冷凝水排放管
内部交换通道
干燥器
冷凝器
制冷剂压力与温度传感器
制冷剂高压管
空调压缩机

▶ 知识链接

1. 汽车空调和其他制冷空调的工作原理一样，都是利用制冷剂从液态变成气态时吸收大量热能的原理制冷。

2. 对于中高配置乘用车来讲，双温区独立控制空调可以独立为驾驶席和副驾驶席两个区域实现温度和风量控制调节。这种空调系统增加了风门，将风道划分得更细更多，经过几个混合风门后送到不同的管路中，再由多个独立的控制器来实现不同区域的温度控制。

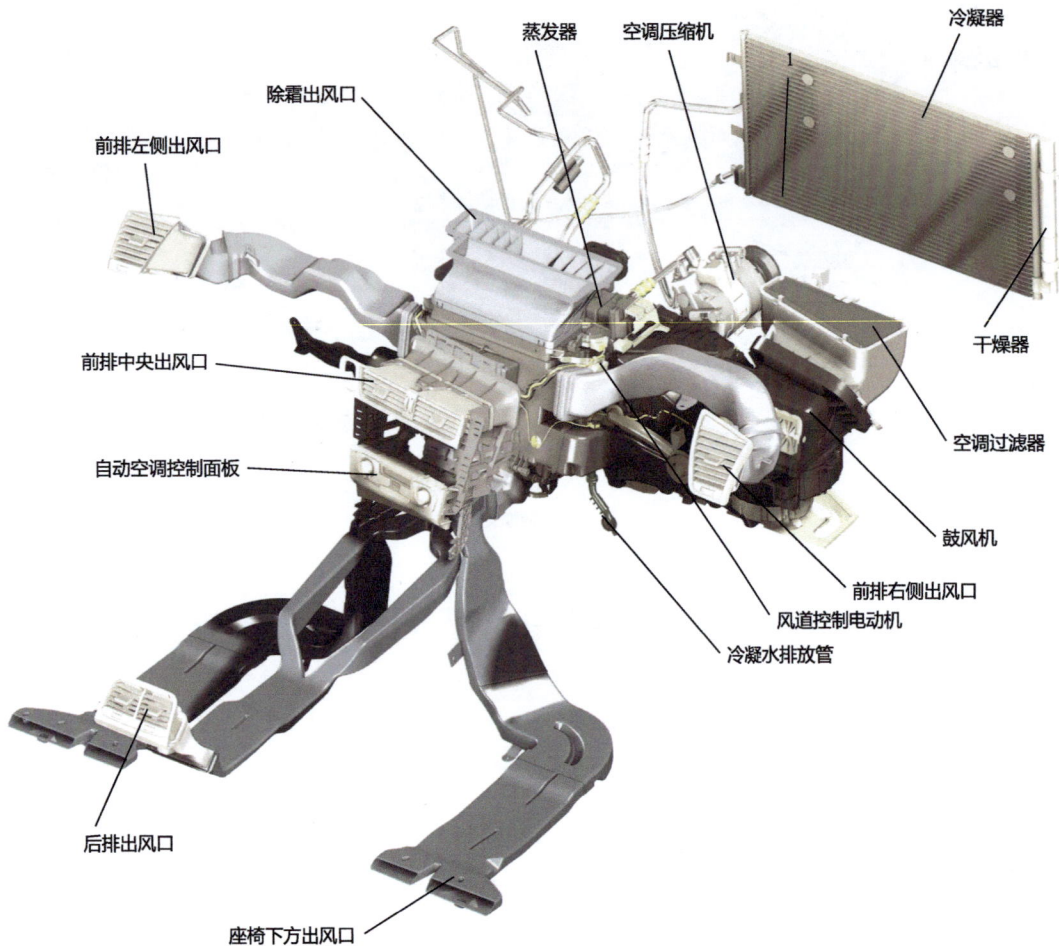

汽车空调一般主要由压缩机、电控离合器、冷凝器、蒸发器、膨胀阀、储液干燥器、管路、冷凝风扇、真空电磁阀、怠速器和控制系统等组成。

汽车空调管路分为高压侧和低压侧。高压侧包括压缩机输出侧、高压管路、冷凝器、储液干燥器和液体管路；低压侧包括蒸发器、积累器（回气管气液分离）、回气管路、压缩机输入侧和压缩机机油池。

▶ 知识链接

正确地保养汽车空调可延长空调使用寿命，而且可使空调系统保持良好的工作状态。通常检查内容有：检查压缩机传动带是否良好，检查空调系统软管和管接头是否有油迹，经常清洁冷凝器，定期更换空调滤清器，清洁出风口和驾乘室内的灰尘和污垢。如果具备一定的专业能力，还可以通过干燥器（汽车干燥器集成在冷凝器一侧）的检视孔查看制冷剂的液面高度。

前排左侧出风口

除霜出风口

蒸发器

空调压缩机

冷凝器

前排中央出风口

干燥器

自动空调控制面板

空调过滤器

鼓风机

前排右侧出风口

风道控制电动机

冷凝水排放管

后排出风口

座椅下方出风口

汽车安全气囊

安全气囊是一种被动安全性保护系统，它与座椅安全带一起配合使用，可以为乘员提供有效的防撞保护。在汽车相撞时，汽车安全气囊可使头部受伤率减少25%，面部受伤率减少80%左右。

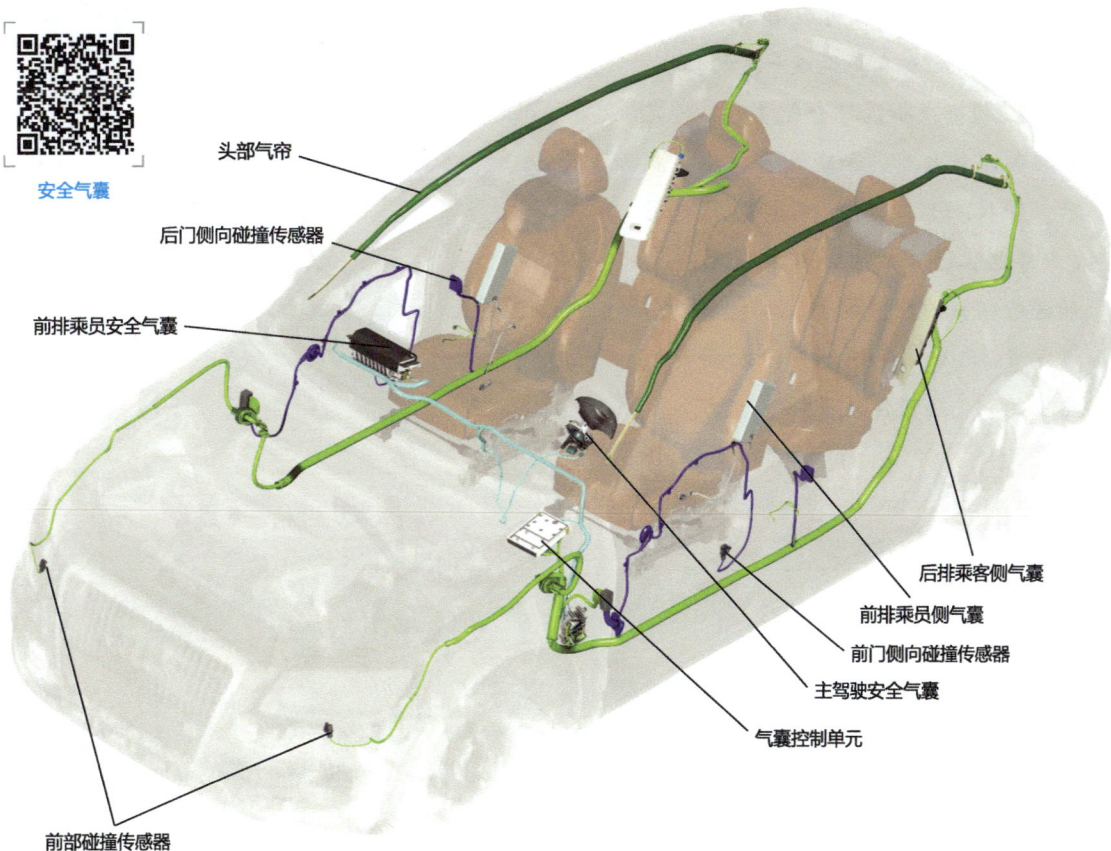

安全气囊

头部气帘

后门侧向碰撞传感器

前排乘员安全气囊

后排乘客侧气囊

前排乘员侧气囊

前门侧向碰撞传感器

主驾驶安全气囊

气囊控制单元

前部碰撞传感器

当汽车在行驶过程中发生碰撞事故时，先由碰撞传感器接收撞击信号，只要达到规定的强度，传感器向气囊控制单元发出信号。电子控制器接收到信号后，与其存储的信号进行比较，如果达到气囊展开条件，则由驱动电路向气囊组件中的气体发生器送去起动信号，气囊弹出。

▶ 知识链接

1. 汽车安全气囊按照其分布与实际功用还可分为膝部气囊、驾驶座气囊、副驾气囊、座椅侧气囊、头部气囊（侧气帘）、后座侧气囊、安全带气囊等。此外，还有少数车辆在发动机舱盖后方安装有行人安全气囊。

2. 为了让安全气囊实现其功用，其打开需要严苛的条件，除了要达到最低车速，汽车加速度阈值更是关键参考因素，还有碰撞的区域范围以及碰撞物体的相对刚性都是必要开启条件。

3. 为了保证气囊的实际使用效果，不建议装用类似仪表台饰品、避光垫、座椅套等。有膝部气囊的车辆，对驾驶人或前排乘员的坐姿也有距离不要太近的要求等。

安全气囊结构与工作原理

安全气囊的打开原理是：当汽车遭受一定碰撞力后，气囊系统就会引发某种类似微量炸药爆炸的化学反应，隐藏在车内的安全气囊就在瞬间充气弹出。

新型安全气囊加入了可分级充气或释放压力的装置，以防止一次突然点爆产生的巨大压力对人体产生伤害。分级点爆装置，即气体发生器分两级点爆：第一级产生约40%的气体容积，远低于最大压力，对人头部移动产生缓冲作用；第二级点爆产生剩余气体，并且达到最大压力。而分级释放压力方式就是在气囊袋上开有泄压孔或可调节压力的孔，一开始压力达到设定极限，便能瞬时释放压力，以避免对车上人员造成过大伤害。

知识链接

1. 气囊爆炸打开时会以大约300km/h的速度弹出，而由此所产生的撞击力约有1800kN。当车上人员偏离座位或座位上是儿童乘坐时，气囊系统启动不仅起不到应有的保护作用，还可能会对人员造成一定的伤害。

2. 检查或拆装安全气囊时，一定要在关闭点火开关和断开蓄电池负极后，等待一段时间，待其备用电源（内部电容器）的电能释放完后再开始进行相关的检修操作，以免意外引爆气囊。此外，最好先关闭或断开汽车上的相关碰撞传感器。

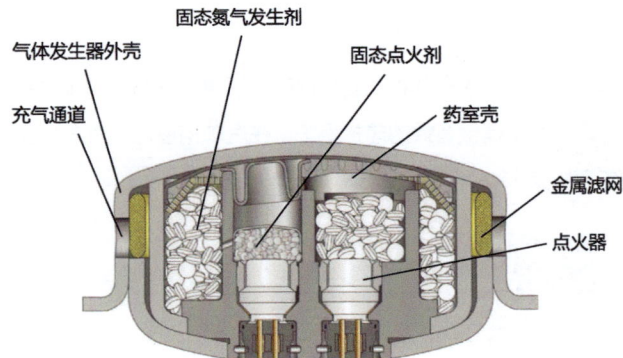

气体发生器外壳　固态氮气发生剂　固态点火剂　充气通道　药室壳　金属滤网　点火器

气体发生器，未点火

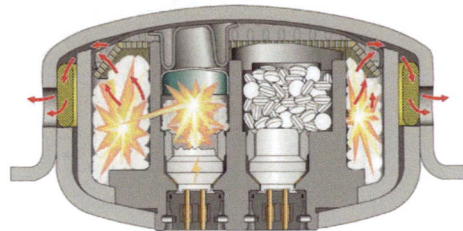

气体发生器，一级点火

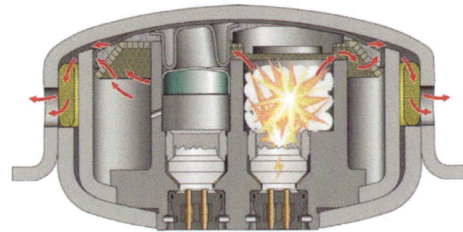

气体发生器，二级点火

驾驶人安全气囊（充气状态）

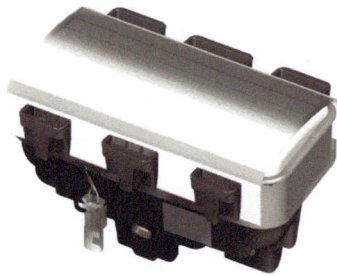

前排乘员安全气囊

汽车构造与原理三维图解（彩色版）

汽车安全带

汽车安全带的作用是在车辆发生碰撞或使用紧急制动时，预紧装置就会瞬间收束，绷紧原本松弛的安全带，将车上人员牢牢地拴在座椅上，防止发生二次碰撞。一旦安全带的收束力度超过一定限度，限力装置就会适当放松安全带，保持胸部受力稳定。因此，汽车安全带起着约束位移和缓冲作用，可吸收撞击能量，化解惯性力，避免或减轻驾乘人员受伤程度。

▶ 知识链接

常见的座椅安全带按固定方式不同，可分为两点式、三点式、四点式和自由式等。其中三点式最为普及，两点式通常会出现在后排中间座位上，而四点式通常用在赛车座椅和儿童安全座椅上。

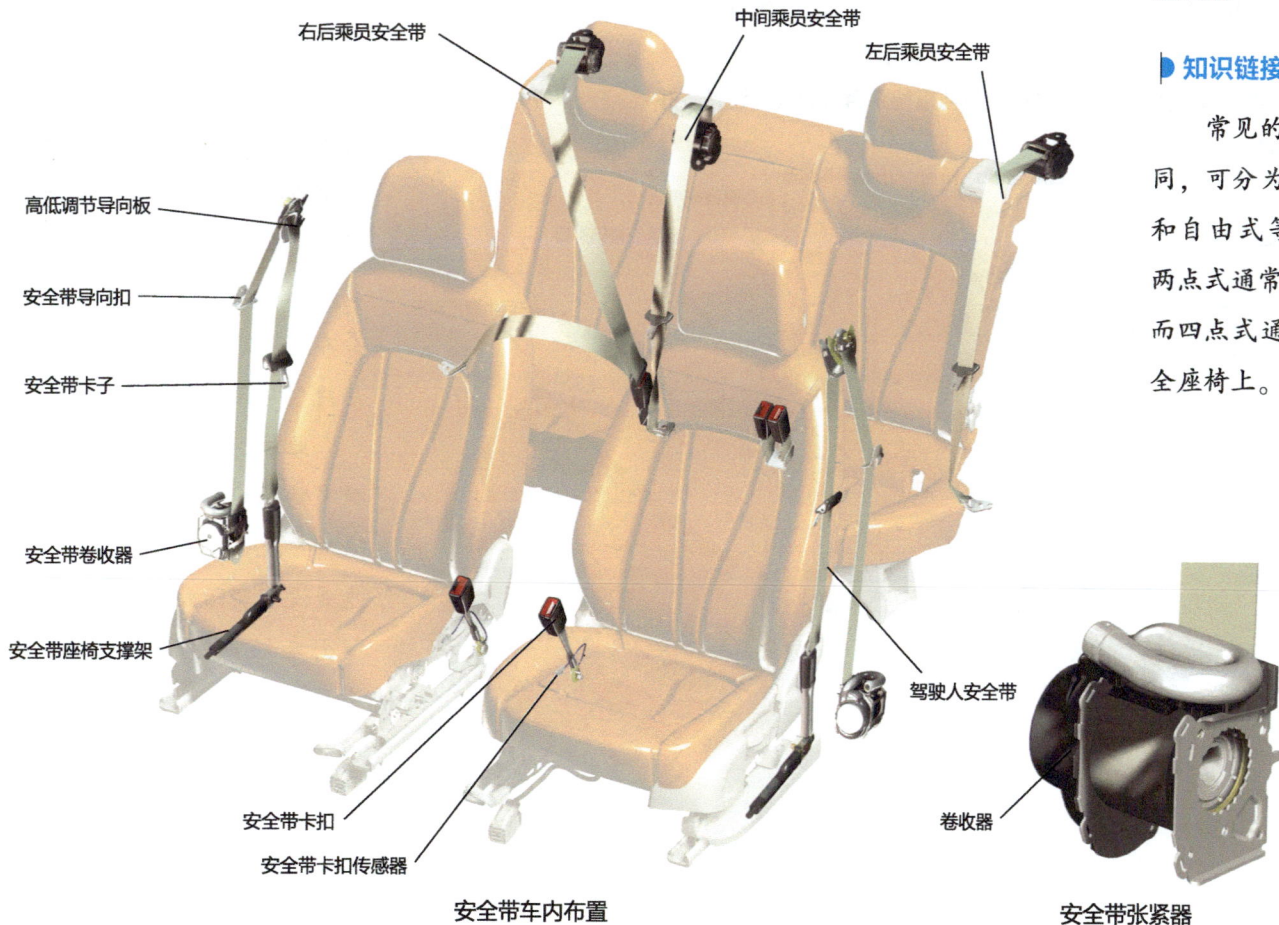

右后乘员安全带
中间乘员安全带
左后乘员安全带
高低调节导向板
安全带导向扣
安全带卡子
安全带卷收器
安全带座椅支撑架
安全带卡扣
安全带卡扣传感器
驾驶人安全带

安全带车内布置

卷收器

安全带张紧器

安全带

车载音响系统

车载音响的结构随车型和配置不同有所不同。汽车在道路上行驶，既有方向的变化，又有外界环境影响（如高楼、桥梁、高压电网等），要保证收音正常，就要求收音部分灵敏，选择性、信噪比都较好，对自动增益控制（AGC）自动频率控制（AFC）要求也很高。

此外，随着人们对舒适性的要求越来越高，汽车制造商也日益重视乘用车的音响设备，并将它作为评价乘用车舒适性的依据之一。

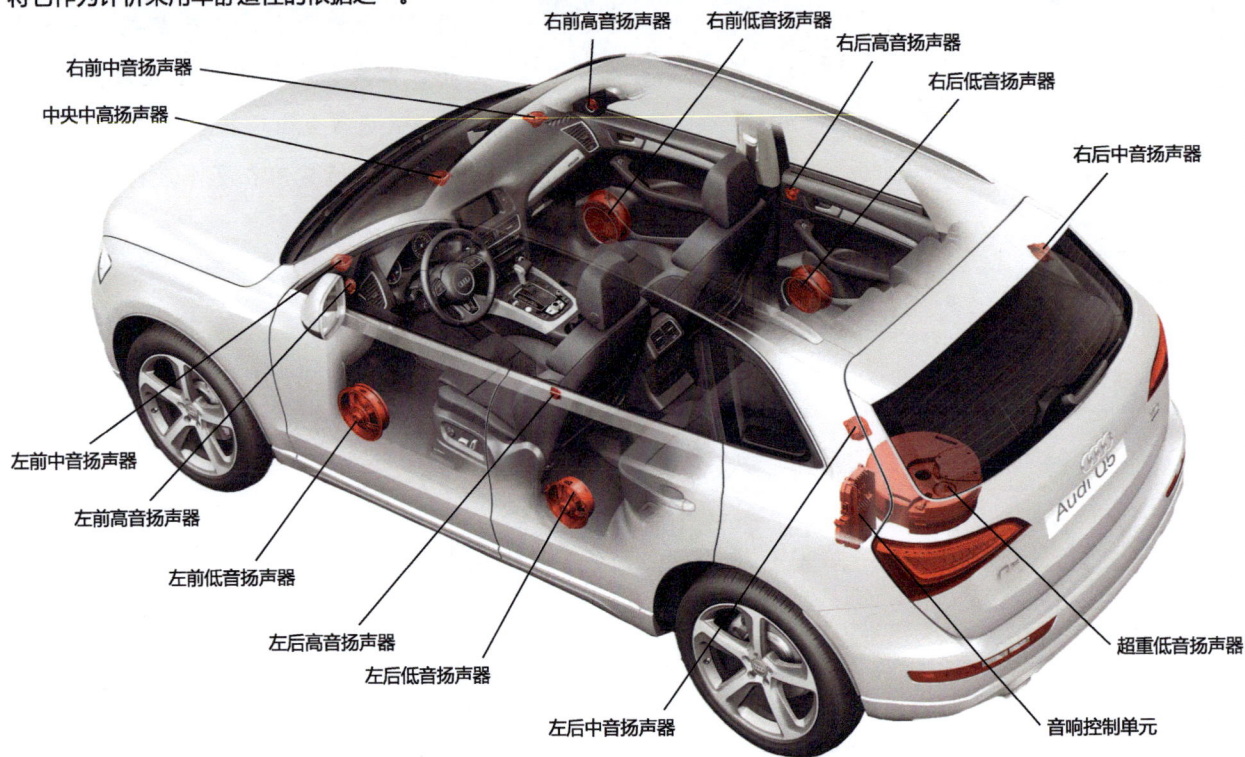

右前高音扬声器
右前低音扬声器
右后高音扬声器
右前中音扬声器
右后低音扬声器
中央中高扬声器
右后中音扬声器
左前中音扬声器
左前高音扬声器
左前低音扬声器
左后高音扬声器
左后低音扬声器
超重低音扬声器
左后中音扬声器
音响控制单元

汽车音响改装是很多车主喜爱的改装项目。但是车载音响系统的改装升级是很有学问的。音响系统改装音效不仅取决于扬声器与主机的优劣，安装工艺与调音技术对音响效果的影响也非常大，甚至是决定性的。如何选定合适的功率、高中低音扬声器的布置、线束分布与固定，这些都要事前做好规划与设计。

此外，如果汽车本身隔声效果就不好，即使换上较好的音响系统，没有全车隔声升级也是没有实际效果的，即使做了全车隔声升级也是得不偿失的。

电动调节座椅

座椅电动调节可让驾乘人员更精准地找到最舒适的坐姿，免除人工扳拉带来的不便。

座椅电动调节可理解为通过控制按钮等方式靠电动机完成调节动作。座椅方向的调节基于座椅调角器、座椅导轨和座椅升降机构这三种调节机构来完成。每种机构可以分别提供两个或两个以上方向的调节。座椅调整方向越多，驾驶人就越能很好地找到适合自己的驾驶姿态，减轻驾驶疲劳。

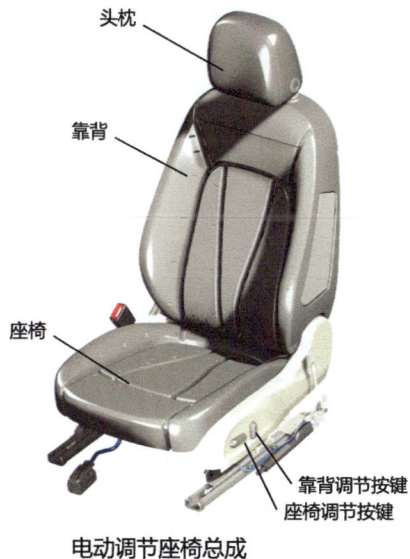

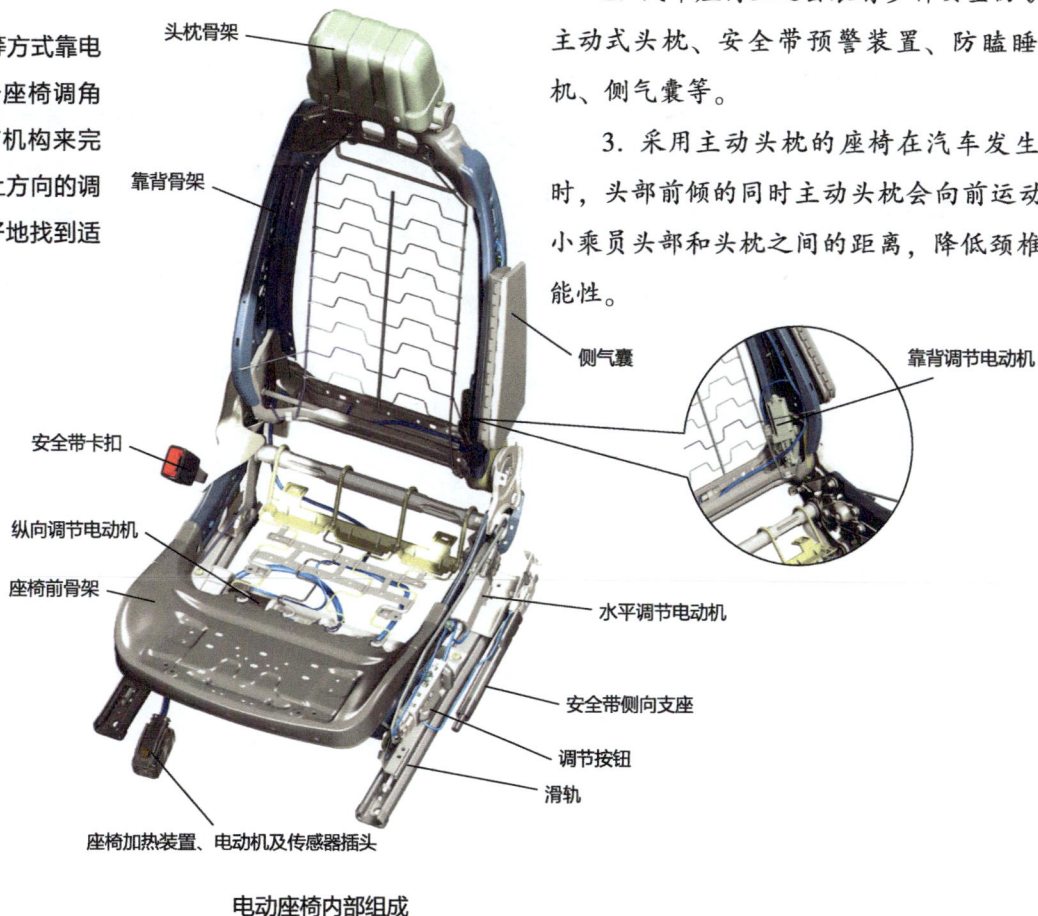

▶ 知识链接

1. 座椅的造型设计要经过多次优化，从而可以给身体各个部分提供足够的支撑与包裹。

2. 汽车座椅上还会装有多种安全防护装置，如主动式头枕、安全带预警装置、防瞌睡振动电动机、侧气囊等。

3. 采用主动头枕的座椅在汽车发生后部碰撞时，头部前倾的同时主动头枕会向前运动，以便缩小乘员头部和头枕之间的距离，降低颈椎受伤的可能性。

头枕

靠背

座椅

靠背调节按键
座椅调节按键

电动调节座椅总成

头枕骨架

靠背骨架

安全带卡扣

纵向调节电动机

座椅前骨架

座椅加热装置、电动机及传感器插头

侧气囊

靠背调节电动机

水平调节电动机

安全带侧向支座

调节按钮

滑轨

电动座椅内部组成

座椅通风加热系统

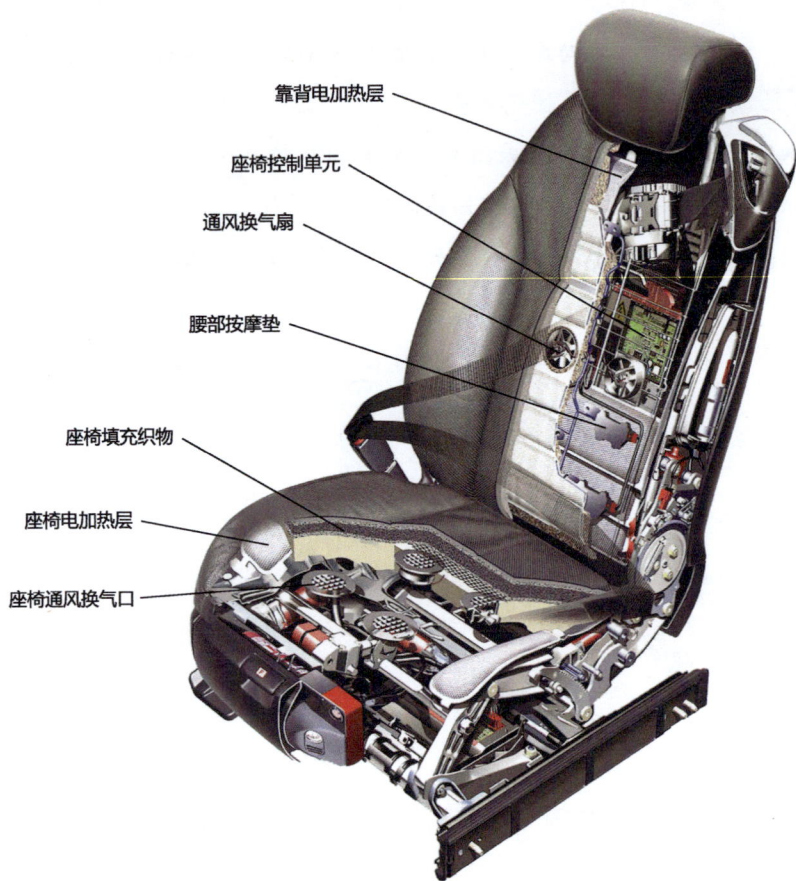

座椅通风功能是利用风扇向座椅内注入空气，空气从椅面上的小孔中流出，实现通风功能。

座椅加热功能是利用座椅内的电加热丝对座椅内部加热，并通过热传递将热量传递给乘坐者，改善冬天时座椅因长时间停放后座椅过凉造成的乘坐不舒适感。

▶ 知识链接

1. 现今，尽管座椅加热并不是中高级车独享的配置，但普通乘用车采用通风系统的少之又少，主要原因是通风系统复杂程度高，设计难度大，造价很高。

2. 座椅加热只需在坐垫下、靠背后增加加热层或电热丝即可。而座椅通风系统除了要设计有流动风扇与风道外，对座椅材质的通透性、噪声和振动控制、空间布置等都要求较高。

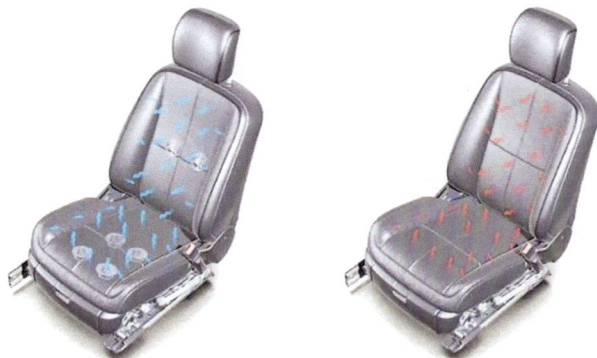

靠背电加热层
座椅控制单元
通风换气扇
腰部按摩垫
座椅填充织物
座椅电加热层
座椅通风换气口

带加热通风功能电动座椅总成

加热换气示意图

起动系统

为了使静止的发动机运转起来，必须先用外力转动发动机曲轴，使活塞开始上下运动，以实现发动机工作循环，这个外力系统就是起动系统。

汽油机或柴油机都使用起动机起动。起动过程通常为先打开点火开关，操纵电磁继电器，进而控制起动机通过啮合装置带动发动机飞轮旋转，并配合发动机点火系统或供给系统使发动机运转后进入怠速工况。

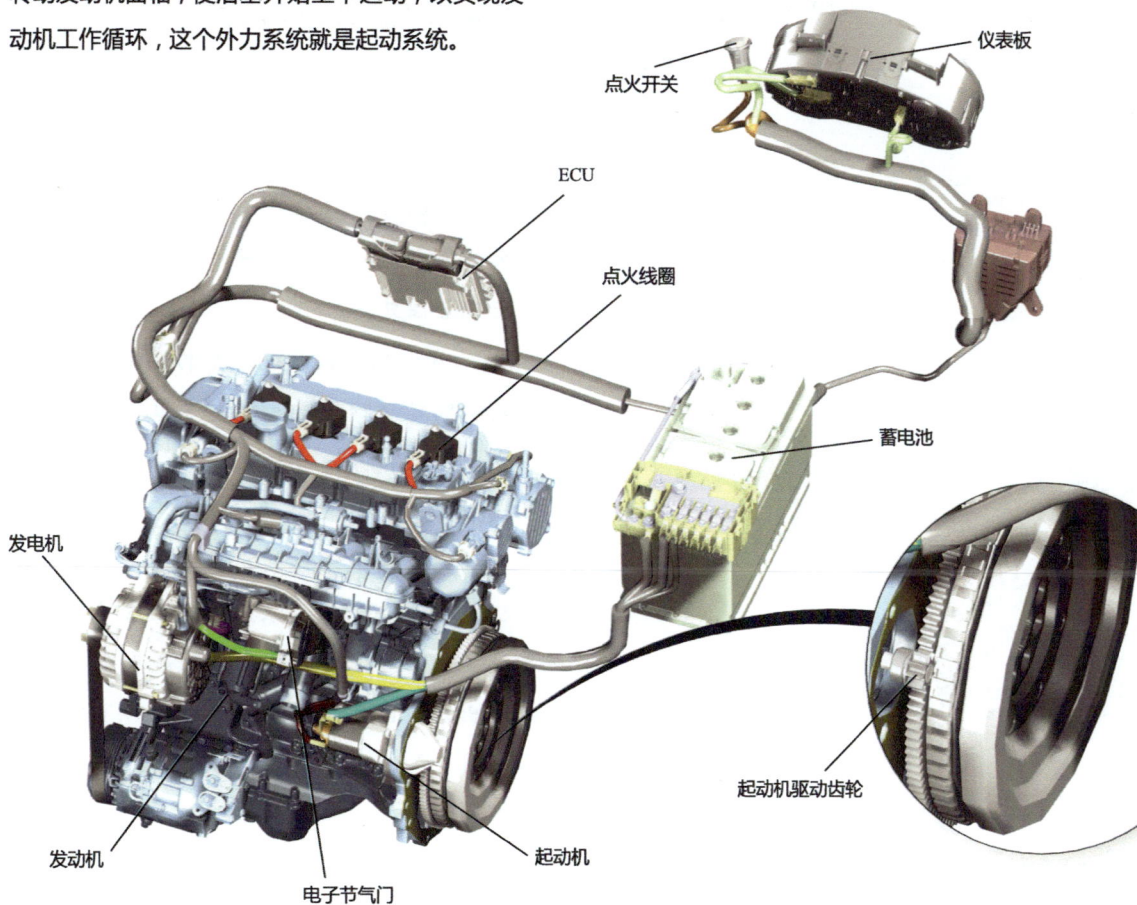

汽油机所用起动机的功率一般在2kW以下，电压为12V。柴油机起动功率较大（可达5kW或更大），为使电枢电流不致过大，其电压一般采用24V。

▶ **知识链接**

现今很多中高配置乘用车还配有传统起动系统的升级版汽车起停系统。这种系统在车辆处于停止状态（非驻车状态）时，将发动机熄火，且润滑系统仍然工作，当松开制动踏板后，发动机将再次起动。

需要说明的是，采用这种系统的发动机热车频繁起停时，并不会造成不正常的磨损。但是，积炭可能会有所增加，对蓄电池寿命也有影响。此外，对振动和噪声敏感的乘员来讲，每次起停都会感觉得到。

仪表板

点火开关

ECU

点火线圈

蓄电池

发电机

发动机

电子节气门

起动机

起动机驱动齿轮

点火系统

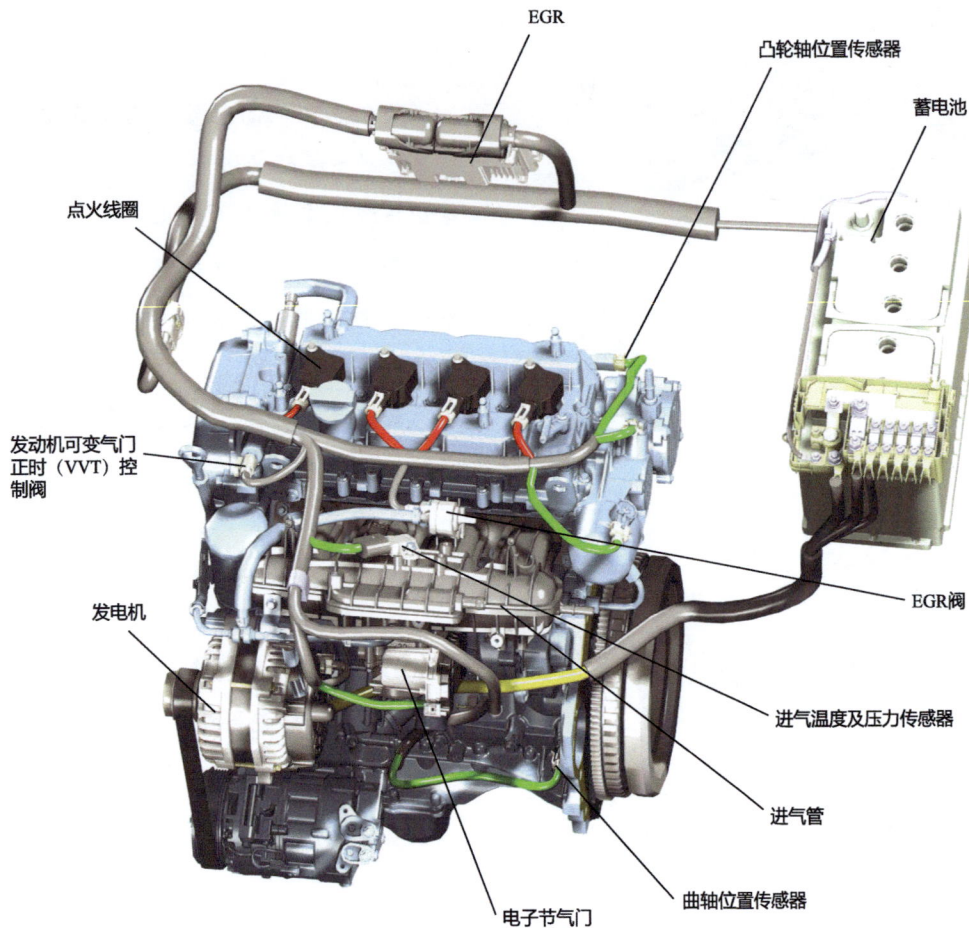

电控汽油机通过发动机转速传感器、进气压力传感器、节气门位置传感器、曲轴位置传感器等来判断发动机的工作状态，并在脉谱（MAP）图上找出发动机在此工作状态下所需的点火提前角，按此要求由ECU驱动点火线圈使火花塞跳火。最后根据爆燃传感器信号对上述点火要求进行修正，使发动机工作在最佳点火时刻。

▶ 知识链接

1. 现今的发动机除了一些低档汽车，基本都采用左图所示的分缸独立点火系统，即每缸对应一个点火线圈。这种点火系统没有高压线，工作可靠性与安全性更高。

2. 汽油发动机点火系统点燃的是混合气，因此，在发动机起动时先喷油进入气缸形成混合气后，由点火系统末端火花塞跳火点燃。

3. 通常发动机严重抖动、功率下降或难以起动就可以考虑点火系统可能出现故障。但是，现今发动机是一个综合控制系统，燃油管路、空气供给系统甚至一些辅助装置出现问题也会导致类似的故障出现，因此，排除故障时，除了使用诊断仪和专用工具外，维修经验也很重要。

EGR

凸轮轴位置传感器

蓄电池

点火线圈

发动机可变气门正时（VVT）控制阀

发电机

EGR阀

进气温度及压力传感器

进气管

曲轴位置传感器

电子节气门

发电机

发电机是汽车上的主要电源装置，由汽车发动机驱动。它在正常工作时，对除起动机以外的所有用电设备供电，并向蓄电池充电以补充蓄电池在使用中所消耗的电能。

交流发电机一般由转子、定子、整流器、电压调节器和端盖等组成。当转子旋转时，磁通交替地在定子绕组中变化，定子三相绕组中便产生交变感应电动势。

▶ **知识链接**

1. 发电机功率随着车上用电设备的增加而增加，现代乘用车的发电机功率都在1kW左右，中高级乘用车和中、重型汽车发电机功率更大。

2. 在现有风冷式发电机构造的限制下，功率的增加必然会导致发电机体积加大，所以在一些高端汽车上还会用到水冷式发电机。

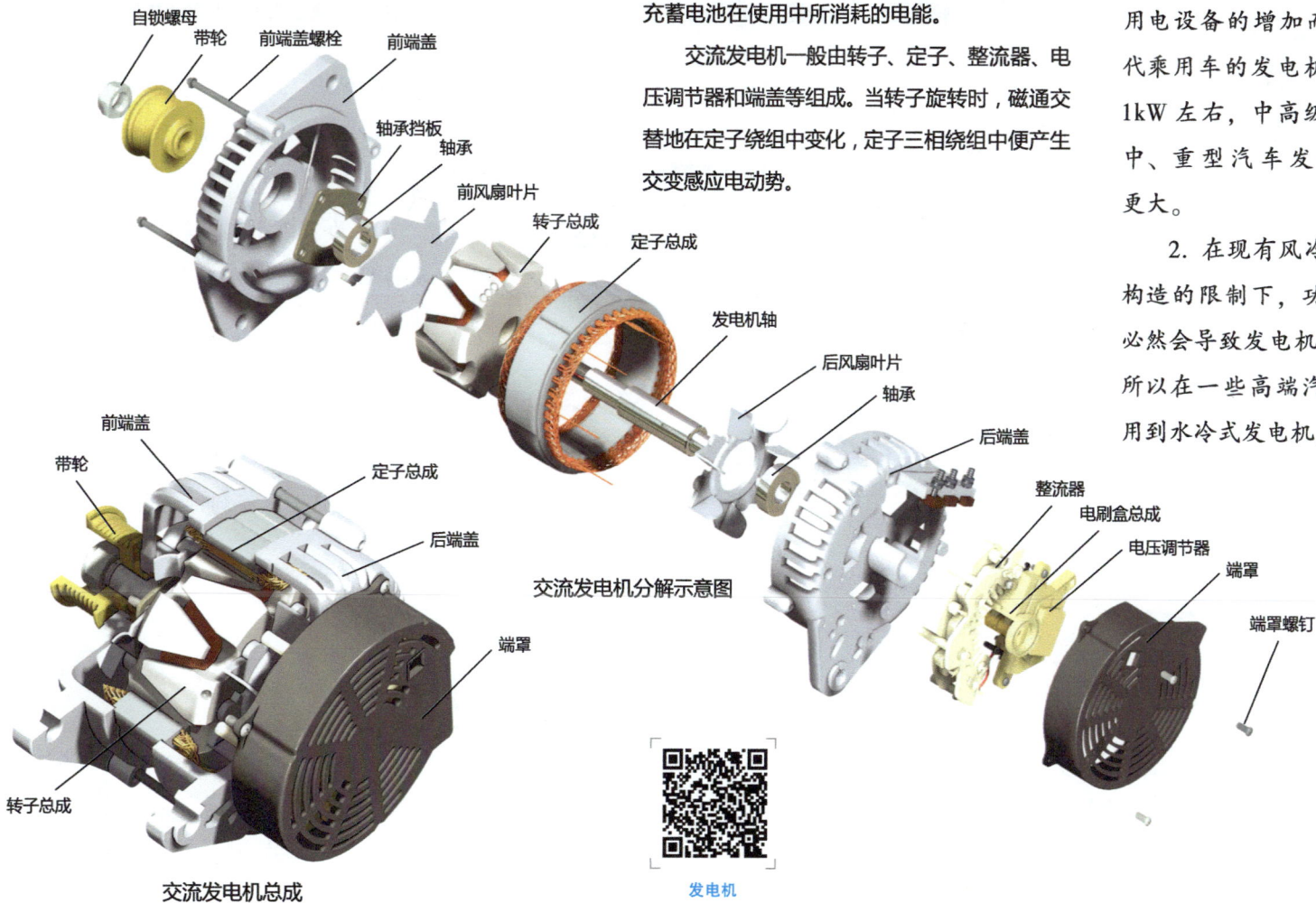

自锁螺母　带轮　前端盖螺栓　前端盖　轴承挡板　轴承　前风扇叶片　转子总成　定子总成　发电机轴　后风扇叶片　轴承　后端盖　整流器　电刷盒总成　电压调节器　端罩　端罩螺钉

交流发电机分解示意图

前端盖　带轮　定子总成　后端盖　转子总成　端罩

交流发电机总成

发电机

起动机

起动机由直流电动机、传动机构和控制装置组成。直流电动机以蓄电池为动力电源产生电磁转矩，在控制装置的作用下，通过传动机构将电磁转矩传递给发动机。

起动机中的电动机通过来自蓄电池的电流并且使起动机的驱动齿轮产生机械运动，传动机构将驱动齿轮啮合入飞轮齿圈，同时能够在发动机起动后自动脱开，起动机电路通断由电磁开关来控制。

▶ 知识链接

1. 有些重型发动机采用辅助汽油机或压缩空气来起动。

2. 为了减小起动机体积，并增加起动转矩，有的发动机采用带行星轮组的减速起动机。

3. 以永磁材料作为磁极的起动机，称为永磁起动机。它取消了传统起动机中的励磁绕组和磁极铁心，使起动机结构简化，目前已得到广泛应用。

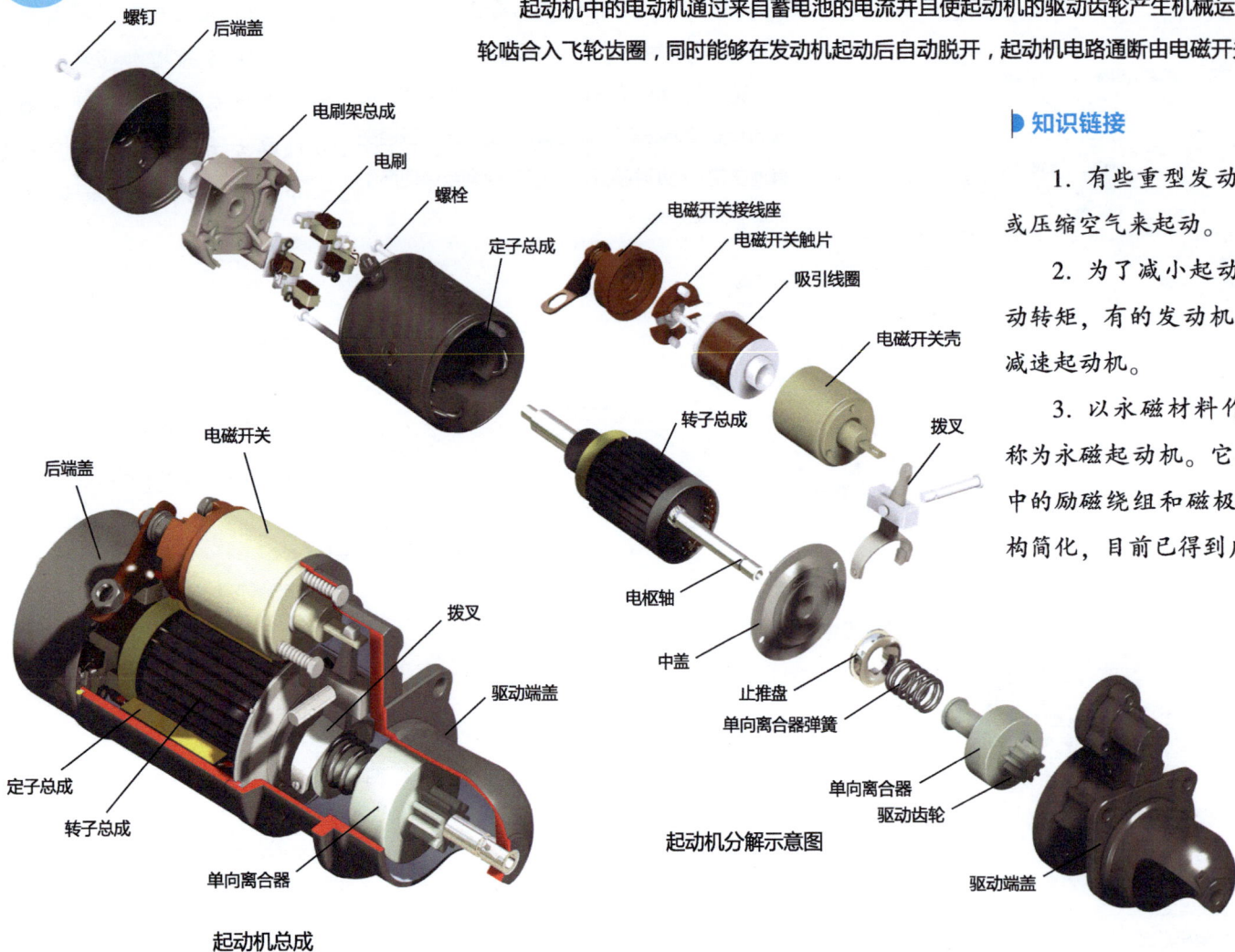

螺钉　后端盖　电刷架总成　电刷　螺栓　定子总成　电磁开关接线座　电磁开关触片　吸引线圈　电磁开关壳　转子总成　拨叉　电枢轴　中盖　止推盘　单向离合器弹簧　单向离合器　驱动齿轮　驱动端盖

起动机分解示意图

后端盖　电磁开关　拨叉　驱动端盖　定子总成　转子总成　单向离合器

起动机总成

起动机

蓄电池

蓄电池的主要作用是起动发动机，并在发动机低转速下辅助发电机给全车电器设备供电。

对汽车用蓄电池的要求是：容量大，内阻小，有足够的起动能力。车用蓄电池分为湿荷电蓄电池、干荷电蓄电池和少维护蓄电池、免维护蓄电池等，现代乘用车采用免维护蓄电池。

▶知识链接

1. 由于发动机起动转矩较大，对蓄电池的需求是瞬间大电流放电能力强。因为铅酸蓄电池工作可靠，价格低廉，汽车通常使用起动型铅酸蓄电池。

2. 乘用车蓄电池通常为12V，柴油车蓄电池通常为24V。

3. 蓄电池的使用寿命在使用过程中可能会相差很大，使用2~3年后更换蓄电池也属于正常现象。如果使用得当，使用5~7年也是有可能的。

4. 蓄电池检查主要看两个数据，第一个是电压，第二个是起动电流。如果蓄电池开路电压低于12V，这个电池就必须更换。

5. 有些中高级汽车采用铁锂蓄电池，这种电池通常用作发动机起停系统的能量来源。

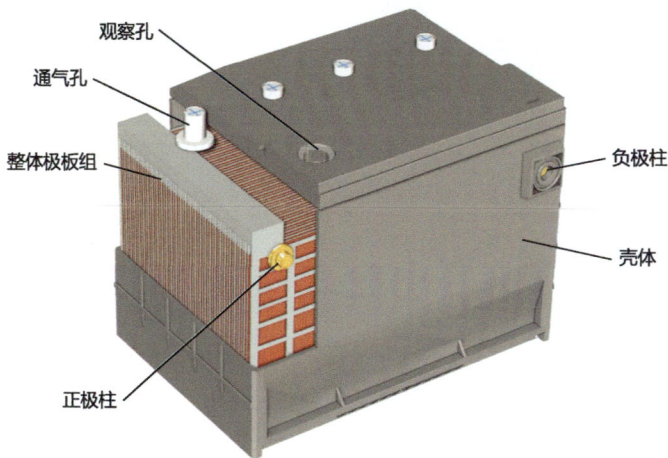

蓄电池

蓄电池

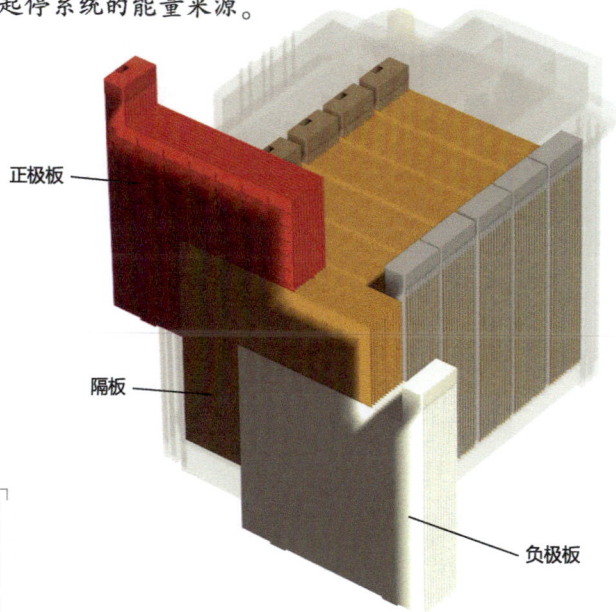

起动型铅酸蓄电池极板组成

电动汽车的主要类型

混合动力系统：将汽油驱动和电力驱动两种驱动方式组合在一起，使发动机一直保持在最佳工况，可提高汽车动力性，并降低排放。

插电式混合动力系统：插电式混合动力车的动力蓄电池相对比较大，可以外部充电，可以用纯电动模式行驶，动力蓄电池电量耗尽后再以混合动力模式（以内燃机为主）行驶，并适时向动力蓄电池充电。

纯电动系统：完全由可充电动力蓄电池（如铅酸电池、镍镉电池、镍氢电池、锂离子电池）提供动力源。

▶知识链接

中国已经是世界上最大的新能源汽车生产国和消费国，同时也拥有世界上最大的新能源汽车市场。

汽油机　电机

发电机

燃油箱　动力蓄电池组

混合动力系统

汽油机　电机

燃油箱　动力蓄电池组

插电式混合动力系统

电机

动力蓄电池组

纯电动系统

混合动力系统的行驶策略

混合动力系统在发动机和电机协同驱动汽车行驶时，发动机还可以驱动发电机为电池充电，从而实现更为复杂的驱动组合方式。

纯电动模式：发动机停机，动力蓄电池驱动电机，使车辆以中低车速起步或行驶。

纯燃油模式：发动机起动，驱动车辆行驶，并带动发电机发电，为动力蓄电池充电。

混合模式：发动机、驱动电机和发电机同时工作，驱动车辆行驶时也为动力蓄电池充电。这种模式多用于加速、爬坡等较大负荷情况。

制动能量回收：当车辆减速制动时，车辆动能通过制动能量回收系统转变为电能并储存在动力蓄电池中。

▶ 知识链接

1. 混合动力汽车与传统燃油汽车相比，最大的优势就是节能，除此之外就是能够提供更好的加速性和平顺性。与纯电动汽车相比，它的优势在于成本相对低，长距离行驶时续驶里程可以得到更好的保证，毕竟目前加油站分布很广泛。

2. 目前，混合动力汽车面临的主要问题还是制造与维修成本、动力蓄电池寿命和安全性。

3. 混联式混合动力系统是一台发动机加两台电机，一台电机负责驱动，另外一台电机则在驱动和发电之间来回切换。

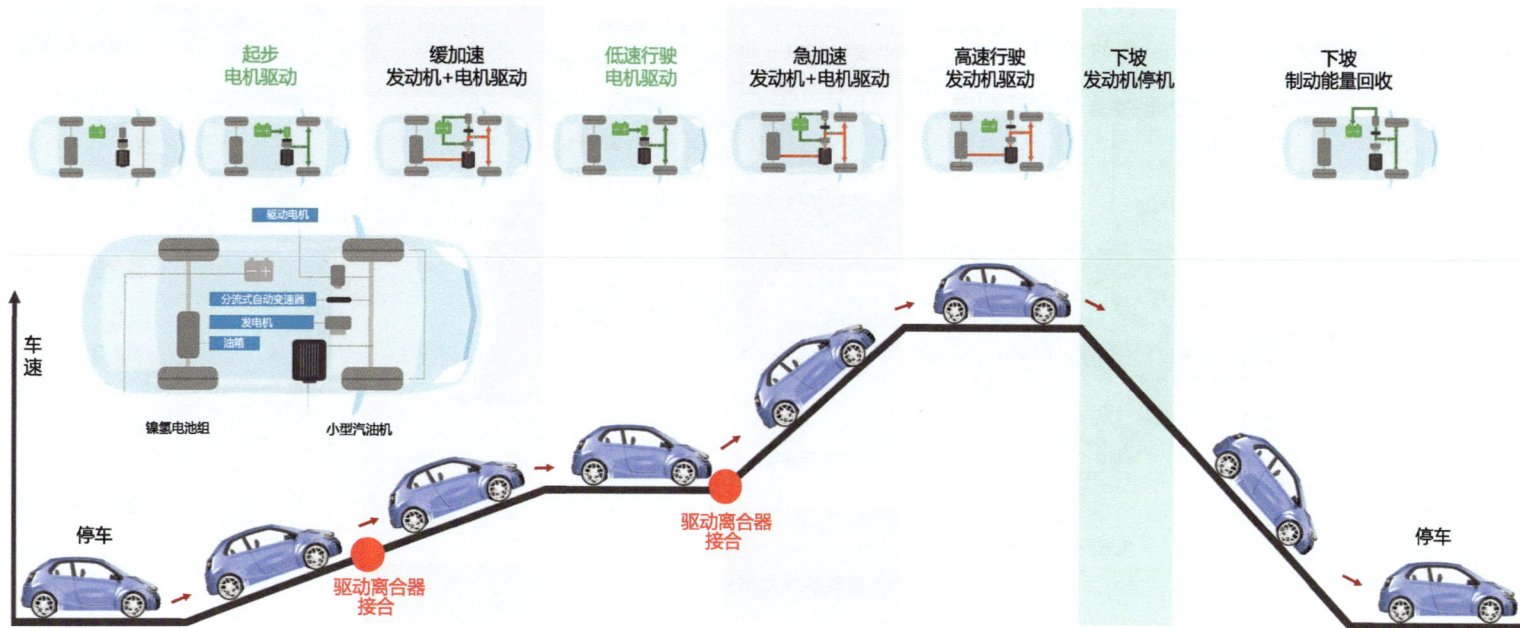

起步 电机驱动　缓加速 发动机+电机驱动　低速行驶 电机驱动　急加速 发动机+电机驱动　高速行驶 发动机驱动　下坡 发动机停机　下坡 制动能量回收

驱动电机

分流式自动变速器
发电机
油箱

车速

镍氢电池组　　小型汽油机

停车

驱动离合器接合

驱动离合器接合

停车

插电式混合动力系统的组成与工作过程

插电式混合动力系统包括一台汽油机和一台兼做发电机（回收制动能量）的电机。其锂电池位于车辆后部，中间有油路、电线和冷却系统管道等相连。在纯电动模式下，车辆可以恒定的速度行驶一定里程。它有三种驱动模式：纯内燃机、纯电动和混合动力模式。

▶ 知识链接

1. 插电式混合动力系统更适合城市交通运输，与普通混合动力汽车相比，它的动力蓄电池组更大，可以纯电动模式保证日常50～80km的代步用途，长距离行驶时可以采用正常的混动模式工作。普通混合动力系统的主体还是发动机，而插电式混合动力系统可将动力流转到电机上。

2. 需要说明的是，目前更多插电式混合动力汽车在超过纯电动行驶里程以后，直接是由发动机驱动汽车行驶的。

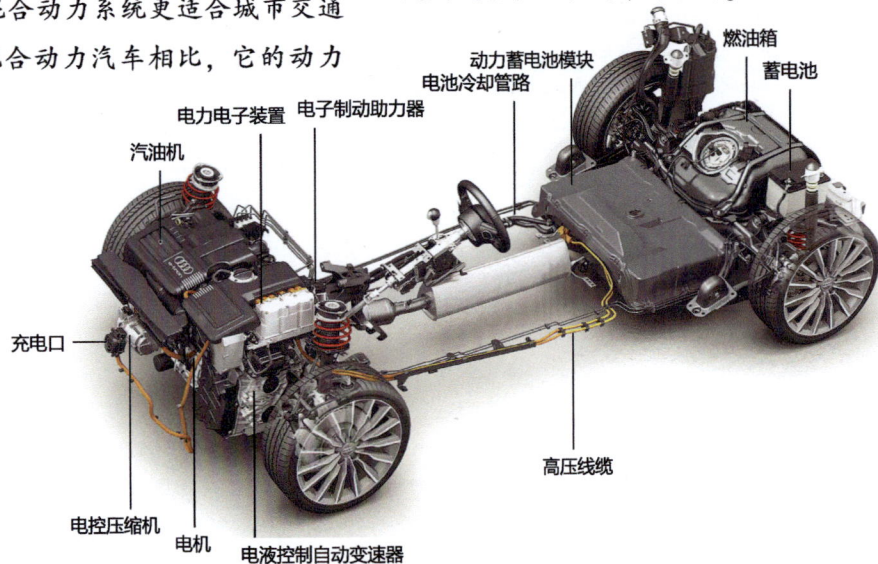

电驱动匀速行驶

电驱动加速行驶

混合驱动加速行驶

制动能量回收

动力蓄电池模块
电池冷却管路
燃油箱
蓄电池
电力电子装置
电子制动助力器
汽油机
充电口
电控压缩机
电机
电液控制自动变速器
高压线缆

插电式混合动力系统的基本组成

汽车构造与原理三维图解（彩色版）

插电式混合动力系统的主要部件

插电式混合动力系统在电机中集成了一个分离离合器。在纯电动模式下行驶时，发动机不工作，如果发动机和电机通过传动机构直接相连，则电机会带动发动机转动，从而消耗电量。因此，在发动机不工作时，分离离合器会将两者连接断开，让电机独自驱动车辆，达到最大化利用电能行驶的目的。

动力蓄电池组与传统 12V 蓄电池不同，在正常工作情况下，充电范围在 20%~80%。传统蓄电池不能承受这样的负载。因此，动力蓄电池组能在短时间存储电能，与电容器相似，它能够吸收能量并迅速释放。动力蓄电池组在混合动力汽车中就是充电（再生）和放电（电驱动）交替进行的过程。

由于在充放电过程中产生大量的热，因此，动力蓄电池组需要较好的冷却系统。

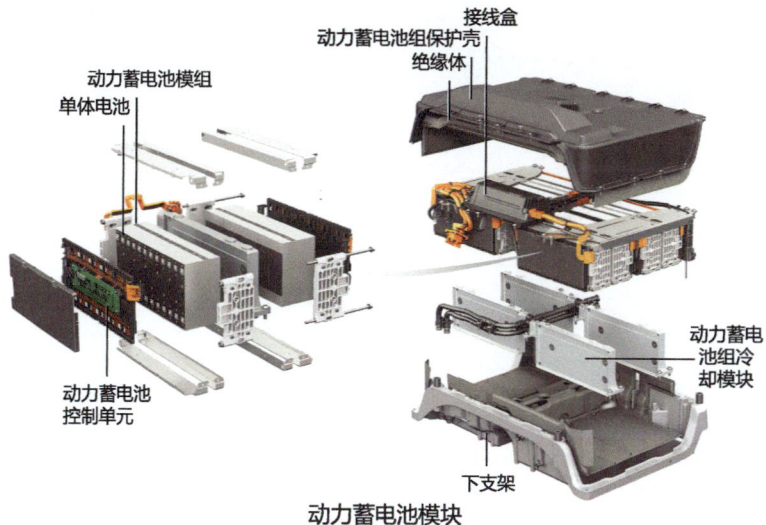

动力蓄电池模块

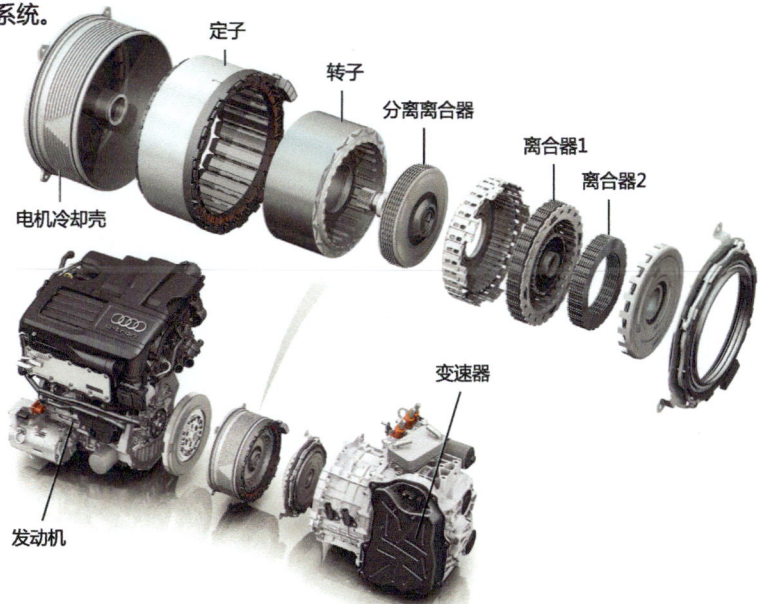

位于发动机与变速器之间的电机驱动装置

▶ 知识链接

1. 关于新能源汽车，大家关心的往往是节油性能、采购和使用成本，但实际上新能源汽车的安全性能，尤其是增大的动力蓄电池组的危险性，才是大家更应该关注的。

2. 动力蓄电池的安全性涉及的问题很多，通常要考虑极限情况下的碰撞安全和爆炸风险，更要考虑汽车运行情况下的高电压安全。如动力蓄电池组要有坚固的防火、防水、抗压的电池箱，动力蓄电池的摆放位置尽量避免易受损部位，汽车的预碰撞系统要在碰撞前将高压电路断电等。此外，动力蓄电池组越大，对它的电磁辐射屏蔽要做得越到位。